영재교육의 새로운 이해

James H. Borland 편저

전미란 · 류지영 · 서윤정 · 박혜진 공역

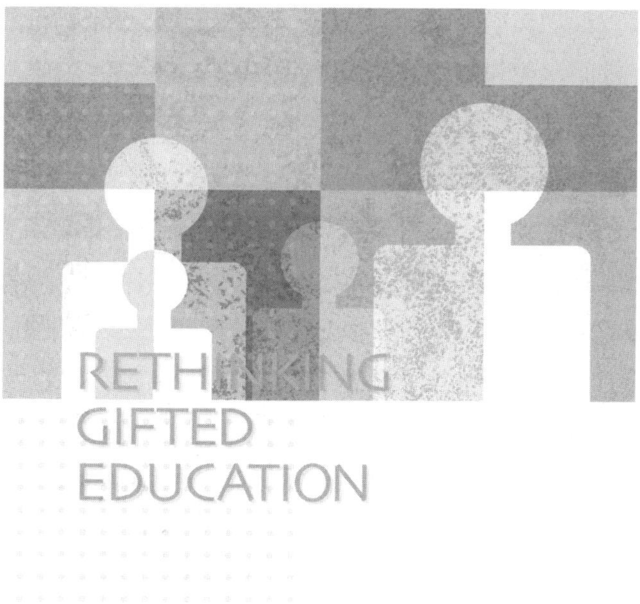

학지사

Rethinking Gifted Education

by James H. Borland

⁑ 역자의 글 ⁑

마루가 깔린 바닥이 인상적이었던 컬럼비아 대학교의 Teachers College 건물에서 만난 Borland 교수님은 많은 연구물을 내는 분은 아니었다. 하지만 그분이 내는 연구 결과물은 상당히 수준이 높았고 영재교육 분야에서도 영향력이 대단히 컸다.

워낙 바쁘신 분이라 우리 대부분은 논문을 제출하고 그분의 검토를 한 번 받기까지 몇 달을 기다려야만 하였다. 우리는 그런 분이 영재교육 분야의 최고의 대가들과 함께 책을 쓴다는 소식을 듣고 대단히 설레고 기뻤으며, 그 책을 후에 제자인 우리가 직접 한국어로 번역해 국내에서 출판하는 것이 의미 있는 작업이 될 것이라는 데 의견을 같이하였다. 그러나 당초 의욕과는 달리 막상 시작하고 보니 글 내용이 대단히 난해하여 번역 작업을 하는 데 많은 어려움이 있었다. 지난한 번역 과정에서 당초 예상했던 것보다 훨씬 진행이 늦어지면서 과연 우리가 번역을 무사히 끝낼 수 있을까 하는 걱정도 들었으나, 이 책에는 영재교육을 하는 사람이라면 꼭 알아야 할 중요한 내용이 담겨 있고 또 가능한 한 많은 사람이 이 책을 읽고 영재교육에 대한 새로운 시각을 가질 수 있도록 해야겠다는 마음에서 번역 작업을 마무리할 수 있었다.

우리나라도 어느새 영재교육을 시작한 지 10년을 훌쩍 넘어 제3차 영재교육진흥종합계획을 수립하는 시점에 이르렀다. 여기까지 오는 데는 그간 어려운 상황에서도 열심히 노력해 온 많은 행정가와 연구자 그리고 교사들이 있었기에 가능하였다. 하지만 열심히 앞만 보고 달려온 현 상황에서 이제는 뒤를 돌아보고 재정비할 때가 되었다. 이 책의 '영재교육의

부재: 영재가 없는 영재교육' 이라는 장에도 나와 있듯이, 우리의 영재교육 현실을 냉정하게 점검해 볼 때가 된 것이다. 영재교육 분야가 빠르게 발전하는 것도 중요하지만 진정한 영재교육으로 나아가는 것이 더 중요하다는 사실을 강조한 이 책은 우리나라 영재교육이 앞으로 나아가야 할 방향을 설정하는 데 유용한 지침서가 될 것이다. 비록 번역에서 부족한 부분이 있고 그 뜻을 전달하는 데 한계를 느끼기는 하지만 그래도 저자들이 전하고자 한 내용은 어느 정도 전달되리라고 기대하며, 이 책이 영재교육을 다시 한 번 생각해 보고 그 기초를 다지는 데 도움이 되길 바란다.

끝으로 좋은 책을 출판하고자 하는 열정과 인내심으로 오랜 시간 역자들을 기다려 주신 학지사 출판사 김진환 사장님과 편집부 김경민 차장님께 진심으로 감사드린다.

2013년 3월

전미란 · 류지영 · 서윤정 · 박혜진

⁑ 감사의 글 ⁑

이 책은 많은 사람의 노고에 힘입어 완성되었다. 이 지면을 빌려 수고한 모든 분에게 일일이 감사의 말을 전하고자 하지만, 혹시라도 언급이 되지 않은 분이 있다면 우선 그분들에게 사과의 말부터 전한다.

먼저, 여러 저자의 논고를 모아서 책으로 만들기까지 가장 많은 수고를 했고, 내 수업 중 일부를 함께 가르치고 있는 컬럼비아 대학교 교육대학원 교육과정학과의 영재교육 전공 박사과정 졸업 예정자 Dawn Horton에게 감사의 말을 전하고 싶다. Dawn은 저자들과의 연락은 물론이고, 예리한 시각과 폭넓은 지식, 그리고 날카로운 분석력으로 저자들의 논문을 처음부터 끝까지 세세하게 읽어 주었다. 뿐만 아니라 때로 내가 잠시 이 책의 출판에 대해 소홀히 한다고 여겨지면, 다시 열심히 전념할 수 있도록 조언을 아끼지 않았다. 앞으로 Dawn이 이 분야에 종사하게 되면 지적, 정신적으로 의지할 수 있고, 학문적으로 자극을 줄 수 있는 그런 사람을 만나게 되기를 진심으로 바란다. 물론 내가 이 책을 완성하는 데 그녀의 도움을 많이 받은 만큼 누군가의 헌신적인 도움이 필요할지는 모르겠지만 말이다.

다음으로 감사하고 싶은 이는 이 책의 발간 아이디어 때부터 나를 많이 도와준 Helen Krasnow다. 그녀는 내가 처음에 누구에게 원고를 부탁해야 할지 고민하고 있을 때 많은 충고를 해 주었고, 언제나 활기찬 모습과 유머로 나에게 큰 힘을 주었다.

교육대학원의 귀중한 동료이자 좋은 친구인 Lisa Wright 또한 빼놓을 수 없다. 그녀는 현재 내가 쓰고 있는 여러 논문의 밑받침이 되고 있는 ‘시너지(Synergy)' 프로젝트의 공동 책임자로서 현재도 여러 일선 학교와 교육기관을 대상으로 공동 연구를 진행하고 있는데, 나의 학문적 성장과 학습에 중요한 도움을 물심양면으로 주고 있다.

교육대학원의 여러 다른 동료 교수와 학생들 또한 이 책이 발간되도록 용기를 북돋워 주었고, 나의 원고를 읽고 중요한 조언도 많이 해 주었다. John Broughton, Bahar Eris, Cathy Freeman과 Juliana Lasta-Irasarri는 내 원고를 읽고 의견을 주었고, 그들의 통찰력 있는 조언은 많은 도움이 되었다. '챗 앤드 칠(Chat and Chill)' 모임에 참석했던 컬럼비아 대학교 교육대학원 교육과정학과의 학생들에게도 감사의 말을 전하지 않을 수 없다. 그 모임에서 나는 이 책에서 내가 맡은 부분을 발표했었는데, 그때 학생들이 보여 주었던 통찰력 있는 비평과 다양한 피드백에 대해 이 자리를 빌려 감사의 말을 전하고 싶다.

또한 교육대학원 출판사(Teachers College Press)의 Brian Ellerbeck과 Carol Saltz가 보여 준 인내심과 지속적인 격려에 감사의 말을 전하고 싶다. 그들은 진정한 프로 정신으로 건설적인 비판을 많이 해 주었는데, 그들과 함께 일하게 된 것은 나에게 행운이자 기쁨이었다.

마지막으로 이 세상의 어떤 말로도 다 형용할 수 없을 만큼 사랑하는 나의 아들 Max와 딸 Nina에게 이 책을 바치고 싶다. 나에게 바람이 있다면, 이 책을 비롯하여 내가 하는 모든 일이 나의 자녀에게 자랑스러운 일이었으면 하는 것이다.

⁑ 편저자의 글 ⁑

1989년 '영재의 교육과 심리(Education and Psychology of the Gifted)' 시리즈의 첫 번째 책이 발간된 이래로, 영재교육과 관련된 분야에는 많은 변화가 있었다. 물론 천재에 관한 유전적인 연구나 스푸트니크호 사건, 말랜드(Marland) 보고서 등과 같이 만인의 관심을 집중할 만한 중요한 분기점은 없었지만, 이 기간 동안 영재교육 분야 밖에서 발생한 크고 작은 사건과 동향은 전체적으로 이 분야를 변화시킬 잠재력으로 작용하고 변화의 촉매제 역할을 하였다.

소련의 스푸트니크호 사건 이후로 미국 내에서는 교육과 관련한 논의가 국가 차원에서 중요한 화두가 되었다. 이러한 논의에 주로 등장하는 쟁점으로는 평등, 평가, 표준, 사회개혁 등이 있는데, 이러한 쟁점은 영재교육 분야에 직접적인 영향을 미쳐 왔다. 위의 쟁점 중 대부분은 영재교육에 대한 비판과 관련된 것으로서 영재교육 분야에서 많은 관심을 모았다. Leslie Margolin과 Jeannie Oakes, 그리고 이 책의 한 개 장을 맡아준 Mara Sapon-Shevin과 같은 학자는 영재교육이 불평등을 존속하고, 사회집단의 우열을 조장하며, 학급 분위기를 저해한다고 주장했다. 또 많은 사람이 시급한 개선이 필요하다고 느끼는 주요 교육 쟁점 중 하나인 교육체계의 재구성과 재건에 큰 장애가 되고 있다고 강력하게 비판하고 있다.

사실 나를 비롯해 영재교육 분야에 종사하고 있는 대부분의 학자는 이러한 비판에 대해 처음에는 방어적으로 대응하였다. 방어 태세를 단단히 갖춘 다음, 일반학급에서는 자신들의 특별한 교육적인 요구를 만족시키지 못하는 우수한 능력의 학생에 대한 교육적인 보상이 필요하다는 영재 프로그램의 당위성에 대해 다양한 대중매체에서 곧 주목하게 될 것이라고 생각했다.

그러나 현재는 모든 것이 달라지고 있다. 비평가는 더 이상 우수한 능력을 보이는 학생에게 그들의 능력에 부응하는 적절한 교육을 제공하자는 우리의 주장을 편안하게 받아 주지 않는다. 대신 그들은 모든 아동이 적절한 교육을 받을 권리에 입각하여 영재교육의 필요성을 주장하는 우리의 주장을 역으로 이용하여 평등의 개념에 토대를 둔 논쟁으로 우리에게 맞서고 있다. 지난 수년 동안 우리가 아주 편안하게 사용해 왔던 평등이라는 개념으로 자신을 재무장한 비평가는, 영재교육에 종사하는 우리를 졸지에 불평등한 교육적 상황의 원인 제공자로 몰아가면서 우리로 하여금 변명을 하도록 하는 입장에 서게 만들었다.

여기에 우리가 주로 비난받고 있는 쟁점—영재 프로그램의 수혜자는 주로 백인 중상류층 학생이라는 것, 기술 지원이나 고난도의 사고학습 그리고 견학 등에 대한 재정적인 지원이 영재아에게만 주어진다는 교육적·도덕적 문제, 다양한 교육적 체제를 통해 상류층을 더욱 확고히 하거나 백인만의 영역을 창출해 내는 우열(tracking)체제로서의 영재 프로그램의 역할—이 영재교육 분야에 대한 비판에 가세하고 있다. 이런 쟁점은 영재아는 혼자서도 잘할 수 있어서 특별한 조치가 필요 없다는 오래전의 미숙한 주장과 대립하여 상황을 좀 더 힘들게 하고 있다. 심각한 논쟁거리로 대두한 이러한 쟁점은 쉽게 무시할 수 없는 여러 증거 자료를 내세우며 확고하게 맞서고 있다.

적어도 영재교육에 종사하는 우리 중 몇몇에게는 영재교육에 대한 옹호 방식이 초점을 벗어났다는 것이 곧 확실해졌다. 요점은 우리가 목적(end, 인지능력이 뛰어난 학생을 포함한 모든 학생에게 적절한 교육)이 아닌 수단(means, 기존의 영재교육 프로그램)만을 강조해 왔다는 것이다. 1996년에 발표한 논고에서 나는, 영재교육 프로그램이 없는 영재교육을 하자는 논지를 편 적이 있었다. 영재교육 분야에서 이 주장은 처음에는 별로 좋은 호응을 얻지 못하였다가 나와 같은 생각을 하는 사람이 늘어나면서 점차 많은 사람의 호응을 얻게 되었다. 이제는 영재교육 운동에 적극적인 학자 중 다수가 전학교심화학습모델을 확대 보급하고, 모든 학생에게 교육과정과 교수법의 차별화를 시도해 보자는 내용의 책과 논문을 선보이기 시작했다. 이론과 실제에 대한 비판적인 시각이 영재교육 분야 밖의 학자뿐 아니라 분야 내에 종사하는 학자 사이에서도 일어나기 시작한 것이다. 이 분야에 종사하는 학자와 현장 전문가는 영재교육에 대해 다시 한 번 생각해 보자는 데 목소리를 높여 갔고, 그 결과로 이 책이 탄생하게 되었다.

이 책에는 논점이 다른 여러 논문이 한자리에 모여 있다. 이렇게 한 이유는 내가 존경하는 여러 학자를 격려하고, 우리가 어떻게 걸어왔으며 현재 어디에 있고 또 앞으로 어디로 가야 할지를 살펴보면서 영재교육 분야를 다시 생각해 보기 위해서다. 물론 이 책의 원고를 청탁받은 모든 연구자가 수락을 한 것은 아니다. 또한 이 프로젝트를 실시하고 난 후에 이 책에 참여한 학자 외에도 귀를 기울여야 할 많은 연구자가 있음을 알게 되기도 했다. 그러나 나는 이 책에 참여한 연구자의 성과물에 아주 만족한다. 이에 그들이 작성한 각 장에 대한 소개를 간략히 하고자 한다.

먼저 제1부 '영재의 재개념화'는 영재성에 대한 고찰을 담고 있다. 첫 장에서 David Henry Feldman은 영재교육의 역사를 Terman에 의한 심리 측정적 전통에서 시작하여 발달이론으로 전개한 다음, 그의 이론인 비보편적 발달의 개념을 병합하여 영재성에 대한 이해를 돕고 있다. 그는 이 틀을 기반으로 향후 연구 과제의 전체적인 윤곽을 그려 줌으로써 이 책이 전체적으로 말하고자 하는 내용에 대한 적절한 시작을 제시하고 있다.

다음 장은 지난 20세기 후반 영재교육 분야에 생명을 불어넣고 탁월한 능력을 보여 주었던 지도자 중 한 사람인 John F. Feldhusen이 썼다. 이 장에서 그는 자신이 이 분야에서 정의하고 재창조하였던 생각을 심도 있게 회고하는 동시에 앞으로 영재교육이 나아갈 방향을 전망했다. 우리가 영재교육이라고 부르는 것이 실제로 얼마만큼 다양하게 적용될 수 있는지를 설명하고 있다. 이 밖에도 Feldhusen은 재능의 개발이 발달 연구와 어떠한 점에서 맥을 같이하고 실제 현장에서 어떻게 재구성되는지를 설명하면서, 일반적인 영재성과 반대되는 개념으로서의 재능 개발에 대해 설명하고 있다. 그의 이러한 논의는, 영재교육의 가장 기본이라 할 수 있는 영재의 개념에 대한 정당성과 유용성에 대한 여러 논의와 완전히 동의하고 있지는 않지만, 비슷한 맥락에서 이해될 수 있다.

싱가포르 학자인 Mary Anne Heng은 영재의 의미와 관련해 싱가포르의 예를 들며, 우리가 흔히 간과하기 쉬운 전혀 다른 관점에서 접근하고 있다. 그녀는 성공적인 삶의 개념에 대해 문제를 제기하면서, 우리가 과연 영재아의 삶에서 가장 우선순위를 두어야 할 것이 무엇인지 이해하고 영재아 스스로 그것을 찾아가도록 도와주고 있는지에 대해 자문하고 있다. 영재교육 관련 이론과 싱가포르 영재아에 대한 연구를 바탕으로, 그녀는 지적인 영재성과 재능의 발달에 관한 짧은 고해성사를 통하여 우리에게 중요한 시사점을 주고 있다.

Laurence J. Coleman은 이론이 영재교육 분야의 학문에 있어서 더 중요한 역할을 수행해야 한다고 주장한다. 그는 얼핏 역설적으로 들릴 수도 있지만 궁극적으로는 설득력 있는 어조로 영재교육 분야는 "비이론적인 동시에 이론에 기초하고 있다."라고 주장한다. 이론에 기초한 실제의 중요성을 피력하기 위해 Coleman은 영재교육 분야에서의 이론 사용에 대해 다소 공상적이지만 계몽적인 내용을 담고 있는 비유를 통해 설명하며, 이론이 우리의 작업을 뒷받침할 수 있는 더 적절한 방법을 제안하고 있다.

영재교육 분야에 현상학과 해석학적 논의가 별로 없는 것은 차이심리학의 전통에 기초한 우리 학문의 기원을 생각해 보면 그리 놀랄 일은 아니다. 그러나 기능을 중시하는 이미크적(emic) 접근 연구의 장래를 생각하면 실망스러운 일이 아닐 수 없다. Tracy L. Cross는 자신의 장에서 영재교육 분야에서의 현상학적 접근의 적절성에 대한 논의를 펴고 있다. Cross는 현상학적 원리를 명쾌하게 설명하는 한편, 이 분야의 연구에 적절한 방법론적인 연관성에 대해서도 논의하고 있다.

Aimee Howley, Craig B. Howley와 Edwina D. Pendavis는 공동의, 때로는 각자의 연구를 통하여 명쾌하고 날카로운 비판으로 영재교육 분야에 공헌을 해 오고 있다. 농어촌 공동체에서 실시해 볼 수 있는 영재 프로그램을 다룬 이 장에서 그들은 학문의 넓이와 분석의 깊이에서 전작과 일관성을 보여 주고 있다. 농어촌 공동체에 특별한 관심을 두고, 교육은 지역사회의 지식과 가치에 의존하고 그것을 반영하여야 한다고 주장한다. 이러한 주장은 무의미하고 단절된(도시주의와 현대주의는 말할 것도 없이) 범(pan, 汎 혹은 비[a-, 非-]나 초[supra-, 超-])국가자본주의 사회와 그것에 봉사하는 기관으로서의 학교를 부정하는 것에서 출발한다. 그들은 혼합 연령 집단이나 속진 등을 통해 우수한 능력을 보이는 학생의 교육적인 요구를 충족해야 한다고 주장하고 있지만, 한편으로는 이러한 선행보다는 사회 정의가 우선되어야 한다고 전제한다. 그들의 의견은 "대부분의 영재교육 프로그램은 별다른 부작용 없이 쉽게 끝날 수 있다."라는 의견과 충돌하고(같은 맥락에서 다음 장에 제시된 Isaiah Berlin에 대한 간략한 논의를 보라) 논쟁하게 될 것이다.

제1부의 마지막 장은 내가 집필하였는데, 나는 의도적으로 도발적인 제목하에 우리 모두가 함께 영재성을 구성해 나가야 함을 제시하고 있다.

제2부 '영재교육과 평등'에서는 영재교육 분야의 가장 큰 논쟁거리인 평등과 수월성에 대해 다룬 세 편의 에세이를 실었다. 이들 에세이는 그동안 영재교육 현장에서 간과하기 쉬웠던 평등이라는 가치를 살펴보면서, 이 분야에서 평등을 구현해 나가려는 그간의 노력이 별 효과가 없었음을 시인하고 뚜렷한 해결책을 찾기 힘든 평등과 우월성에 관한 문제를 다양한 측면에서 조명하고 있다.

Mara Sapon-Shevin은 자신의 장에서 영재교육에 대한 비판과 더불어 제목에서 암시하는 바대로 영재아를 위한 옹호적인 입장을 다루고 있다. 그녀가 1994년에 낸 책 『우수아와 놀기: 영재교육과 지역사회의 붕괴(*Playing Favorites: Gifted Education and Disruption of Community*)』는 나 자신을 포함한 많은 학자가 그동안 방어적인 태도로 대응했던 내용의 문제점을 짚어내는 데 책 내용의 대부분을 할애하고 있다. 그러나 모든 아동에게 골고루 혜택이 주어지는 공통의제를 설정하자는 의도에서 특별히 작성된 이 장에서 (1996년 『영재교육저널(*Journal for the Education for the Gifted*)』에 실린 그녀의 논문 참조) 그녀는 다른 수준의 아동이 함께 있는 다양하고 통합적인 학급에서 단일화 학습이나 전체 학급 수업을 시도하는 것은 효과적인 것도 평등한 것도 아니라는 자신의 신념을 고수하고 있다. 우리는 여기서 그녀가 다른 영재교육 분야의 학자들과 관심사를 같이하고 있으며, 우리가 공통 의제를 찾는다는 것은 그녀가 우려하는 것보다 훨씬 덜 벅찬 제안이 될 것이라는 것을 분명히 알 수 있다.

'영재교육에서 인종차별 없애기' 에서 Donna Y. Ford는 "소수민족 출신 학생의 영재교육 참가율 저조는 ① 교육철학, ② 학생 평가, ③ 교육과정과 수업 모형에 있어 평등의 원칙이 정책, 실천, 절차의 중심이 되지 않는 한 앞으로도 계속될 것이다." 라고 주장하고 있다. Ford는 좀 더 통합적이고 평등한 영재교육을 실천하는 데서의 장애물을 열거하고 이런 상황을 개선할 수 있는 방안을 제안하고 있다. 이는 젊은 세대 학자 가운데 가장 인상적인 학자 한 사람이 내놓은 또 하나의 중대한 기여라 할 수 있겠다.

Margie K. Kitano는 '영재교육 개혁에서 놓치고 있는 점은 무엇인가' 를 알아보기 위해 그녀 자신의 연구를 포함한 광범위한 연구문헌, 특히 사회문화 관련 문헌에 대해 논의하고 있다. Kitano는 다양한 배경의 저소득층 영재아가 받아 온 차별의 근원과 징후에 대해 밝히면서, "문화적, 언어적으로 다양한 학생이 학급에서 함께 공부하면서 겪는 여러 문제를 제대로 고려하지 못한다면, 영재아를 포함한 모든 학생을 위해 도전적인 교육과정을 제공하고자 하는 우리의 노력은 성공할 수 있을까?" 라고 질문을 제기하고 있다.

영재아를 위한 교육과정과 관련한 주제로 가장 널리 알려진 학자인 Joyce VanTassel-Baska가 제3부 '영재교육의 실천: 선발, 교육과정, 그리고 프로그램' 의 첫 장을 장식하고 있다. VanTassel-Baska는 "교육과정은 영재교육의 심장" 이라고 주장하면서 우리가 지속적으로 '이 심장' 이 고동치게 하려면 어떻게 해야 하는지 제시하고 있다. 그녀는 영재아를 위한 교육과정과 관련하여 이 분야의 교육자가 반드시 알아야 할 중요한 다섯 가지 정책 주제를 열거하고, 그것이 어떻게 교사, 행정가, 정책 입안자의 확실한 주의를 끌 수 있는지 그 방법에 대해 제언하고 있다.

전 교육부 장관 Terrel H. Bell의 유명한 문구로 글을 시작한 Sally M. Reis는 미국 학교에서 사용되는 교육과정과 교과서가 일반학생은 물론이고 특히 영재학생에게 '하향 평준화' 라는 심각한 해를 끼쳤다고 주장하고 있다. 자신의 학창 시절 경험과 국립영재연구센터(National Research Center on the Gifted and Talented)에서 수행한 자신과 다른 학자의 연구 결과를 통하여, Reis는 영재아가 일반학급에서 어떻게 지내고 있는지를 살펴보았다. 불행하게도 그 모습은 낙관적인 것이 아니었다. 그녀는 이 분야의 재건을 위한 제안의 형태로 세 가지 제안을 하면서 글을 맺고 있다.

Susan K. Johnsen은 이 분야에서 가장 핵심적이고 첨예한 주제 중의 하나인 영재아의 평가에 관하여 다루고 있다. 영재교육 분야는 원래 초기 측정 운동이 일어났을 때(사실은 그것의 직접적인 결과로) 탄생했다. 이후 측정과 판별에 관련된 주제는 이루 말할 수 없이 많은 문제와 논의, 논쟁을 불러일으켰다. Johnsen은 수행평가에 대해 심도 깊게 탐구하면서, '재능 개발의 약속이 이루어지기 전에' 제시되어야만 하는 중요한 주제에 대한 논의로 끝을 맺고 있다.

Jonahtan A. Plucker와 Ronald A. Beghetto는 1960년대와 1970년대

에 본격적으로 발달했으나 현재는 영재교육 분야 내부에서 진부한 생각만을 낳는다는 비판을 받고 있는, 그러나 영재교육 분야 외부에서는 매우 혁신적이고 흥미로운 연구를 많이 내놓고 있는 주제인 창의성에 대해 새로운 시각을 제시하고 있다. 그들은 사람들이 가진 창의성을 '큰 창의성'(Mozart, Picasso 등과 같은 천재 수준의 창의성)과 '작은 창의성'(다양한 중재를 통해 발전될 수 있는 모든 사람이 가지고 있는 여러 수준의 창의성)으로 구분했다. 이 구분법은 창의성 향상 관련 개발자와 연구자 사이에 때때로 일어나는 상반된 주장을 가려내는 데 매우 효과적으로 쓰이고 있다. 그리고 이상하게 들리긴 하겠지만(mirabile dictu), 확산적 결과물(divergent production)에 관한 진부한 주제에 대해서도 재미있는 의견을 제시하고 있다.

Rena F. Subotnik, Paula Olszewski-Kubilius와 Karen D. Arnold는 최고 수준의 재능을 개발하는 데 필요한 요소와 그 딜레마에 대해 논하면서 이 책을 마무리하고 있다. 그들 자신의 연구와 다른 연구를 통해 재능이 어떻게 개발되고 개발되지 않는지 조사했다. 여기에는 다른 여러 시각 중 Bronfenbrenner의 생태학적 발달이론과 Bourdieu의 문화자본론적 논의가 사용되었다. 그들은 또 매우 뛰어난 재능을 가진 아동 사례를 통해, 스스로 자신에 대해 결정할 수 없는 어린 나이에 자신이 놀라운 재능을 가졌다는 사실을 알게 된 아동과 그 부모가 직면하는 힘든 의사결정과 거래에 관해 기술하고 있다.

이 책을 편집하면서 느낀 기쁨 중 하나는 각 장을 연속적으로 읽는 행복을 누릴 수 있다는 것이었다. 각각의 장은 모두 나에게 읽는 즐거움을 안겨 주었다. 이 뛰어난 동료 학자의 연구 중 일부분을 내가 책임질 수 있었다는 것이 무척 자랑스럽다. 영재교육 분야—영재교육이 과거에 어떻게 흘러 왔으며, 현재 어디에 있고, 미래에는 어디로 가야 하는지—에 관심을 갖고, 처음으로 이 책을 보게 될 사람들이 나는 무척 부럽다.

차 례

제2부 영재교육과 평등

제3부 영재교육의 실천: 선발, 교육과정 그리고 프로그램

제1부

영재의 재개념화

RETHINKING

제1장

발달론과 진화론 견지에서의 영재

David Henry Feldman

서론

이 장에서는 영재의 정의에 관한 두 가지 중요한 쟁점에 대해서 논의하고자 한다. 그 쟁점은 영재성을 설명하는 데 있어 발달론적이라는 용어와 진화론적이라는 용어가 어떠한 역할을 담당하는지에 관한 것이다. 이 장에서는 영재성을 설명하는 데 있어 서로 맞물려 작용하고 있는 이 두 개념이 영재교육 분야에 생산적이고 원대한 전망을 제시해 줄 것이라는 믿음을 전제로 하고 있다. 물론 이 장에서 제안된 구조 틀만이 영재성을 설명한다거나 그것이 모든 목적에 부합되는 최선의 방법이라는 의미는 아니다. 그보다 여기서 제안된 구조 틀은 20세기 초에 이루어진 의미 있는 업적이 지속적인 생명력을 가지고 미래에도 생존할 수 있도록 도와줄 것이라는 희망을 제시하고 있다.

영재성이 처음 논의의 대상이 되었을 때는 IQ와 관련된 실용적인 목적에서 체계적인 개념 정의가 이루어졌다. 실제에서 항상 일관된 것은 아니지만, 흔히 전체 인구를 대상으로 한 IQ 표준 분포에서 표준편차 2 이상을 보이는 IQ(약 130)를 영재의 지능지수 지표로 사용해 오고 있다. 평균보다 표준편차 3 이상의 점수(약 145 이상)인 경우 대체로 천재라는 표현을, 그리고 180 이상인 경우는 신동이라는 표현을 써 왔다(Hollingworth, 1942). 영재성에 관한 이러한 정의는 처음부터 많은 비난을 감수하여야 했지만 교육정책과 실제, 그리고 학문과 연구 분야에서는 나름대로 인정을 받으면서 그 뿌리를 더욱 공고히 해 왔다.

영재성에 관한 정의는 다양한 방향에서 다각적으로 이루어져 오고 있다. 각각의 정의는 그 한계를 지니고 있는데, IQ에 기초한 영재성 개념은 객관적으로 명백하고 정확하게 평가될 수 있다는 점에서 환영을 받았다. 이후 평가 기술은 20세기 초 이래 지속적으로 개선되고 눈부시게 발전하였고, 현재 미국을 비롯한 대부분의 서구 사회에서는 중요한 한 분야를 차지하고 있다. 현재 상업적으로 사용 가능한 모든 측정도구는 반드시 엄격한 기준을 따르도록 하여 기술적으로 높은 질을 보장하고 있다. 즉, 측정도구는 반드시 신뢰할 수 있어야 하며, 지능을 적절하게 평가할 수 있다는 것을 보여 주어야만 한다. 스탠퍼드-비네 검사와 같은 대부분 검사가 이에 해당한다.

영재교육 연구 초창기 때부터 IQ 점수와 각종 검사도구에서 고득점을 획득한 학생을 영재라고 정의하는 것에 대해 비판의 목소리를 내는 학자가 있어 왔다(Morelock, 1996; Witty, 1951). 이러한 비판은 지능 연구에 대한 비판의 영향을 받았다고 볼 수 있다. IQ 검사가 실시된 이후, 지능은 단순히 지능지수로 나타낼 수 있는 것이 아니라 일반적 지능인 g에 어느 정도 연계되어 있는 독립적인 특성으로 구성되어 있다는 주장이 활발히(때로는 신랄하게) 이루어져 왔다. 지난 수십 년간 제시되어 온 지능에 관한 여러 모형을 살펴보면, IQ와 관련된 모형(예, Spearman, 1927; Carroll, 1993)이 제일 먼저 생겼고, 일반적 지능과는 전혀 관련이 없는 모형(예, Thurstone, 1938; Guilford, 1967; Gardner, 1983), 그리고 주장이 보다 복잡한 방식의 모형(예, Cattell, 1963; Sternberg, 1985a)도 있었다. 이렇게 IQ의 영역은 여러 차례 도전을 받아 왔지만, 여전히 그것은 지적 잠재력에 대한 가장 핵심적이고 중요한 단일 측정치로서의 자리를 지켜 오고 있다(예, Hunt, 1997 참조).

IQ에 대한 마지막 거센 공격은 제2차 세계대전이 일어났던 20세기 중반에 이루어졌다(Guilford, 1950). 이러한 노력은 영재교육 분야에서는 IQ를 성공적으로 대체할 만한 단일한 최고의 측정치를 찾는 데에는 궁극적으로 성공하지 못했지만 창의성을 새로운 연구 분야로 부각하였고, 또 비록 성공적이라고 할 수는 없지만 이 분야에 대한 연구는 지속적으로 이루어지고 있다(Feldman, Csikszentmihalyi, & Gardner, 1994). IQ에 도전하는 개념으로 처음 제안되었던 창의성은 그동안 질적인 발전을 이루어 왔다. 비록 IQ 중심의 영재성을 기반으로 하는 이 분야의 기본 신념에는 도전하지 못했지만, 창의성은 IQ로 표현되는 영재성에 부가되는 개념으로 자리 잡고 있다(Gallagher, 1996; Morelock, 1996).

영재교육의 역사를 살펴보면, 영재교육은 대부분 특수교육과 연계되어 왔다. 이러한 연계는 때로는 쉽지 않았지만, 나름대로 이 분야에 공헌해 왔다고 볼 수 있다(Gallagher, 1996). 예를 들면, 장애아를 위한 미국 최대 규모의 조직인 특수교육위원회(Council for Exceptional Children)의 한 분과로 영재교육이 포함되어 있다. 영재교육 분야 관련 조직의 지원체계와 정치구조는 정신지체와 맹-농 아동, 그리고 최근에 결성된 주의력결핍장애(ADD) 아동을 위한 조직과 유사하다. 특수한 처치가 필요한 아동으로서는 상대적으로 작은 집단인 영재교육 분야에서는 1990년도에 코네티컷 대학교에 국립영재교육연구소가 생긴 것을 비롯하여 여러 곳에서 많은 예산을 들여 다양한 수준으로 교육을 실시해 오고 있다.

미국(그리고 다른 나라도 마찬가지이겠지만) 공립학교 체제의 한계와 제한 속에서, 영재교육 운동은 학문적 잠재력은 있으나 적절한 환경을 제공받지 못하면 그 잠재력을 발휘할 수 없거나 혹은 더 악화될 수 있는 학생에게 교육적인 발달을 이룰 수 있도록 도움을 주어 왔다(Borland, 1989; O'Connell-Ross, 1993; V. S. Ward, 1961/1980). 또한 영재교육은 프로그램이 적절하게 이루어졌을 경우 수업을 받은 학생에게 실질적이고 의미 있는 차이를 가져온다는 연구 결과도 있다(Borland, 1989; Renzulli, 1978, 1992; Renzulli & Reis, 1985).

문제점

그렇다면 문제점은 무엇인가? 새로운 세기로 접어들면서 이 분야는 마치 모든 것이 아무런 문제 없이 잘 진행되는 것처럼 보인다. 앞서 살펴본 대로, 현재 진행되고 있는 것들은 상당수 건전하고 좋아 보인다. 이 분야의 헌신적인 학자—Barbara Clark, John Feldhusen, Jim Gallagher, Joe Renzulli, Nancy Robinson, Abe Tannenbaum, 그리고 아마도 이들 중 가장 탁월하다고 할 수 있는 고(故) Harry Passow—가 중요하고도 가치 있는 업적을 많이 이루어 왔기 때문이다. 그러므로 이러한 전통적인 헌신과 믿음에서 벗어나 이 분야를 움직여 보고자 했던 노력이 심한 의심과 저항에 부딪혀 왔던 것은 그리 놀라운 일이 아니다. 이 장의 도입부를 다시 언급하자면, 제시하는 미래의 전망이 어떠하든지 영재 분야의 방향을 바꿀 만한 계획은 전통과 업적에 바로 통합되어 버릴 것이다. 그렇지 않으면 그것의 성공 가능성은 거의 없다고 볼 수 있다.

영재교육 분야는 몇 가지 직면한 문제가 있다. 그중 어떤 것도 이 분야를 변화시킬 새로운 입지를 세우기에 충분한 것은 없지만, 이러한 문제가 서로 결합되면 이 분야를 변화시키고자 하는 힘과 규합하여 새로운 패러다임을 야기할 만한 강력한 결과를 가져오게 될 것이다(Feldman, 1992; Treffinger, 1991). 논란이 일고 있는 문제는 다음과 같다.

① 최근 영재교육 분야에서는 영재의 개념(그리고 그것을 측정하는 기술)이 근본적으로 도전을 받고 있다.

② 이 분야의 연구에 대한 교육 예산이 점차 줄어들고 있으며, 앞으로도 계속 줄어들 것으로 예상된다.

③ 미국의 인구 구성비가 급격하게 변화하여 '소수민족의 주류화' 가 이루어지고 있다.

④ 영재교육 분야의 연구와 이론이 다소 침체되어 있고 획기적인 아이디어와 주된 돌파구를 찾지 못하고 있다. 이 분야를 이끌어 온 패러다임은 이미 쇠잔하였다는 지적이 있다.

⑤ 이 분야의 지도력은 노쇠해졌고, 지난 세기에 그랬던 것만큼 탁월한 젊은 학자를 유인하지 못하는 것 같다. 여러 학회나 모임은 매년 같은 것을 반복하는 것처럼 보인다.

⑥ 영재교육 외부에서 영재교육 옹호자에 대해 사회적 · 정치적으로 반대하는 세력이 점차 늘고 있는 분위기다. 이러한 반대의 대부분은 반엘리트주의에 바탕을 두고 있다.

⑦ 지금까지의 영재교육의 주된 가정에 심각하게 도전하는, 전통적인 맥락과는 다른 아이디어와 이론이 영재교육 내부에서 일어나고 있다.

⑧ 전통적으로 우호관계에 있던 특수교육과의 연합이 급격하게 흔들리고 있다. 특수교육 분야는 기본적으로 행동적 · 교육적 중재에서 의학적 · 약물 중재로 그 초점이 바뀌면서 주된 관심이 영재교육의 그것과는 다르게 나타나고 있다. '특별한 요구' 라는 개념에서는 아직도 두 분야 간에 일맥상통하지만, 이러한 '요구' 의 본질이 집단마다 너무 달라서 학문적으로 능력 있는 학생의 요구는 장애가 있는 학생의 요구와 비교해 볼 때 때때로 너무 약하게 다루어지고 있다(위의 2번 참조).

⑨ 직업에 관한 전망이 급격하게 변하고 있다. 지난 세기에 성공을 위

한 필수 요건으로 생각되던 능력이나 적성이 다음 세기에는 중요하게 고려되지 않을지도 모른다는 의견이 점차 우세해지고 있다.

⑩ 국제화의 영향으로 다른 문화권에서는 영재의 개념정의에 있어 다양한 양상을 보인다는 것을 알게 되었다. 이러한 개념화는 IQ에 기초한 우리의 영재성 개념의 정당화를 더욱 힘들게 하고 있다.

여기에 제시한 문제는 구체적인 증거 없이 매우 축약된 형태로 제시되었다. 그러므로 각 문제는 확실한 사실이라고 주장하거나 정확한 자료에 기초한 강력한 주장이기보다는 토론과 반향을 일으킬 수 있는, 이 분야가 직면한 몇 가지 문제점을 짚어 보려는 노력으로 이해하기를 바란다. 지면 한계상 여기에서는 위의 문제 중 두 가지만 상세히 살펴보기로 하자. 첫 번째와 일곱 번째 문제로, 지능의 연구 분야에 중요한 변화를 가져오고 있으며 영재교육과 직접적인 연계는 없지만 이 분야에 중요한 영향을 줄 수 있는 방향으로 변화하고 있다.

지능 개념의 변화

영재교육 분야는 전통적으로 지능 이론과 연구를 통해 직접 도출되었다. 그러므로 지능 개념의 변화는 응용 분야에도 그 영향을 미칠 것이다. 또한 학문적으로도 그동안 놀라운 변화가 진행되어 왔는데, 이러한 변화는 영재교육 분야의 최근 정기 학술 간행물(예, Gifted Child Quarterly, Journal of the Education of the Gifted, Roeper Review)에 잘 나타나 있다. 만약 지능에 대한 우리의 이해가 변한다면 영재의 개념 또한 변화되어야 할 것이다.

지능에 대한 새로운 관점 중 특히 두 이론이 주목을 받고 있다. Sternberg (1998)의 삼원이론(triarchic theory)과 Gardner(1993)의 다중지능 이론 (theory of multiple intelligences)이 그것인데, 이 이론들은 전통적인 지능의 개념에 강력하게 도전하고 있다. 이론적으로 잘 정립된 이 두 이론은 인간 능력의 가장 중요한 특질을 설명하는 데 있어 IQ는 지능의 적절한 정의가 될 수 없다고 강력하게 주장하고 있다. IQ는 인간의 가장 중요한 능력인 지능을 설명하는 개념으로는 너무 제한적이라고 주장하는 이 두 이론은, 지능은 전통적으로 생각해 온 것처럼 유전적으로 정해지는 IQ와 같은 개념이 아니고, 보다 가소성 있는 능력들의 조합으로 보아야 한다고 설명하고 있다(Hernnstein & Murray, 1994; Jensen, 1997).

Sternberg(1998)는 학문적, 실제적, 창의적인 3개의 서로 다른 지능 형태를 이용해 자신의 이론을 설명하고 있다(창의성 연구 결과가 새롭게 변환되었다). Sternberg의 삼원이론에서 제시하는 각각의 지능은 동등한 지위를 지니고 있으며, 사람에 따라 그 능력이 다양하게 나타날 수 있다. 학문적 지능은 전통적인 IQ와 비슷하지만, 실제적 지능과 창의적 지능은 IQ 검사로는 거의 측정할 수 없다. 실제적 지능은 인간의 능력을 환경과 관련하여 설명하고 있으며, 사회적, 개인적, 전문적 상황을 제대로 이해할 수 있도록 도와준다. 그리고 실세계의 실제 상황에서 성공하기 위한 성공적인 전략 형성을 도와준다.

창의적 지능은 어떤 문제를 더 잘 해결하게 하고, 어려움을 완화하고, 경험을 풍부하게 하며, 환경을 바꾸는 등 세상을 변화시키는 것과 관련이 있다. 이 지능은 많은 주요 활동과 관련이 있는 사고와 행동의 새롭고 연역적인 형태로 나타난다. 작곡, 건축 설계, 신상품의 홍보, 정치적 · 사회적 주장을 위한 원고 작성, 새로운 지식과 그 해석, 사진이나 미술 혹은 다른 대중매체를 이용한 새로운 이미지의 창출 등이 그것이다.

Sternberg(1998)에게 있어 적어도 위의 세 가지 구성 요소를 포함하지 않는 지능이론은 더 이상 정당화할 수 없다는 점에서 충분하지 않고 제한적이라고 보고 있다. Sternberg의 틀에서는 영재성이 세 가지 광범위한 지능이 상호작용하여 나타나기도 하고, 그중 하나만 나타날 수도 있다고 보고 있다(아동이 어떻게 학습하는지에 초점을 두고 있는 입장에서는 영재성이 광범위한 학문적, 실제적, 창의적 차원보다는 실제 통제과정의 사용과 더 관련이 있다고 본다. 하지만 엄밀하게 말해서 실제적 통제 기제조차 IQ와 동일하지 않다; Sternberg, 1984 참조). 모든 경우에 삼원이론에서 설명하고 있는 능력은 자기 증진을 포함하여 전략적 중재를 통한 개선과 관련이 있다(Sternberg, 1986). 이 이론에서 영재교육 분야와 관련된 함의를 찾는 것은 힘들지 않다. 실시되고 있는 영재성의 본질과 영재성에 대한 반응은 전통적인 IQ 개념에서 파생된 지능이론과는 명백하게 다르다.

전통적인 영재교육 분야에서 IQ는 지능 개발과는 관련이 없다. 오히려 대부분의 프로그램은 지능 개발보다는 높은 IQ의 존재에 대응하는 것과 관련되어 있다. 대부분의 영재교육 프로그램의 주목적은 평균적 g 또는 일반적 지능보다 더 높은 지능을 가진 아동에게 도전감을 제공하는 것이다. 이에 반해 삼원이론을 바탕으로 개발된 프로그램의 주목적은 지능을 구성하는 각 차원을 개발하거나 학교에서 제시하는 지적 도전을 강점과 잘 연계하도록 하는 것이다(Sternberg, 1986 참조).

전통적인 영재교육 분야에서는 영재에게 다양한 종류의 교육적인 처치를 제공하기 위해 (종종 의학적 진단의 은유적인 표현을 쓰면서) 영재성의 수준을 차별화하려는 노력을 해 왔다. 하지만 이러한 노력은 IQ 검사가 여러 종류의 영재, 예를 들어 준영재부터 아주 뛰어난 영재까지를 제대로 판별하고 있다는 가정에는 제대로 일침을 가하지 못해 왔다(예, Gross, 1998 참조). 아마도 영재교육 분야 외부 압박에 대한 반응의 특정한 본질보다 더 중요한 것은 이러한 반응이 실제로 일어난다는 것이다. 이와 같은 사실에 관심 있는 모든 집단은 이러한 변화가 일어나고 있음을 인정하고 있으며, 유일한 논쟁거리는 그것이 어떤 종류의 변화인가와 그러한 것이 이 분야의 전통적인 신념과 실제 현장에 얼마나 깊고 넓게 영향을 미칠 것인가다.

이 분야에 가장 강력한 영향을 준 이론으로는 아마도 Howard Gardner 교수의 다중지능 이론을 들 수 있을 것이다(Gardner, 1993, 1995). 20세기

초반의 심리측정 운동에 기반을 둔 이 이론은 그 가치가 서로 중복되지 않고 확연히 구별되는 일곱 가지(최근에는 여덟 가지) 독립적인 지능을 제시하였다. 각 사회마다 중요하게 여기고 있는 지능은 서로 다르다(대부분의 서구 사회에서는 언어적 지능과 수리/논리적 지능을 가장 중요시한다). 그럼에도 각각의 지능은 그 문화에서 중요한 위치를 차지하고 있음을 알 수 있다. 음악적, 공간적, 신체-운동적, 대인관계, 자기이해 지능(그리고 최근의 자연적 지능까지)은 문화 내에서 가치 있는 것으로 인정되고 장려되는 것들이다(Gardner, 1993, 1995).

교육계에서는 놀랄 만큼 빠르게 다중지능 이론의 개념을 수용하였다. 영재교육 분야에서는 이 이론은 받아들일 것이냐가 아니라 어떤 형태나 방식으로 받아들일 것인가가 문제였다. 지난 100년의 세월 동안, 일반적 지능인 g에 대한 도전은 그것을 대체할 만한 특수적 지능인 s지능의 세트 형식으로 나타났다. 영재교육 분야에서는 지금까지 몇 번의 도전이 있어 왔지만 결국은 IQ나 g를 대체하지 못했고, 강력한 다음 이론이 나타나기 전까지 수년 동안 IQ와 g가 어떠한 방해도 받지 않고 그 목적을 잘 유지할 수 있었다.

물론 사회와 심리측정 분야에는 많은 변화가 있었다. 영재교육 분야에도 뛰어난 학자 중 일부(예, Borland, Callahan, Cohen, Feldhusen, Gagné, Piirto, Passow, Piechowski, Renzulli, Treffinger)는 이 분야의 근본적인 변화를 요구하여 왔다. 이러한 '패러다임 전환' 에 대한 요구는 이 분야의 외부뿐만 아니라 내부에서도 일어나기 시작하였다(Feldman, with Goldsmith, 1986/1991; Treffinger & Feldhusen, 1996). 영재교육 분야가 놀라울 정도로 이치에 맞지 않는다는 생각은 앞으로 실제적인 변화가 가능하며 또 실제로 변화가 필요하다는 정도로까지 점차 확대되고 있다. 아마도 실제로 변화가 일어나는 시점까지는 이러한 논란이 지속될 것으로 보인다. 바로 이러한 때에 다중지능 이론이 나타나 아주 중요한 영향을 미치고 있는 것이다.

그러므로 21세기 영재교육 분야에서는 영재성을 g나 IQ로 설명하는 전통적인 개념에 대한 집착은 더 이상 유지되지 않을 것으로 보인다. 더욱 생산적인 전략은 영재교육 분야가 전통적으로 IQ에 대해 가져왔던 집착을 앞으로의 노력을 조직할 수 있는 틀에 통합하는 것이다. 이런 점에서 이 분야를 오랫동안 지배해 왔던 '중심이 되는 하나의 지능' 헤게모니에 도전장을 던진 다중지능 이론과 삼원이론을 보면서, 우리는 지난 20여 년간을 영재교육 분야의 정-반(正-反, thesis-antithesis) 기간이라고 부를 수 있을 것이다(Morelock, 1996).

만약 영재교육 분야의 최근의 동향을 정-반의 용어로 표현하고 이 기간 동안에 나타났던 모호함과 복잡함을 왜곡하거나 경시하지 않는다면, 다음 단계는 분명히 서로 다르게 보이는 관점을 '통합' 할 것을 계획하는 일일 것이다. 이것이 바로 지금 우리가 당면한 도전 과제인 것이다.

다양해지는 영재성의 개념이 존중되고 있는 것과 마찬가지로, 새로운 세기로 접어든 이 분야를 이끌어 갈 영재성은 전통적인 주요 초점 중에서 최상의 것을 보존하면서도 대표할 수 있는 것이어야 할 것이다. 그렇다면 어떠한 체제가 구성되어야만 할까? 영재성에 대한 관점은 단일 대 다양성이라는 영재성의 이분법적인 것보다는 발달론적인 것을 취하는 것이 도움이 될 것이다. 이러한 관점은 환경의 도전에 적응하기 위해 두 체계를 생산하는 인간 정신의 진화(evolution)과정으로 설명될 수 있을 것이다. 한 체계는 특수한 환경의 특정한 측면에 맞추어져 있고, 다른 한 체계는 보다 다양한 환경에 두루 적용될 수 있는 일반적인 전략과 문제해결 기술로 이루어져 있다(Feldman, with Goldsmith, 1986/1991). 여기서 나는 인간 문화에서 다양한 가능성의 형태로 직면하고 개입하는 두 사고체계 사이의 상호작용에 초점을 두고 싶다.

제안하려는 구조 틀은 먼저 발달과학이라는 학문을 일으키려는 것이 아니며, 발달론적 이론과 진화론적 이론이라는 두 기둥을 지지 기반으로 이용하려는 것은 더욱 아니다(Simonton, 1999a 참조). 이 제안은 현재 논쟁거리가 되고 있는 단일 대 다양한 지능이라는 이분법을 초월하는 발달과 진화의 개념을 사용하여 영재교육 분야를 이끌고 유지해 나갈 체제를 제공하는 것을 분명한 목표로 삼고 있다. 신동과 서번트 등과 같은 특수한 사례에 대한 연구로부터 영재에 대한 일반화를 도출해 낸다는 것은 상당히 위험하다는 인식을 바탕으로, 인간의 지적인 능력에 대한 최근의 견해는 비생산적인 논쟁에서 벗어나 생산적인 방향으로 나아가고 있다.

영재성을 설명하는 발달론적 이론과 진화론적 이론에서의 교훈은 신동과 서번트 증후군에 관한 연구에서 시작되었다(Feldman, 1993a; Feldman, with Goldsmith, 1987/1991; Morelock, 1995; Morelock & Feldman, 1991, 1993, 1997; Treffert, 1989). 신동의 본질과 신동이 서번트 증후군과는 어떻게 다른가에 대한 이해를 돕기 위해, 지적 능력의 다소 특수한 형태뿐 아니라 일반적인 형태를 위한 분명한 역할이 제시되었다. 이러한 역할은 신동 대 서번트 증후군의 구도에서 가능한 일반적 그리고 특수한 능력의 수준으로 나타나고, 이러한 능력 간 혹은 능력 중에 나타나기도 한다.

간단하게 말하면, 신동과 서번트는 근본적으로 특수한 재능을 지원하는 일반적인 지적 능력 수준에서 차이를 보인다. 신동은 평균 이상의 일반적 지능(IQ) 외에도 음악, 체스, 수학, 예술, 무용 등과 같은 특수한 재능에서 뛰어남을 보여 주는 경향이 있다. 반면 서번트는 IQ 검사에 필요한 사고력(추리력, 상징적 그리고 논리적인 사고력)에서는 신동보다는 덜하지만, 특수한 재능에서는 신동과 같거나 때로는 그들을 능가하기도 한다(Goldsmith & Feldman, 1988).

진화론 진화론(물리적 및 문화적)은 물론 중요한 학문 분야다. 우리의 목적을 위해 특히 신동과 서번트를 설명하는 데 유용한 진화의 세 가지 측면을 살펴보자. 첫 번째는 재생산과정 중 일어나는 유전적 재조합을 통해 임의적이면서도 체계적으로 발생하는 특성과 측면의 변이에 대한 가정이다. 변이를 예로 들어 설명하자면, 변이의 범위를 넘어서는 기형적인 변이뿐 아니라(예를 들어, 2m 50cm가 넘는 사람이 있다면 지금까지 알려진 인류에서 가장 큰 사람이 될 것이다) 일반적으로 인류에서 나타날 수 있는 키 범위 내의 모두를 변이라고 할 수 있다. 관심의 두 번째 측면은 인류 생존에 특히 중요한 어떤 질적 특성이나 자질을 선택적으로 퇴화 또는 보충하게 하는 진화의 경향을 들 수 있다. 이러한 경향의 예로 새들이 남쪽으로 이주하는 경로뿐 아니라 이주할 시기를 결정할 때에 시각, 청각과 기후적 조건을 사용하는 것을 들 수 있다. 새의 생존에 중요한 활동을 위해 이 세 가지 정보는 진화체계에 맞추어 함께 사용된다. 현재 논의를 위해 특별한 관심을 두고 있는 진화의 세 번째 측면은 생존의 목적이 아닌데도 여전히 가지고 있거나 진화하고 있는 특성이나 체계다. 진화의 이러한 측면은 연구 문헌에 기술된 신동과 서번트, 그리고 문헌에 기술된 다른 극단적 사례의 출현과 그 중요성을 설명하기 위해 사용되고 있다(Feldman, with Goldsmith, 1986/1991).

위에서 설명한 물리적 진화의 경향 외에도 극단적인 능력과 재능의 사례를 이해하고 설명하는 데에는 문화적 진화의 경향도 도움이 된다. 아마도 모두에게 가장 도움이 될 만한 것은 물리적 변이와 문화적 변이를 함께 고려하는 것일 것이다. 특별한 능력과 재능의 개발을 도모하고 촉진하는 문화에서 구성된 지식과 기술은 문화적 진화에서 발견되는 경향 중의 하나라고 할 수 있다. 이러한 영역 중의 한 예로 음악을 들 수 있다. 예를 들어, 미국에서는 수학적 능력을 개발하기 위한 자원은 많지만 록 음악을 제대로 감상할 수 있는 능력을 개발하기 위한 자원은 적다. 아마도 대중적인 자원의 수를 결정하는 것은 록 음악은 수학만큼 중요하지 않다는 신념에 의해서인 것 같다.

극단적인 사례와 관련된 문화적 진화의 최종적인 경향은 문화적 신념체계와 실제, 그리고 제도와 동떨어진 사례를 통합하는 과정에 있다. 예를 들어, 신동과 관련해서 티베트 불교 문화에서는 신동을 전 세대의 종교 지도자가 윤회하여 환생한 것으로 믿고 있다(Feldman, with Goldsmith,

1986/1991; Feldman, 1993a, 1993b). 이러한 극단적인 능력 사례에 대한 관찰은 자연이 인간의 진화를 여러 갈래로 이루어지게 해 왔을 수도 있다는 생각을 갖게 한다. 이런 것 중 하나는 특정 영역의 것을 할 수 있는 매우 특수한 재능을 가진 소수가 자연적 변이의 한 부분처럼 나타난다는 것이다. 또 다른 주요한 것은 인간의 정신이 일반적으로 적용되는 상징적, 문제해결 과정과 음악, 예술, 수학, 무용, 체스 등과 같은 특정 영역에 결부된 특정한 능력 모두에 접근하도록 하는 것이다(Feldman, with Goldsmith, 1986/1991).

Jerome Bruner(1972)가 수년 전에 밝힌 바와 같이, 어떤 원숭이 종족은 두 가지 특질(종족에 상관없이 적용되는 일반적인 것 대 단일 종족에만 해당되는 특정한 것) 중 하나만을 가지고 있는 것 같다. 하지만 어떠한 영장류도 인간이 가진 정도의 두 가지 경향이 보이는 조합을 가진 종은 없다고 한다. 어떤 종은 특정 조건과 장소에서만 번성할 수 있도록 배타적으로 진화되어 왔다 하더라도 필요한 경우 그들 스스로를 변화시키거나 그들의 환경을 변화시킬 수 있는 능력을 가지고 있지 않다. 반면 다른 종은 변화하는 환경에 맞추기 위해 스스로를 변화시키는 놀라운 능력을 가지고 있는 듯하다(Weiner, 1997). 오늘날 인간 진화의 성공 열쇠는 영장류 사슬에서 우리 선조와 후손이 보여 주는 두 가지 생존방법의 조화에 달려 있다고 보인다.

신동과 서번트는 특정 영역에서 매우 드물게 나타나는 매우 특별한 재능을 가진 전문가라고 볼 수 있다. 서번트는 계산능력, 음악, 그림, 주기 계산, 혹은 임의적인 사실의 기억과 같은 부분의 특정한 재능만을 가지고 있는지도 모른다. 이처럼 매우 특별하지만 제한적인 재능은 IQ 관련 능력이 뛰어난 사람과 그를 둘러싼 환경(타인을 포함한) 사이에서 일어나는 정상적인 전이처럼 좀 더 일반적인 마음의 적응 상태와는 관련이 없어 보이기 때문에 매우 제한적으로만 정의되고 사용될 수 있다.

따라서 서번트는 단지 한정된 영역에서 특정한 방법으로만 제 기능을 다하는 매우 제한적인 능력을 가진 것으로 보인다. 그 예로, 서번트는 노래하는 중간에 멈추면 다시 시작할 수 없고, 정형화된 노래의 정해진 연계 내에서만 노래할 수 있으며, 오직 한 장조로만 연주할 수 있다는 것을 들 수 있다(Miller, 1989; Treffert, 1989). 어떠한 재능의 특정한 제한과 한계는 다양할 수 있지만, 서번트는 거대하고 장기간 지속적인 방해가 있는 환경에서는 충분히 그 기능을 다할 수 없으며 대부분은 나머지 삶(혹은 재능을 나타내지 않는 다른 영역)에 있어서는 무능하다.

반면에 신동은 보다 폭넓은 능력을 가지고 있으며 일정한 시간과 주어진 순간에 그 분야의 요구와 기회에 적절하게 특별한 재능과 자질을 잘 사용한다(Csikszentmihalyi, 1988, 1998). 그래서 신동은 자신의 재능을 실제에 연계하여 높은 생산성을 보여 주는데, 이러한 성취가 큰 노력 없이 이루어져서 보는 이로 하여금 감탄을 자아낸다.

신동의 이러한 연계능력은 별다른 노력 없이 실제 현장의 요구에 부합하는 일반적 능력과 특정 영역(예를 들어, 최근에 작곡된 바이올린 독주곡을 콘서트에서 연주하는 것)에서 요구되는 특별한 능력의 조화로 나타나는 것으로 보인다. 개인이 보이는 특정 영역의 특정한 능력은 그 자체가 어떤 목적으로도 사용될 수 있다. 그것은 음악(혹은 영재성이 발견되는 어떤 영역이라도)에서 그들을 성공의 길로 이끌어 갈 것이다.

서번트처럼 신동도 때로는 그들의 일반적인 적응능력에 한계를 보이기도 한다. 물론 서번트보다는 덜한 편이다. 신동이 자신의 잠재력을 최대화하기 위해서는 특정 조건이 필요하고 특성화되어야 하는데, 이는 일반적으로 신동의 생존에 필요한 부분을 다른 사람이 제공해 주어야 한다는 것을 의미한다. 20세기 초의 놀라운 피아노 신동 Ervin Nyiregyhazi는 혼자 스테이크를 잘라 먹지도 못하였다(Revesz, 1925). 모차르트의 아버지는 모차르트의 경력을 유지하기 위해 지속적으로 편곡하고, 정리하고, 수정하고, 해명하였다. 만일 그가 그렇게 해 주지 않았다면 모차르트의 경력이 엉망진창이 되는 것을 막을 수 없었을 것이다. 어떤 의미에서 모차르트는 '성숙' 하지 못했다(Morris, 1994). 확실히 신동은 서번트보다 더 나은 일반적인 능력을 가졌지만, 때로는 적응 면에서 비슷한 결함을 보이기 때문에 꾸준한 재능 개발을 위해서는 지원체계가 필요하다.

서번트의 경우, 지역사회는 그들을 보호하고 감싸는 경향이 있지만 때로는 사회에서 고립시키기도 한다(뛰어난 가수이자 피아노 연주가인 Leslie Lemke와 같은 경우는 예외다; Treffert, 1989 참조). 대부분의 서번트는 기관에 있거나 의료 · 보호시설에서 지내는 등 도움이 필요하다. 신동의 경우는 잠재력을 자신의 직업으로 승화하면 성인이 되었을 때 아주 다른 결과를 가져오기도 한다. 전문가로 적응하는 동안에 나타나는 결함이나 실수는 아동이 특정 영역의 재능을 성공적으로 발휘할 수 있도록 용서되고 덮어지고 보상되며, 특이하고 매력적인 것으로 받아들여지게 된다(Feldman, with Goldsmith, 1986/1991). 성장과정에서 신동에게 가장 힘든 순간은 아동 연주가(성인 보호자의 보호와 안전 장치하의)에서 독립적인 청년 전문가로 전환하는 때다(Bamberger, 1991). 만약 이러한 전환을 가능하게 하고 아동을 독립적인 존재로 부각해 주는 일반적 지능(g) 관련 능력이 제대로 활용되지 못한다면, 성공적인 전문가로 전환하기란 쉽지 않을 것이다.

서번트와 신동 같은 극단적인 사례를 이해하는 데 있어서 가장 강조되어야 할 부분은 특수한 재능과 일반적 능력의 특성은 그들이 직면한 사회 · 문화적 현실의 구조 내에서 특수한 재능과 일반적 능력 모두를 고려하여야 한다는 것이다. 신동과 서번트 같은 특별한 사례를 일반화하는 데에는 위험 요소가 있는데(예, Feldman, 1993b에 제시된 Case의 코멘트 참조), 그럼에도 극단적인 사례의 연구에서 보이는 보다 일반적 및 특별한 능력의 조합은 일반인에게는 잘 나타나지 않는 것 같다(Feldman, 2000). 일반적 대 특수적 지능에 대한 주장, 단일 대 다수의 능력에 대한 주장, 영재와 재능에 대한 주장(Morelock, 1996)은 보다 일반적 및 특정한 능력 사이의 관계를 살펴보는 방향으로 진행하는 것이 더욱 생산적일 것이다

(그러나 다른 관점을 보려면 Gagné, 1999을 참조). 여기에서는 지적 기능을 이해하는 보다 광범위한 형태들이 특정한 형태들과 상호작용하는 방법을 이해하는 것이 인간문화에서 인간의 잠재력을 더 잘 이해하는 열쇠가 될 것이라고 본다(H. Gardner, Kornhaber & Wake, 1996).

대부분의 지능이론에서 g는 특정한 재능보다 우위에 있으며 위계에서 최상위를 차지하고 있다(놀랍게도 Sternberg[1984]의 삼원이론을 포함해서). 이렇게 상위/하위, 우위/열위와 같은 유형을 보이는 사례가 있는가 하면, 신동이나 서번트에 관한 연구는 좀 더 상호적이고 수평적이며 복잡하고 다양한 관계를 보여 주기도 한다. 신동이나 서번트에 관한 연구나 심리측정 도구를 사용한 요인분석 또는 경로분석 같은 보다 안정적인 구조의 연구에서도 명백한 틀을 찾기는 힘들다. 지적인 능력과 관련해서는 단순한 위계적이고 단선적인 관계의 시대는 끝난 것 같다.

신동과 서번트에 관한 연구가 영재성과 재능의 다른 형태와 심도에 대한 전형적인 예라면, 심리측정적 접근은 미래의 이론, 정책, 실제를 위한 구조 틀로서는 그리 도움이 되지 않는 것으로 보인다. 앞으로 논의를 더욱 활성화하려면 특정한 능력에 대비되는 일반적 능력과 이 둘이 상호 관련된 목적과 방법에 초점을 두어야 할 것이다(Feldman, 1995). 지적능력(예, 연역적 사고) 등 어떠한 g에 관한 강조는 특수지능 s의 능력(예, 발레)의 개발과는 관련 없어 보이지만 어떤 특정 능력의 발달(예, 체스)에는 절대적으로 필요한 것처럼 보인다.

IQ 수준을 다양화하여 영재성의 정도를 차별화하려는 최근의 영재교육 분야의 추세(예, Gross, 1998)는 영재성의 다양한 측면을 인식하는 방향으로 나아가고 있지만, 이에는 일반적인 능력과 특정한 능력 모두에 대한 좀 더 실제적인 분석과 둘을 구분하고 질적으로 서로 어떻게 다른지 세밀히 구별하는 것이 필요하다. 이러한 작업이 완성되면, 우리는 인지적인 능력만이 아닌 중요한 잠재력을 개발할 수(p. 20) 있게 될 것이다(Feldman, 1993a, 1993b, 1994a, 2000; Goleman, 1995).

다양한 문화적 구조 속에서 일반적인 능력과 특정한 능력, 그리고 재능이 어떻게 조화를 이루어 가는지가 영재성 연구의 중요한 주제임이 틀림없다. 영재성과 재능은 인간 개개인의 잠재력을 최대한 발휘하게 하고 영향을 주며 전환하고 지속되도록 상호작용하기에, 이 둘의 조합에 관해 알려진 것들을 어떻게 잘 사용하느냐가 영재아의 발달을 도모하는 데 초점이 될 것이다.

인간 발달 영재교육의 변화하는 전망 중 주축이 되는 것으로 제안된 두 번째 개념은 인간 발달에 관한 아이디어로, 둘 중에서 더 직접적인 것이라 할 수 있다. 진화란 궁극적으로 모든 생명체의 기원과 역사에 관한 전면적인 질문을 다루는 복잡하고 미묘한 생물학적 이슈다. 반면 발달은 기본적으로 능력의 조직화에 있어 긍정적인 변화와 그것이 어떻게 실현되는지를 기술하고 설명하는 데 사용되는 용어다. 개인적으로 나는 발달이란 개념을 개인뿐만 아니라 전문 영역, 나아가 문화의 변형을 강조하는 정련된 형태로 사용하려고 한다. 발달에 대한 전통적인 의미는 실제로 직접적으로 영재교육 분야를 성공적으로 이끄는 특정 틀로서 중요한 역할을 담당하겠지만(예, Gagné, 1999 참조), 이는 틀로 진입하는 데 반드시 필요한 측면은 아니다. 그것은 이미 그곳에 존재하고 있었고, 그 존재가 이 분야에 필요한 변화에 큰 도움이 되어 온 것 같지는 않다.

예를 들어, 영재교육 분야 내에서 영재성과 재능과 같은 용어의 의미에 대한 합의를 위해 중요한 해석을 한 Francoys Gagné(1999)는 영재성이 불변하는 타고난 잠재력인 것과 달리 재능은 개발될 수 있는 것이라고 구별하고 있다. 영재성과 재능의 본질에 대한 논쟁에서 두 용어를 명확히 하고 정의하려는 시도에서 Gagné가 주장한 것의 핵심은 어떤 자질은 발달을 통해 이루어지지만 어떤 것은 그렇지 않다는 사실이다(다른 의견으로는 Morelock, 1996을 참조).

재능에 영향을 주는 특성이나 그것이 어떻게 작용하는지는 중요한 논의거리가 아니다 Gagné(1999)가 진정으로 말하고자 하는 것은 전혀 영향을 받지 않는 자질은 [진정으로 중요한] 영재성인 반면, 영향받기 쉬운 자질은 [단지] 재능일 뿐이라는 것이다(여기서 일부 표현을 괄호로 정리한 것은 Gagné에 의해 정의된 영재성과 재능의 구별에 숨어 있는 실제 의도, 다시 말해 그 중요성을 부각하고자 하기 위함이다; Feldman, 1999 참조).

지금까지 말한 바와 같이 능력들의 조합 위에 또 다른 능력을 덧붙이는 것은 그다지 생산적인 것 같지 않다. 보다 생산적인 것은 폭넓은/일반적인/적응력 있는 능력 대 특정 상황에만 국한되게 사용할 수 있는 특정한 능력 간의 관계를 명확히 할 수 있는 주요 용어를 정의하는 것이다. 이런 목적에서 영재성이라는 용어는 보다 일반적 능력으로 정의할 수 있고, 재능은 보다 특정한 능력으로 정의할 수 있다 이러한 정의는 전체적인 체제에 맞게 용어를 명료화하고 배치하려는 목적에서 사용될 수 있다.

영재성과 재능에 대한 이러한 정의는 두 용어 모두 어린 시기에 나타날 수 있는 자연스러운 일이며, 보통 심리학에서 볼 때 개발이라고 하는 어떤 영향의 결과라고 성급하게 판단하지 않게 할 것이며, 장기간에 걸친 다양한 영재성과 재능 사이의 관계를 고려하도록 도와줄 것이다(Feldman, 1999). 그러나 잠재력을 최대화하기 위한 영재교육 분야에서는 각 개인, 영역, 그리고 문화 내에서의 발달과정이 논의의 가장 중심이 되어야 하며, 재능과 영재성의 강점을 평가하는 가장 중요한 기준이 되어야 할 것이다(예, Vygotsky, 1978 참조). 그러므로 이 분야를 이끌어 갈 변형된 구조 틀 내에서 이루어지는 발달의 의미와 그 역할이 반드시 설명되어야 할 것이다. 바로 이것이 이 장의 나머지 부분에서 다룰 내용이다.

보편적 대 비보편적 발달

영재교육 분야에서 혼동이 있었던 것 중 하나는 발달의 두 형태인 보편적 발달 대 비보편적 발달을 제대로 구별하지 못했다는 점이다(Feldman,

1994a). 발달이론을 위한 이 두 용어를 구별하고 그것을 발달이론에 적용하는 것에 대해 기술하고자 했던 노력은 발달과학에서 매우 중요한 부분으로 부각되어 왔다(Cairns, Elder, & Costello, 1996; Lermer, 1998).

본질적으로 보편적 대 비보편적 발달의 차이는 자발적이고 자연적인 변화, 그리고 그것이 발생하는 과정을 도와주는 것의 한 부분으로서 지속적이고 체계적인 노력을 필요로 하는 변화 사이의 차이로 설명될 수 있다. 보편적 발달이 폭넓은 환경적 상황에서 대부분의 정상적인 아동에게 일어나는 것이라면, 비보편적 발달은 적절한 중재가 충분한 기간 동안 지속적으로 이루어질 때에만 발생한다. 어떻게 걷는가에 대한 학습은 자발적이고 보편적인 발달적 지표이지만, 체스를 어떻게 두는가에 대한 학습은 특정한 환경적 조건이 존재하는 상황에만 발생하는 비보편적 발달이라고 할 수 있다(예를 들어, 체스는 체스판과 체스 조각, 경기 규칙이 존재할 때에 가능하다). 영재성과 재능이 나타나는 모든 영역은 실질적으로 비보편적 영역이다. 비보편적 영역에 관한 주요 가정은 숙련도가 지속적으로 높아지면서 발달이 이루어진다는 것이다.

보편적/비보편적의 구별이 영재교육 분야에서 왜 중요한지를 살펴보기 위해서는 IQ의 사용과 어떻게 IQ가 영재성의 개념을 결정하는지에 대한 논의로 다시 돌아가야 한다. IQ는 자연적이고 변하지 않는(그리고 대체로 변할 수 없는) 특성으로 여겨졌다(Feldman, 1974; Gould, 1981 참조). 이론적으로 이것은 이해되지 않는 부분이다. 이런 지능의 정의하에서는 (영재성과 관련해서) 의미 있는 발달의 가능성은 매우 적다. IQ의 맥락에서 발달은 IQ의 특성이나 영재성에 존재하는 능력에 관한 것이 아니다. 오히려 아동이 생물학적으로 타고난 영재성을 어떻게 사용하는가에 관심이 있다(Gallagher, 1997; Tolan, 1994).

역설적이게도, IQ는 원래 같은 연령대 아동의(생물학적 나이 대비) 다양한 능력을 일정한 비율로 내는 정신적 연령의 정도로 측정되어 왔다. 정신 연령은 생물학적 연령(chronological age: CA)이 같은 아동의 능력과 비교해서 특정 아동의 능력이 어느 정도의 편차에 있는지로 측정된다. 그러므로 변하지 않고 또 변할 수 없다고 추정되는 특성은 서로 다른 연령의 아동에서 보이는 변화된 능력의 평가에서 측정된 변화 정도로 평가한 것이다. Piaget가 1920년대에 파리에 있는 Simon의 연구실에서 연구원으로 일할 당시에 Binet와 Simon의 접근에 문제가 있다는 점을 발견하였다는 것은 어쩌면 당연한 것이다(Bringuier, 1980 참조).

따라서 영재성의 전제가 되는 특성을 의미 있게 변화시키고자 하는 생각은 전통적인 영재의 개념에서는 거의 이루어지지 못하였다. 영재교육 분야의 자원은 대체로 영재성의 판별 쪽으로 흘러가고 있고, 그 발달에 관해서는 그다지 노력을 기울이지 않고 있다는 점도 그리 놀랄 일이 아니다. 영재성을 찾고 그 크기를 평가하는 것은 생물학적으로 결정된 특성(푸른 눈이나 달리기 속도)과 동일한 것이다. 영재성을 증진하거나 변화시키는 방법을 찾는 것 자체가 고정된 영재성 특성의 기본 가정과는 부합되지 않는다.

역사적으로 영재교육과 발달심리학의 두 분야는 대체로 다른 보편성에 중점을 두고 각 영역 내에서 고유한 방향으로 진행되어 왔다. 영재교육 분야에서 IQ는 다양하기는 해도 한 양상을 보이는 보편적 특성으로 고려되었고, 자연적이고 생물학적인 요인과 (나중에 유전학 분야가 등장하면서는) 유전적인 재조합의 기능으로 다양하게 나타난다고 믿어졌다. 발달심리학에서는 개인차에 거의 관심을 두지 않고, 실질적으로 종족 내의 모든 구성원에게 공통으로 나타나는 보편적 지표에 초점을 두었다. 이 두 분야는 생물학에서의 결정적 역할에 관심을 두었다. 역할은 서로 다르지만, 이 두 분야는 수정, 가소성, 변화성, 통제, 변이에 관한 것에는 별로 관심을 두지 않았다. 기본 가정으로 영재교육에서는 지능의 자연적 변이에 관심을 두었고, 발달심리학에서는 변화의 보편적이고 일반적인 연계에 관심을 두었다.

이 두 분야에서 제한하고 있는 가정이 널리 만연되어 있었기 때문에 지난 세기 동안 이 두 분야 간에는 거의 소통이 없었다. 비보편적(혹은 비자발적) 발달이론이 등장하면서 두 분야 모두에 잠재적 혜택을 가져올 수 있도록 발달시키고 생산적으로 연결되는 계기가 제공되었다. 나는 지금까지 계속해서 영재성의 연구, 특히 아주 특출한 영재성에 관한 연구가 발달심리학 분야에서 중요함을 역설하고 있다(Feldman, with Goldsmith, 1986/1991). 다음으로는 현대의 발달이론이 영재교육 분야에서 중요한 역할을 하고 있는지에 대해 논의해 보자.

비보편적 발달과 영재교육

영재교육 분야에서 영재성이 자연적이고 변하지 않으며 또 변할 수 없는 것이라는 전통적인 가정을 그대로 고수한다면, 발달의 개념에 대해서는 그다지 개의치 않을 것이다. 발달에 관한 초점은 전통적으로 받아들여온 유명하고 훌륭한 말랜드(Marland) 보고서(1972)와 같은 국가 차원의 보고서의 경우보다는 재능과 능력에 대한 보다 넓은 영역을 포괄할 때 이 분야에서 더욱 중요하게 주목받게 될 것이다. 영재성에 대해 좀 더 폭넓게 정의하려던 앞선 노력은 각 지역의 정책과 실천에는 별 영향을 미치지 못했다(Passow, 1993).

그러므로 현재의 논의는 영재교육 분야 내외부에서 IQ를 초월하여 심지어 '보통의' '상위의' '특출한'과 같은 서로 다른 수준의 IQ를 초월하여 영재성과 재능을 찾기 위한 압력이 증가하고 있다는 것이다(Gross, 1998 참조). 서로 다른 수준의 IQ가 대부분 다른 여러 대응을 필요로 한다는 것을 인식하는 것은 현재 논의 중인 내용을 좀 더 발전시키는 단계라고 확신한다(Gross, 1998). 그러나 IQ는 변하지 않으며 변화할 수 없다는 기본 가정은 더욱 차별화된 IQ에 기초를 둔 범주에서 파생된 정책과 실천의 수정에도 여전히 남아 있는 실정이다.

내가 말하고자 하는 것은 전통적인 IQ에 기초한 영재성의 개념을 모두

폐기하자는 것이 아니다. 한 세기 동안의 연구(때로는 논쟁; Jensen, 1997 참조)로 추상적 사고와 논리적 사고, 상징적 조작과 언어적 정교성과 관련된 자연적 재능의 실체에 관한 연구는 잘 이루어져 왔다(Sternberg & Grigorenko, 1997). Gross(1998)가 제안한 유용한 하위 범주에 의한 IQ 구분(보통의, 상위의, 특출한, 극도로 뛰어난), 그리고 Sternberg(1986, 1988)가 제안한 보다 정교한 하위 유형(실제적, 학문적, 창의적)은 영재교육 분야에서 전통적인 관심 영역이 지속될 수 있도록 하겠지만, 이러한 혁신이 비록 환영받고 있다 하더라도 충분하다고는 볼 수 없다.

영재교육 분야에서 전통적으로 강조해 온 발달의 개념을 지속적으로 사용하면서 일반적 지능을 여러 수준으로 늘리는 것이 근본적인 문제 해결은 아닐 것이다. 영재교육 내에서 발달은 아동의 선천적 재능이 여러 경험과 과업을 통해 충분히 발현되도록 육성되고 지원되는 방향으로 이루어져야 된다고 생각하는 경향이 있다(Renzulli, 1978, 1992 참조). 실제로 개인의 영재성 재능을 변화시킬 수 있다는 발달에 기반한 생각은 현재까지도 이 분야에서는 그다지 통용되고 있지 않다. 그리고 발달에 대한 더 심오한 개념을 수용하지 못한 점은 현재 영재교육 분야에서 논쟁의 중심이 되고 있고, 앞으로도 중요한 부분을 차지할 것이다.

발달심리학의 전통적인 영역에서 고려되었던 보편적인 변화의 연계는 정의에 의해 예외적인 경우로 고려되는 영재교육과는 관련이 없는 것으로 정확히 여겨져 왔다. 전통적인 발달 지표와 단계는 그 자체가 사명과 목적의 중심에 있지 않고 영재교육의 배경으로만 여겨져 왔다.

영재교육 분야에서 발달 개념에 대해 합리적으로 동의해 온 것이 사실이지만, 이 분야의 다른 요소는 발달의 목적을 다르게 보아 온 것 또한 주지해야 할 사실이다. Morelock(1996)은 이 분야 내에서 '영재아동' 대 '재능 개발'의 역사를 개관하면서 그들이 발달에 대해 서로 다른 목적을 강조하였음을 발견하였다. 영재아동 옹호자(IQ를 영재성의 가장 적절한 지표라 생각하는)는 내적인 감수성과 특별한 자질에 대한 중요성을 강조한 반면, 영재성에 대한 보다 다양한 지표를 포함하는 재능 개발 집단에서는 검사도구에 의한 측정보다는 성취와 눈에 보이는 성과를 더 중요시한다. 이 두 집단 모두 서로 다른 아동에게 관심이 있다는 사실을 제외하고는 '양육' 의 주목적이나 영재성의 발현에 있어서 서로 다른 관점의 차이를 보이고 있다. 이 두 집단 사이의 (때로는 격렬한) 대부분의 논쟁은 발달의 목적에 관한 차이에서 비롯된다. 하지만 그들은 발달이 실제로 존재하며, 변화하지 않는 특성의 발현을 촉진한다는 점에서는 서로 의견을 같이하고 있다.

다행히도, 영재교육과 발달심리학은 모두 발전을 이루고 있다. Howard Gadner(1993)의 다중지능 이론이나 Robert Sternberg(1988)의 삼원이론과 같은 보다 새로운 지능이론의 영향, 그리고 미국 인구 구성비의 다양화에 적극적으로 대처해야 한다는 거센 압력에 따라 영재교육 분야에서도 변화가 일기 시작하였다. 영재성의 구분에 대한 개념이 아직까지 이 분야의 주요 가치와 충분히 통합되고 있지는 않지만, 그것이 이 분야의 생존을 위해서는 필수적이라는 의견이 점차 높아지고 있다 (Feldman, 1992a; Gagné, 1998, 1999; Morelock, 1996; Renzulli, 1978, 1992). 보다 다양한 영재성 개념의 정확한 형태를 예측하기는 어렵지만, 현재 이루어지고 있는 논의를 통해 더 다양한 내용을 통합하는 개념이 탄생할 것이라고 믿는다.

발달심리학에서는 발달적 변화의 과정을 중재하려는 노력뿐 아니라 개인의 다양성에 대해서도 많은 관심을 가져왔다(Feldman, 1994a; Horowitz, 1989; Siegler, 1996). 영재교육에서 앞으로 어떠한 동의가 이루어질 것인지를 정확히 예측할 수는 없지만, 적어도 비보편적인 발달적 변화를 무시하지는 않을 것이며, 이런 영역에서 최적의 발달을 가능하게 하는 최상의 방법을 찾고자 체계적인 주의를 기울일 것이다(Feldman, 1994a). 영재성과 재능의 용어를 구별하려는 노력은 어떤 종류의 능력을 영재교육 분야에 포함할 것인지의 논의를 활발하게 이루어지게 했다는 데에서 그 가치를 찾을 수 있다(Feldman & Fowler, 1998; Gagné, 1998,1999; Morelock, 1996).

누군가가 비보편적 발달의 변화를 언급한다면, 영재교육에 종사하는 대부분의 사람은 이러한 변화가 일어나는 영역의 대부분을 재능 개발의 영역으로 여길 것이다. 예를 들어, 플루트 연주를 하거나, 건축 설계를 공부하거나, 치명적 질병의 치료를 위한 연구를 하거나, 정부를 이끌거나, 그 밖의 다른 많은 영역이 분명히 보편적인 것은 아니다. 또한 (이런 영역에서 두각을 나타내는 사람들의 경우) 그들을 IQ나 일반적 영재성 단독으로는 설명할 수도 없다(Simonton, 1994, 1999a, 1999b).

이 분야의 요구를 충족하면서 영재성과 재능의 발달에 초점을 두기 위해, 나는 영재교육 분야에서 영재성과 재능의 의미를 어떻게 통합하여야 하는지에 대해 이렇게 제안하고 싶다. 영재성은 보다 일반적이고, 응용적이고, 폭넓고, 영역 독립적인 능력(예를 들면, 가정-연역적 추론과 같은)으로, 재능은 주어진 영역에 보다 특수하게 적용되는 능력(예를 들면, 손재주 같은)으로 해석하여야 한다. 과학적 실험을 수행하기 위해 계획을 단계적으로 수행하는 것은 능력에 대한 전자의 예가 될 수 있고, 복잡한 피아노 연주곡을 연주하는 데 필요한 손과 손가락의 움직임을 신속하게 숙달하는 것은 후자의 예에 속한다고 볼 수 있다.

비보편적 발달이 이루어지는 영역에서 고도의 숙달을 이루고 만족과 충족감을 얻고자 하는 사람은 대부분 영재성과 재능을 함께 사용한다(Morelock, 1995 참조). 우리가 살펴본 것과 같은 극단적인 사례에서는 매우 특출한 영재라 하더라도 어느 정도는 다른 종류의 능력의 도움 없이는 그들이 지닌 강력한 영재성과 놀랄 만한 재능을 충분히 발휘하여 현실에서 성공적인 성취를 이룰 수 없었다(Feldman, with Goldsmith, 1986/1991; Morelock, 1995; Morelock & Feldman, 1993, 1997). 즉, 일반적 능력은 특정 영역에서 개인의 독특한 잠재력을 실현하기 위해 사용되어야 하며, 그렇지 않으면 그것이 무엇이건 간에 영재성은 성취되지 않을 것이다.

수나 그림, 악기 연주나 볼 던지기 등에서의 특출한 재능은 수학, 미술, 음악회 수준의 연주, 스포츠 경기와 같은 복잡한 영역의 성공을 보장하는 데 충분하지 않다. 실제로 현재 '서번트 증후군'(Treffert, 1989)이라고 불리는 현상은 상대적으로 결여된 일반적인 상징적, 추상적, 논리적, 언어적, 대인적 능력(Goldsmith & Feldman, 1988; Miller, 1989; Morelock & Feldman, 1997; Treffert, 1989) 대비 특정 능력에서 매우 뛰어난 능력을 보여 줄 때 일컫는 말이다(Goldsmith & Feldman, 1988; Miller, 1989; Morelock & Feldman, 1997; Treffert, 1989).

놀라운 특정 능력('재능' 이라고 불릴 수 있는)을 지닌 서번트가 자신의 그러한 능력을 이용하여 할 수 있는 일이 심하게 제한적인 경우가 있다. 예를 들어, Leslie Lemke와 같은 서번트는 한 번 들어 본 곡은 거의 다 피아노로 연주할 수 있고, 지체하지 않고 바로 노래를 부르면서 연주할 수 있었으며, 평생 이러한 능력을 발휘할 수 있었다(Treffert, 1989). 하지만 Leslie Lemke의 콘서트를 본 사람은 누구도 그가 음악인으로서 성공했다든가, 훌륭하게 훈련된 성악적 재능을 가지고 있다고 생각하지는 않는다. 영화 〈샤인(Shine)〉에 나오는 David Helfgot의 경우에는 더 복잡하다. 피아노에 대한 뛰어난 재능을 가지고 있지만 그의 발달과정에 중요한 영향을 끼친 것은 불우한 가정이었고, 이 모든 사실은 그의 음악생활에 많은 영향을 미쳤다. 예를 들어, Helfgot의 콘서트에 대한 비평에서는 그의 연주는 뛰어나지만 그가 최상의 연주가는 아니라고 지적되었다. 하지만 많은 사람이 그의 연주가 가치 있다고 느낀 것은 개인적으로 그리고 심리적으로 어려움을 가진 그가 피아노 연주와 같이 혹독한 자기 훈련이 필요한 분야에서 훌륭한 연주를 해낼 수 있다는 사실이 청중에게 전해져 그들과 충분한 공감을 이루었기 때문이다.

발달 영역 영재성과 재능이 나타날 수 있는 다양한 영역을 통합하는 발달체계를 구성하기 위해, 비보편적 이론은 보편적에서 문화적, 영역 중심적, 특이한을 거쳐 독특한까지의 '영역'의 연속체를 제안하였다(Feldman, 1994a, 1995; Feldman & Fowler, 1998). 이 연속체는 대부분의 발달이 보편적인 것이 아님을 보여 주고 발달과학 분야에서 상당한 관심을 가져야만 하는 여러 변화를 제시하고 있다(Cairns et al, 1996; Feldman, 1986). 비록 영재교육을 염두에 두고 특별히 고안된 것은 아니었지만, 이 연속체는 영재교육 분야에서 중요하게 사용될 수 있다.

영재교육에서 폭넓은 능력을 다루기 위해 그 범위를 점차 확장함에 따라, 영재교육 분야의 전통적인 이론적 패러다임이 지녔던 일관성과 명확성은 상실 위험에 처해 있다. 보편성에서 독특성으로 나아가려는 시도는 영재 분야 내에서 이루어지고 있는 영재성의 재개념화에 있어 상대적으로 직접적인 체계를 제시하면서, 일반적 능력에 대한 전통적인 편견과 특정 영역에는 특정한 재능이 있어야 한다는 현대적 편견을 통합하고자 한다(Feldman, 출판 중). 앞서 언급한 것처럼 비보편적 이론에서는 어떠한 영역이든 숙달되려면 특별한 능력과 함께 일반적인 능력도 필요하다는 것을 전제로 한다.

나는 전문적인 숙달과 성취의 논쟁에 초점을 두고 싶다. 만약 누군가가 행복과 삶의 만족을 중심에 두고 논쟁을 한다면, 나는 자신이 활동하는 분야에서 그들이 하고 있는 일에 만족하고 있는 것처럼 보이는 David Helfgot을 비롯한 대부분의 서번트를 포함할 수 있을 것이다. 잠재력 발휘와 관련된 논쟁에서 나의 목적은 영재성과 재능의 개념, 그리고 그 발달에 대한 확장에 더욱 초점을 두는 것이다. 비록 앞에서 잠시 언급하기는 했지만(예, Feldman, with Goldstein, 1986/1991; Feldman, 1993a, 1993b, 1994b), 이러한 목적과 개인이 자신의 삶을 어떻게 살아가고 또 목적을 어디에 둘 것인지 등의 관계는 우리가 논하고자 하는 범위를 넘어서는 것이다. 그렇지만 앞으로 이야기를 하면서 잠시 다시 언급할 것이다(예, Feldman, with Goldstein, 1986/1991; Feldman, 1993a, 1993b, 1994b).

연속체의 좌측(보편성)에서 우측(독특성)으로 이동함에 따라 특정 영역에 필요한 재능과 능력의 역할은 어떤 적절한 시간과 영역에서 더 크게 작용한다. 예를 들어, 말하기 학습은 어디에나 작용하는 일반적 능력과 청각을 통해서 입력되는 내용에 특별한 의미를 구성하도록 하는 보다 특정한 능력이 모두 필요하다. 의자라는 단어의 음성 발음은 사람이 앉을 수 있는 물체를 나타낸다. 모든 아동이 자연적으로 가지고 있는 언어 특정 능력은 말하기를 위해 반드시 있어야 하는 능력이다(Keil, 1984, 1989). 보편성-독특성 연속체상의 서로 다른 영역과 관련이 있는 영역은 매우 많지만(아마도 수천 개 이상), 정해진 사회에서 주어진 시간에는 그중 단지 몇몇만이 가치 있을 것이다.

각 영역은 고유한 특성을 가질 뿐 아니라 경계상에서(때로는 경계에 걸쳐) 다른 영역과 공유되는 특성도 가지고 있다. 예를 들어, 법과 의학은 보편성-독특성 연속체상에서 각기 '학문 중심' 영역으로 대표되지만, 어떤 측면(예를 들어, 상대적으로 소수의 사람들이 추구한다거나, 선택된 전문직이라는 것과 같은)에서는 공유하는 특성을 가지고 있을 것이다. 똑같은 능력이 요구되는 서로 다른 두 영역은 없다. 의학계에서는 생물학, 해부학, 약학, 그리고 관련 학문의 종합적인 이해를 요구하고, 법학계에서는 불법행위, 계약 법률 지식과 기타 관련 주제의 종합적인 이해를 요구한다. 물론 일반적인 지적 능력은 이 두 분야 모두와 관련이 있으나(전통적인 영재성), 각 전문직의 성공적인 실천을 위해서는 특정 재능이나 각 영역만의 독특성이 요구된다.

보편성-독특성 연속체의 이론적 범위 내 모든 영역에 필요한 일반적인 주요 특성은 본질적으로 발달적이며, 그들의 발달은 단계나 수준처럼 보다 넓고 질적인 변화의 연속으로 평가될 수 있다는 것을 암시한다. 영역도 한 단계에서 다음 단계로의 상향 이동을 위한 환경적 조건이 필요하다는 점에서 발달적이다. 보편적이고 다소 범문화적인 영역을 제외한 다른 모든 영역에서 성공적으로 숙달하기 위해서는 놀랄 정도로 구체화된 일관성 있는 중재와 제도, 과학기술, 교수법과 실제 등과 더불어 정말 특정한 능력이 필요하다. 연속체의 극단인 독특성으로 이동할수록 각 영역에는 점점 더 적은 사람만이 남게 되는데, 그들은 각 영역에서 반드시 거쳐야 할 수준과 단계의 연속을 따른다는 점에서 발달적이라고 할 수 있다(Feldman, 1994a, 1995).

각 개인은 독특한 문화적 맥락에서 일반적 능력과 특수한 능력이 독특한 방식으로 혼재되어 있는데, 개인이 보편성-독특성 연속체상에서 어떻게 더 진보된 수준의 영역으로 옮겨 가는지를 밝히는 것이 발달심리학에서 풀어야 할 중요한 문제다. 영재교육에서는 아주 뛰어난 일반적 능력과 특수한 능력을 지닌 사람이 도전적인 발달 영역을 어떻게 숙달해 나가는지, 때로는 그 능력을 어떻게 변형해 가는지를 살펴보는 데 주요 관심이 있다.

두 분야는 그들 노력의 핵심인 중요하고 실용적인 발달의 개념에 초점을 맞추어야 할 필요가 있다. 타고난 잠재력이 자연적으로 전개되는 발달은 이 두 분야에서 발달의 전반적인 개념의 일부로서 그 가치를 계속 지닐 것이다. 하지만 발달의 의미는 특정 사회에서 특별하게 주목을 끄는 영역이 포함된 비보편적 영역에 대한 이해, 그리고 증가하는 숙달 수준에 따른 움직임이 포함되도록 확장될 필요가 있다.

재능이 있고 없는 사람의 주된 차이는 영역 내에서 좀 더 진보된 수준으로 옮겨 갈 수 있는 비율과 궁극적으로 성취할 수 있는 수준의 수다. 이러한 발달 변화의 종류를 이해하기 위해서는 각 개인이 지닌 타고난 영재성과 재능이 무엇인지를 아는 것 이상이 필요하다. 또한 긍정적인 이동이 발생하는 환경 조건에 대한 이해도 필요하다. 아울러 비보편적 영역의 발달이 목적인 중재의 종류, 최적의 발달에 필수적인 과학기술, 제도, 자원 및 지원체계, 한 영역에서 선호되거나 혹은 영역에 걸쳐 또 다른 영역에서도 선호되는 폭넓은 상황적 · 문화적 · 역사적 조건(Feldman, 1993a, 1994c; Simonton, 1992, 1994, 1999b, 1999c)에 대한 이해도 필요하다.

전문적 지식의 발달과 창의적 변형의 경험

가치 있는 영역에서 훌륭한 성취를 이루기 위한 발달을 이해하는 것이 이 분야에서 가질 만한 유일한 목표는 아니지만 영재교육의 목표로 시작하기에는 매우 적절하다고 할 수 있다. 확실한 것은 영재교육 분야에서는 경험의 질을 판단하기 위한 과정, 성취 및 산출물, 무엇인가를 숙달하기 위해 쏟은 개인의 노력에 따른 성취감, 그리고 단지 영재가 됨으로써 파생되는 만족에만 너무 치우쳤다는 우려가 있다는 것이다(예, Morelock, 1996; Piechowski, 1997; Roeper, 1990; Tolan, 1994).

매우 실제적인 이런 문제를 비판하기에 앞서, 사람이 살아가면서 만족과 즐거움을 얻기 위해서는 개인과 그가 속한 사회의 사람들 모두가 가치 있다고 여기는 영역에서 수준 높은 성취를 이루기 위해 생산적이고 지속적이며 효과적인 노력을 하여야 한다는 것을 논의의 전제로 두고 싶다. 이것은 가치 있는 영역에서의 완수만이 행복과 충족감을 준다는 의미는 아니며, 이런 점에서 완수나 성취에 대한 비판은 일리가 있다고 말하고 싶다. 그러나 개인의 잠재력이 하나 또는 그 이상의 영역을 거치지 않고 매우 만족할 만한 수준으로까지 계발될 수 있을지는 상상하기 어렵다.

영재성이든 무엇이든지 개인은 자신이 충분히 뛰어나다고 생각되는 수준까지 성취하여 자신의 영재성을 증명하고자 하는 마음에서 자유로워져야 하며, 지역사회는 적절하지 못한 영역에 성취와 숙달의 기준을 부과하는 일이 없도록 주의하여야 한다. 하지만 대부분 사회의 대대수는 잠재력에 대한 만족과 성취를 통하여 무엇인가를 더 잘할 수 있도록 격려받고 더 나은 방향으로 나아가고 발전될 수 있게 된다(Feldman, 1976; with Goldsmith, 1986/1991).

가치 있는 영역에서 만족할 만한 전문적인 수준을 성취하도록 하는 것이 영재교육 분야의 합당한 주요 이미지라는 전제하에, 연구를 위해 다음과 같은 몇 가지 시사점을 제시할 수 있다. 실제로 연구 의제는 이 분야의 최고 학자들이 다음 세대를 위해 지속적으로 노력해야 할 정도로 충분히 광범위하며 도전적이고 다양하다. 앞으로의 활동을 위한 가이드와 촉진제로서 다음 연구 질문을 고려해 보자.

① 주어진 문화 내에서 가치 있는 발달 영역의 성취를 위해서는 일반적 능력과 특정한 능력을 어떻게 조합하면 될까?
② 가치 있는 발달적 영역에서 더 높은 수준으로 오르기 위해서는 일반적 능력과 특정한 능력의 장점을 어떤 수준까지 가지고 있어야 하나?
③ 다양한 발달적 영역과 관련 있기 위해서는 어떤 기질과 성격 특성을 가지고 있어야 하나? 이러한 자질은 각 영역마다 어떻게 다른가?
④ 개인의 능력과 재능을 다양한 영역에 적용하게 하거나 혹은 관련 없도록 하는 사회적 · 문화적 제약이 있는가? 예를 들면, 어떤 행동을 하지 못하게 금지하는 종교적인 제약이 있는가? 혹은 성별에 따라 금지된 행동이 있는가?
⑤ 능력과 재능을 가진 개인이 가치 있는 특정 영역에서 최고 수준에 오르기 위해서는 필요한 성격과 기질 외에도 어떠한 조건을 가져야만 하는가? 능력과 재능은 무엇인가?
⑥ 영역의 발달은 어떠한 과정과 메커니즘을 거치는가?
⑦ 각 영역에 연관된 개인의 노력에 따라 각 영역은 확장되고, 정교화되고, 변형되는가? 다시 말해, 창의적인 변형은 어떻게 발생하는가?
⑧ 어떤 영역에서의 업적은 즉각적으로 인식하지 못할 수도 있는데, 이러한 사실은 어떻게 설명할 것인가? 그것을 인지하거나 인지하지 못하는 원인은 무엇인가?
⑨ 가치 있는 영역에서의 숙달과 같은 매우 극단적인 경우는 영역 내의 영재성과 창의성에 대해서 우리에게 어떠한 교훈을 주는가?
⑩ 한 영역에서 최고 수준에 도달하는 것은 그 영역의 변형을 위해 필요한 전제조건인가?

⑪ 창의적이 되려면 반드시 영역의 변형을 의도하여야만 하는가? 의도되지 않은 변형도 창의적이라고 할 수 있는가? 만약 그렇다면 이것은 어떤 의미인가?

⑫ 발달적 영역 내에서 한 수준에서 다른 수준으로의 이동을 설명할 수 있는 변화와 변형의 메커니즘 과정은 무엇인가? 모든 영역은 모든 수준에서 다 같은 과정을 가지고 있는가?

⑬ 일반적인 능력이 특정한 영역에서 특정한 재능으로 대체될 수 있는가? 예를 들면, 매우 높은 IQ를 가졌으나 특정한 음악적 재능이 상대적으로 결여되어 있는 영재라면 음악 영역에서 숙달의 수준까지 오르는 것이 가능한가?

⑭ 두뇌와 중앙 신경 체계에 대한 매우 진보된 지식은 영재 관련 이슈에 대해 우리에게 무엇을 말해 주고 있는가? 신체적 발달은 전문가적 발달에 어떠한 제약을 가하는가? 두뇌와 신체의 특정 측면에 의존하는 기회로는 무엇이 있나?

⑮ 발달의 차원은 제시된 틀 안에서 적절하게 강조되어 있는가? 예를 들면, 인간성, 역사적인 상황, 정신력, 성별, 민족성의 자질은 적절한 방식으로 적절한 관심을 받고 있는가?

⑯ '전통적'으로 영재로 판별되는 아동은 지능의 재정립 시 잃어버리게 되는 것인가? 영재교육이 시작되던 처음 한 세기 동안 영재아동을 위해 공헌해 왔던 영재교육 운동은 여전히 가치가 있는가?

⑰ 제안된 구조 틀은 영재교육 분야에서 혼동되는 용어를 잘 정리해 주고 있는가? 예를 들어, 영재, 재능 있는, 창의적, 신동, 천재(그리고 아무도 의심을 품지 않는 다른 용어)가 그러하다. 앞으로 이 분야에서는 이러한 용어의 의미에 대한 동의를 이끌어 낼 수 있을까?

⑱ 영재교육 분야에서는 여기서 제안된 것과 같은 접근법에 대응할 준비가 되어 있는가? 이 분야는 정말 많은 변화가 필요한가? 여기서 제안된 것과 같은 패러다임의 전환 없이도 생존(혹은 심지어 번영)하는

것이 가능한가?

두말할 필요 없이, 이러한 질문은 가능성이 전혀 없는 것은 아니다. 이들 질문은 영재교육의 이슈를 정교화하고 명료화하기 위한 진화론과 발달론적 구조에 대한 발견적 가치를 보여 주고자 한 것이다. 위의 질문이 어느 정도 제기되고 있는가? 전통적인 패러다임 안에서 이미 제기되고 대답되어 왔는가? 같은 주제로 많은 내용이 거론되어 오고 있는 동안 이들 중 몇몇은 현재 영재교육 분야에서 제기되고 있지만, 여기에 간략히 요약된 것처럼 체계적으로 조직화하려는 노력은 이 분야에 지속적인 생명력을 가져다줄 것이라는 것이 현재 진행되고 있는 논의의 전제다.

결론

이 장에서 제시된 구조 틀이 영재교육 분야를 이끄는 최선의 방법이 아닐 수도 있다는 나의 논의의 시작을 다시 상기해 보자. 다른 이들이 이 분야의 방향을 더 잘 잡고 자신들의 생각을 좀 더 잘 표현할 수도 있을 것이다. 좋은 의견이 있다면 누구든지 환영이다. 영재교육과 같이 복잡하고 다양한 분야에서 명료한 전망을 제시하고 전달하는 데 따르는 어려움과 도전에 대해서는 많은 학자의 결집된 노력이 필요하다. 영재교육 분야를 이끌기 위한 이러한 운명이나 다른 어떤 개인의 노력보다 더 중요한 것은 새로운 구조 틀의 필요에 대한 논의의 요청이다. 이러한 필요성이 얼마나 정확한지, 그리고 새 세기에 여실히 드러날 도전을 어떻게 잘 준비해야 하는지는 미래를 예견해야 할 우리의 논의에 활기를 불어넣어 줄 것이다. 이 분야는 그것이 적절하게 이루어져야 하는 것처럼 이러한 노력이나 다른 노력의 성공을 판단하게 될 것이다(Csikszentmihalyi, 1988; Feldman, Csikzentmihalyi, & Gardner, 1994 참조).

결과적으로 나타날 구조 틀이 어떠한 형태든지, 그것은 현재 논의의 초점이 되고 있는 두 가지 주제—진화와 발달—에 대해 중요한 역할을 하여야 한다. 영재교육 분야에서는 때때로 이 두 개념을 이용하고 있지만, 진화적 과정과 (특히 비보편적) 발달적 과정의 중요성에 대해서는 완전히 인지하지 못하고 있다.

진화적 기록에 따르면, 인류의 독특한 측면 중 하나는 적어도 두 종류의 능력이 구성원에게 부여된다는 것이다. 그것은 넓고 다양한 환경에서 생존·번식하는 방법을 도와주는 일반적인 것과 개인이 추구하려는 영역의 정도를 가능하게 하거나 제약하는 특정한 것이다. 자연은 종(種)이 일반적 적응에 너무 크게 의존하지 않도록 하면서 다양하게 분산된 방향으로 인류의 진화가 가능하게 하였다. 이처럼 다른 한편에서는 항상 특정한 환경적 조건과 다른 기회가 있다(Feldman, 1986/1991, 1994a; Feldman et al., 1994).

영장류에게 진화는 어떤 한 종류 혹은 또 다른 종류의 능력 세트를 갖도록 해 왔지만, 둘 다 동시에 발생하는 경우는 거의 없다. 다만 Darwin이 세계 여행 중 적응의 복잡성을 발견하였던 갈라파고스섬에서 핀치 새의 종은 예외인 것 같다(Weiner, 1997). 좀 더 일반적으로 적응한 종은 여러 거주지에서 살아남을 수 있는 방법을 찾았기 때문에 더 나은 생존 기회를 가지고 있는 반면, 핀치 새는 특정한 지역에서만 생존할 수 있는 제한적인 특정한 능력을 지니고 있었다. 그리고 특정 지역에서만 아주 특수하게 적응할 수 있는 종은 환경에 변화가 올 경우 생존 가능성이 떨어진다.

영재교육에서는 발달의 개념에 있어 그 의미가 너무 제한적이었다. 전통적으로 발달은 안정적인 자연적 능력을 성공적으로 사용하는 것을 의미해 왔다. 이러한 자연적 능력은 변화하지 않고 또 변화할 수 없는 것으로 여겨 왔지만, 올바른 지원과 기회만 주어진다면 각 영재아는 저마다의 타고난 영재성을 최대한 발휘할 수 있을 것이다. 이러한 발달의 의미는 분명 타당하지만 그것만이 유일한 것이라고는 볼 수 없다. 또한 다음 세기의 영재교육 분야를 위해서도 가장 적절한 것이라고는 볼 수 없다.

이 장에서 제시된 것처럼, 발달의 적절한 의미는 개입과 초기 학습('초보자')에서 시작하여 그 영역의 최고 수준('전문가')에 이르기까지의 전문적 지식 수준의 연속체다. 전문적 지식 맥락의 발달은 반드시 인지적이지 않아도 되는 능력을 포함하여, 영역의 수준과 관련된 일반적 및 특정한 능력에 초점을 두고 있다. 또한 그것은 각각의 가치 있는 발달 영역에서 전문적 지식을 강화, 장려, 도전, 결정 및 인식을 하는 조건을 강조하고 있다. 가치 있는 발달적 영역의 개입과 숙달을 통한 잠재력의 실현은 다음 세기를 준비하는 영재교육 분야를 이끌어 가야 할 주요 이미지라고 할 수 있다.

제2장

일반 지능의 영재성을 넘어
영재를 판별하고 교육하는 새로운 방법

John F. Feldhusen

영재이거나 재능이 있거나 지적으로 매우 우수하고 뛰어난 재능을 보이며 학문적으로 탁월한 능력을 보이는 학생을 제대로 파악하고 이해하여, 그들이 능력을 최대한 발휘하게 하고 창의적인 성취를 이루게 하거나 어떤 전문 분야의 지식인으로 성장하도록 하려면 어떠한 도움이 필요할까? 그들의 능력이란 것은 이미 유전적으로 결정되어 있는가, 아니면 성장하는 동안 부모나 학교, 친구 등 그 사람을 둘러싼 환경적 요소가 인생의 성공과 성취에 많은 영향을 미치는가? 동기화와 다른 여러 성격적인 요소는 영재의 장기적인 발달에 어떠한 영향을 미치는가? 진로 계획과 목표 설정 또한 영재의 장기적인 발달에 중요한 역할을 하는가? 모델링, 멘토링, 창의적 산출물이나 구체적인 성취물, 예술이나 각 전문 영역, 혹은 뛰어난 능력을 보이는 영역의 지도자는 영재아의 장기적인 재능 개발에 얼마나 많은 영향을 미치는가? 학생의 재능 개발과 관련된 이런 모든 논의는 창의성과 무슨 관련이 있는가? 이 모든 질문은 능력 있는 학생의 교육과 그들의 발달을 이해하고 개발하는 데 있어 우리가 직면하고 있는 중요한 문제다.

여러 교사와 학생에 대한 관찰뿐만 아니라 나 자신의 교사로서의 경험을 통하여, 나는 영재아와 그들을 위한 수업의 접근방법이 변화되어야 한다고 확신한다. 모든 아동이 어떤 기본 수준이나 표준에 일률적으로 도달하도록 가르치는 데 노력을 기울이기보다, 모든 아동이 각기 지닌 재능과 적성, 그리고 자신의 능력을 최고 수준까지 발휘하여 직업에서의 성공과 개인적인 만족감이 성취 가능한 최고 수준까지 도달할 수 있도록 도와주어야 한다.

모든 학생은 재능과 장점, 소질, 적성과 능력 면에서 충분히 개발이 가능한 잠재력을 지니고 있다. 잠재력의 수준은 아동마다 다를 수 있고 재능의 유형은 다양할 수 있지만, 모든 또는 대부분의 아동은 발달 가능성이 충분한 다양한 장점을 지니고 학교에 온다. 한 아동의 재능이 무엇이든 간에, 우리는 아동의 '재능'이 아직 개발되지 않았고, 능력도 충분히 발휘되지 않았으며, 이런 재능과 능력은 있다면 반드시 개발되고 발달되어야 한다는 것을 알고 이를 도와야 한다. 그러면 아동의 잠재력은 학부모와 교사, 친구나 지역사회의 다른 기관의 격려와 아동 자신의 헌신과 노력을 통해 더욱 성숙하고 전문적인 기술로 발전하거나, 창의적인 결과물을 생산하거나, 어떤 영역에서 매우 높은 수준의 성취로 실현될 수 있을 것이다.

영재 프로그램은 주로 '영재아'가 지닌 일반적 능력을 개발하는 데 노력을 기울이지만, 좋은 프로그램은 아동이 가진 특별한 재능을 찾아내어 개발하는 일을 한다. 몇몇 창의적인 직업 세계에서 높은 수준의 재능을 보이는 사람들에 대한 조사연구에 따르면(Achter, Lubinski, & Benbow, 1996; Bloom, 1985; Csikszentmihalyi, Rathunde, & Whalen, 1993), 재능이 창의적 직업에서 높은 수준으로 발달하기 위해서는 어린 나이에 '영재'로 판별되는 것뿐만 아니라 특별한 재능과 적성, 그리고 발휘될 능력에 대한 정확한 인식과 개발이 매우 중요하다. 이는 아동이 지닌 재능의 장점을 판별하는 것과 마찬가지로 또는 그보다 더 중요하게 아동의 특별한 재능을 발견하고 이해하기 위해서 아동 스스로가 그것을 발견하고 이해할 수 있도록 교사와 학부모가 도와주어야 한다는 것을 의미한다.

영재아를 위한 적절한 교육적 서비스의 제공을 위해 우리가 알아야 할 것을 비표준화된 평가척도와 체크리스트, 그리고 지능 검사와 성취도 검사가 알려 준다는 가정하에(Richert, 1991), 영재교육 분야에서는 영재를 판별하기 위해 이러한 검사에 거의 전적으로 의존해 왔다. 이러한 검사가 영재아를 위한 적절한 교육적 서비스 제공을 위해 우리가 알아야 할 모든 것을 알려 준다고 믿었기 때문이다(Richert, 1991). 영재를 판별하는 절차 또한 어떤 아동은 진정한 영재이지만 어떤 아동은 그렇지 않다는 이분법적인 가정에 기초하고 있다. 전형적인 판별과정조차 수학, 과학, 사회 및 국어와 같은 학문적인 영역에서 뛰어난 능력을 지닌 아동에만 한정되어 이루어지고 있다.

새로운 연구는 아동을 판별하거나 범주화하는 것이 또 다른 문제를 유발할 수 있다고 지적하였다(Colangelo & Brower, 1987a, 1987b; Robinson, 1986). 하지만 그 증거는 무시되었고, 영재교육 분야는 능력 있는 아동의 판별과 프로그램을 위해 오래전부터 사용해 왔던 것을 지속적으로 사용해 오고 있었다. Bloom(1985), Gagné(1993), Feldhusen(1997), Achter 등(1996), Csikszentmihalyi 등(1993)의 연구는 특정한 적성이나 재능은 프로그램과 교육과정을 개발하기 위한 지침으로서만 판별되고 사용되어야 함을 보여 주고 있다. 재능 있는 아동은 자신의 능력을 알고 이해하여야 하며, 그들의 발달을 위해 개인 목표를 세우고 진로를 생각해야만 한다(Feldhusen & Wood, 1997).

높은 수준의 창의성을 보인 영재 120명의 어린 시절에 대한 집중적인 연구에서, Bloom과 동료들(1985)은 이들이 자신의 능력을 잘 인지하고 이해하고 있었으며, 부모의 적극적인 지원과 격려를 받았고, 각 발달 단계에서 훌륭한 교사를 만났다고 한다. 영재는 예술이나 정신 운동적 활동, 학문적-인지적 성취를 추구하는 분야에서 높은 수준의 창의적인 성취를 이루기 위한 필수 요소를 갖추었다고 볼 수 있다. 그러한 과정은 영재교육 프로그램에서 주로 사용되는 단 한 번의 판별체제와는 달리 실제로 아동기와 청년기를 통해 지속적으로 이루어졌고, 이를 거치는 동안 여러 평가에서 나타난 학업상의 성공과 실패, 그들을 둘러싼 더 넓은 환경에서 발생한 모든 경험을 겪은 영재 자신과 그들을 지켜본 멘토와 부모, 교사는 다양한 종류의 정보를 제공해 주었다.

Gagné(1993, 1995a)는 인간 재능의 본질과 발달을 이해하기 위해 노력한 학자다. 그는 인간의 능력은 어린 시절에는 보다 일반적인 능력으로, 인지적, 창의적, 감각운동 등의 재능과 적성으로 특징지을 수 있다고 보았다. 이러한 일반적 재능은 자라면서 여러 환경적 요인과 대인관계적 촉매자에 의해 긍정적이거나 부정적인 영향을 받으면서 특정한 재능으로 성장하게 된다. 이러한 환경적 영향에는 사람, 아동과 관련된 개인, 수업과 활동, 충격적인 사건, 그리고 일반적인 물리적 환경이 포함된다. 아동기와 청소년기 동안의 대인관계와 내적인 자기 이해 조건은 재능 개발과 밀접한 관련이 있는 동기화와 인성 발달에 큰 영향을 미친다. 이러한 재능 개발의 장기적인 과정을 거치는 동안에 특정한 재능이 나타난다. Gagné는 또한 인간 재능 출현의 일반적 영역과 특정한 영역을 더욱 명확하게 구별하기 위해 지속적인 연구 프로그램을 개발하고 있다. Gagné(1993)의 재능 개발 모델은 영재교육과 재능 개발 분야에서 지금까지 나타난 가장 종합적인 시각이라 할 수 있다.

Csikszentmihalyi 등(1993)은 Bloom(1985)의 연구에서처럼 재능 개발의 본질과 그 과정을 이해하는 데 초점을 두고 연구를 하였기에 여기서 다루는 이슈와 특히 관련이 있다. 청장년 시절(35세 전후)의 창의적 성취자를 인터뷰한 Bloom과는 달리, 이 연구자들은 청소년에 대한 인터뷰와 직접적인 행동 관찰을 통하여 청소년의 재능의 출현과 발달을 직접 관찰하였다. 그 결과, 긍정적인 재능 개발을 보이는 청소년은 자신의 재능에 대한 높은 자각과 이해를 하고 있었으며, 이것이 자신의 재능 개발을 위한 노력에 기여하고 있는 것으로 나타났다. 그들은 혼자 일하고 학습하는 고독을 참을 수 있었으며, 아르바이트 등의 대수롭지 않은 일에 장시간을 보내지 않았다. 또한 종종 (특정 활동에 대한) '넘치는 에너지' 를 경험하기도 하였으며, 특정 재능과 관련된 활동에 매우 높이 동기화되어 적극적으로 참여하였다.

뛰어난 능력을 지닌 아동의 판별과 그들을 교육하기 위한 프로그램의 체계적인 발달에 가장 중요한 영향을 미쳤던 것은 인간 능력과 관련된 철학과 정책을 다룬 성명서인 미국 교육부의 말랜드(Marland) 보고서(1972)다. 말랜드 보고서는 하나의 일반적인 능력에 우수한 영재성이 아니라, 6개의 독립된 재능 범주—일반적 지적 능력, 특정한 학문적 적성, 창의적 · 생산적 사고, 지도력, 시각적 · 신체적 재능, 정신운동적 능력—를 제안하였다. 몇몇 영재 프로그램의 초기 개발자는 실제로 그들이 아동을 영재라고 판별하기 전에 아동이 지닌 이러한 모든 능력을 찾으려고 노력하였다. 그러나 초기 프로그램 개발자는 대체로 처음 2개의 범주에 속하는 아동 그리고 '일반적인 영재' 라고 일컬을 수 있는 아동만을 대상으로 하였다.

말랜드 보고서(1972)는 1993년에 『국가 수월성: 미국의 재능 개발을 위한 사례(*National Excellence: A Case for Developing America's Talent*)』(U.S Department of Education: USDE)라는 미국의 영재교육 현황을 연구한 위원회의 보고서에서 개정되었다. 영재를 정의함에 있어, 이 보고서는 그것이 어린 시절의 잠재력이 아니라 오직 성숙한 성취를 명시하는 데에만 사용되어야 한다고 선언하였다. 더 나아가 보고서는 그 제목에 새로운 '재능' 지향성을 반영하고 있다. 더욱 중요한 것은 그것이 다음과 같이 새로운 정의를 하고 있다는 점이다.

> 뛰어난 재능을 가진 아동과 청소년은 또래, 환경, 경험과 비교하였을 때 놀라울 정도의 높은 수준의 성취를 이루거나 그럴 만한 잠재력을

> 가지고 있거나 보여 준다.
>
> 지적, 창의적, 예술적 분야에서 높은 수행능력을 가진 이러한 아동과 청소년은 뛰어난 지도력을 가지고 있거나 특정한 학문 분야에서 매우 우수한 능력을 보인다. 이런 학생은 일반적으로 학교에서 제공되지 않는 서비스나 활동을 필요로 한다. 뛰어난 재능은 모든 문화적, 경제적 집단에서 나타나며, 인간 노력이 가능한 모든 영역의 아동과 청소년에게서 나타난다(p. 26).

그리하여 영재교육의 방향에 대한 실제적인 재고가 이루어지고, 재능 판별과 발달에 대한 올바른 방향이 제시된 것이다.

새로운 방향

이제 재능 개발을 위한 프로그램과 교육과정, 서비스의 발달을 위해 우리가 추구해야 할 연구와 이론, 그리고 실제에 대하여 살펴보자. 이는 인간 재능에 관한 4개의 주요 영역, 즉 인지적-학문적, 예술적, 개인적-사회적, 직업적-기술적 영역에 초점을 맞춤으로써 이해할 수 있다. 명백한 것은 개인의 소질이나 재능은 인지적-학문적 영역에만 제한되는 것이 아니며, 우리 사회와 그 안에서 성장하는 사람 모두에게 장기적인 혜택을 주기 위해서는 이 사회에서 제대로 기능을 하고 충분히 발전할 수 있는 재능의 무한한 가능성에 대해 인식하고 있어야 한다. 그러므로 우리 사회가 잘 기능하고 발전하기 위해서는 인간 재능에 대해 완전하게 알고 있어야 한다. 분명히 말하지만, 이는 모든 사람이 뛰어난 재능을 가졌다고 말하는 것이 아니다. 누구나 그들이 지닌 재능과 능력에서 많은 개인차를 보여 준다. 그러나 인간 재능을 더 넓은 시각에서 바라보면 영재 프로그램에서 영재로 판별된 소수의 사람보다 훨씬 더 많은 수의 사람이 잠재적인 재능을 가지고 있는 것이 사실이다. 재능은 유전적인 자질과 타고난 능력의 산물일 뿐만 아니라 많은 아동이 직면한 경험의 질, 범위, 깊이, 다양성의 산물이기도 하다. 그러므로 아동의 진정한 재능을 찾기 위해서는 무관심한 부모, 가난한 가정환경, 빈약한 학교환경, 자극을 줄 만한 멘토나 친구가 없는 열악한 주위 환경 등과 같은 문화적 불평등과 불공정에 대해서도 주의를 기울여야 한다.

재능의 평가

영재교육 분야에서는 주로 '영재성'과 '재능'이라는 용어를 사용하면서도 영재 프로그램과 서비스를 제공하기 위해서 영재성의 일반 지표로 검사의 점수를 종합하여 사용하고 있다. 영재를 위해 적절하다고 여겨지는 프로그램으로는 여전히 풀아웃 심화 프로그램의 형태가 널리 사용되고 있다. 특정한 재능은 거의 판별되고 있지 않으며, 설령 판별된다 하더라도 재능은 주로 영재성의 하위 수준으로 여겨지고 있다. 특정한 재능의 인식과 판별은 일리노이 주 퀸시에서 실시된 DeHann과 Kough(1956)의 프로그램과 같은 몇몇 초기 프로그램에서 사용되었다. 그들은 ① 지적, ② 과학적, ③ 지도력, ④ 창의적, ⑤ 예술적, ⑥ 문학적, ⑦ 드라마, ⑧ 음악적, ⑨ 기계적, ⑩ 신체적 재능에 대한 체크리스트와 절차를 개발하였다. DeHann과 Kough가 제시한 프로그램은 각각의 특정한 재능을 위한 구체적이고 특별하고 차별화된 교육 활동과 교육과정을 포함하고 있다.

가장 널리 알려진 재능 모델은 아마도 '무한한 재능(Talents Unlimited)'일 것이다. 이는 Taylor(1968, 1985)에 의해 개발되었고, 최근에 Schlicter(1986)에 의해 활성화되었다. 프로그램에서 판별되고 개발되는 재능의 주된 범주는 ① 의사결정, ② 의사소통, ③ 예측, ④ 계획, ⑤ 창의적 사고, ⑥ 학문이다.

DeHann과 Kough(1956), Taylor(1968, 1985)가 개발한 모델은 널리 알려지고 사용되는 Renzulli, Smith, White, Callahan과 Hartman(1998)의 우수 학생의 행동적 특성 평가를 위한 척도(Scales for Rating the Behavioral Characteristics of Superior Students)에서 사용된 다음의 10개 범주에 많은 영향을 미쳤다. ① 학습, ② 동기화, ③ 창의성, ④ 지도력, ⑤ 미술, ⑥ 음악, ⑦ 드라마, ⑧ 의사소통-정확성, ⑨ 의사소통-표현, ⑩ 계획이 그것이다. 이러한 척도는 판별에 널리 사용되었지만, Treffinger(1991)는 실제 학교에서 이러한 척도 점수의 합계를 구해 다목적 영재아를 선발하고 있으나 특정한 재능은 소홀히 한다고 지적하였다.

Tannenbaum(1983)은 재능을 지나치게 구별하지 않고 규정하는 노력의 일환으로, 능력, 적성, 자질, 재능, 요소의 개념에 대한 동의가 잘 이루어져 있지 않고 교육자가 실제 현장에서 이들을 혼용한다는 점을 지적하였다. 우리가 교육자, 심리학자, 실용주의자의 관점과는 다른 관점으로 영재교육에 접근할 수 있다는 것을 인식하면서, 그는 ① 희귀 재능, ② 잉여과잉 재능, ③ 분할 재능, ④ 이례적 재능의 구조를 사용할 것을 제안하였다. 희귀 재능은 세계적으로 유명한 발명가, 발견가, 작가나 철학자와 같은 사람이 지니고 있다. 잉여과잉 재능은 작가, 예술가, 연극인이 지니고 있는 것으로, 우리의 삶을 보다 아름답게 하고 인간 경험에 새로운 의미를 제공해 주고 있다. 분할 재능은 외과의사, 내과의사, 교사, 사회복지사, 임상심리학자, 경영자와 회사 사장과 같이 우리의 일상생활에 물품과 서비스를 제공하는 전문가가 지니고 있는 것이다. 마지막으로 이례적 재능이 있는데, 이는 고급 요리, 서커스 묘기, 게임쇼 승리자와 같이 일상생활에 필요하지는 않으나 재미있고 즐겁게 해 주는 재능을 말한다.

9~17세의 학생 305명을 대상으로 한 우리의 연구 결과, 영재아는 아주 높은 수준의 학문적 재능(Feldhusen, Wood, & Dai, 1997)을 보여 주었고, 자기 보고에 의하여 재능의 범주를 ① 학문적, ② 예술적, ③ 인지적, ④ 창의적, ⑤ 의사소통적, ⑥ 운동-신체적, ⑦ 게임적, ⑧ 언어적, ⑨ 개

인적-사회적, ⑩ 기술적의 열 가지로 밝혀 주었다. 각 학생의 재능은 1~9점 척도로 측정되었으며, 평균은 3.2였다.

Gagné(1995a)는 재능 발달과정에 관한 주요 모델을 개발하였다. 그는 아동의 삶 속에서 대인적, 환경적 촉진의 결과로 발달적으로 나타나는 9개의 특정한 재능 영역(예술, 운동, 경제, 의사소통, 수공, 교육, 건강 서비스, 과학과 기술, 교통)을 제시하였고, 재능을 네 가지 형태의 영재성(지적, 창의적, 사회-정서적, 감각 운동적)으로 기술하였다. 그는 또한 최근에 재능 평가를 위한 측정도구를 개발하였다. Gagné의 연구는 영재성과 재능의 판별에 있어 가장 유망한 새로운 접근이라고 할 수 있다. Kay(1999) 또한 아동의 특정한 재능에 대한 그래픽 시각을 제공하는 재능 프로파일 체제를 개발하였다.

재능의 개념과 판별에 대한 움직임은 1983년 일곱 가지 지능에 대해 소개한 Gardner 교수의 『마음의 틀(*Frames of Mind*)』이라는 책의 등장으로 더욱 강화되었다. 그의 모델은 현재 재능을 판별하고 육성하는 데 널리 사용되고 있고, Gardner, Walters와 Hatch는 1992년 책에서 그들이 가질 관심의 초점을 명확히 하기 위해 재능과 재능 개발이라는 용어를 사용하여 관심을 끌었다.

앞에서도 말했지만, 일반 영재성의 개념을 탈피하고 특정한 인간 재능에 초점을 두고자 하는 최근의 경향은 1993년 미국 교육부에서 발표한 보고서인 『국가 수월성: 미국의 재능 개발을 위한 사례』에 가장 큰 영향을 받았다. 이 보고서에서는 영재라는 용어 사용의 중단을 요구하였다.

영재아를 위한 교육과정과 수업

Piirto(1994)는 『영재 아동과 성인: 그들의 발달과 교육(*Talented Children*

and Adults: Their Development and Education)』이라는 책에서 인간 재능의 최대 범위를 제시하고 어떤 교육 전문가보다 더 많은 것을 자세히 기술하였다. 그녀는 학문적 능력뿐만 아니라 시각 및 공연 예술, 경영 또는 지도력에서의 재능의 판별과 교육을 위한 도구, 절차에 대해 기술하였다. 또한 출생부터 청소년기까지의 재능 개발에 대한 전반적인 개괄에 기초하여, 유치원에서 고등학생에 이르는 교육과정의 개발과 영재아의 상담, 교육적 활동의 조직과 실제를 위한 절차에 관한 광범위한 정보를 제공하고 있다.

『TIDE: 중고등학교에서 영재의 판별과 교육(*TIDE: Identification and Educating of the Gifted and Talented)*』이라는 책에서 Feldhusen, Hoover와 Sayler(1990)는 개별 학생의 재능에 적용할 수 있는 광범위하고 다양한 교육적 프로그램과 활동을 제시하고 있다. 또한 Feldhusen은 『교육에서의 재능 판별과 개발(*Talent Identification and Development in Education* [*TIDE*])』(1995)이라는 책에서 특정한 재능과 흥미의 개발을 촉진할 수 있는 교육과정과 교수 모델, 프로그램과 활동을 발표하였다.

Clark, Zimmerman과 Haroutounian의 연구를 포함하여, 잘 알려진 예술 분야의 프로그램 개발 안내를 위해서도 많은 학자의 노력이 있어 왔다. Clark와 Zimmerman은 논문과 저서를 통하여 예술적 재능의 판별기법을 발표하였고(1992, 1995), 교육과정과 프로그램, 교수기술에 관한 풍부한 아이디어와 지침을 제시하고 있다(1994, 1998). Haroutounian(1995) 또한 예술적으로 재능 있는 학생에게 음악과 다른 예술을 가르치는 이슈에 대해 기술하였다. 그녀는 예술적 재능의 판별에 있어서 수행과 결과물 평가의 절대적 필요성, 장기간의 누적된 작품을 통하여 판단하는 과정의 필요성, 그리고 판별과정에서 예술 전문가를 평가자로 활용하는 문제에 대해 강조하였다. Haroutounian은 또한 잘 구성된 평정척도와 체크리스트는 판별과정의 초기 단계에서도 유용하게 사용될 수 있다는 것을 지적하였다.

Feldhusen, Hoover와 Sayler(1990)는 각 영역에서 학생의 행동 특성을 판별하기 위해 학문, 예술, 직업, 사회과 수업을 담당하는 교사를 대상으로 대규모 연구를 수행하였다. 연구를 통하여 그들은 농업, 가정, 경제와 사무, 무역과 산업의 4개 직업 영역 각각에 대한 척도를 구성하였으며, 이 네 영역에서 발휘되는 재능의 신뢰성 있는 측정방법을 개발하였다. 『교육에서의 재능 판별과 개발』(1995)에서 Feldhusen은 직업 영역에서의 재능을 판별하고 육성할 수 있는 지침도 안내하고 있다.

영재아를 판별하고 교육하기 위한 주요 노력은 코네티컷 대학의 Renzulli와 Reis에 의해 선도되었는데, 현재 같은 학교 내에 있는 국립영재연구센터에서 이 일을 계속하고 있다. 1976년에 발간된 『우수 학생의 행동 특성 평가를 위한 척도』와 1978년에 발간된 『파이 델타 카판(*Phi Delta Kappan*)』의 「무엇이 영재성을 구성하는가? 정의에 대한 재검토(What makes giftedness? Reexaminating a Definition)」는 영재교육을 미국뿐만 아니라 나아가 전 세계의 교육 발전을 위한 선두가 되도록 하였다. Renzulli(1978)는 영재성을 결정하는 세 개의 주된 요소—평균 이상의 능력, 과제 집착력이나 동기, 창의성—를 제안하였다. 영재성의 요소에 관한 이 모델은 학교 전역의 심화학습 모델(Renzulli & Reis, 1997)이란 이름으로 영재를 판별하기 위해 사용되었다. Renzulli는 1994년 『재능 개발을 위한 학교(*Schools for Talent Development*)』와 1998년에 개정 발간된 『우수 학생의 행동 특성 평가를 위한 척도』에서 재능 개발의 개념을 더욱 확장하였다. Renzulli가 지향하는 바는 그 외 "재능 개발은 우리 분야의 주 업무"라는 진술에 잘 반영되어 있다(1994). 우리 분야는 한때 영재교육에 초점을 두고 있었으나, 이제는 재능 판별과 개발에 초점을 두고 있다. 우리는 학생이 가진 재능을 판별하고 육성하기 위한 프로그램을 만들기에 충분한 이론적이고 실제적인 기초를 가지고 있다.

교사

영재학급 교사와 일반학급 교사, 특수교육 교사와 상담교사는 모든 학생의 재능을 판별하고 육성하기 위한 연수를 받아야 한다. 영재교육을 위한 특별학급 연수의 대부분은 재능 영역과 관련이 있다. 특히 매우 뛰어난 재능을 가지고 있는 학생과 주로 관련이 있는데, 영재아의 특별한 재능, 적성, 흥미를 교사가 어떻게 평가해야 하며 특정한 재능에 적절한 교육과정과 수업은 어떻게 수정해야 하는지가 중요하게 다루어진다. 그러나 서로 다른 수준의 능력을 지닌 아동은 관심 분야가 저마다 다를 뿐만 아니라 서로 다른 재능과 적성의 정도를 지니고 있는데, 이들 또한 학교에서 그 재능이 판별되고 육성되어야 한다. 뛰어난 능력을 지닌 아동의 학습을 담당할 교사를 위한 연수는 모든 아동의 재능에 어떻게 대처할 것인가를 더욱 확대한 것이며, 전통적인 영재교육의 개념을 확장한 것이라고 볼 수 있다.

아동은 유아 시절부터 재능의 잠재성을 보이기 시작한다. 유아(만 3~6세)의 재능 판별은 대체로 비형식적이고, 평정척도의 결과나 아동 행동에 대한 직접적인 관찰에 바탕을 두고 있다. Karnes와 Johnson(1987)은 유아의 재능 판별을 위한 평정척도의 선구자라 할 수 있다. 렌줄리 척도(Renzulli Scales; Renzulli et al., 1976)는 초등학교와 중등학교 수준에서 널리 사용되고 있으며, 퍼듀 학문 평정척도(Purdue Academic Rating Scales; Feldhusen, Hoover, & Sayler, 1990)는 고등학교 수준에서 사용되고 있다. 교사는 영재교육에서 평가를 위해 사용 가능한 이러한 평정척도와 다른 여러 측정도구나 평가도구의 정확한 사용에 대한 연수뿐 아니라(Feldhusen, Jarwan, & Holt, 1993), 학교에서 학생의 학업과 수행의 관찰을 통하여 재능을 어떻게 평가할 수 있는지에 대한 연수가 필요하다.

적절한 교육과정과 수업방법을 선택하고 활용하는 데에도 교사의 특별 연수가 필요하다. 재능이 뛰어난 학생을 가르친다는 것은 그들의 수준에 합당한 교육과정과 수업을 제공한다는 것을 의미하고, 낮은 재능 수준을 지닌 학생의 경우는 특정한 재능을 보이는 영역을 강화하는 교육과정과 수업을 제공하는 것을 의미한다. 모든 학생에게는 핵심 교과영역의 기본적인 수업이 필요하지만, 드라마, 예술, 지도력, 컴퓨터, 경제와 같은 영역에 대한 특별한 학습 기회와 방과 후나 주말을 이용한 특별활동이 일반 또는 특별학급에서 조직되고 실시되도록 한다.

분명한 점은 교사에 대한 연수와 특별한 지원은 교사가 특별 수업을 어떻게 실시하여야 하는지를 이해시키는 데에 필수적이라는 것이다. 현재 대부분의 주에서는 대학이나 일반 교원 연수를 통하여 종종 전문 자격증이나 수료증으로 연계되는 특별 연수를 실시하고 있다. 심화 연수를 실시한 후에는 수료증이나 부전공의 교사자격증을 주고 있다. Hansen과 Feldhusen(1994)은 영재학생을 가르치는 교사 중 연수를 받은 교사와 그렇지 않은 교사를 대상으로 종합적인 연구를 실시하였는데, 학생에게 제공하는 수업 서비스의 내용과 질에서 훈련된 교사가 그렇지 않은 교사보다 훨씬 뛰어나다는 것을 알아내었다.

영재아동의 양육자로서 부모

아동 재능의 출현과 인식, 발달은 가족의 본질과 영향에 따라 많이 달라진다. 지적 능력과 사회 · 정서적 발달이 이루어지는 유아기에 학부모는 유아에게 모든 자원을 제공하며, 학부모와 형제자매는 형성적인 사회적 상호작용을 경험하게 해 준다. 물론 아동은 모든 경험을 수동적으로만 받아들이기보다 사회적 상호작용 및 할당된 자원과 서로 상호작용하면서 영향을 받는다. 이 모든 경험을 통하여 지능, 특별한 적성, 타고난 재능, 그리고 사회 · 정서적인 요소는 각 아동마다 독특한 구성으로 나타난다.

어떤 아동은 우수한 유전적 재능과 양육의 조합으로 예술이나 아주 탁월한 수학적 재능, 뛰어난 신체기술을 가지게 되어 어린 시절에 훌륭한 성취를 이루기도 한다. Fowler(1992)는 조숙한 아동의 어휘력 발달에 대해 기록하였고, 부모가 아동의 어휘 발달을 촉진하는 데 기여하는 활동의 예를 많이 들었다. 그는 어린 시절 가정에서 이루어지는 풍부한 언어적 자극은 청소년기나 성인기에 이르기까지 높은 언어적인 자신감 그리고 배우고자 하는 학습 동기를 가지게 한다고 하였다.

Robinson과 Noble(1991)은 영재아의 사회 · 정서적 발달에 관한 종합적인 견해를 제시하였다. 그들에 따르면 영재아동은 일반아동에 비해 대체로 부유한 가정에서 자라며, 일반학생과 비교하여 사회 · 정서적인 성숙도 면에서 앞선 모습을 보여 주고, 고도의 인내력과 헌신, 긍정적인 자아개념과 자아존중감, 그리고 적은 문제행동을 보인다. 그러나 때로 영재아는 가족의 영향으로 인해 자신의 재능 때문에 경쟁심, 완벽주의, 우울증을 가지게 되며, 재능을 오히려 사회적 장애로 인식하게 되기도 한다.

Moon, Jurich와 Feldhusen(1998)은 아주 뛰어난 능력을 지닌 아동의 인지적, 사회적, 정서적 발달에 기여하는 가족의 역할에 대한 문헌을 종합 분석한 결과, 사회적-체계적인 관점에서 가족은 아동의 재능 개발에 매우 중요한 역할을 한다고 결론지었다. 가족은 모든 구성원이 다른 구성원과 서로 영향을 주고받는 상호작용적인 정서적 체제다. 가족은 각 개인이나 영향의 조합이나 얽힘으로 이해할 수 있는 것이 아니며, 전체가 하나가 되어 기능하는 것으로 이해되어야 한다. 가족은 또한 여러 사회체제의 구조 내에서 작용하는 것이다. 그러므로 가족에 소속된 아동을 이해하기 위해서는 학교, 친구, 이웃과 지역사회 내 사회집단처럼 상호작용하는 하위 체제의 이해가 필요하다. Moon, Jurich와 Feldhusen은 또한 가족이 아동의 재능 개발에 중요한 영향을 미치는 가치체계를 가지고 있다는 것도 밝혀내었다.

Silverman(1997a), Rimm(1994)은 영재의 육성을 위한 노력으로 학부

모에게 올바른 지도 방향을 제시해 주었다는 점에서 이 분야에 공헌한 바가 크다. Silverman은 지적, 사회적, 정서적 발달을 제대로 이해하기 위해서는 개인 지능검사를 사용하여 아동의 지능에 대한 조기 평가를 실시하여야 한다고 주장하였다. Rimm(1995)은 매우 재능 있는 아동에 대한 부모-자녀 상호작용의 영향에 대해 추적하였다. 그녀는 부모와 자녀 간의 상호작용 패턴은 특별한 재능을 보이는 분야에서 아동의 성취와 자아개념, 자아존중감과 장기적인 직업적 성취에 중요한 영향을 미친다고 강조하였다.

Smutny(1998)는 『유아영재(*The Young Gifted Child*)』에서 영재아의 부모가 된다는 것은 아동을 양육하면서 일반적으로 가지게 되는 여러 가지 문제와 함께 아동의 뛰어난 재능과 조숙함, 아동의 인성과 사회성 발달에서 발생하는 여러 부가적인 문제로 인해 도전을 받게 되는 것이라고 하였다. 아동 양육과 가족 조직에 대해 6인의 전문가는 이러한 도전에 어떻게 대처해야 하는지, 재능과 아동의 전반적인 발달을 모두 최대화하기 위해서는 어떻게 해야 하는지에 대해 지도와 조언을 하고 있다. 최근에 자주 나타나는 주제는 조숙함을 보이는 아동의 독립심과 자기주도 능력, 주변 세계를 탐구하려는 호기심과 욕구, 가정에서 독서와 문학 제공의 결정적인 역할의 중요성, 그리고 아동의 좋은 지적 모델이 되는 주요 성인의 가치관에 관심을 두고 있다. 가족은 어린 영재아의 재능 개발을 위한 본질과 방향을 결정짓고 아동 삶의 초기에 중요한 힘이 되는데, 이러한 가족의 역할은 청소년기를 거치면서도 지속적으로 중요한 영향을 끼칠 것이라는 것이 분명해진다.

재능, 전문 지식 그리고 창의적 성취

재능 개발은 평생을 통해 체계적으로 이루어지는 과정이지만(Ericsson,

1996), 아동이 자라서 성인이 되어 전문가가 되거나 창의적인 성취를 하게 될 것인지를 결정하는 것은 의외로 뜻밖의 것인 경우가 많다. 가족은 아동이 구성원으로서 살고 기능하는 체제 중 최우선인 곳이다. 그다음에 학교, 하나 이상의 전문적인 영역, 그리고 조직된 다양한 활동 분야가 중요한 체제로 포함된다. 아동이 스스로 행동할 뿐만 아니라 아동 발달체제에서 주요한 부분을 차지하는 사람, 자원, 환경과 상호작용하고 서로 영향을 준다는 점을 항상 인지한다면, 우리는 아동과 상호작용하고 발달체제의 한 부분이 되는 주된 자원과 영향, 개인을 판별할 수 있을 것이다.

우리는 뛰어난 재능과 조숙함을 보이는 많은 영재는 그들이 노력을 쏟고 있는 분야나 직업 세계에서 언젠가는 전문가가 될 것이라고 믿는다 (Ericsson, 1996). Bereiter와 Scardamalia(1993)는 진정 탁월한 전문가는 자기 분야에서 새롭고 독특한 문제 및 독창적인 해결책을 제시할 수 있는 능력인 창의적 적응성을 가져야 한다고 보았다. 실제로 재능 있는 전문가는 '창의적인 문제 해결가'라고 부를 수 있을 것이다. 전문성은 주로 반복적이고 정교한 숙련된 수행으로 여겨지기도 한다. 하지만 그보다는 고도의 창의적 전문가 정신으로 보는 것이 더 바람직하다고 할 수 있다.

요약

아동기에 재능과 적성은 크게 차이가 나지 않으며, 우리는 단순히 아동이 언어의 조숙성, 자연에 대한 감상, 정신운동 민첩성과 같은 하나 또는 그 이상의 일반적 분야에서 매우 뛰어난 재능적 강점을 보인다고만 생각할지도 모른다. 그러나 가정과 이웃, 학교에서 아동이 가지게 되는 풍부한 경험은 아동이 지닌 보다 특별한 재능을 더 많이 나타나게 한다. 심화와 속진을 바탕으로 한 학교에서의 학습 경험은 이러한 재능 개발과정에 매우 중요한 역할을 할 수 있다.

학생이 자신의 재능을 알고 이해한다는 것은 필수적인 일이며 능력 개발에 중요한 부분을 차지한다. 학생에게 수업, 교과목, 자원, 책, 상담과 격려가 제공될 수는 있지만, 궁극적으로 학생은 스스로의 재능 개발과 자신의 교육적, 직업적, 개인적, 사회적 목표 설정의 책임을 져야 함을 알아야 한다.

학교와 가정, 지역사회에서의 다양한 경험은 아동이 자신의 능력을 시험하고, 강점이 있는 분야를 발견하고, 그들이 되고 싶은 예술가, 직업인, 전문가나 고도 성취자의 복합된 이미지와 함께 자신에 대한 모든 지식을 통합하게 한다. 삶에서 최고의 성취를 이룰 수 있는 단 하나의 길은 없지만, 성공적인 성취자는 자기 주변에서 최고의 기회를 잘 포착하고 그것을 최대로 활용한다.

뛰어난 능력을 지닌 아동은 재능 있는 다른 아동과 상호작용하게 되면 많은 이득을 얻을 수 있다. 영재아가 한 학급에서 함께 학습하게 되면 다른 사람이 지닌 능력과 자신의 재능이 지닌 가치를 인식하게 된다. 때로는 동료 집단에게서 받는 사회적 압력과 친구 간의 경쟁이 부정적으로 작용하기도 하지만, 재능과 흥미와 열성을 함께 나눈 아동은 자신이 지닌 재능을 긍정적으로 받아들이게 된다. 또한 그들이 같은 분야에 재능을 보일 때에는 흥미와 활동의 극대화를 위해 서로 간에 동기를 북돋워 주기도 한다. 재능 있는 아동은 재능이 나타나는 분야에서 고도의 성취, 작품, 업적, 수월성 혹은 전문성을 이룬 역할 모델이 필요하다. 역할 모델은 비슷한 분야에 재능을 지닌 아동에게 직업에 관한 통합된 청사진을 제공해 준다. 역할 모델은 아동의 부모가 될 수도 있고, 교사나 지역사회의 접근 가능한 유명인사일 수도 있다. 재능 있는 아동이 한 분야에서 최고의 전문가로 손꼽히는 유명인을 만나는 것은 특히 유용할 것이다. 아동에게는 그것이 고무적인 사건이 될 것이다.

많은 에너지와 개방적인 성향, 높은 인내심, 빠른 반응, 강한 책임을 가진 사려 깊은 아동일수록 재능이 최고로 잘 발휘될 수 있다. 재능 있는 아동은 상세한 것뿐 아니라 패턴이나 관계에 대한 기억을 잘하므로 일반아동보다 주위의 여러 측면을 더 숙달하고 보다 장기적으로 기억하게 된다. 또한 그들은 학습 상황을 누구보다 즐기며 열성적이고 역동적인 자세로 임하게 된다. 그들은 자신이 학습하고 있는 내용에 '몰입' 하거나 깊이 몰두하여(Csikszentmihalyi et al., 1993) 시간이 흐르는 것을 완전히 잊어버리기도 한다. 마지막으로, 그들은 모호성에 크게 구애받지 않고 잘못된 목표를 추구하기도 하는 위험 감수자다.

학교는 재능을 판별하고 육성하는 데 더 많은 시간과 관심을 쏟아야 한다. 이상적인 영재 프로그램은 모든 아동이 자신의 특정한 재능을 찾고 발견할 수 있도록 도와주는 것에 초점을 두면서 학교에 재학 중인 모든 또는 대다수 학생을 잘 도와주어야 한다.

제3장

학교를 넘어서
의미를 찾아서

Mary Anne Heng

우리가 왜 살아야 하는지 그 이유를 알고 있다면 삶에서 겪게 되는 여러 문제는 대부분 다 참아 낼 수 있을 것이다.

–Nietzsche

30세의 싱가포르인 San Ng은 가난한 사람을 도와주는 자원봉사자가 되는 것을 삶의 목표로 삼았다. 그리하여 잘 나가는 변호사로서 결혼 프러포즈를 받았을 때 자신이 누리고 있던 안락한 삶을 포기하였다("Learning About Real Life", 2000). San은 말했다. "난 오랫동안 완벽한 싱가포르인으로 살아 왔어요. 최고의 학교를 다녔고(역주: 싱가포르는 영국 케임브리지 일반 자격시험을 채택하고 있다), 보통과정과 상급과정 모두에서 줄곧 A학점을 받았고 법관이 되었지요. 그리고 부모님은 그걸로 기뻐하셨어요……. [하지만] 나는 현재의 생활에서 벗어나 삶에서 무엇인가 다른 것을 갈구했어요." 프랑스계 자선단체인 '국경 없는 의사회(Medecins Sans Frontieres)' 소속으로 태국에서 자원봉사를 하고, 미국 최대의 박애주의 재단인 게이츠 재단(Gates Foundation)에서 1억 7000만 달러를 사용하기 위한 지표의 틀을 잡는 일을 하면서, San은 소위 말하는 '완벽한 삶'과 결별하고 지금의 삶이 가져다준 새로운 의미와 크나큰 성취감에 행복해하고 있다.

새천년이 밝았다. Alvin Toffler가 말한 미래의 시대인 제3의 물결의 문명시대가 도래하였다(Toffler & Toffler, 1995). 20세기의 작동 모델인 공장제, 관료제를 중점으로 한 제2의 물결 시대는 진부한 것이 되었다. 변화, 맞춤화와 개별화를 목적으로 하는 비대중화된 사회가 출현했고 경제 변화가 일어나고 있다. Toffler(1970)는 이런 변화에 발맞추어 현대사회의 학교교육 기본 개념 또한 혁신적으로 변화해야 한다고 하였다. Toffler는 "학습하고, 재학습하기"(p. 367) 위해, 사람들은 제3의 물결에서 나타나는 새로운 지식에 기초하여 더 나은 내일을 계획할 수 있어야 한다고 주장하였다. 이는 계획의 위험성을 생각하고, 검증하고, 의문시하고, 질문하고, 혁신하고, 감수하는 과정을 거쳐 이루어질 수 있다.

성공이란 무엇인가? 영재아는 San Ng의 방식대로 오랜 시간 진지하고 심각하게 자신에게 진정으로 중요한 것이 무엇인지를 생각할 수 있는가? 얼마나 많은 영재아가 자기 자신을 알게 되고, 진정한 삶을 살고, 자신이 되고 싶은 사람이 되는가? 영재교육 분야로 시선을 돌려 말하자면, 교육자로서 우리가 자신의 삶과 우리가 가르치는 아동에게 진실로 대하고 있는지를 물어볼 수 있다. 우리는 아동이 '왜 학교는?' 이라는 질문 뒤의 보다 심도 깊은 의미를 찾도록 도와주고 있는가?

"우리가 왜 살아야 하는지 그 이유를 알고 있다면 삶에서 겪게 되는 여러 문제는 대부분 다 참아 낼 수 있을 것이다."라는 Nietzsche(1889/1990, p. 33)의 말은 이런 의미에서 우리에게 깊은 감명을 준다. 영재교육 분야에서 Borland(1996a)는 우리가 교육적 연구와 실제에 기초가 되는 큰 철학적 질문에 대한 근원을 찾지 못한다면 부적절성의 위협이 실제로 일어날 것이라고 경고하였다. 이에 영재에 대한 현대적 개념의 핵심과 대세에 관한 근본적인 이슈를 재점검하고, 의미와 목적, 방향에 관한 철학적 이슈를 언급함으로써 전통적인 개념의 학교와 학교에서의 성공 너머의 더 큰 학교의 의미에 대한 아동의 인식에 대해 알아보고자 한다. 그러나 의미와 목적에 대한 보다 광범위한 렌즈를 통한 영재성의 이해를 시도하기 전에 영재의 전통적인 개념에 깔려 있는 성공에 대한 개념의 한계를 재점검할 필요가 있다.

학업적 성공을 위한 교육의 한계

미국의 영재교육자(예, Roeper, 1996; Silverman, 1997b)는 현재 '심리학적 근원'으로의 복귀와 영재아의 요구에 귀 기울이는 것의 중요성을 주장해 오고 있다. 너무 오랫동안 교육의 주된 목표는 성취에 있었다. 즉, 아동에 대해 진정으로 그들이 누구인지를 알기보다는 무엇을 할 수 있는가에 더 관심을 두어 왔던 것이다. Roeper(1995)는 "교육은 단편적인 도구가 되고 있다. 학문적인 학습만을 강조하고 있으며 자아의 발달과 성장을 강조하지는 않는다. 그러나 그들 삶의 가장 중요한 부분이라 할 수 있는 것은 바로 각 인간의 독특한 자아인 내적 자아다."(p. 142)라고 주의를 주었다. Roeper는 교육철학에 관한 두 가지 견해인 성공을 위한 교육과 삶을 위한 교육을 구별하였다. 그녀에 따르면, 대부분의 경우 학교는 성공을 위한 교육철학에 이끌려 왔다. 이 교육 모델은 학문적인 성취, 그리고 규준과 사회의 기대 속에서 움직이는 공장 방식 기업으로서의 교육에 더 강조점을 두고 있다. 이와는 반대로, 삶을 위한 교육철학은 자아실현과 개인주의적 개념에 기초하고 있다. 아동 개개인은 그들의 고유성에 대한 가치를 인정받고, 보다 큰 자아 성장의 맥락 속에서 '내적 행동강령'과 열정을 가지도록 강조되어야 한다.

'학교는 삶을 위해 교육할 수 있는가?'라는 질문은 더 많은 질문을 낳는다. 학교에는 A학점을 받는 것보다 더 큰 의미가 있는가? 상상하건대,

최소한 싱가포르에서 학문적인 성취와 '완벽한 삶'을 이루었음에도 실재적인 공허를 느꼈던 San Ng과 같은 사람으로 대표되는 몇 가지 예에서는 그렇지 않다고 할 수 있다. 실제로 싱가포르는 집약적인 학문적 경쟁이 만연하고, 학교를 실용적인 목적을 위한 도구로 인식하는 나라로 잘 알려져 있다. 아마도 이는 싱가포르 이야기의 일부를 나타내기에 적절한 것으로, 학문적 성공을 넘어서는 교육의 필요성을 일깨우는 것이라고 할 수 있다.

하지만 아마도 이 글을 읽는 독자는 싱가포르인의 경험이 미국의 영재교육 분야와 무슨 상관이 있냐고 의문을 품을지도 모른다. 400만의 인구(5명 중 1명은 비거주인이다; "Singapore Population", 2000 참조)가 648㎢(로드아일랜드 주의 약 1/6 크기)의 작은 섬에 밀집해 있는 도시국가 형태에서 얻은 경험이, 2억 7000만 명의 인구로 세계 최고의 경제를 이끌며(Europa World Year Book, 1999) "첨단의 대부분이 최초로 발생하는"(Toffler & Toffler, 1995, p. 87) 나라로 묘사되는 미국과 어떠한 관련이 있다는 것인지가 처음에는 분명 이상하게 보일 것이다. 그러나 땅의 크기 차이는 제쳐 두고라도, 내륙 지역도 없는 구석진 어촌 마을에서 보잘것없이 시작하였으나 오늘날 경제 기적을 이룬 싱가포르의 이야기(Lee, 2000 참조)—인간 자본에만 의존하고, 교육을 존중하고, 학문적 수월성에 열중하는—는 간략하게나마 세상에 알리고 싶다.

싱가포르의 교육

먼저 미국과 싱가포르 간에는 분명한 차이가 존재하지만 현저한 공통점도 존재한다는 점을 지적해 두고 싶다. 대체로 두 나라는 민족적, 문화적 다양성을 자랑하는 공통적인 이념과 민주주의적 이데올로기를 보장하고 있으며, 일반적으로 학문적 성공을 실제 사회의 성취 수단으로 인정하고 있다는 점이 공통점이라고 할 수 있다. 또한 미국 다음가는 경쟁력 있는 국제 경제국("Global Competitiveness Ranking", 2000)인 싱가포르는 최근 실시한 제3회 국제 수학 · 과학 경시대회에서 학생의 탁월한 성취로 학문적인 주목을 받았다(예, Keys, Harris, & Fernandes, 1996). 미국 교육부 장관인 Richard Riley는 제2차 아시아-태평양 경제협력기구의 교육장관급 회의가 이루어지는 기간 동안 싱가포르의 학교를 방문하여, 수학과 과학의 기본 개념과 기초 기술 습득에 강조를 두는 엄격한 학문적 교육과정과 학문적 노력을 칭찬하였다("U.S. Education Chief Praises Singapore Way," 2000).

그러나 학문적 성공의 결과로 싱가포르는 A학점 학생과 제3의 물결 경제에 등장한 벤처 자본주의가 있을 뿐 올바른 질문—실용주의적 목적과 외관을 초월하여 의미와 목적성 있는 방향을 추구하는 보다 근본적이고 체계적인 질문—을 하고 있지 않다는 귀에 거슬리는 자각에 부딪히고 있다. 『싱가포르 해협 타임스(Singapore Straits Times)』(2000)는 "미래사회에서 올 A학점이 진정 필요한가?"라고 대서특필하며 묻고 있다. 싱가포르 국가청년위원회(Singapore National Youth Council)의 조사("Wake-up Call for Singapore Youth," 2000)는, 싱가포르 청년 사이의 자기만족 추세가 걱정스러울 정도라고 지적하고 있다. 이 연구는 싱가포르의 10대는 점차 소심해지고 있다고 보고한다. 세계화와 국경 없는 경제 시대에 청년은 세계화의 의미를 이해할 필요를 느끼지 않으므로 그들의 안전지대를 침해받고 싶어 하지 않으며, 독선적이고 자기중심적이며, 학위는 좋은 직장과 좋은 삶을 위한 중요한 실용적 수단이라고 보고 있다.

따라서 최근 싱가포르에서는 교육 개혁이 패러다임 변화의 한 부분이 되었다. 지난 몇 년간 학자와 정책 입안자는 교육 분야와 그 존재 이유를 재점검함으로써 이에 대한 재고와 활발한 논쟁을 해 왔다. 교육계획 세미나 2000은 '능력 위주의 교육: 현실로의 승화'라는 주제로 효율성 위주에서 능력 위주로 전환하는 싱가포르 교육에 대한 패러다임 변화를 예고하였다. 요즘의 시대사조(Zeitgeist)는 개념적 전환과 교육 개혁 모두를 반영한다. 새로이 나타난 패러다임은 보다 넓은 의미의 성공에 대한 정의와 능력에 대한 더욱 확대된 개념을 강조하고 있다. 학문적인 목표 추구 면에서 교육을 주로 지식의 융화로 인지하는 효율성 위주의 지향과 비교해 볼 때, 능력 위주의 지향은 개인의 전체적인 발달에서 모든 개인과 가치가 지닌 여러 능력과 재능에 찬사를 보내고 있다(Nothing Like a Teacher's Eye, 1999). 능력 위주 교육에 대한 사고방식의 근본적인 변화는 질적 교육에서 중요 상수로 여기는 지적 능력, 이해, 지식과 함께 성격과 동기화에 초점을 맞추고 있다.

수월성 교육에 더 이상 만족하지 않는 싱가포르는 아동의 지적 능력 육성뿐 아니라 성격 개발도 함께 하는 보다 전체적인 교육적 접근으로 이동하고 있다. 싱가포르 교육에서 실시하는 능력 위주의 교육은 기본 가정과 교육 실제에 깔려 있는 근본적인 이슈와 관심사를 비판적이고 편견 없이 재고하고 재계획하고 재평가하는 것이다. 교육자는 학교의 의미를 심도 깊게 점검하는 진정한 탐구를 하고 있는가? 특히 학문적으로 뛰어난 아동은 냉혹한 학위 추구의 목적을 넘어선 사명감과 목적성 있는 방향을 지니고 있는가?

변화의 시련기와 과밀화되어 가는 지구를 위한 비책으로(Manbubani, 1998) 새로운 아시아 건설을 꿈꾸는 싱가포르는 학문적 수월성의 근본적인 관점과 철학에 대한 새로운 사고를 하려고 한다. 그럼에도 급격한 변화와 불확실성의 시대에는 더욱 근본적인 질문이 필요하다. 현대사회의 의미와, 목적, 방향을 위해 우리는 무엇을 생산하고 또 어디로 가야 하는가?

헝그리 정신

세계적으로 유명한 경영 지도자이며, 1960년대 런던 경제대학원의 설립자이고, 신학에 조예가 싶은 경영학 교수인 Charles Handy는 스스로에게 진실하여야 하는 진실한 삶의 중요성을 강조하였다. 그의 책 『헝그리 정신(*The Hungry Spirit*)』(1998)에서, Handy는 현대사회에서 물질적 성공(그리고 영재교육 분야와 경쟁적인 사회에서 그 어떤 것보다 우위인 학문적인 성공)을 추구한 이후, 사람들이 느끼는 공허함으로 불만족한 상태가 되었을 때를 헝그리 정신을 이용하여 은유적으로 나타내었다. 그는 다음과 같이 밝혔다.

> 나는 부자 사이에서 가난으로 몰락한 많은 사람의 삶이 황폐해지는 것에 안타까움을 느꼈다. 삶의 보다 초월적인 관점과 목적의 부재, 우리가 하는 모든 것에 영향을 미치는 경제적 신화의 보급에 대해서도 걱정이 된다. 돈은[그리고 전통적 관점에서의 성공의 개념은] 삶의 수단이지 목적은 아니다. 우리가 조화를 회복하기 위해 할 수 있는 무언가가 반드시 있을 것이다(p. 3).

이 장에서 사고와 아이디어 몇 가지를 조명하기 위해 Handy의 철학적 관점을 택한 데는 몇 가지 이유가 있다. 첫째, Handy의 철학적 관점은 의무의 경계를 넘어서 차이를 만들 수 있도록 하는, 자기 자신에게 충실한 영원한 존재 가치에 초점을 맞추고 있다. 이런 점에서 이 관점은 한편으로는 도구적-목적론적 측면에서의 학교와 (싱가포르와 같은 나라에서 만연한) 무자비한 학문적 경쟁적 측면에서의 학교 사이에 새롭고 중요한 연계를 만들어 주는 한편, 의미를 찾기 위한 교육의 더 큰 측면을 나타내기도 한다. 둘째, 그는 많은 책(예, 1994, 1995, 1998)에서 물질적이고 실질적인 성공을 넘어 목적을 위한 탐구에 이르기 위해서는 전통적인 성공의 개념과 함께 자본주의 산물과 그에 따른 함의를 잘 살펴볼 것을 강조하고 있다. 예를 들어, 『산이 움직이기를 기다리며(*Waiting for the Mountain*)』(1995)는 몇 년 전 BBC 라디오에서 매일 3분 동안 방송했던 종교적인 내용인

'하루를 위한 생각'을 바탕으로 엮은 책이다. 자극적이고 고무적인 Handy의 철학적 아이디어는 명석하고 높은 학업 성취를 보이는 앞에서의 San Ng이나 이 장의 뒤에서 소개할 성공한 듯 보이는 사람들을 괴롭히는, 현대사회의 걱정과 쉼 없음 그리고 불만족과 공명한다.

Handy의 자기 지식과 자기 회복 이론의 중심은 핵심 책임감 사이의 조화, 한편으로는 더 많은 책임감과 핵심을 초월하는 가치 사이의 조화를 유지하는 것이다. Handy의 핵심 책임감은 대체로 닫힌 사회의 역할과 의무로 정의될 수 있다. 역할이란 대체로 전통적 성공의 개념과 절대적인 진실로 묶여 있다. 그러나 Handy는 근본적인 책임감을 넘어서 다른 사람의 삶보다 더 큰 비전으로 살아가기 위해서는 자기 자신의 존재보다 더 큰 것에 기여할 수 있는 기회를 중요시해야 한다고 하였다. 그는 경제적 진보와 외적인 성공이 강조되는 시대에 각 개인은 자신에게 점점 더 불만족하고 있다는 점이 아이러니라고 주장하였다. 따라서 정의될 수 있는 역할과 의무를 능가하면서 열린 사회에 존재하는 보다 큰 이유와 이색적이고 다원적인 가치의 세계를 만나게 되면, 자신이 가지고 있는 것보다 자신의 삶에 더 큰 의미를 주며 자신의 손이 닿지 않는 곳에 있는 이유를 알게 된다.

학교에서 미리 결정되고 정의된 역할에 따라 살고 있는 학생은 아주 자연스럽게 전통적인(학문적) 의미에 맞게 잘하는 경향이 있으며, 사회에 나가서는 일반적으로 경제적 성공의 길을 가기를 기대한다. 하지만 Handy(1994)의 주장대로 학문적 성취와 실용적 목적을 넘어서서 보다 넓고 깊은 의미의 학교를 이해하는 것이 필요하다. 이것은 우리로 하여금 학문적으로 뛰어난 아동이 학교의 보다 깊은 의미와 넓은 목표를 음미할 수 있는지, 핵심 책임감을 넘어서 살아갈 수 있는지, 의무의 한계를 넘어서 진정한 차이를 만들기 위해 최선을 다할 수 있는지를 물어보게 한다. 영재아에 대한 이해에 새 빛을 더하기 위한 좀 더 구체적인 주제로 넘어가기 전에, 생과 사, 고통과 죽음에 대한 보다 넓고 신랄한 의미를 추구하기 위해 노력한 사람들의 이야기를 잠깐 살펴보자.

의미의 탐구

나치 시대에 죽음의 수용소에서 생존한 Viktor Frankl은 그의 독창적인 산물인 『삶의 의미를 찾아서(*Man's Search for Meaning*)』(1984)에서 삶의 근본적인 동기가 되는 힘인 인간의 의미 추구에 대한 그의 믿음을 기술하고 있다. 나치 수용소— '악인과 성자' 의 모습을 여실히 보여 주는 사람들이 있는(p. 178)—의 공포를 회상하면서, Frankl은 삶의 의미를 추구하는 데 있어 가치 있는 통찰을 제시하였다.

> 일반적인 의미로 삶의 의미를 정의하는 것은 불가능하다. 삶의 의미에 대한 의문은 포괄적인 설명으로도 결코 대답될 수 없다. 삶의 과업이 매우 실제적이고 구체적인 것처럼, '삶' 은 막연한 어떤 것을 의미하는 것이 아니라 매우 실제적이고 구체적인 것이다. 그것은 각 개인마다 다르고 독특한 인간의 운명을 형성한다(p. 98).

이 인용문에서 알 수 있듯이, Nietzsche의 현명함에 자극받은 Frankl은 악조건을 극복하려는 의지력을 지닌 생존자를 강하게 하는 수단으로서 삶의 의미에 대한 의지를 기술하였다.

『이타적인 성격(*The Altruistic Personality*)』(Oliner & Oliner, 1988)에서 보고된 것처럼, 홀로코스트의 또 다른 생존자 Samuel Oliner는 다른 사람을 위해 자신을 희생한 보통 사람의 용기 있는 이야기 이면에 가려져 있는 가치와 질에 관해 연구하였다. 비구조자에 비해 구조자는 유대감과 헌신을 보이는 경향이 있었고, 자기 자신을 뛰어넘는 삶의 의미에 대한 깊은 이해를 보여 주고 있었다. 구조자는 사람들이 사건을 해석하는 방법에 따라 어떻게 사건에 대응할지를 정하는 경우가 많다는 것을 중요한 점으로 지적하였다. Pendarvis와 Howley(1996)도 비슷한 시각을 제시하였다. "지성은 통찰력의 과정이다. 통찰력을 양성하는 작업인 교육은 그 존재 자체와 방법을 통해서 학생이 윤리적, 정치적 문제를 진지하게 평가하도록 도와줄 것이다. 지성은 의미에 관한 탐구를 도와주며, 지적인 작업은 분명히 인간 조건의 탐구를 포함한다." (pp. 228-229).

다시 말하자면, 의미에 대한 진정한 탐구 없이는 과연 진정한 개인적 충만을 가질 수 있는가 하는 것이다. John Gardner는 『수월성(*Excellence*)』(1961/1984, p. xiv)에서 "아무것도 믿지 못하는 사람이 뛰어난 업적을 쌓는 것이 가능한 일인가?" 라고 물었다. 만약 똑똑한 아동이 진정한 목표가 없다면, 만약 그들이 목적과 함께하는 전체적인 비전이 합당하게 구성된 각 부분을 합한 것보다 더 강력하다는 것을 알아볼 능력이 부족하다면, 진정으로 탁월한 성취를 이룰 수 있을까? Gardner는 그렇지 않다고 보았다. "재능 그 자체는 충분하지 않다. 우리는 '재능은 어떠한 가치를 가지고 있나?' 라고 자문한다. 진실이나 아름다움 혹은 정의를 위한 재능이 있다. [하지만] 탐욕이나 전제정치를 위한 재능도 있는 것이다." (p. 144) 그러므로 어떤 사람의 지성과 재능은 책임감의 개념과 맞추어 짝을 이루게 된다.

오늘날 성공했다고 생각되는 많은 학생은 학교와 사회에 나갔을 때 삶의 의미, 목적, 방향에 대해 존재론적 고뇌를 하게 된다. 이때 그들은 단지 일반적이고 무의미한 내용이 아니라 지적인 식별을 통해 "자신의 삶에 대한 해답을 찾고…… 책임 있는 개인으로서의…… 삶에 대한 대답을 구하려 한다" (Frank, 1984, p. 131). J. Gardner(1961/1984, p. 173)의 말을 바꾸어 말하자면, 아무것도 믿지 못하는 영재아는 어떠한 훌륭한 성취도 이루기 힘들 것이다. 영재아는 무엇을 믿고 있는가? 그들은 학교를 자신의 미래를 준비하기 위한 기관으로서 어떻게 보고 있는가? 그들은 지적인 사람을 어떻게 생각하는가? 삶에서 성공이란 무엇인가? 이러한 것이 이 시기에 이루어져야 할 질문이다. 이들은 또한 아동이 현실을 보거나, 초인지 수준으로 사고를 하거나, 의미를 찾으려는 노력을 더욱 명백히 해 줄 수 있는 더 근본적인 질문이다. 대체로 이러한 질문은 의미 있고 충만한 삶의 목적에 대한 근원적 자각, 그리고 정해진 역할과 책임을 넘어서 자신에 대한 자각과 이해를 이루는 데 도움이 될 것이다.

우리는 내부의 목소리를 듣고 있는가

의미, 목적, 방향. 싱가포르의 10대는 이에 대해 어떻게 생각하고 있나? 삶에 대한 초월적인 시각의 부재와 전통적인 성공의 유형에 대한 무조건적 지지, 그리고 편협하고 제한된 추구의 결과인 공허감과 불만족에 대한 Handy(1998)의 은유인 헝그리 정신은 학교에 다니고 있는 아동에게도 명백히 나타나고 있는가? 현대 세계 변화의 축소판인 싱가포르는 외적(etic, 보편적 혹은 탈문화적)인 해석을 위한 영향뿐 아니라 내적(emic, 문화적) 측면을 동시에 제시한다(Berry, 1969). 앞에서도 말한 바와 같이, 미국과 싱가포르는 민족적 · 문화적으로 다양화되어 있고, 현대화된 민주주의 국가로서 학문적 성취를 실제 현실에서 가장 중요한 성취로 보고 있다는 점에서 대체로 유사한 이데올로기를 지니고 있다고 볼 수 있다.

그렇다면 성공이란 무엇인가? 성인의 삶을 위해 학교는 학생을 어떻게 준비시키는가? 임상적 인터뷰를 통하여(Ginzburg, 1997), 나는 36명의 싱가포르 8학년 청소년의 학교와 지능, 그리고 성인이 된 후의 삶의 기대에 대한 현상적인 실제에 대한 연구를 한 적이 있다(Heng, 1998, 2000). 이들 학생 중 18명은 영재학급에 소속된 학생이었고, 나머지 18명은 같은 학교의 일반학생들을 위한 일반학급의 학생(싱가포르의 영재교육 프로그램에 의해 영재로 판별되지 않은 학생)이었다.

학문적인 능력에 상관없이, 학습자로서 자신을 높이 평가한 청소년은 내성적이고 생각이 깊고 사려 깊은 경향이 있었다. 그들은 학교의 원대하고 장기적인 목표와 잠재적 교육과정, 그리고 다양한 학교 상황에서 어떻게 학교 안팎에서 성공할 수 있는지에 대해 날카롭게 인식하고 있었다. 목적과 방향성을 가진 이러한 학생은 학교가 '피상적인 성공'의 추구를 넘어서야 할 필요가 있으며, 학습을 위해 실시하고 있는 학년 중심의 학습방법을 넘어 정신적인 지평을 확장하는 것이 필요하다고 하였다. 더불어 실제 사회의 성공에 결정적인 역할을 하는 능력과 요소의 복잡한 상호작용에 대한 민감성과 이해를 개발해야 한다고 주장하였다.

"나중의 삶을 위해 학교는 어떻게 학생을 준비시켜야 하는가?"라는 질문에 한 영재 여학생은 다음과 같이 대답하였다.

> 학교는 작은 사회다. 학교에서 우리는 다른 사람과 함께 살고 일하는 것을 배우고 있다. 이는 우리가 학교를 벗어났을 때 덜 내성적이고 덜 자기중심적인 사람이게 해 준다는 점에서 도움이 된다. 자기중심적이 되면 피상적인 성공만을 원하기 때문에 나쁘다고 생각한다. 사회가 피상적인 성공을 우선순위로 두고 있기 때문에 어떤 면에서는 학교가 이러한 성공을 장려하고 있다…. 사람들은 오직 피상적인 성공만을 위해 일하고 있다. 돈이 없다면 우리의 경제가 죽을 것이기 때문에 돈은 중요하다. 하지만 제발 사람들이 스스로 개발할 수 있었으면 한다.

학교와 학습의 보다 장기적인 목표에 대해 심사숙고하고 있는 이 학생은 분명하고 즉각적인 학교의 목표뿐 아니라, 성인이 된 후의 삶에 지울 수 없는 영향을 미치는 보다 중요한 학교 교육과정의 잠재성 역시 잘 알고 있는 것 같았다. 소사회와 자기중심적 사고를 피상적인 성공의 선봉자로 보는 학교에 대한 그녀의 관점은 Roeper(1995)의 사고의 상호의존 모델과 유사하다. 상호 의존의 틀 안에서 Roeper는 경쟁보다는 협동 정신의 성취를 더 강조한 '공유하는 성공'을 제시하였다. 반대로 타인과의 경쟁 상황에 있는 개인은 개인적이거나 피상적인 성공을 추구하며 자기중심적 경향에 따라 움직일 것이다. 다른 영재 여학생 역시 "학교는 사회의 직전 모델과 비슷하므로 우리는 모든 사람과 상호작용해야만 한다."라고 대답하였다. 하지만 일반학급의 다른 학생은 "학교는 우리가 나중에 사회에 나갔을 때 전혀 예상하지 못했던 일, 가령 지나치게 비판적인 사람을 만나더라도 그리 놀라지 않도록 사회가 어떠한지를 대략 가르쳐 준다."라고 대답하였다.

자신에 대해 더욱 폭넓게 이해하는 학생은 지적이 된다는 것이 무슨 의미를 지니냐는 주제에 대해 다면적인 접근으로 지능을 이해하고 있었다. 예를 들어, 한 영재학생은 IQ를 개인의 지능에 대한 '가장 기본적인 측정'이라고 간단히 언급한 후, "지능은 인간의 실제적인 정신적 능력을 나타내기보다는 정신적 능력을 어떻게 사용하는가 하는 것."이라고 덧붙였다. 또한 이 학생은 사람들의 삶에 대한 일반적 철학인 통찰과 타인에 대한 고려는 지식인에게 동등하게 중요한 측면으로 취급되어야 한다고 덧붙였다. 일반학급의 한 학습자는 "지능이나 영리함은 현명함이나 통찰, 지도력을 의미하지는 않는다. 다만 대체로 개인의 기억력을 검사할 뿐이다."라고 매우 지각 있게 말하였다.

즉, 어떤 청소년은 기성세대보다 지능에 대해 함축적이고 더 폭넓게, 꽤 정확한 이해를 하고 있는 것처럼 보인다(예, Sternberg, 1985b; Sternberg, Conway, Ketron, & Bernstein, 1981). Cain과 Dweck(1989)은 이러한 이해로 아동은 자신이 설정한 목표에 도달하기 위한 성취 동기에 불을 붙일 수 있고, 교육자는 아동이 진정한 삶의 목표를 발견하는 데 중추적인 역할을 한다는 점에서 그것이 중요하다고 지적하고 있다.

역설적이게도, 이 모든 것은 본질적으로 앞에서 언급하였던 San Ng과 같은 영재아, 즉 높은 학문적 성취자에게는 거의 의미가 없는 학문적 성취를 추구하는 학교, 그리고 개인에게 더욱 의미 있고 충만한 것으로 여겨지는 성공의 보다 포괄적인 형태를 추구하는 삶의 성취 사이에 존재하는 변증법적인 긴장에 대한 더 높은 이해를 보여 주고 있다. H. Gardner

(1983)의 말로 표현하자면, 이러한 개인은 " '내적 감정' 의 장려와 '타인' 의 압력"(p. 242) 사이에서 조화를 찾기 위해 애쓰고 있다. 이러한 학습자는 한편으로는 학문적 수월성에 대한 사회적 요구에 공감할 수 있다. 다른 한편으로는 자신들의 내적 감정을 살필 수 있고, 내부의 소리를 들을 수 있으며, 그들 삶을 보다 의미 있게 할 장(gestalt)에 궁극적으로 도달할 수 있을 것이다.

그러나 학교를 벗어난 외부 사회와의 관계에서 자신에 대한 암묵적인 이해가 부족하고, 사회적 기대와 당면한 학문적 걱정에 빠지는 경향이 있다는 것을 아는 것은 다른 몇몇 영재 학습자에게는 당황스러운 일이다. 일반적으로 이러한 학생은 학교가 지닌 보다 보수적이고 한정된 목적을 수용하고, 학교를 학문적 성공과 동일시하고 있으며, 더 광범위하고 덜 명백한 학습이 지닌 여러 측면에 대해서는 심사숙고하지 못한다. 대부분의 경우 지능은 단면적이고 절대적인 실체—어떤 사람은 그것을 소유하고 있고 어떤 사람은 소유하고 있지 않다는 식의—로 여겨진다. 또한 지능은 학문적인 성취와 함께 학교의 성적을 통해서 나타나며, 한 사람의 지능은 타당성 있는 하나의 방법으로 측정 가능하다고 생각된다.

예를 들어, 지적인 것이 무엇을 의미하는가 하는 문제에서 한 영재학생은 "기본적으로 영재가 된다는 것은 사전적 의미로는 사실과 학습 내용을 잘 기억하는 것."이라고 말하였다. 학교의 성공과 사회의 성공이 어떻게 연결되는가 하는 문제에 대해서, 또 다른 영재학생은 사회에서 좋은 직장을 얻기 위해서는 학교에서 공부를 잘하여야 한다고 대답하였다. 그런데 문제는 여기에 있다. 학교의 성공은 학업 성적을 잘 받는 것 외에 다른 것은 없는가? 확실한 점은 모든 학생이 좋은 성적을 받는 것이 중요하다는 것을 안다는 것이다. 그러나 자아와 환경에 대해 더욱 성숙하고 진보된 이해를 하고 있는 학생은 반드시 성적만이 중요한 것은 아니라는 점을 잘 알고 있다.

그러므로 헝그리 정신의 신화는 좀 더 초월적인 측면을 인식하지 못하는 학생의 삶을 점점 불안하게 만들고 있다. 공허하고 불만족스럽고 의미가 결여된 듯하게 살고 있는 학생은 지금 당장 현실에 직면한 역할과 책임의 일시적인 수행에 주력하고 있다. 학습자로서의 자아개념을 가지고 있는 개인은 개인적 야망과 감정, 요구와 의무의 요청에 의한 전체적인 모습보다 자신이 속해 있는 사회문화적 환경이 요구하는 좀 더 강력한 실리적이고 실용적인 힘에 의존하는 경향이 있다. 다시 말하자면, 그들은 내적 나침반—즉, 학습자로서의 자신에 대한 이해뿐만 아니라 전체 사회와의 관계 속에서의 자신에 대한 명백한 이해, 그리고 장래를 위한 목적 있는 방향성을 제시하는 등대—이 부족한 사람이다. 이 외에도 몇 가지 중요한 질문이 남아 있다. 교육을 위해서는 어떠한 철학적인 전망이 있어야 하는가? 어떻게 하면 교육자가 학문적 성공과 그 이상의 것을 성취하는 교육이 되도록 모든 학생의 지성을 개발하는 비전에 몰두할 수 있을까? 이에 대한 문제는 다음에서 다루도록 한다.

영재교육에서 중요한 내용에 대한 재고

수월성에 대한 다원적 관점의 재구성

인간 능력의 여러 측면을 찬양하고 수월성을 이해하는 데 다원적인 접근을 시도한 Gardner(1961/1984)의 독창적인 저작 『수월성(*Excellence*)』을 다시 한 번 살펴보자. 모든 사람이 적어도 어떤 한 분야에서는 뛰어나다고 믿는 Handy(1998)와 같이, Gardner는 수월성을 평가할 때 각 개인을 비교하지 않았다. 그보다는 한 개인 내에서 가장 뛰어난 점과 가장 열등한 점을 비교하였다. 즉, 자기가 할 수 있는 것 중에서 어떤 것을 진정 최고로 잘하는가의 결정에서의 비교라는 점이 중요하다.

학교에서는 오랫동안 핵심 교육과정, 학문적 수월성, 그리고 도구적 목적하의 학문적 추구를 지나치게 강조해 왔다. 실제로 우리는 그러한 핵심에 너무 치중하며 학문적 무기력 형태를 조장하고 있다고 Handy(1994)는 지적하고 있다. "끊임없는 자기 발견, 자신이 될 수 있는 한 최고의 자신이기 위한 끊임없는 자각의 재구성" (J. Gardner, 1961/1984, p. 162) 상태가 되기 위해서 영재아는 마음과 정신을 함께 성장시키고 개발할 수 있으며, 주어진 책임을 완수할 수 있으며, 차이를 만들 수 있는 도전을 계획할 기회를 가지는 것이 필요하다.

교육자로서 우리는 전통적인 성공의 개념에 기초한 전통적인 영재성의 개념에서 탈피할 방법을 심각하게 고려해야 한다. 영국의 철학자 Isaiah Berlin은 자유의 '긍정적' 시각, 즉 "자신의 삶에 대한 자기 완수와 합리적인 통제의 자유" 에 대해 경계하였다(Gray, 1996, p. 16). 다시 말하자면, 이것은 이성적인 선택과 경험에 의해 자신의 삶의 목표를 형성하는 자유이며, (전통적이거나 보수적이지만 반드시 간섭하지는 않는 앎과 행함의 방법으로) 다소간 사회에 의해 쓰인 자기 주도적 삶을 이끄는 자유다. 대신에 Berlin은 좀 더 기본적인 자유의 '부정적' 인 개념으로 "타인에 의해 방해받지 않는 양자택일이나 취사선택 중의 선택" (p. 15)을 선호하였다. 이는 가능한 한 가장 근본적이고 가치 지향적인 인식으로(그래서 다소 다양하지만 현실적인), 삶의 주제와 삶의 목표를 창출하고 행동하는 자아에 대한 자유다. 학업 성적이 정말 그렇게 중요한가? 인생의 성공이란 무엇인가? Berlin에 따르면, Borland(1999)는 진정으로 멋진 삶의 개념은 모조 자유와 같은 것에 빼앗기고 선택을 방해 받을 때 그 의미를 잃어버린다고 주장하였다. 다시 말하면, Borland는 우리에게 가치로 결정한 선택은 합리성과 다른 것을 대신하고, 이러한 선택이야말로 우리를 진정한 인간이게 한다는 Berlin의 주장을 상기시키고 있다.

반복하자면, 개방적이고 성숙한 사회에서는 수월성에 관한 훌륭하고 다원적인 시각의 다양한 개념이 존재한다는 것을 강조하고 싶다. 이러한 사회에서는 다양한 진실과 다양한 상품 사이에 조성되는 긴장이 활력을 제공하고 풍부한 성장을 자극한다. 만일 우리가 실제로 성공의 원자적 개념에서 보다 분자적이고 팽창적인 현실과 수월성의 개념으로 옮겨 가고 있다면, 영재아가 자기 자신을 발견하도록 도와주는 것이 가장 큰 난관일 것이다. 만약 학교가 단순히 도구적인 목적보다는 보다 의미 있는 곳이 되려고 한다면, 교육학자는 학생이 자기 자신에 대한 지속적인 재점검과 재형성을 할 수 있도록 도와주어야만 한다. 최고의 능력 있는 학생이 되기 위해서 학생은 자신과 의미에 대한 지속적인 탐구를 하여야 한다. 영혼을 찾기 위한 과정은 결코 쉽지 않다. 오히려 동등하게 강력하고 가치 있는 선(善)에 맞서 하나의 최선의 가치에 대해 심사숙고하고 재정렬하는 것처럼 그 과정은 꽤나 오랫동안 불확실하며 우리를 긴장시킨다. 그러나 사회에 의해 주어진 삶을 그냥 살아가는 것이 아니라 아동 스스로 삶의 주제를 발견하고 창조하도록 도와주기 위한 보다 큰 계획 안에서, 아동이 외부가 아닌 자신의 내부에서 주로 시작되고 발산되는 수월성의 다원화된 행로를 스스로 여행할 수 있도록 그들의 첫걸음을 이끄는 도덕적 책임을 고려하는 것은 시기적절한 듯하다.

의식 교육과정을 통한 성공과 삶의 교육

Howard Gardner(1999)의 『훈련된 마음(*The Disciplined Mind*)』을 보면, 현대 사상가는 진(眞) · 선(善) · 미(美)에 대한 깊은 이해를 갖춘 교육받은 지역사회의 한 인간이 되도록 하는 교육의 목적인 파이데이아(paideia)의 중요성을 강조한다. 다른 말로 하면, 진정으로 교육받은 개인은 자아와 더 큰 사회, 과거의 교훈과 미래의 도전, 사상가와 창조가로서의 개인과 인간으로서의 개인, 그리고 지성과 인성 사이의 연관성에 관해 깊이 이해해야 한다. 현재는 단지 학문적인 성취를 위한 교육은 더 이상 해서는 안 된다는 주장이 지지를 받고 있다. 어떤 사람은 보다 중요하고 근본적인 학교의 목적을 학생이 이해하도록 돕고 있다고 생각하고 있다.

실제로 진보된 학자는 자신보다 큰 어떤 것과 지성의 승화에 대한 요청을 감지할 수 있는 아동으로 육성해 나갈 수 있는 보다 전체적인 교육적 접근이 필요하다고 생각하기 시작하였다.

기억하겠지만, Roeper(1995)는 성공을 위한 교육과 반대되는 개념으로서 삶을 위한 교육의 철학을 기술한 바 있다(성공을 위한 교육이란 성공을 학점으로 규정하는 전통적인 좁은 의미의 것을 의미한다). 그녀에 따르면, "영재교육에서 진정한 성공은 아이가 가진 영혼과 마음의 열정이 우리 자신과 사회의 기대를 연결하는 원리로 받아들여질 때 비로소 이루어진다고 할 수 있다" (1997, p. 166). Roeper(1996)는 또 다른 글에서 교육자는 아동이 자아실현을 할 수 있도록 그들의 정신을 양육하여야 한다고 강하게 주장하였다. 동시에 그녀는 "세상의 기대에 맞추라. 실제로 자아는 고립되어서 성장할 수 없다……. 자아는 반드시 세상 속에서 자리 잡아야 한다." (p. 19)라고 하면서 사회와의 연결의 중요성을 강조하였다.

Roeper(1996)는 아동의 내적 생각을 들으면서 교량 역할을 하는 동시에 사회의 요구와 기대에 귀를 기울여 외부 환경의 실제를 읽을 수 있는 교육자의 중요성에 관심을 가졌다. 앞서 언급했듯이, Roeper의 생각과 유사하게 H. Gardner(1983)도 " '내적 감정'의 장려와 '타인'의 압력" (p. 242) 간에 건전한 평등 상태를 유지하는 것의 중요성을 강조하였다. 하지만 Roeper는 교육이 한동안은 아동이 진정으로 누구인가라는 존재에 대한 관심보다는 아동이 무엇을 할 수 있는가라는 성취에 강조를 두었지만, 지금은 아동 자신에게 초점이 맞추어져 있다는 것을 명백히 밝혔다.

Roeper(1996)가 말한 것처럼, 나는 삶을 위한 교육철학에 강하게 동의한다. 나는 지식에 기반을 둔 제3의 물결 경제시대에는 아동이 일차원적이고 편협한 사고를 넘어 문제에 대한 보다 전반적인 이해와 그들 주위의 현실에 대한 광범위한 자각을 이루도록 도와주어야 한다고 강력히 믿고 있다. 동시에 아마도 싱가포르—오직 하나의 목표인 소위 학업적 성공만이 중요한, 경쟁이 만든 닫힌 사회—의 목소리의 일부로서, 나는 학업적 우수성의 추구 그 자체를 선으로 보기도 한다. 왜냐하면 나는 학업적 능력이 현재 중요한 것처럼 미래사회에서도 중요할 것이라고 생각하기 때문이다. 만약 우리가 학문적 수월성의 가치를 비난한다면, 이는 목욕물을 버릴 때 소중한 아기를 함께 버린다는 속담과 같은 꼴이 될 것이다. 그러나 학점이 가장 중요한 것이 아니라는 점은 기억해야 한다. 다시 말하자면, 나는 Roeper의 (전통적인 학문적 의미에서의) 성공을 위한 교육철학이 삶을 위한 교육철학과 절대로 양립할 수 없다는 의견에 동의하지는 않는다. 나는 한편으로는 그 자체가 선인 학문적 성공의 추구와 수월성을 평가하는 수단으로서의 건강한 경쟁을 중요한 것으로 보면서, 다른 한편으로는 더 넓은 삶의 이슈 내에서 학교의 목적을 세우도록 하는 Roeper의 삶을 위한 교육철학에 충분히 공감한다.

궁극적으로 성공과 삶을 위한 교육은 자아실현의 욕구와 자기 직업에서 최고에 달하게 하는 삶인 '정신의 삶(life of the spirit)'과 마찬가지로(Grant, 1995) '마음의 삶(life of the mind)'을 움직일 수 있는 힘인 지성의 육성이 필요하다(Howley, Howley, & Pendarvis, 1995). 실제로 Ginzburg(1989)는 사람의 직업을 "삶을 사랑하는 인간의 최상의 표현"으로 간주하고, "……직업은 인간의 진정한 부와 구원"(pp. 107-108)이라고 말하였다. 더 강하게 표현하자면, 만약 교육자가 정신과 마음을 함께 양육하려고 한다면 "의식 교육과정"에 대한 어떤 생각을 심어 주어야 한다(Cooper, 1998). 그러기 위해서는 왜 아동이 학습을 하고 때로는 학습에 실패하기도 하는지를 조명할 수 있는 목표와 동기화에 대한 열정과 헌신, 정직한 자각이 필요하다. 우선 교육자로서 학교와 수월성, 그리고 성공에 대한 우리의 견해는 "각자의 유전적 능력을 최대화시켜 서로 경쟁할 사람들을 함께 모아 같이 일하도록 연대감을 제공하는 일반적인 공유 가치"로부터 아동이 현실에 대한 더 선명한 시각을 가질 수 있도록 할 것이다(Burhoe, 1976, Csikszentmihalyi & Rathunde, 1997, p. 27에서 인용).

게다가 의식 교육과정의 핵심은 교육을 위한 진정한 학습자 중심의 비전에 대해 생각하도록 설득하는 것이다. Darling-Hammond(1997)는 학습자 중심의 학교에서는 아동의 내면—자기 자신과 학교에 대한 스스로의 생각, 감정, 신념—의 관점에서 아동을 이해하고자 하는 진정한 시도가 이루어지고 있다고 피력하였다. 특히 Darling-Hammond는 학습자 중심 학교의 주요한 아홉 가지 측면을 밝혔는데, "공통 목표를 중심으로 조직된 활동적이고 심도 깊은 학습, 진정한 과업에 대한 초점, 학생 발달에 대한 주의, 다양성에 대한 이해, 협동학습, 학교 내에서의 집단적 견해, 학생 보호를 위한 구조, 민주적 학습을 위한 지원과 가족과 지역사회에 대한 연계"(p. 32)가 그것이다. 한마디로 의식 교육과정은 아동이 중심이 되어야 함을 강조한다고 할 수 있다. 아동은 수단이 아닌 목표로 여겨져야 하며, 아동이 학교와 앞으로 살아갈 시대에서 마음과 정신 모두가 번영할 수 있도록 계속적이고 의식적으로 도와주어야 한다.

연관성과 목적 있는 방향성의 재발견

마지막으로, 앞서 언급한 나치 포로 수용소에서 수년을 보낸 후 의미에 대한 연구를 했던 Frankl(1984)에 따르면, "인간은 삶의 의미가 무엇인지를 묻기보다는 그 질문을 자신에게 하고 있다는 것을 깨달아야 한다. 한마디로 각 개인은 삶에서 질문을 받고 있는 것이다. 그리고 오직 자신의 삶에 책임을 짐으로써만 삶의 정답을 찾을 수 있다. 그는 삶에 책임을 지는 것으로만 대답할 수 있다"(p. 131). 학교의 진정한 목적은 무엇일까? 교육적 통합성은 아동이 머리와 심장, 마음과 정신, 이성과 의식 사이의 연관성, 그리고 더 넓은 의미로는 "도덕적인 목적을 지닌 체제 내에서의 개인적 충족감"을 개발하도록 도와주어야 하지 않겠는가?(Gardner, 1961/1984, p. 169) 영재교육은 의미에 대한 새로운 수준을 택해야만 한다. Handy(1998)의 책에서 인용한 Jung의 말을 빌리자면, "'내'가 진정한 '내'가 되기 위해서는 '우리'가 필요하다"(p. 130). 더욱이 Frankl

(1984)은 학교에서의 성공이 의미 있고 충만한 것이라면 행복과 같은 진정한 성공은 결코 추구될 수 없다는 것을 상기시켜 준다. 실제로 진정한 성공은 각 개인이 학교 자체를 능가할 수 있는 어떠한 이유에 매료되었을 때에만 일어날 수 있다. 다른 말로 하면, 삶의 진정한 성공, 의미, 목적 있는 방향성과 함께 오는 충만은 각 개인이 세상의 보다 큰 목적을 위해 자신의 닫힌 체제를 넘어 자기 자신의 자아를 발견하는 자기 초월을 통해서만 가능하다.

만약 학교가 실제로 학점을 초월하고 도구적 목적을 초월한다면, 우리는 큰 질문에 봉착하게 될 것이다. 우리의 아동은 내적 방향성을 가지고 있는가? 그들은 일반 사회와의 관계 속에서의 자신과 학습자로서의 자신에 대한 깊은 이해를 통해 파생된 목적 있는 방향성과 사명감을 가지고 있는가? 이러한 질문에 대한 답변은 교육자가 학업 우수자와 모든 일반 학습자에게 자신의 내적 소리를 들을 수 있도록 격려하고, 자신들의 삶을 의미 있게 할 맥락을 스스로 형성할 수 있도록 지도하고, 잠재적 수준의 내용을 의식 수준으로 끌어올릴 수 있게 돕는다면 해결될 수 있을 것이다. 그럴 때 비로소 Csikszentmihalyi(1993)가 그려 온 것처럼 우리의 아동이 무한한 경쟁, 편협한 실용적 추구, 피폐해진 삶과 잃어버린 기회에서 자유로워지고, 삶의 주제를 발견할 수 있고, 이성적인 선택과 경험에 의해 의미 있고 진정한 삶의 목표를 형성할 수 있도록 이끌게 될 것이다.

Kingsolver(1992)는 『동물의 꿈(*Animal Dreams*)』에서 영재아에게 그들 자신을 이해하게 하고 더 나아가 영재성에 대한 더 깊은 이해를 추구하려는 우리의 시도에 희망적인 방법을 보여 주었다. "당신이 삶에서 가장 할 수 없는 일은 당신이 무엇을 원하는지를 알아내는 것이다. 당신이 가장 잘할 수 있는 것은 희망 속에서 살아가는 것이다. 그것을 이룰 수 없다고 생각하지 말고, 항상 그 안에서 그것과 함께 살아가라"(p. 299). 우리의 아동이 언젠가는 공통된 도덕적 목적 속에서 더 큰 전망을 가지고 개인적인 충만감을 찾을 수 있으리라는 희망을 갖자.

제4장

학문 연구의 도구인 이론에 대한 재고찰

Laurence J. Coleman

서론

이 장의 주제는 영재교육 분야의 학문 연구에서 이론이 담당하는 역할에 대한 것이다. 나는 이론이란 어떤 현상을 설명함으로써 그에 대한 이해를 증진하는 진술의 조직화된 집합이라고 정의한다. 나는 이론을 창안하는 것이 학문적 연구 프로그램의 발전뿐만 아니라, 궁극적으로는 영재성에 대한 이해를 증진하는 데에도 필수적이라고 믿고 있다(Cohen, 1988). 이론에 기초한 연구와 실천을 옹호하는 것은 어쩌면 지극히 당연하거나 혹은 어쩌면 이 포스트모던 세상에서 합리성에 대한 구식의 거대 담론을 뒤늦게 재창조하려는 부적절한 시도로 여겨질지도 모른다(Thomas, 1997). 그러나 나는 한 분야에서 신뢰할 수 있는 학문적 연구가 완전히 비이론적일 수 없다는 근대적인(어쩌면 순진한 것일 수도 있는) 확신을 가지고 있으며, 또한 우리가 이론을 충분하게 사용하지 않는 것이 영재성 발달에 대한 지식 추구를 방해해 왔으며 이 분야의 발전을 더디게 만들었다고 믿는다.

이 장에서 나는 영재교육 분야를 분석하고 사회과학 내에서 흔히 나타나는 것보다 더 넓은 이론의 개념을 제시함으로써 위의 주장을 뒷받침할 것이다. 이를 위해 나는 이론의 위험성과 해방성을 동시에 지적하면서 이론의 경향에서부터 시작하고자 한다. 이후 문헌 검토와 함께 영재교육 분야에서 이론의 현재 상태를 보여 주는 몇 가지 은유를 통해 이 분야에서의 이론적 연구 현황을 설명할 것이다. 아울러 과거의 이론적 연구는 인정하는 한편 일반적인 이론적 자세에서 벗어나 자연 세계에서의 발전과 실천을 기반으로 한 실질적인 이론의 창안과 구체화로 나아갈 것을 제안하면서, 유용한 이론과 모델을 발전시킬 다른 방법이 존재한다고 주장할 것이다.

먼저 이 장을 구성하는 몇 가지 전제를 제시하고 싶다. 나는 학문적 차이를 보여 줌으로써 변화로 귀결되는 대화를 만들어 갈 수 있다고 믿는다. 또한 나는 결국에는 우리가 영재성에 관해 더 잘 이해할 수 있고 영재교육을 개선할 수 있을 것이라고 믿는 개량주의자다. 그리고 나 자신을 연구 활동에도 종사하는 특수교육 분야의 교사라고 정의하는 만큼, 내가 영재교육 분야를 바라보는 방식도 그러한 관점에 기초하고 있다. 반면 영재교육 분야의 다른 많은 학자는 심리학자이고, 그 기반에서부터 출발한다는 점에서 차이가 있다.

학문 연구에서 이론의 정의와 목적

이론은 개념을 정리하여 사건과 사람, 그리고 맥락 간의 관계를 더 분명하게 이해할 수 있게 해 준다. 이론은 공식적일 수도 있고 비공식적일 수도 있다. 공식적인 이론은 어떤 사람이나 집단에게 일어나고 있는 것 사이의 관계에 대해 명시적이고 공개적으로 진술하는 어떤 종류의 체계를 의미한다. 어떤 관념이나 현상에 대해 암묵적으로 가지고 있는 개인적인 믿음은 비공식적 이론을 구성한다. 이러한 비공식적 이론은 공식적 이론을 창조하는 데 밑거름이 될 수도 있다. 하지만 비판이 가능하지 않다는 점에서 여기서는 논의하지 않을 것이다.

이론은 어떤 현상에 대해 조심스럽게 다듬어진 진술이다. 자연과학에서 이론은 'A가 B를 일으킨다'와 같은 공리(axiom)의 형태로 나아간다. 여기서 공리는 예측 가능성이 매우 높은 사건을 설명한다. 비록 이러한 형태의 공리가 몇몇 사회과학자의 목표라고 주장하는 학자도 있지만(Snow, 1973), 내 견해로는 교육학이나 심리학, 사회학과 같은 사회과학에서의 이론은 그러한 형태에 다다를 수 없다. 사회 이론은 그 주제—의도와 창의성으로부터 도출된 인간의 사회 활동—자체가 자연현상에서 나타나는 물리적 사건과 힘의 예측 가능성이 결여되어 있기 때문에 그런 단계에 도달하지 못한다.

연구자는 종종 모순적 발견, 그리고 연구과정에서 다음 단계에서 무엇을 해야 할지에 대한 불확실성이라는 두 가지 상황에 직면하게 된다. 이때 이론이 구인과 변수 사이의 관계를 진술해 주어 자료 간에 어떤 일이 일어나고 있는지를 더 명확하게 해 주며, 관찰된 사실에 대한 대안적 설명을 고안할 수 있게 하는 한편, 설명이 필요한 모순과 불일치성에 주의를 기울이게 한다.

이론은 유일한 진리도 아니며 최종적인 결론도 아니다. 이론은 가만히 멈추어 있는 것도, 어떤 종착점도 아니다. 그보다 더 잘 이해하기 위해 나아가는 도상의 한 지점일 뿐이다. 진리인 것처럼 보이는 주장을 포함하여 아무리 그럴듯한 이론이라 하더라도 모든 것을 설명하거나 어떤 현상의 모든 측면에 들어맞을 수는 없는 것이다(Hofstadter, 1979; Kuhn, 1962/1996). 또한 어떤 이론이 옳은지의 논쟁은 차치하고라도, 이론은 양적 연구나 질적 연구의 배타적인 소유물이 될 수 없다.

우리의 상상력을 고무하고 우리로 하여금 더욱 깊고 명확하게 생각하도록 만드는, 그럼으로써 지속적인 연구의 기초가 되는 새로운 질문을 발생시키는 이론이 좋은 이론이다(내 생각에 최상 형태의 이론은 해석학적 가치를 가지며 현상에 관해 더 잘 이해하도록 이끌어 주는 것이다). 게다가 사회과학에서 좋은 이론은 좋은 실천으로 이어진다. 또는 Lewin이 언급했듯이, "좋은 이론만큼 실천적인 것은 없다"(http://www.top-psychology.com/9059-Kurt%20 Lewin/quaotations1.htm).

패러다임과 이론의 관계

이론은 특정한 현상이나 일련의 현상을 설명하기 위해 개발되었다. 적합한 설명을 규정하는 것은 무엇인가? 무엇이 이론을 좋거나 타당하게, 또는 유용하게 만드는가? 이러한 질문에 대한 보편적인 대답은 존재하지 않는다. 그러한 대답은 연구자가 속하고 있는 패러다임에 기인한다. 패러다임이란 무엇보다도 현실의 본성, 지식이 생성되고 이해되는 방법, 그리고 어떻게 연구가 이루어져야 하며 어떤 문제가 연구할 가치가 있는지에 관한 신념의 체계다. 그러므로 좋은 이론은 '내가 갖고 있는 패러다임과 일치하고 그 필요조건을 만족시키는 것'이다.

나는 동료들과 함께 사회과학자로 하여금 적절한 설명과 좋은 이론의 의미에 대해 서로 다르게 정의하도록 하는 세 가지 구분되는 패러다임을 기술해 왔다(L. J. Coleman, Sanders, & Cross, 1997). 실증-분석적 패러다임의 학자는 법칙적이고 객관적인 관계를 탐구한다. 구성주의적 패러다임의 학자는 사회적 상징과 관계에서 나타나는 질서와 규칙성을 탐구한다. 변혁적 패러다임의 학자(비판 이론가)는 관계 속에 내재해 있는 권력과 성, 그리고 가치에 대한 이해를 추구한다.

각 패러다임 체계는 Habermas가 '지식 구성적 관심'이라고 언급한 각각의 목표를 가지고 있으며(예, Young, 1990), 그러한 목표를 달성하는 정도가 해당 이론의 우수성을 결정짓는 주요한 기준이 된다. 실증-분석적 패러다임에서의 연구 목표는 예측과 통제다. 구성주의적 패러다임에서는 연구가 해석과 이해로 나아가야 한다. 변혁적 패러다임에서의 연구 목표는 사회를 변화시키는 것이다. 그러므로 어떤 이론이 우리로 하여금 사람들의 행동을 그들 자신의 현상학적 관점에서 이해하고 해석하도록 하는 연구로 이끈다면 구성주의적 패러다임 안에서는 좋은 이론일 수 있다. 그러나 그것이 우리가 행동을 예측하고 통제할 수 있도록 하는 능력을 키워주지 못한다면 실증-분석적 패러다임에 속하는 학자에게는 타당성과 유용성을 갖기에 부족할 것이다. 또한 그것이 사회 변화의 기초를 제공하지 못한다면 변혁적 패러다임에 속하는 학자에게도 부족한 것으로 여겨질 것이다.

따라서 우리는 이론을 하나의 잣대에 의해서만 판단할 수는 없다. 영재교육 분야의 문헌에서 언급되어 온 대부분의 이론은 실증-분석적 패러다임에 그 근거를 두어 왔던 것이 사실이며, 혹자는 최근까지 우리가 다른 패러다임의 입장을 무시해 왔던 것이 이론적으로나 실천적인 면에서나 우리의 이해를 제한해 왔다고 주장할 수도 있을 것이다. 그러나 어떤 측면에서는 영재교육 분야가 어느 정도나 이론을 기반으로 해 왔는가 자체에 대해서도 의문을 제기할 수 있을 것이다. 그것이 이제부터 다루고자 하는 주제다.

영재교육 분야 이론의 현황

영재교육 분야에서 이론이 어느 정도의 역할을 담당하고 있는지를 측정하기 위해서, 나는 여러 데이터베이스를 검색하게 해 주는 WebSPIRE 4라는 검색 엔진을 사용하여 PsychINFO 데이터베이스를 검색하였다. 나는 '영재 혹은 재능'이라는 검색어로 시작하여 '이론'이라는 검색어를 추가하였다. 내가 무엇을 찾을 수 있을지는 확실하지 않았지만, 이 분야의 편집자와 비평가로서의 내 경험에 비추어 보면 이론적 틀을 갖추고 있는 자료는 비교적 적을 것이라고 짐작할 수 있었다. 또한 나는 『영재교육 저널(*The Journal of the Education for the Gifted*)』에서 이론에 대한 원고를 공모했을 때 매우 적은 수의 논문이 제출되었다는 사실도 이미 알고 있었다(Ambrose, Cohen, & Coleman, 1999).

1976년 이후 발표된 영재에 대한 논문이 수천 편 검색되었다. 그러나 '이론' 이라는 검색어를 넣자 그 목록은 188개로 줄었으며, 그중 이론이 주된 주제인 것은 160편이었다. 초록을 읽으면서, 나는 그것을 각 이론의 이름에 따라 분류하였다. 비록 겉으로는 이론적 성향을 띤 일련의 논문이 발견되기는 했지만, 이론에 기초한 제대로 된 연구가 출판된 예는 거의 없으리라는 예감은 옳았다는 생각이 들었다. 또한 이론이 무엇인가에 대한 만장일치는 존재하지 않는다는 것도 명확해졌다.

하나의 이론이 연구의 기초가 된 예는 빈번하다. 대부분의 경우 학자는 하나의 이론이나 이론적 구인을 발전시키고 그에 연관된 연구 결과물을 만들어 내었다. 어떤 학자(그리고 그 제자들)가 아주 생산적인 경우에는 그 이론적 관점이 어느 정도 유명해지고 다른 사람의 연구에 인용되기도 하였다. Sternberg(1985a)의 삼원이론이 그 예다. 그러나 이런 이론이 다른 학자로 하여금 그것을 기반으로 하여 독립적 연구를 더 진행하도록 촉구하는 것처럼 보이지는 않았다.

또한 어떤 이론이 인용되고 심지어 저자가 수행한 연구의 기반으로 언급되기도 하지만, 실제로 그 연구가 그 이론에 의해 이루어졌다는 증거는 발견할 수 없었던 경우도 있다. 영재교육 문헌에서 자주 언급되는 Guilford(1967)의 지능구조 모형이 그 예다.

이러한 분석과 나의 전문가적 경험을 통해 나는 명백히 그리고 다소 역설적으로 영재교육 분야가 비이론적이면서 동시에 이론 의존적이라는 결론을 내렸다. 이는 이론에 대한 거대한 관념은 여기저기에 존재하지만 이 분야에서의 실제 연구는 그런 이론과 관련 없이 수행되고 있다는 의미다.

실제로 그런 이론은 서로 고립되는 경향이 있다. 이것은 이 분야에서 이론이 어떻게 취급되는지를 보면 명백하게 드러난다. 다음에서는 이러한 상황을 다소 희화적으로 설명해 보겠다.

영재교육 분야 이론의 비유적 사용

여기에서 나는 영재교육 분야의 이론 의존적이면서 동시에 비이론적인 상태를 보여 주는 네 가지의 비유를 들면서 그것에 대한 유망한 대안으로서 다섯 번째의 비유를 제안할 것이다. 처음의 네 가지 비유는 이론이 이 분야에서 어떻게 사용되며, 존재하고, 작용하는가를 유형화하였다. 모든 비유가 그렇듯이 그것이 상징하는 바의 경계도 모호하지만 가능한 한 분명한 구분을 유지하기 위해 노력하였다. 이러한 비유는 어떤 한 사람이나 학파의 연구에 대한 기술은 아니다. 혹자는 영재교육 분야가 많은 측면에서 분명하게 발전하고 있다는 점에서 나의 비유가 묘사하고 있는 상황이 그리 부정적이지만은 않다고 주장할지도 모른다. 그러나 각각의 비유는 새로운 아이디어가 발생하고 지식이 증가하는 것을 방해할 수 있는 몇 가지 문제적 측면을 가지고 있다.

봉건주의로서의 이론

영재교육 분야에서 이론과 모형은 봉건체제처럼 작용할 수 있으며 또 실제로도 종종 그렇다. 봉건주의에는 군주와 함께 그 군주에게 충성하는 대신에 권력을 이양받는 영주가 있다. 귀족과 성직자는 농노와 일부 자유민을 보호하고 통제한다. 이 비유를 영재교육에서의 이론에 적용한다면, 군주의 역할은 연방정부나 주정부가 맡는다. 정부는 자원을 제공하고 정책을 확립하며 학자(귀족과 성직자)와 함께 이 분야의 학술적 의제를 세운다. 군주는 자원을 제공하고, 학자는 진리라고 선언되는 아이디어를 제공한다. 그리고 농노(대학원생과 교사)는 귀족이 군주에게 봉사하기 위해 만들어 낸 아이디어를 적용하면서 일한다.

봉건주의의 최우선 목표는 체제 유지다. 여기서 체제는 정부에서나 대학 교정에서 낯설지 않은 개념인 거룩한 자연질서로 인식된다. 이따금 자유민의 체제 밖에서 일하고자 시도한다면 체제를 수호하는 기존의 진리를 고수하려는 압력에 직면해서 생계를 유지하기도 힘들다. 물론 봉건주의의 비유는 어느 정도까지만 적용될 뿐, 그것이 영재교육에서 이론이 사용되는 방식을 완전히 묘사하고 있다고 할 수는 없다. 현 상황의 전체적인 모습을 그리기 위해서는 다른 비유도 필요하다.

개인에 대한 유아론적 숭배로서의 이론

두 번째 비유는 자아만이 지식의 근원이라는, 오래전부터 거의 받아들여지지 않는 철학의 한 분파인 유아론에서 유래한다. 이미 알려진 것이나 알 수 있는 것, 그리고 어떤 일이 일어나고 있는가는 오직 개인에 의해서만 만들어지고 이해된다. 그러므로 내가 주장한다면 어떤 것이라도 이론이 되며, 내가 그렇다고 한다면 어떤 이론이라도 다른 이론만큼 좋은 것이 된다. 모든 것이 나의 지혜와 관점에서 나오기 때문에, 내 승인 없이는 더 나은 아이디어는 존재할 것 같지 않고 심지어 불가능하다. 학회에서 발표자가 때로 이런 자세를 취하는 것처럼 보인다. 다행히 이런 이론은 우리 영재교육 분야의 학회지에서는 거의 보이지 않지만, 심리학과 교육학 분야에서는 전역에서 나타나고 있다.

가부장적 핵가족으로서의 이론

세 번째 비유는 1950년대의 '아버지가 가장 잘 알고 있다' 는 전형적인 가부장적 핵가족에 대한 다소 과장된 관념에 기초한다. 내 생각에는 이것이 오늘날의 흐름을 표현하는 데 적절한 비유로 보인다. 가부장적 핵가족에서 아버지는 자원에 대한 접근을 통제하고 그것이 어떻게 쓰일지를 혼자 결정한다. 나머지 가족 구성원(특히 아동)은 아버지의 생각을 따르고 이상적 가족의 외관을 유지하기 위해 존재한다. 어머니는 때때로 반항적인 아이와 아버지 사이에서 중재자 역할을 하도록 기대된다.

이를 비유적으로 영재교육 분야에 적용해 보면, 가장(교수)은 아동(대학원생과 교사)이 따를 이론을 만들어 내고, 아동은 그에 기초하여 행동함으로써 자원에 접근할 권리와 가장의 축복을 얻는다. 생각의 평등이라는 개념은 말뿐이며, 그 생각에 의문을 제기하는 것은 자원과 인정, 그리고 가장에게 접근할 수 있는 기회를 박탈당하는 것으로 이어진다. 이런 위험 때문에 그런 의문 제기는 억압된다.

절충주의적 실천으로서의 이론

네 번째 비유는 '효과만 있다면 좋은 이론이다' 라는 믿음에 암묵적으로 나타난다. 이러한 입장은 주로 영재교육 교사 중에 다양한 이론을 이것저것 꿰어 맞추어 자기 활동의 기반으로 삼는 사람에게서 발견된다. 효과적인 실천을 위해 노력하는 것은 훌륭하지만 그 결과는 (최소한 이 분야에 있어서는) 몇몇 수준에서 비이론적일 수밖에 없다. 누구도 절충주의적이면서 동시에 하나의 단일한 이론적 입장을 고수할 수는 없다. 이론은 논리적이고 실제적으로 상호 연결된 요소로 이루어져 있으며, 따라서 그 정의상 절충주의를 비이론적인 것으로 배격한다. 게다가 이론은 검증 가능하거나 반증 가능한 것이어야 한다(Popper, 1968). 타당성과 실행 가능성을 검증할 수 있는 방법이 없다면 그것은 더 이상 이론이 아니다.

절충주의로서의 이론은 '일시적 유행으로서의 이론' 이나 그와 비슷한 '마술로서의 이론' 과 밀접하게 연결되어 있다. 어떤 아이디어가 등장하고 무비판적인 찬사를 받게 되면, 많은 사람은 곧 그에 부화뇌동하게 된다. 두뇌 친화성 교육(역주: 좌뇌-우뇌 교육)이 그 예다. 이런 방식으로도 몇몇 좋은 실천이 나타날지도 모른다. 그러나 논리적으로 도출된 진술과 실천적인 함의와 결부된 이론적 토대 없이는 전도유망하다는 실천도 실제로는 단순한 과대선전에 지나지 않을 수 있다. 더구나 그리고 어쩌면 더 중요하게도, 겉보기에 효과적인 실천 또한 원하는 결과와는 반대로 작용할 수 있다. Ausbel과 Robinson(1969)의 기계적 발견학습법이 그 예다. 이론은 그러한 여러 실천의 함의를 검토할 수 있는 맥락을 제공할 수 있다.

지금까지 영재교육 분야에서 이론이 어떻게 사용되고 있는가를 네 가지 비유를 통해서 설명하였다. 이제 '도구로서의 이론' 이라는 이론에 대한 다섯 번째 비유로 넘어가고자 한다. 이 이론은 그 자체로 목적이 아니라 학문적 연구를 조직하기 위한 도구로서 기능해야 하며(Marx, 1963), 그 도구는 여러 가지 다른 형태를 띨 수 있다는 생각을 발전시킨 것이다. 다음에서 이에 대한 자세한 논의가 이어질 것이다.

도구로서의 이론에 대한 여러 접근

이론은 여러 가지 방법으로 발전되고 기능할 수 있다(Marx, 1963; Slife & Williams, 1997). 여기에서는 이런 여러 방법 중 몇 가지를 제시하겠다. 비록 어떤 것이 다른 접근보다 특정 패러다임에 더 잘 들어맞을 수 있지만, 기본적으로는 모두 이론이 연구를 촉진하는 도구로서 기능할 수 있는 방법에 대한 것이다.

모형 설계

변인 사이 사람과 사건 사이의 관계에 대한 선험적 가정이 내가 '모형 설계 이론' 이라고 부르는 이론의 기초가 된다. 이 용어를 사용하는 이유는 영재교육 분야에서는 그런 이론이 교육 프로그램이나 교과과정의 기초가 되곤 하기 때문이다. 이러한 접근에서는 세상이 어떻게 되어야 한다든지, 또는 어떨지도 모르겠다 정도의 생각에 기초하여서도 서비스 전달이나 발전 등에 대한 모형을 만들어 낸다. 이런 모형은 경험과 탁상공론의 혼합에서도 이끌어 낼 수 있으며, 그런 면에서 '비이론적 이론' 의 좋은 예가 된다.

모형은 사람의 행동과 조직을 연결하는 진술을 만들어 내는 연역적 과정의 기초가 된다. 모형을 만든 이후에는 자료를(모아서 이러한 진술을 검증하고 모형을 검증하지 못하는 자료는 대체로 검증과정에서의 실수나 부적절한 측정의 결과로 이해된다), 결과적으로 모형을 입증한다. 이런 모형을 판단하는 기준은 대체로 실증-분석적 패러다임에 근거를 두고 있다. 전학교심화학습모형(Schoolwide Enrichment Model)이 모형설계 이론의 한 예가 될 수 있을 것이다(Renzulli & Reis, 1985, 1997).

외부에서 차용한 이론을 실천으로 통합

다른 학문 분야의 아이디어를 도입하는 것은 예전부터 다른 학문 분야의 이론이 영재교육 분야로 들어오는 방식이었다. 이전에도 언급했듯이, 물론 여기에는 해석자가 이론의 범위를 넘어서거나 곡해할 위험도 존재한다. 이론을 적절하게 차용하기 위해서는 이론의 요소 간의 관계, 이론과 연구 및 실천 간의 관계가 명확해지도록 주의 깊게 분석하여야 한다. 영재교육 분야에서 이런 접근의 예로는 다음의 세 가지를 들 수 있다. Porath(1997)의 예술적 재능에 대한 신 피아제(neo-Piagatian) 발달이론이나 L. J. Coleman과 Cross(1988)의 영재성에 대한 신 고프먼의 (neo-Goffmanian) 낙인이론 등에서는 이러한 관계가 명확히 밝혀졌다. 반면에 Dabrowski의 이론을 영재 발달 연구에 적용한 경우(Miller & Silverman, 1987; Schiever, 1985)에는 그러한 관계가 다소 불분명하게 나타나기도 하였다. 물론 그런 가능성이 있다 해도 여기서 그런 불분명함이 이론 자체가 잘못되었거나 이론을 잘못 이해한 결과라고 주장하는 것은 아니다. 오히려 이는 이론의 용어와 그것이 정보를 제공하고자 하는 실천 사이의 관계를 설명하는 데 나타나는 본질적인 어려움의 결과라고 할 수 있을 것이다.

이론 짜 맞추기

이 접근은 기존에 심리학자가 자기 이론의 우월성이나 수월성을 위해, 자기 이론의 예측 가능성이나 혹은 다른 이론의 예측 가능성 부재를 밝힘으로써 동일한 현상에 대해 경쟁적으로 서로 다른 이론을 발전시켜 가는 방식에 대한 반동이라고 할 수 있다. 이러한 '분절적 접근'은 "서로 다른 예측 기저에 존재하는 근본적인 이론적 동일성을 감추는 한편 심리학자로 하여금 무의식적으로 동일한 현상의 각기 다른 측면에 초점을 맞추게 하고, 이론가로 하여금 현상을 특정한 방법으로만 바라보도록 가두어 버리는" 문제를 초래할 수 있다(Kalmar & Sternberg, 1988, pp. 1153-1154). 반면에 이론 짜 맞추기는 이론가로 하여금 자신의 이론과 다른 여러 이론 중에서 최상의 것을 결합하는 '통합적 접근'이다. 서로 경쟁하는 여러 이론은 하나의 설명을 만들어 내기 위해 결합된다. 이러한 접근은 예측에 가치를 두기는 하지만 현상에 대한 설명력이야말로 좋은 이론을 판가름하기 위한 더 나은 기준이라고 본다. Sternberg(1985a)의 지능의 삼원이론과 Gagné(1999)의 능력 개념이 그 예다.

근거이론

근거이론은 이름 자체가 암시하듯이 구성주의 패러다임에 속하는 연구자에 의해 주로 사용되며, 선험적인 추상적 이론에서 연역되는 것이 아니라 구체적인 경험의 기반에서 출발한다(Glaser & Strauss, 1967). 따라서 이론에서 시작되는 대신에 경험적 관찰로부터 체계적인 귀납적 과정을 통해 이론을 구성하며, 현장에서 자료를 모아서 상위 이론을 만들어 내는 방법이다. 이론을 실제적인 구체적 경험에 기반을 둔 실제 현상에 뿌리박게 하기 위해서는 주의를 기울여야 한다. 영재교육 분야에서는 기다림에 대한 Peine(1999)의 박사학위 논문과 Hébert의 흑인 청소년 연구를 그 예로 들 수 있다.

참여 연구

이런 유형의 이론은 이론의 근거가 사회환경에서 이루어지는 연구의 실제 참여자라는 점에서 다른 유형과 분명하게 구별된다. 지식은 객관적이지도 연구자와 분리된 것도 아니다. 즉, 지식은 연구자의 고유한 재산이 아니며, 자신들의 상황을 이해하고 자신에게 적절하다고 생각되는 변화를 만들어 내기 위해 연구에 참여한 모두에 의해 만들어지는 것이다. 연구자들은 현실을 기술하는 진술의 네트워크로 이론을 형성해 나가고, 세상을 그들이 원하는 곳으로 타협해 나간다는 점에서, 이 과정은 '귀납적' 이라기보다는 '대화적' 이라고 볼 수 있다. 전형적으로 참여적 연구는 상황과 참여자가 변화함에 따라 변화한다. 이런 형태의 이론은 그동안 현장 연구, 참여적 현장 연구, 그리고 행동 연구와 연결되어 왔다(Reason, 1994). 이러한 이론에 대한 판단 기준은 변혁적 또는 비판적 패러다임과 일치할 것이다.

비록 나 스스로는 더 많은 현장 연구가 본질적으로 참여적일 수 있다고 믿기는 하지만, 영재교육 분야에서 명쾌한 예를 찾기는 힘들다. 단지 몇몇 논문이 이런 종류의 연구가 갖는 특성을 연상시킬 뿐이다(예, Frey, 1998; Jatko, 1995). Pendarvis와 Howley(1996)의 저작이나 Armenta (1999)의 영재로서의 자아정체감 형성에 대한 논문도 비슷한 방향을 향하고 있다.

이상 이론 발달의 다섯 가지 모형은 나의 도구로서의 이론이라는 개념에 들어맞는다. 각각의 모형은 영재교육 분야에 있어 흥미 있는 현상을 체계적으로 탐구하기 위한 출발점을 조직하고 제공하는 방식이다. 계속 발전시킨다면 위의 접근은 장차 학문 활동의 표준적 부분이 되어 영재에 대한 우리의 지식을 증진하는 데 도움을 줄 수 있을 것이다.

결론과 제언

이상과 같은 분석은 영재교육 분야에 어떤 도움이 될 수 있을까? 이론이 아이디어를 만들어 내는 동시에 그것을 검증하는 데 사용될 때, 그 이론은 예측된 상호작용과 결과를 보여 줄 수 있다. 실제적인 이론은 여러 가지 상황에서 사람과 조직, 그리고 변인 사이의 관계를 제시해 주는 진술이라고 생각할 수 있다. 어떤 이론의 진술로 무장하고, 연구자는 그 이론이 적용되는지 검증하기 위해 상황을 분석하거나 만들어 낼 수 있다. 중요한 것은 다음과 같은 기본적인 질문을 항상 염두에 두면서 실천과 발전의 세상으로 나아가 그러한 관계가 자명한 것인지 확인하는 것이다. '이 주장은 우리가 관심을 가지고 있는 현상을 이해하는 데 실제로 도움이 되는가?' 예측과 통제, 이해와 해석, 그리고 변혁에 대한 추가적인 관심은 각기 적당한 패러다임에 합당한 방식으로 판단될 수 있을 것이다. 만일 이론이 영재교육 분야의 현상을 더 잘 이해하는 데에 도움이 되지 않는다면 재구성, 재창조, 파기, 또는 잠시 보류가 되어야 할 것이다.

나는 이 장에서 이론이 영재교육의 범위를 조직하고 재해석하는 데 사용될 수 있지만, 실제로 특정한 이론적 입장을 증명하기 위한 연구를 수행한 사람은 거의 없다고 주장해 왔다. 만일 어떤 이론이 연구가 아니라 단순히 정보를 동질화하는 데에만 사용된다면, 그 이론은 죽은 이론이며 이미 받아들여진 지식의 저장소밖에는 되지 못할 것이다. 이론의 유용성을 확립하려는 방향으로 연구가 이루어지지 않는다면 그런 이론은 위험한 것이라고 인정되어야 한다. 그러나 연구를 수행하는 데 이론이 사용된다면 그러한 행위는 알고 있는 것과 알지 못하는 것, 또는 미정의 것을 분명하게 함으로써 현상에 대한 우리의 이해를 증진할 수 있고, 나아가 알고 있는 것의 한계를 넘어설 기회를 제공할 수 있을 것이다.

몇 가지 제언

내 목표가 영재교육에 있어서 이론 기반을 갖춘 연구를 활성화한다는 전제하에, 나는 그것을 어떻게 가능하게 할지에 대한 몇 가지 제안을 하고자 한다.

① 우리가 미래의 학자를 교육하는 방식을 바꾸어야 한다. 박사과정은 대학원생으로 하여금 이론적인 분석과 구성을 할 수 있도록 가르쳐야 한다. 이 장에서 개략적으로 제시하였듯이, 교수는 도구로서의 이론을 사용하는 여러 다른 접근방식에 대해서 가르쳐야 한다. 고학년 대학원생은 이론가가 현상에 대해서 실제로 무엇이라고 했는가를 분석함으로써 자신들이 선택한 하나의 이론에 대한 지식을 쌓아야 한다. 내 제자들은 힘을 얻게 되는 경험을 실제로 해 보면서, 그들이 학부 수업에서 이론이나 이론가에 대해 들은 것 중 많은 부분이 그 사람이 실제로 쓴 것과 일치하지 않는다는 것을 이야기하곤 한다. 그들은 자신도 교수만의 고유 영역처럼 보이던 정교한 아이디

어에 대해 생각하고 이해하게 될 수 있다는 사실을 발견하였다. 학생은 또한 서로 다른 이론의 용어를 바꾸어 가며 사용하는 것에 대해서도 더욱 주의를 기울이게 되었다. 마지막으로, 나는 대학원생이 개인적인 흥미를 느끼는 현상에 대해서 스스로의 관찰과 독서, 그리고 실천에 기초하여 미완성 이론이라도 직접 만들어 볼 기회가 있어야 한다고 주장한다. 이러한 기회는 그들로 하여금 자신들이 어떤 현상에 대해 가지고 있는 암묵적인 믿음을 분명하게 풀어 나갈 수 있도록 하는 효과적인 수단으로 작용할 것이다.

② 학술지의 편집 방침을 바꾸고, 필요하다면 필자에게 그들의 연구나 논문을 하나의 이론에 맞추거나 최소한 연구의 이론적 중요성에 대해서 언급할 것을 계속적으로 요구해야 한다. 이는 연구가 서로 단절되는 문제를 개선하는 데 도움이 될 수 있다.

③ 이론과 실천 사이의 연계를 좀 더 계획적으로 세워야 한다. 우리의 이론이 부모를 포함해 실천가에게 이해되지 않거나 그들과 크게 관련 없다는 사실은 우리의 지식과 이론의 현재 상태에 대한 비판이다. 나 자신의 연구에서도, 나는 영재 개개인을 연구하는 것에서 그런 특별한 개인의 발달에 중요해 보이는 배경(개인과 환경)에 대한 연구(L. J. Coleman, 1997, 2001)로 옮겨 가고 있다. 나는 이론을 만들기 위한 기초로서 자연스러운 환경에서의 실천과 발전에 대하여 더욱 주의 깊게 연구할 것을 제안한다.

제5장

영재교육에 대한 재고찰

경험적-분석적 탐구양식의 정치성과 가정에 대한 현상학적 비판

Tracy L. Cross

이 장에서는 영재의 경험을 현상학적으로 접근하여 영재성을 탐구해 보고자 한다. 영재성에 대한 현상학적 접근법은 영재교육에서 대체로 수용되고 있는 이론이나 연구와는 현저히 다른 패러다임(Kuhn, 1970)에 뿌리를 둔다. 따라서 이 개념으로 영재성을 연구하면 영재성의 본질과 영재 개개인의 요구를 새롭게 이해할 수 있을 것이다.

다른 사회과학과 마찬가지로, 영재교육에서도 연구자들은 처음부터 실증주의적이고 기계적인 세계관으로 교육을 이해하고 의사결정을 하며 문제를 해결해 왔다(Tarnas, 1991). Ambrose(2000)에 따르면, "연구자는 세상을 근본적으로 기계에 비유하는 기계적 세계관을 가지고, 세상의 이치에 대한 분석 범위를 축소하여 가장 단순하게 인과관계를 설명하려고 노력함으로써 현실을 안정적이고 고정된 것으로 인식해 왔다"(p. 161). 자연과학처럼 사회과학에서도 연구의 초점을 인과관계의 발견에 두고, 다른 접근법은 비과학적인 것으로 치부한다(Cross, 1994).

어떻게 이 패러다임이 교육학에 대한 사고와 탐구를 좌우하게 되었는가? 이것은 대체로 20세기 초반에 있었던 공립학교 체계와 군대의 영향이라고 할 수 있다. 첫째, 동부와 남부 유럽에서 온 이민자는 문화적, 언어적으로 다르기 때문에 이방인으로 취급되었고, 그 아동은 공교육을 통해서 '미국화' 될 필요가 있었다. 둘째, 미국이 제2차 세계대전에 참여하면서, 영어를 못하는 사람도 많이 섞여 있는 군대 병역에서 누가 장교로 일하고 누가 보병으로 일할지를 결정하는 데 효율적인 방식이 필요했다. 이 시기에 Freud의 정신분석적 접근의 인기가 떨어지고 고도의 기계적이고 행동주의적인 심리학이 등장하였다. 행동주의의 부상은 과학적이고 공정하며 국가를 성장시키는 산업 기술력과 일치하는 객관적 검사법 같은 교육기법의 발달을 가져왔다.

그리하여 Terman의 영재아에 대한 연구가 이루어진 시기까지(예, 1925~1959) 기계적 패러다임은 심리학과 교육학 연구의 기초가 되었다. 그 기저를 이루는 존재론적, 인식론적 가정은 초기에 활용된 IQ 검사와 함께 영재성과 영재학생의 요구에 대한 개념 틀을 만들었다. 그리고 그것은 영재교육과 인과관계를 추구하는 행동주의 심리학에서 우세하게 나타나던 탐구 양식인 경험적-분석적 양식과 결합하게 된 것이다(L. J. Coleman, Sanders, & Cross, 1997). 경험적-분석적 탐구 양식과 다른 탐구 양식을 이해하는 것은 영재성에 대한 현상학적 접근에 대한 논의를 발전시키는 데 도움이 될 것이다.

기본 탐구 양식

탐구 양식이나 패러다임은 학자가 문제에 접근할 때 이용한 철학적 가정, 목표, 연구방법을 나타낸다. 비록 연구를 분류하는 수많은 방식이 있지만, 기본적으로는 경험적-분석적 탐구 양식, 해석적 탐구 양식, 전환적 탐구 양식의 세 가지 탐구 양식으로 나뉜다(L. J. Coleman, Sanders, & Cross, 1997). 이러한 탐구 양식을 하나씩 분석하는 작업은 연구를 수행할 때 택할 수 있는 다른 관점과 그 결과의 원인에 대한 논리적 설명을 강조한다.

Popkewitz(1984)의 용어인 경험적-분석적 탐구 양식을 고수하는 학자에 따르면, 우주는 과학자가 경험적 방법을 적용하여 발견할 수 있는 기존의 보편적인 자연법으로 구성되었다. 경험적 방법과 논리인 연역적 추론은 과학자가 생각의 타당성을 판별하고, 인과관계를 밝혀내고, 사건에 대한 예측을 할 수 있도록 해 주었다. 연구자는 객관적인 방법을 사용함으로써 선입견을 최소화하고 중립적인 관찰자가 되려고 노력한다. 이 탐구 양식은 경험주의의 기초가 되며, 과거 2세기 동안 서구 과학을 지배했던 패러다임인 실증주의에 근거한다(L. J. Coleman, Sanders, & Cross, 1997, p. 106).

해석적 탐구 양식에 의거하여 연구하는 학자는 지식이란 사람들이 이 세계를 해석하기 위해 사용하는 기호와 표상에 의한 것이라고 본다. 그러므로 지식은 주관적이며, 가장 중요하고 유용한 것은 사람들이 이 세계를 어떻게 이해하느냐 하는 것이다. 해석주의적 연구자는 개인과 집단이 보는 사회적 관계의 패턴이나 법칙을 발견해 내고자 한다. 모든 현상에 대해 유일하고 가장 적합한 설명을 찾아낼 것을 기대하는 것은 아니다(Guba, 1990; Popkewitz, 1984 참조). 현상학적 탐구는 본질적으로 해석주의적 탐구 양식과 가장 가깝다.

전환적 탐구 양식으로 연구하는 학자는 지식이 그 문화에서 가치 있다고 여기는 것에 깊이 스며들어 있다고 본다. 모든 탐구와 인간 행동은 성, 인종, 사회계급, 그리고 세상에 대한 이해를 가능하게 하고 또한 세상을 변화시킬 수 있는 힘이 있다고 이해한다. 문화적, 경제적인 변인의 근거가 되는 힘의 관계 속에 고착되어 있다고 보는 것이다. 이 관점에 찬성하는 사람은 가치가 탐구의 핵심 요점이며, 개개인 사이의 이상적인 관계를 만든다고 믿는다(L. J. Coleman, Sanders, & Cross, 1997, p. 107).

명백하게도, 이 세 가지 탐구 패러다임은 현실과 지식과 가치에 대해

서로 다른 관점을 반영한다. 어떤 사람의 결정은 그 사람이 현실을 외부적으로 이미 존재하는 것이라고 믿는지 또는 각자 구성하는 것이라고 믿는지를 결정한다. 그리고 그 사람이 객관적, 절대적 지식이 가능하다고 믿는지 또는 지식은 조건적, 상황적이라고 믿는지를 결정한다. 또한 그 사람이 탐구가 가치 중립적이라고 믿는지 또는 객관적이거나 객관적인 것으로 가장해서도 안 된다고 믿는지를 결정한다(Guba, 1990). 사람의 패러다임적 입장이나 탐구 양식은 그 사람이 연구할 가치가 있다고 생각하는 것, 그것을 연구하는 방법, 그리고 탐구 결과의 수준에도 많은 영향을 미친다.

혹자는 이들 패러다임이 지지하는 바가 양립될 수 없기 때문에 그것을 아우르는 대화가 불가능하다고 주장한다. 한 탐구 양식의 지배는 힘의 균형과 현상 유지와 결부된다. 따라서 대화란 Foucault(1995)가 말하는 '힘의 기술체계'와 유사한, 지배하고자 하는 도구가 되는 것이다. Sampson (1993)은 대화가 사회에서 주류인 사람에게만 허용되는 방식임을 다음과 같이 기술하고 있다.

> 인간적인 면을 보여 줄 수 있는 대화가 이미 암시적으로 주류 사회 집단의 견해를 대변하는 방식으로 만들어져 있는 한, 대화에서 단지 화자가 있다는 것은 여전히 자기 집단의 이익, 견해, 또는 진술한 대화에서 나타나는 특수성을 갖고 있지 않다는 것에 불과하다. 만약 내 말을 듣게 하기 위해 상대방이 제시했던 방식으로 말해야 한다면, 나는 내 방식대로 말하는 것이 아니라 상대방처럼 말할 경우에만 들을 수 있을 것이다. 그래서 나는 동등한 입장이라기보다 상대방의 계속되는 이익을 지키는 담론 게임에 구속되어 있을 뿐이다. 이는 문화 · 심리적 실제의 현재 형식은 자신의 관심과 특성이 반영되고, 자신의 용어와 자신의 방법을 가진 특정 집단의 어떠한 가능성도 부정한다는 분명한 메시지를 전해 준다. 또한 이러한 상황은 단지 우연이 아니라 오히려 심리 · 사

> 회적 현실에서 마주칠 수 있는 용어를 결정하는 책임을 가진 사람들의 힘을 반영하고 있다(p. 1220).

지배 문화와 정치, 연구방법, 지식 구조 사이의 관계는 포착하기는 어렵지만 어디에나 존재한다. 이러한 요인이 모여서 영재아에 대한 연구가 이루어지는 지적 풍조를 조성한다. 그리고 그것은 기계적, 경험적-분석적 양식에 영향을 미치며, 영재성에 대한 연구방법뿐만 아니라 그 개념에 대해서도 연구자가 어떤 색을 지니도록 몰아 왔다. 수년간 교육학자는 심리학자가 사용하는 연구방법과 겨루기를 시도해 왔다. 심리학을 따르는 교육학 연구자에게 주어진 기대는 마치 기차와 같다. 교육학 분야는 달리는 화물열차 맨 끝에 달린 승무원 차량과 마찬가지다. 그 승무원 차량을 주도하는 차, 즉 심리학은 기관차가 아닌 자연과학이라는 짐을 운송하는 화물열차다. 교육학 연구인 승무원 차량을 이끄는 진정한 기관차는 자연과학이다(Cross, 1990, p. 98). 하지만 교육학은 자연과학이 아니다. 교육학은 사회과학이며, 더 나아가 인간과학이라 불려야 할 것이다.

현상학적 탐구

경험적-분석적 양식으로 체계적으로 정리된 행동주의 심리학자가 채택한 가설에는 "현상이란 ① 관찰 가능하고, ② 측정 가능해야 하며, ③ 그 본질에 대해 한 사람 이상의 관찰자에 의한 합의가 이루어질 수 있다."라는 견해가 포함되어 있다(Valle & King, 1978, p. 4). 그 가설은 현상, 사람, 사물을 동등시한다. 이것은 연구기술에 있어 비구조적인 관점이 지배적임을 반영한다. 비구조적인 관점이 주류인 곳에서는 외부 관찰자의 해석이 가장 중요하고, 관찰된 사람의 관점, 믿음, 인식, 경험과는 관련이 없다고 간주된다. 자연과학에서 사용되는 연구방법이 인간과 인간체제를 연구하는 데 사용될 수 있다는 생각에 기초하여, 경험적-분석적 탐구 양식은 연구 대상에서 사물과 사람 사이에 거의 구별을 하지 않는다.

그러나 사람을 탐구의 초점으로 삼는 또 다른 방식이 있다. 한번은 Franz Kafka가 "왜 돌이 언덕을 구르는지 이해하기 위해서는 어떤 힘이 원래 자리에서 그 돌을 빠지게 했는지 조사해야만 한다. 그러나 어떤 사람이 왜 언덕을 오르는지를 이해하기 위해서는 그 사람이 정상에서 무엇을 찾고 있는지를 알아내야만 한다."라고 말했다(Bugental, 1989, p. x에서 인용). 이는 현상학적 탐구를 포함한 대부분의 질적 탐구의 목표인 내적 관점을 보여 주고 있다. 현상주의자는 사람을 이해하기 위해서 그들 구조의 가장 정수인 의식을 연구해야만 한다고 주장한다. 기계적 가정에 기초를 둔 연구 모델은 사람을 객관화하는데, 현상주의자의 주장에 따르면 이것은 연구 결과의 의미를 훼손하는 것이다.

현상학은 Edmund Husserl(1859~1938)에 의해서 창시되었다. 그 목적은 사람들이 이론, 연역법, 자연과학과 같은 다른 원리의 가정에 의존하지 않고, 경험 체계를 그 자체가 의식에 나타나는 것으로 설명함으로써 인간의 의식과 경험에 대해 명백하고 편향되지 않은 연구를 하고자 하는 것이다. 현상학은 사람의 의식에서 물체와 사건이 인지되고 이해되기 때문에 현실이 물체와 사건으로 이루어져 있다는 전제를 바탕으로 한다. 그러므로 현상학은 외부 관찰자 각자의 세계관, 가치, 개인적인 편향을 제거할 수 있는 잠재력을 가진다.

현상학자가 행동주의 심리학자의 연구에 가하는 가장 중요한 비판은 아마도 Husserl(1962)이 모든 '과학 분야'에 반대하여 일으킨 논쟁과 비슷하다. 즉, 모든 '과학적' 분야는 연구될 것에 대한 사전 가정을 토대로 발견이 이루어지는데, 그러한 가정은 연구에 따른 발견을 의미 없게 만든다. 의미가 없다는 것은 연구하는 현상이 자료 수집방법에 의해서 이미 결과가 어떻게 될지 '알려진' 현상이기 때문이다. Giorgi(1970)는 전통과학은 "미리 알려지고 공표된 특정 준거"(p. 26)에 근거하여 결정된다고 주장하였다. 그러나 현상은 자체의 권리로 존재한다. 다양하고 특수한 분야는 세상을 꿰뚫어 볼 수 있는 렌즈에 불과하다.

Husserl이 동료들 사이에서 잘 알려졌음에도, 그의 견해는 Martin Heidegger가 괴팅겐 대학에서 그를 계승하여 그의 연구를 확립할 때까지 미국에 큰 영향을 미치지 못하였다. Heidegger는 자신의 고전적인 책 『존재와 시간(*Being and Time*)』(1927)에서 현상학에서는 '존재', 즉 인간의 경험과 행동은 서로 관계가 있다고 했다. 그는 인간 경험과 행동이 '순수'와 '비순수'의 둘 중 하나라고 보았다. 『존재와 시간』이 출판된 후, 미국의 지식인은 Husserl의 기록을 다시 보았다. 의식을 목표로 한 연구 접근법을 통하여 인간 경험의 본질을 구하려고 한 Husserl의 엄격한 접근은 특히 흥미로웠다. Husserl의 현상학적 환원에 대해 다음과 같이 기술할 수 있다.

> 우리는 우리를 둘러싸고 있는 실존과 자연 세계가 가정하는 것을 배제하거나 의문을 가지기도 한다. 즉, 일상적인 '자연적' 관점에 의한 일반적 이론과 우리 경험과 독립적으로 존재하는 세상이 있다는 전제에 의문을 가진다. Husserl이 주장한 대로, 그러한 후에 우리는 자연 세계에 묻혀 있는 것에서 벗어나 '순수한' 의식을 표출할 수 있는 입장이 될 수 있을 것이다. 환원함으로써 우리는 세상을 당연시 여기는 '자연적' 혹은 '자연주의적' 태도를 버리고 현상학적이거나 '직관적'인 태도로 불리는 것을 채택하게 된다(Heidegger, 1927, p. 11).

현상학의 기저에는 생활세계(Lebenswelt)와 판단중지(Epoche)라는 두 가지 중요한 개념이 있다. 생활세계, 즉 산 경험은 인간의 반성 이전의 경험에 대한 Husserl(1962)의 용어다. 그에 따르면, 가장 기초적인 종류의 이 경험은 이차적 수준 분석의 해석에서 자유롭다. 이처럼 인간 경험의 생활세계를 발견해 내고 묘사하는 것이 엄격한 연구법으로 믿어졌기에,

이는 현상학의 최우선 목표가 되었다. Husserl은 현상학적인 연구를 통하여 인간 경험의 본질이 나타날 수 있다고 믿었다.

판단중지는 연구를 실행하기 전 전제를 뒷받침하는 과정, 즉 판단을 유보하는 것이다. 이는 주어진 상황에서 우세한 일반적 전제를 유보하는 동안 현상으로 하여금 일어나게 하는 것이다. Husserl은 이 과정이 현상을 있는 그대로 보지 못하게 하는 비의도적인 영향을 줄인다고 믿었다.

인식적 인지와 지식 형성

만약 여러 교육자에 의해 사용된 영재성 개념에 오류가 있다면 영재성에 대한 더 나은 개념을 발전시킴으로써 그 문제를 해결할 수 있을까? 현상학적 관점에서 이 질문에 대한 대답은 '아니요' 다. 필요한 것은 영재성에 대한 '올바른' 개념(직관적이 아닌 개념)이 아니라, 사람들이 탐구나 연구에 대해서 생각하는 다양한 방식에 대한 이해와 이것이 앞서 말한 것과 어떻게 연관되는가 하는 것에 대한 이해다. 이러한 인식은 "인식적 인지(epistemic cognition)"라고 불린다(Kitchener & Brenner, 1990).

단 하나의 탐구 양식을 채택함으로써 다양한 실행과 화제를 판단하는 데 사용되는 하나의 렌즈가 생긴다(L. J. Coleman, Sanders, & Cross, 1997). 안경 렌즈와 같이 철학적 렌즈는 투명하다. 그리고 사람들이 그 존재를 인식하지 못할 수도 있다. 사람들은 자신이 무엇을 어떻게 볼 것인지를 정하는 이 렌즈를 통해서 세상을 보고, 자신이 세상을 철학적 틀에 중재되지 않은 채 '있는 그대로' 보고 있다고 믿는다. 연구자가 다양한 탐구 양식의 주의와 결과에 대해 이해하도록 교육하는 것은 그들 자신이 세상을 보는 데 사용하는 렌즈에 대해 인지하고 다른 세상을 보는 법에 대해서 인식하게 할 수 있는 유일한 방법이다. 이 지식 없이는 연구자는 자신의 발견을 구체화하고, 다른 가능성의 탐색을 하지 않는다. Ambrose

(1998)에 따르면 다음과 같다.

> 인식적 인지가 잘 발달되지 않은 사람은 논리적이거나 형식적인 논법에 따라 명백하게 정의된 내용은 잘 이해한다. 그러나 불확실한 문제를 만나면 자기 자신이 선호하는 관점에 적용되는 결정방식만을 사용하고 다양한 관점은 무시하는 경향이 있다. 학자가 다른 연구 패러다임의 주의(主義), 절차, 독창성의 진가를 알지 못하면 그러한 인식적 인지의 부족은 독단적인 편협함을 더 강화할 뿐이다. 강한 인식적 인지를 가진 학자는 자신의 연구 패러다임과 경쟁적인 패러다임, 그리고 세계관의 강점과 약점, 자신의 인식적 인지 발달을 방해하는 장애물을 인식할 수 있어야 한다(p. 80).

영재교육의 지속적인 문제

이 분야의 전문가가 영재교육을 고려할 때 사용하는 수많은 렌즈가 있지만, 많은 사람의 마음속에는 지적 결론이 있다. 그것은 영재교육 기회를 가능한 한 많은 학생에게 제공해 주어야 한다는 것이다. 하지만 이 동의를 얻기 위해서 서로 경쟁하는 경향이 있는데, 그중 두 가지를 언급하고자 한다. 첫 번째 경향은 장애를 경도(mild), 중등도(moderate), 중도(severe), 최중도(profound) 정신장애로 나누는 분류와 마찬가지로 영재성도 분류해야 한다고 제안하는 전문가 집단에서 찾아볼 수 있다. 이 경향은 IQ를 근거로 하는 정의의 연장이다. 이는 영재성을 IQ로 간주하는 견해의 개념적 토대의 속성과 그 견해에 담겨 있는 교육적 실행에 관련된 모든 시사점에 새로운 생명을 불어넣어 준다.

두 번째 경향은 앞의 것과 상충되는 사조로, 소수민족 영재학생이 영재교육 대상자에서 소외되면서 촉진되었다. 이것은 많은 사람이 영재성의 측정치로 IQ를 사용한 결과라고 본다. 이 다양한 전문가 집단의 초점은 영재성을 평가하는 대안적 방법을 만드는 것이다. 이러한 새로운 접근에 대한 한 가지 비판은 그들이 IQ 검사에서 영재성을 보이지 않은 학생에게까지 기회를 확대하면서 선발된 이들 사이에 이등 시민을 만들어 낸다는 것이다. 그러나 이 비판은 특정한 IQ 기반의 영재성 개념에 기초를 두고 있으며, 지배적인 패러다임이 우리가 나누는 대화의 언어를 형성한다는 사실을 반영한다(그 분야에서 일반적으로 일어나는 신념체계에 대한 적합한 설명은 Fraiser, 1997을 참조). 앞서 경험적-분석적 탐구 양식이라고 규정했던 패러다임 내에서만 상위권 이하의 IQ를 가진 학생의 판별이 문제가 된다. 전통적인 체계에서 IQ가 차지한 위치만큼 지배적이지 않은 대안적인 개념체계 내에서 극단적으로 높은 IQ의 부재는 영재 판별에 그다지 장애가 되지 않는다.

요지는 IQ에 월계관을 씌워 주는 것은 자연적 사실이 아니라 특정 상황과 결부된 역사적 사건이라는 것이다. IQ로 영재성을 정의하는 데 있어 한 가지 혹은 유일한 특성이라고 믿는 것은 인식적 인지가 부족한 것이다. 많은 연구자는 영재성 개념에 결부된 경향이 실행을 제한하기 때문에 고군분투하고 있다. 우리가 인지하지 못한 영재를 판별하는 데 성공하려면, 우리의 기계적 세계관을 분리하고 영재성을 국가의 지배 문화와 탐구 양식의 한 기능으로 이해해야 한다.

영재교육에 대한 현상학적 연구

경험적-분석적 탐구 양식의 인식론적, 존재론적 가정은 전자의 유전적 한계를 설명하는 현상과 병치될 수 있다. 영재교육 연구에서의 가장 큰 손실은 IQ와 같이 높은 능력을 나타내는 다른 지수를 고려하지 않음으로써 같은 대상을 동일한 렌즈로만 연구해 왔다는 것이다. 만약 연구자가 영재의 다른 하위 집단을 현상학적으로 연구하였다면 영재교육은 어떻게 달라질 수 있었을까? 예를 들어, 예술에 영재성이 있고, 열정을 가지고 있으며, 흥미가 있다고 믿는 어린 영재아는 하위 집단으로 분류되어 연구될 것이다. 다른 영역, 예를 들어 음악, 스포츠, 과학, 영어, 수학과 같은 분야에 능력이나 열정을 갖고 있다는 사람 역시 현상학적인 연구의 대상이 될 것이다. 형식적인 판별과정이 뒤따를 것이고, 어떤 식으로든 영재아의 경험에 근거한 이러한 진술이 연구의 시발점으로 여겨지는 것이 아니라 정당한 것으로 확인될 것이다.

비록 경험적-분석적, 해석적, 그리고 전환적 탐구 양식은 인식론적, 존재론적 가정과 목표 면에서 상당히 다르지만, 이들 양식이 영재교육 분야의 많은 문제를 해결하지 못했다는 점에서는 유사하다. 경험적-분석적 양식의 결점은 앞서 진술한 바와 같다. 해석적 양식의 한계는 연구된 특정 집단에서만 발견된다는 점이다. 즉, 집단이나 장소를 아우르는 어떠한 일반화도 할 수 없다. 전환적 양식은 명백히 첫 번째로 그리고 최우선으로 특권을 가진 엘리트의 우세에 대항하는 것을 목표로 한다. 그리고 지식의 생산이나 해석적 통찰력이 두 번째 목표다.

현상학은 그 자체의 독특한 특성을 가지고 있으면서 동시에 모든 세 가지 탐구 양식의 특성을 통합한다. 예를 들어, 현상학은 자료에 대해 연구자가 그렇게 되어야만 한다고 가정하는 식이 아니라 그것을 존재하는 그대로 나타나게 하는, 타당한 인터뷰 조서나 설문 조사를 만들 수 있는 수단으로 사용될 수 있다(Giorgi, 1970). 지배 문화에 관여하는 일부 사람에 대한 드라마틱한 재고를 유발하는 생생한 경험의 특성을 보여 준다는 점에서 이는 해석적이기도 하다. 현상학은 가장 근본적인 인간과학 연구라는 점에서 공헌을 하고 있다. 사물에 가장 근접하려는 독특한 견지를 가진다는 점에서 근본적이라 할 수 있다. 왜냐하면 현상학은 대상에 대해 숙고해 보기 전에 가지는 경험을 연구자의 선험적 가정에 의한 중재 없이 발견해 내는 것이 목적이다. 그리하여 여러 집단에 일반화할 수 있는 인간 경험의 불변하는 구조를 표현해 내고자 한다. 현상학자는 연구자들이 기본과정에 충실하게 되면 연구하는 현상에 대해 그들이 가진 선입관의 개입 없이 연구를 할 수 있을 것이라 믿는다. 이것은 세 가지 탐구 양식 모두의 이점을 통합함과 동시에, 연구자가 영재성이나 그 측정법과 관련해 수용한 의견에 대한 그동안의 믿음을 무너뜨리게 한다.

현상학적인 렌즈로 연구를 시작함으로써 선험적 가정은 연구되는 현상의 실제적인 특성과 지배 문화의 언어보다는 연구 대상의 언어로 교체된다. 이로써 영재교육 분야에서는 영재성을 더 인간 중심적이고 다양하게 이해할 수 있게 될 것이다. 즉, 오래된 은유나 국한하는 가정 때문에 모호해졌던 것이 많이 줄어들 것이다.

제6장

농어촌 지역 영재를 위한 재능 개발

Aimee Howley, Craig B. Howley, & Edwina D. Pendarvis

이 장에서는 학교 교육이 농어촌 공동체의 소멸에 적극적으로 영향을 미쳤다는, 대부분의 교육자에게는 이상하게 받아들여질 수 있는 견해를 다룬다.[1] 이러한 견해를 뒷받침하는 여러 논의를 본격적으로 제시하겠지만, 우리는 처음부터 이 글이 정당성의 범위를 넘어서 어떤 감수성—농어촌 세계는 그 불안한 존재에도 불구하고 풍부한 의미를 지니고 있다는 느낌—에 기초하고 있다는 것을 인정한다. 우리가 보기에 이러한 의미는 농어촌 친화적인 학교 교육에 대한 정보를 제공해 주어야 하고, 또한 학문적으로 재능이 있는 청소년을 위한 '농어촌화된' 형태의 학교 교육의 가능성을 보여 주는 것이다.

이 장은 네 부분으로 구성되어 있다. 첫 번째 부분에서는 농어촌 교육의 역사를 추적하여 어떻게 국가 목표가 20세기 농어촌 교육의 방향을 결정했는지, 그리고 어떻게 농어촌 학교가 현재 그들이 직면하고 있는 문제와 모순에 도달했는지를 설명한다. 아울러 대도시 목표와 농어촌 목표 사이의 차이를 분명히 함으로써 농어촌 생활의 고유한 의미를 서술한다. 두 번째 부분에서는 농어촌 환경에서의 학문적 재능과 잘못된 교육을 다룬다. 여기에서는 농어촌의 영재교육 프로그램이 관습적으로 채택하고 있는 대도시 목표를 고찰하고 비판하면서, 왜 반(anti)농어촌적 교육을 중요한 문제로 간주한 사람이 거의 없었는지를 설명한다. 세 번째 부분에서는 농어촌 학교에 적절한 농어촌 목표를 복구하는 것과 관련된 쟁점과 동력을 고찰한다. 그리고 마지막 부분에서는 앞선 논의에 기초하여 농어촌 학교에서 '농어촌화된' 영재교육을 시행하기 위해 필요한 사항을 열거하는 한편, 저자들 스스로가 경험한 농어촌 생활이 어떻게 이러한 주장으로 연결되는가를 서술한다.

농어촌과 도시

미국의 교육사에 대한 많은 설명(예, Butts & Cremin, 1953; Spring, 1997)은 농어촌에서 시작되어 도시에서 끝난다. 관습적인 역사 서술은 농어촌 학교 교육을 개혁 운동의 피난처로, 따라서 발전에 역행하는 것으로 묘사함으로써 농어촌 학교 교육 제도를 간과하는 경향이 있다. 그러나 농어촌 교육은 일반적으로 전통적인 교육 실천과 주(state)의 통제에 대한 저항으로 특징지을 수 있는 고유한 역사를 가진다(Theobald, 1995). 이러한 공통 특성에도 불구하고, 농어촌 학교와 학군은 출석 수준, 교육 일수, 교사의 자격 요건, 건물, 관리 형태, 이데올로기적 입장 등에서 다양한 편차를 보인다(Gilmore, 1982; Kaestle, 1983; Link, 1986; Theobald, 1995).

농어촌 학교는 전통적으로 기본적인 읽기, 쓰기, 산수 등의 실용적인 교육을 제공하는 한편, 지역사회 정체성의 중심으로서의 역할을 해 왔다(DeYoung & Lawrence, 1995). 20세기 들어서도 많은 농어촌 학교가 한두 명의 교사에 의해서 유지되었다. 그런 학교의 대부분은 그 자체로 하나의 학군을 이루었고, 독자적인 교육위원회에 의해 관리되었다. 이런 제도는 시민 대비 위원회 위원의 비율이 오늘날보다 훨씬 높았다는 것을 의미한다. 1929년에 12만 7000개의 학군이 학교를 운영하였던 것에 비해, 1989년에는 1만 5400개의 학군만이 학교를 운영하였다. 거의 90%에 달하는 급격한 감소를 보여 준다(Howley, 1996).

이러한 작은 학교와 학군 사이에서 나타나는 극심한 편차는 심각한 결함으로 여겨졌고, 따라서 농어촌 학교는 일찍부터 교육 개혁의 표적이 되었다. 1900년대 초반의 진보주의자는 학교의 개선을 농어촌 개혁이라는 더 광범위한 프로그램과 연결하려고 하였다. 그들은 농어촌 지역의 인구 감소와 농어촌 생활에서 나타나는 다양한 문제의 원인이 농어촌 학교에 있다고 비난하였다(Fuller, 1982; Maxcy, 1981). 학교와 학군을 통합하고, 주 수준에서 단일한 기준을 채택하는 한편, 사회 기반시설을 확충하고 다양한 기술을 소개하는 등 1900년대 초반에 진보주의자가 농어촌 학교를 개혁하기 위해 채택한 전략은 이후 20세기 내내 지속적으로 사용되는 전략의 특징을 잘 보여 준다(Fuller, 1982; Superintendent of Public Instruction, 1920).

농어촌 교육의 역사는 일반적인 농어촌의 역사—한편으로는 지역 정체성과 농어촌 생활 사이의 갈등에 바탕을 두고 다른 한편으로는 지방 차원의 우선순위와 국가 차원의 우선순위 사이의 갈등에 뿌리를 둔 일련의 사건—를 단적으로 보여 준다. 다소 정도의 차이는 있으나, 모든 곳에서 농어촌 지역은 그들의 전통, 토지, 사람, 가치를 희생하고 점차 획일적이고 도시적인 형태의 '좋은 삶'을 받아들이게 되었다(Berry, 1990a).

이러한 문화 운동은 천천히, 그러나 지속적으로 농어촌 지역의 의미를 박탈하고 농어촌의 다양성을 억압하는 효과를 가져왔다. 물론 그런 다양성이야말로 20세기 초반의 개혁가에 의해 농어촌 학교의 진정한 결함으로 파악되었던 것이다. 농어촌 지역 자체는 도시나 새롭게 나타난 변두리에 비해 '뒤처진' 것으로 비추어졌고, 개혁가는 이러한 지역을 근대화의 관점에 기초하여 개선하려고 노력하였다.

미국과 캐나다의 경우, 기술적 · 경제적 변화도 다수의 사람이 농어촌을 떠나게 된 결과에 영향을 미쳤다. 1880년에 미국의 약 75%는 농어촌이었고, 약 42%의 인구가 농가에서 거주하였다. 이러한 수치는 1920년에는 각각 50%와 약 30%, 1960년에는 각각 30%와 10%로 감소하였다(Dacquel & Dahmann, 1993).

아직 농어촌에 살고 있는 소수 사람의 생활은 20세기를 거치며 급격하게 변화하였다. 그들의 사회경제적 지위는 하락하였으며, 그들의 삶의 방식은 가치 절하되었다. 이러한 변화는 농어촌 지역의 영재학생이 공평하고 효과적으로 교육을 받을 가능성에 심각한 영향을 미쳤다.

농어촌에 대한 진부하고 극단적인 견해는 수 세기에 걸친 농어촌과 도시 사이의 경제적 · 문화적 긴장에서 생겨났다. 도시와 농어촌에 대한 문학적 표현에 대한 역사적인 분석을 한 후, Williams는 "농어촌에 대해서는 자연스러운 삶, 평화, 순수, 소박한 덕성 등의 관념이 축적되어 왔다. 그러나 한편으로는 농어촌이 퇴보, 무지, 한계의 장소라는 강력한 부정적인 연상도 증가하였다."라고 주장하였다(Williams, 1973, p. 1). 이러한 두 가지 유형화는 공통으로 농어촌과 그곳의 거주자가 복잡성을 결여하고 있다고 묘사함으로써 농어촌 생활을 왜곡한다. 그곳에서의 삶은 지성을 요구하지도, 개발하지도 않는다고 여겨진다. 긍정적이건 부정적이건 간에, 농어촌 사람은 단순하고 복고적인 범주로 분류되고 종종 희화화된다. Herzog와 Pittman(1995)은 '시골뜨기' '촌뜨기' '촌놈' 등의 단어를 그런 경향의 예로 들었다. '시골뜨기(yokel)' 와 '교양 없는 촌놈' 등도 마찬가지다. '얼간이(clown, '버릇없는' 또는 '교양 없는 시골뜨기' 의 의미를 가진)' 라는 단어의 어원은 농어촌의 지성에 대한 부정적인 고정관념의 긴 역사를 잘 보여 준다.

농어촌의 똑똑한 학생은 비록 그들 삶의 방식에 있는 낭만을 인식하고 있지 않더라도 그들 삶의 방식에 찍힌 낙인에 대해서는 잘 안다. 몇몇은 분개하며 방어적으로 그것에 긍지를 보이고, 또 몇몇은 이러한 가상의 열등함을 사실로 받아들인다. 그러나 이런 반응은 어떤 것도 그들의 이익에 도움이 되지 않는다. 교사도 이러한 반응을 강화할 뿐, 농어촌 생활의 풍부한 복잡성과 지역적 지식의 가치, 그리고 지성 개발의 중요성을 강조하면서 대응하지는 못하고 있다.

농어촌적인 것이란 무엇인가

우리의 설명은 우리 자신이 농어촌 생활에 참여한 경험뿐만 아니라, Habermas(1987)가 삶과 환경에 부여한 중요성에 바탕을 두고 있다. 그러므로 우리는 농어촌적인 것을 농어촌 삶과 환경의 풍부한 의미에서 찾고자 한다. 농어촌 삶과 환경이란 무엇인가? 이런 의미는 무엇인가? 농어촌적인 것이란 무엇이라고 적절하게 말할 수 있는가? 이 마지막 질문은 특히 중요하다. 왜냐하면 훌륭한 농어촌의 미래를 상상할 때 그런 미래의 농어촌적 특성에 관심 있는 사람은 이런 훌륭한 미래가 어떤 세계주의적인 계획(예, 전 세계의 경제적 지배라는 자본주의적 프로젝트 등)의 연장으로 여겨지지 않도록 하기 위해, 농어촌 삶과 환경의 특징적인 모습에 대한 어떤 설명을 제공해야만 하기 때문이다.

삶과 환경은 필연적으로 특정한 장소에서의 경험이다. 비록 우리가 세계화와 대도시적인 관점이 특정한(지리적인) 장소에 위치하고 있지 않은 존재를 양성한다 주장하더라도, 그 누구도 실제로 완벽하게 어떤 장소에도 속하지 않고 살아갈 수는 없다. 예를 들어, Raymond Williams(1973)는 세계-도시(world-city)를 유일하게 살 곳이 아닌 곳이라고 묘사하고 있다.

농어촌 삶과 환경은 현재로서는 여전히 대도시적인 문화에 대한 반이론(antithesis)을 제시한다. 이 삶과 환경의 특성은 '장소에 대한 감수성', 지역적 차원에서 선행을 하려고 애쓰는 것, 친척에 대한 육체적이고 감정적인 접근, 이웃에 대한 접근의 용이함, 자연에 대한 애정과 가정에 대한 사랑 등을 포함한다. 이 대도시적 삶과 환경에 대한 반이론은 Wendell Berry, Gene Logsdon, Wes Jackson 등의 작가에 의해 풍부하고 자세하게 묘사되었다. 유명 환경운동가인 David Orr(1995)는 '재농어촌화하는(re-ruralizing)' 교육이 자연환경을 보존하는 데, 또는 자라나는 세대가 그렇지 않으면 피할 수 없는 혼란(역주: 자신이 태어나고 자라고 존재하는 곳을 망각하게 되어 뿌리가 없어지는 문제)을 더 잘 해결하도록 준비하는 데 필수적인 것이라고 주장하였다.

다음은 학교 교육에 적용하였을 때 나타나는 대도시 공동체와 지역 농어촌 공동체의 차이를 보여 주는 두 가지 예시 목록이다. 우선 농어촌 학교 교육에 대도시적 관심사를 적용한 것을 살펴보면 다음과 같다.

- 후원 정치의 영향에서 학교를 격리하기
- 학생의 성장 환경에서 오는 불이익을 극복하기
- 주와 국가의 개혁을 수행하기
- 학생의 목표 수준을 향상하기
- 학생과 교사를 위한 세계적 수준의 건물을 제공하기
- 광범위한 고등학교 교육과정을 제공하기
- 발달 규준을 가르치기
- 최첨단 기술을 가르치기
- 합병과 학교 폐쇄에 대한 저항을 극복하기
- 학교를 지역 문화에서 분리하기

이에 대응하여 학교 교육에 대한 농어촌 삶과 환경의 접근을 특징짓는 것은 다음과 같다.

- 농어촌 지역을 돌보기
- 학교와 지역 공동체를 뒷받침하기
- 지역적 지식에 교육의 기초를 두기
- 품위 있는 농어촌 생활을 위한 방법 제시하기

- 실질적인 방법으로 지역 공동체에 봉사하기
- (운동회 등의 행사를 통하여) 지역 공동체의 정체성을 기념하기
- 농어촌 지역을 뒷받침하는 교과과정을 발전시키기
- 소규모 지역 학교가 폐쇄되지 않도록 유지하기
- 기술을 지역적으로 적합한 방식으로 사용하기
- 도덕적 비판의 근거를 지역적 가치에 두기

진정으로 농어촌적인 것이란 무엇인가? 아마도 이 질문에 대해 간단한, 또는 설령 복잡하더라도 하나의 조작적인 정의를 답으로 제시하는 것은 불가능할 것이다. 물론 우리가 이 문제에 대해 특정한 개인적 견해를 가지고 있기는 하지만 많은 독자에게 설득력 있게 받아들여지기 힘들 것이며, 우리도 우리의 견해가 가장 좋은 답이라고 주장하지는 않을 것이다. 그러나 그것이야말로 우리의 경험과 헌신의 근본이 된다.

우리는 황무지, 산업적 전초지와 '진정으로 농어촌적인' 장소를 구분한다. 여기에서 우리는 '장소'를, 단지 인구통계학적으로 특징지어지는 일단의 주민을 구획하는 정치적인 관할권뿐만 아니라 헌신, 지역 공동체, 그리고 거주 지역 영토 등으로도 이루어진 것으로 이해한다. 황무지를 '농어촌적'이라고 부르는 것은 모순적이다. 농어촌은 사람이 거주하고 있는 지역이다. 농어촌에 위치한 채광 지대 등과 같은 산업적 전초지를 농어촌이라고 부르는 것도 마찬가지로 문제가 있다. 채광은 농어촌의 삶과 환경을 위협하는 바로 그 수단을 유지한다. 물론 그곳에 사는 사람을 비난하는 것은 아니다. 실제로 우리 중의 대다수가 탈장소와 근절이라는 전 세계적 프로젝트에 기여하는 직업을 가지고 있다. 이는 대학이나 대부분의 학교, 그리고 그에 연관된 기업에서 일하는 사람의 경우에 특히 그러하다.

그렇다면 '진정으로' 농어촌적인 것이란 무엇인가? 우리가 보기에는 농업이야말로 진정으로 농어촌적인 것을 가장 잘 함축하고 있다. 물론 이

판단은 그렇게 간단하거나 명확한 것이 아니다. 예를 들어, 모든 농업이 진정으로 농어촌적인 것은 아니다. 대규모의 경작이나 기업형 농업은 땅을 황폐화한다는 점에서 채광 전초지와 비슷하다. 벌목이나 어업의 전초지도 마찬가지 방식으로 운영된다. 어떤 것도 지속적으로 농어촌적일 수 없으며, 또 어떤 것도 진정으로 농어촌적인 삶과 환경을 유지할 수 없다. 진정으로 농어촌적인 것은 현재 거의 찾아보기 힘들지만, 그 흔적과 재건의 원천은 많은 공동체에 남아 있다. 그 재건의 본질은 대부분 상상 속에 존재하지만, 이러한 상상은 희망을 구체화하고 있다(Woodhouse, 1999).

기능적 공동체와 지구 자원의 유지는 결코 사소한 관심사가 아니다. 우리가 상상하는 것은 먼 추상적 이야기가 아니라 지역 차원의 공공의 선을 극대화하는 지속 가능한 계획 속에서 동식물을 기르고 돌봄으로써 번성하는 농어촌 공동체다. 사실 이런 종류의 상상은 농어촌 공동체를 유지할지도 모르는 채광, 벌목, 어업 활동, 그리고 다른 경제적 투자를 모두 망라할 수 있다. 적절한 농어촌적 기술과 그에 수반되는 적절한 사회 조직의 예는 Weisman(1998)의 『게비오타스: 세상을 재창조하기 위한 마을(*Gaviotas: A Village to Reinvent the World*)』에 잘 나타나 있다.

지역적 지식으로서의 양식

지역적 지식은 특정한 장소에 대한 지각과 이해뿐만 아니라 그 세계 속에서의 존재 방식을 구성한다. 지역적 지식에서 유래한 생활양식을 존중하지 않는 교사는 그 지식에 뿌리를 두고 있는 학생 사이에서 분노와 불참을 야기하기 쉽다. 많은 똑똑한 학생과 마찬가지로, 농어촌의 영재학생은 그들이 세상을 이해하는 방식과 일치하지 않는 교사의 권위에 의문을 제기할 수도 있다. 농어촌 사람은 지역 엘리트가 자신과 거리가 먼 돈과 권력을 상징한다고 오랫동안 잘못 이해해 왔고, 그것은 농어촌 사람 사이에 냉소주의를 만들어 냈다. 교사는 농어촌 영재학생과 그 가족이 이해할 수 있는 용어로 교수법을 정당화하여야 한다.

언어 또한 지역적 지식과 연관된 양식의 일반적 표현이지만, 농어촌 사투리(예, East Kentucky, Cajun Louisiana, Downeast Maine, East Texas)를 많이 사용하는 학생은 언어능력이 모자란 것으로 취급되기 쉽다(예, Christian & Wolfram, 1979). 그러나 문법 규준은 논리의 결과라기보다는 계층과 권력 차이의 결과다(Fasold, 1990). Norman(1971)에 따르면, "도시화는 문법의 '정확성'에서 가장 확연하게 드러난다"(p. 327).

민속학적 순수주의자는 종종 농어촌 사투리를 미학적인 차원에서 동경한다(Thomas, 1997). 언어학자는 그것을 중립적인 것으로 받아들인다. 그러나 많은 교사는 농어촌 사투리를 지적으로 뒤떨어진 것으로 여긴다. 경험에 비추어 보면, 그 자신이 농어촌 사투리를 쓰지 않는 교사는 거의 다 농어촌 사투리가 잘못된 것이라고 생각한다. 많은 농어촌 출신 교사는 (연수 프로그램 중에) 자신의 언어에 결함이 있다는 말을 들으며 그것을 감추려고 애쓴다.

개인의 정체성을 가족—'가족주의'—으로부터 이끌어 내는 것은 또 다른 농어촌스러운 존재 방식이며, 지역적인 이해의 또 다른 방법이다. 과거에 농어촌에서 지배적인 가치이자 경제적 자원이었던 가족주의는 산업자본주의와 후기 산업자본주의에 의해 약화되었음에도 현대의 농어촌 삶에서는 계속해서 중요한 요소로 남아 있다. 농어촌 영재학생의 가족과 지역에 대한 충성심은 성공을 일류 대학에 가고 좋은 보수의 직장을 갖는 것으로 생각하는 교사를 좌절시킬 수 있다. Geventa(1980)가 보고하였듯이, 1800년대 후반에 농어촌을 방문한 기업가는 주민이 돈에 대해 거의 신경을 쓰지 않는 것을 보고 놀랐다고 하였다. 부유함보다 대가족, 자율성, 활동성을 중시하는 가치체계는 여전히 농어촌 공동체에서 강력한 영향력을 유지하고 있다.

많은 교사는 지역에서의 성취를 삶의 목표로 삼는 것은 충분하지 못하다고 여긴다. 농어촌 부모가 그에 대해 분노하는 것은 당연하며, 결과적으로 똑똑한 농어촌 아동은 학교에서의 성공—Harris(1993)가 학교 성적이 좋은 이민자 출신 아동에게서 발견했던 것과 마찬가지의—을 양면성을 가지고 바라보게 될 수 있다. 농어촌 사투리와 마찬가지로, 농어촌 학생의 가치와 행동은 그 세계에 대한 지식에서 나온다. 이러한 지식을 존중하지 못하거나 그것을 교실에서 적절하게 사용하지 못한다면 당연히 학생과 부모는 반발할 것이다.

농어촌에서의 학문적 재능과 잘못된 교육

학문적 재능은 일반적으로 국가 자원이라고 잘못 이해되고 있으며, 그러한 해석하에서는 보통 학문적 재능의 개발을 공립학교가 담당하게 된다. 부분적으로는 이런 잘못된 해석 때문에, 또 부분적으로는 공립 교육의 다른 역기능 때문에, 학교는 재능 있는 청소년을 위한 특별한 프로그램의 여부와 상관없이 종종 현명하게 대처하지 못하곤 한다(Howley et al., 1995). 물론 학교가 항상 재능 있는 학생을 위해서 현명하게 대처하지 못한다는 것은 아니며, 또한 농어촌 학교가 높은 학업능력을 가진 학생을 교육하는 데 있어 가장 현명하지 못하다는 것도 물론 아니다.

학교에서의 경험과 체계적인 연구는 학교가 학업적으로 매우 뛰어난 학생을 다루는 데 있어서 대체로 두 가지 접근방법 중 하나를 택하는 것을 볼 수 있다. 학교는 그들을 무시하거나 혹은 특별 대우를 한다. 우리가 보기에 후자의 접근은 인간의 잠재력과 궁극적으로는 모든 인간의 삶에 해를 끼치는 정치-경제적 관계를 영속화한다는 점에서 훨씬 좋지 않은 행동 방침이다(Howley et al., 1995). 학교가 일반적으로 '이미' 특권을 가지고 있는 아동을 다시 특별 대우하는 경우, 이는 사람들 사이에 이기심을 장려하게 된다(미국의 세계 경제 지배라는 더 큰 이기심의 명목하에).

재능 있는 학생을 무시하는 접근은 농어촌 학교에서 빈번하게 일어난다. 이는 때때로 똑똑한 학생의 기회를 박탈하는 기능을 한다. 이 경우에 개인의 손실은 때로 공동체의 이득으로 상쇄되기도 한다. 농어촌 주민이 공동체의 발전을 위한 일환으로 학교를 건설할 때에는, 예를 들어 아미시(Amish)의 경우에서처럼 개인적 자유의 감소가 강력하게 정당화될 수 있다(Hostetler & Huntington, 1992). 그러나 농어촌 교육의 역사에 대한 간략한 서술이 보여 주듯이 현재의 많은 농어촌 학교의 교육 목적과 실천은 세상에 대한 대도시적 관점에 기반을 두고 있다.

농어촌 학교 영재교육에 대한 관습적인 이론적 근거

최소한 제대군인 원호법(GI bill: 군 생활에 대한 대가로 제대 후 대학 등록금을 보조해 주는 법)의 제정 이후로, 그리고 아마도 그 이전부터 교육자, 정책 입안자 및 부모는 좋은 교육이란 학생이 좋은 직업을 가지도록 준비해 주는 것이라는 믿음을 가지고 있었다(Levine, 1986). 이러한 믿음은 '좋은' 직업 중에서도 가장 중요한 것은 타고난 능력이나 훈련, 또는 두 가지의 혼합에 의해 가장 적합한 사람에게 주어져야 한다는, 사회 계층화에 대한 기능주의적 이론에 의해 뒷받침된다. 이러한 관습적인 관점의 일환으로, 영재교육에 대한 전형적인 합리화는 학업(또는 창의력이나 지도력) 잠재력을 가진 학생은 경제계, 전문직, 그리고 정부 분야에서 지도자가 될 것이므로 특별히 고안된 교육을 받아야만 한다는 믿음에 근거하고 있다. 재능 있는 학생이 돼지에게 사료를 주거나 농어촌 학교에서 가르치는 것을 선호할지도 모른다는 것은 거의 생각할 수도 없다. 예를 들어, 우리는 저자 중 한 명이 참가하고 있는 연방정부 지원 프로젝트에서 농어촌 소녀들에게 그들이 실제로 밝힌 것 이상으로 '높은 포부를 갖도록' 타일러야 했다. 그들은 지역 대학으로 진학해서 교사가 되고 싶어 했지만, 프로젝트의 연구원은 그들에게 멀리 떨어진 도시의 큰 대학에 진학해서 소아과 의사나 공학자가 될 것을 권하였다.

경제적 이유에만 교육의 초점을 맞추는 것은 재능 있는 농어촌 학생을 도시에 진출하지 못하게 하며, 그곳에서 그들의 운명을 실현하도록 조장한다. 이런 점에서 농어촌에 거주하고 농어촌 가족에 의해 양육되는 것은 불이익으로 전락하고 만다. 농어촌 학교에서 똑똑한 학생을 다루는 영재교육 분야의 저자들은 보통 농어촌 공동체에서 사는 것을 일종의 장애물로 생각하기도 한다.

> 어떤 의미에서는 지리적으로 벽촌 출신의 아동은 기술과 지식을 습득하는 데 필수적인 경험과 자극이 적다는 점에서 신체적으로 장애가 있는 아동과 비슷하다……. 사회 접촉이라는 측면에서 이러한 고립은 적절한 역할 모델의 결핍을 가져올 수 있다……. 사회경제적인 차원에서 가족의 이해관계나 가치가 학업 성취를 전혀 중요하게 여기지 않을 수 있다(McLeod & Cropley, 1989, p. 128).

농어촌에 거주하는 것을 불이익이라고 보며 경제적 경쟁력을 목표로 삼는 많은 교육자는 이농이야말로 재능 있는 농어촌 아동의 유일한 희망이라고 생각한다. 이런 결과를 염두에 두고, 그들은 농어촌 영재아동에게 도시에서 그들의 또래가 누리고 있는 것과 비슷한 종류의 '특혜'를 제공하는 프로그램을 추천한다. 이러한 접근은 똑똑한 농어촌 학생이 명문 대학에 진학하고 나중에는 높은 지위의 직업을 가질 수 있도록 적절하게 준비시키는 전통적인 교육과정에 초점을 맞춘다. 또한 이는 학생의 포부를 관습적인 길로 인도하는, 따라서 진지한 학업 연구와 농어촌 생활에 대한 전념 사이의 연결 고리를 박탈하는 경향이 있다.

물론 아동을 농어촌 영재 프로그램에 보내는 가족 중 많은 수는 농어촌 생활에 전념하는 마음을 품고 있지는 않다. 사회계급과 (관습적인 방법으로 측정되는) 지능 사이의 강한 연계로 인해, 영재 프로그램에 참여하는 많은(아마도 거의 모든) 학생은 그 지역의 상류층 출신이다(Duncan, 1999).

때로 그들은 농어촌 공동체를 상대로 하는 중소 도시나 대도시 근처의 농어촌에 거주하는 전문직이나 사업가의 자녀다. 그들 부모는 커다란 농장을 소유하거나 광산을 경영할 수도 있다. 우리의 경험에 비추어 보면, 가난한 부모—일을 하고 있건 그렇지 않건 간에—의 자녀가 특출한 재능이 있다고 판별되는 경우는 거의 드물다. 농어촌 영재아동의 부모 대부분이 가지고 있는 계급적 이해관계는 그들로 하여금 대도시적 목적을 지지하게 한다. 이러한 이유로 우리가 보기에는 심화 프로그램 운영에 필요한 학교 자원을 이런 부모가 사용하게 하는 것도 의심스럽다. 일반적으로 이런 프로그램은 특별한 재능이 있어 보이는 모든 아동에게 부유층의 대도시적 열망을 슬그머니 주입하는 경향이 있다. 지역 상류층의 굳어진 이해관계를 대변하는 한 농어촌 지역의 영재 프로그램은 도덕적으로 정당화될 수 없으며, 더구나 진정으로 농어촌적인 가치가 영재 프로그램에 융화되지 않는다면 그 프로그램은 오히려 농어촌에 해를 끼칠 것이다.

농어촌에서의 반농어촌적 교육의 이데올로기적 역학관계

많은 농어촌 지역이 그들 정체성의 일부를 도시적인 이해관계와 관점을 유입함으로써 희생한 것과 마찬가지로, 대부분의 농어촌 학교도 '반농어촌적' 교육을 받아들여 왔다(Berry, 1990b; Howley, 1991). 농어촌에 거주하는 것은 종종 부족함을 인정하는 것으로 받아들여지며, 농어촌에서 자라는 것은 교육적 불이익으로 간주된다. 국가의 경제적 이익을 위해 개혁을 떠맡은 농어촌 교육자는 좋은 의도에도 불구하고 농어촌 지역과 '세계 경제' 사이의 관계에 대한 잘못된 이해에 바탕을 두고 그것을 수행한다. 그들은 자신들이 학생으로 하여금 세계 경제 속에서 성공하도록 준비시키고 있다고 믿는다. 그리하여 반농어촌적 교육은 대체로 너무나도 친숙한 주류의 교육 실천으로 나타난다. 교육과정을 각 주가 세운 기준에 맞추어 만들도록 유도하는 정책, 학생의 학력 수준을 주가 지정한 규준화된 시험으로 평가하고 그에 대해 각 주와 학교가 책임을 지도록 하는 정책(Goal, 2000), 학교 교육이 직업을 갖는 데 도움이 되도록 바꾸게 하는 정책, 광범위한 학교 개혁, 학력 평가, 책무성, 학교 통폐합 등의 모든 것에는 반농어촌적 의도가 깊이 새겨져 있다. 물론 이러한 프로그램을 고안한 사람은 그들의 혁신을 반농어촌적으로 보는 시각에 강력하게 부인할 것이다. 그러나 그들은 농어촌의 삶과 환경을 이해할 수 없으며, 결과적으로 이 농어촌 생활에 대한 존중을 단순히 '철학적'이기만 할 뿐 실용적이지 않은 것으로 간주하고 무시한다(DeYoung & Theobald, 1991; 이런 무시의 예는 Khattri, Riley & Kane, 1997을 참조).

농어촌 교육자는 때로 친농어촌적(pro-rural) 교육을 위해 주류의 실천에서 벗어날 수 있다. 예를 들어, Bruce Miller와 Karen Hahn(1997)은 북서부의 몇몇 농어촌 친화적인 학교와 직업을 연계하는 노력에 대해 서술하고 있다. 농어촌 학교와 공동체 위원회 또한 심각하게 주류의 반감을 사지 않으면서도 친농어촌적인 교육을 위해 활동해 왔다. 그럼에도 교사가 대도시적인 의제를 반영하도록 사회화되었기 때문에 이러한 노력은 예외적인 것으로 남아 있다. 물론 이러한 사회화가 교사 교육자나 지역 행정가의 의식적인 행동은 아니다. 그것은 대부분 삶과 환경에서 철회된 의미의 결과다(Habermas, 1984 참조). 모든 사람이 가장 쉽게 접근할 수 있는 이 의미는 주정부와 큰 회사, 그리고 언론에 의해 전파되고 있다(Sassen, 1996).

이러한 의미가 만연되어 있다는 단순한 사실로 인하여, 대부분의 사람은 (농어촌에서건 도시에서건) 그에 대해 의문을 제기하지 않는다. 교사도 이런 면에서 다른 사람과 그다지 다르지 않다. 이러한 의미에 의문을 제기하기 위해서는 폭넓은 독서에 따른 지적 능력, 쉽게 대답될 수 없는 질문을 제기하는 성격, 정의롭지 않은 것에 대한 분개, 좋은 삶을 위한 필요조건에 대한 상상력 등이 필요하다.

농어촌 교육 활용하기

교육자는 (심지어 많은 농어촌 교육자조차도) 농어촌 문화가 농어촌 교육의 기반이 될 수 있는 특별한 종류의 덕목을 제공한다는 논의는 그저 향수 어린 낭만주의에 바탕을 두고 있다고 주장한다. 이러한 주장은 농어촌 지역에서의 경제적, 사회적 삶이 붕괴되었다는 경험적 증거에 의해 더욱 힘을 얻곤 한다. 심지어 이러한 붕괴의 원인으로 외부의 파괴적인 힘이 지적될 때에도 그 결과는 일반적으로 농어촌 생활의 피폐화라고 이해된다. 이러한 주장은 도시의 이해관계가 농어촌을 지배하게 됨에 따라 농어촌의 덕목은 사라져 버렸거나 더 이상 유용하지 않을 정도로 변형되었다고 전제한다. 이는 전통적 덕목과 도시의 침탈, 민족 특유의 활력, 그리고 사회 혼란이 병존하는 농어촌 생활의 복잡성을 이해하려고 하지 않는 것이다.

흥미롭게도, 이러한 주장은 미국의 어떤 소수민족 집단에도 적용될 수 있지만 농어촌 문화에 적용될 때에만 그 타당성을 얻는다. 교육자는 다문화주의에 관해서 이야기할 때, 다른 하위 문화 집단—심지어 농어촌 삶의 방식과 지속적인 연관을 갖고 있는 것에 대해서도(예, 인디언)—의 긍정적인 기여를 강조하는(또는 최소한 인정하는) 경향이 있다. 이러한 강조는 자본주의 원칙(예를 들어, 미국이 북미 대륙을 지배하게 된 것은 피할 수 없는 운명적인 것이라는 주장과 같은)이 하위 문화에 끼친 폐해와 그 사회적 결과를 때때로 인정하는 것을 넘어서서 개개 하위 문화의 장점을 되살리고 더욱 발전시키고자 한다. 게다가 다원주의에 민감한 교육자는 종종 아동의 토착 문화를 학습의 가장 적절한 출발점으로 이해한다. 이는 학습은 사회적으로 전달되는 관습을 통해서 세계를 이해하는 적극적 과정이라는 최근의 아동 발달론과 교수법의 사조와도 잘 부합한다.

많은 교육 운동처럼 다문화주의는 때로는 상충될 수 있는 다양한 관점을 제공한다(Sleeter & Grant, 1993). 따라서 농어촌 문화의 가능성에 대한 우리의 견해는 그것이 특정한 형태의 다문화주의와는 부합하지만 다른 것에 있어서는 논쟁의 여지가 있다는 것이다. 특히 우리는 문화의 형성과정에서 갈등이 전혀 존재하지 않는다고 생각하며 풍속과 문화유산을 무조건적으로 떠받드는, Sleeter와 Grant가 다문화주의적 교육에 대한 '인간 관계적' 접근이라고 지칭한 형태의 다문화주의를 거부한다. 대신에 우리는 문화적 다양성을 갈등의 원천이고 결과라고 보며, 따라서 모든 문화의 형성과정을 개인과 집단을 자유롭게 하면서 구속하기도 하는 특징을 동시에 가지는 모순적인 것으로 이해한다(Walzer, 1997 참조).

그러나 이러한 관점은 다양한 문화에서 가장 좋은 것을 추출하여 그들 사이의 풍부한 대화를 이끌어 내고자 하는 문화 융합 프로그램에 찬성하는 것은 아니다. 오히려 우리는 그러한 대화가 일상적으로 일어나기에는 문화가 너무나도 맥락 의존적이며 자기 참조적이라고 본다. 융합 자체는 일어날 수 있지만 그 원인과 결과는 예측하기 어려우며, 때때로 상당히 부정적이기까지 하다. 대조적으로 하위 문화를 '최선의 실천' 사이의 열린 상호 교환에 명시적으로 끌어들이려는 노력은 대부분의 경우 잘못된 방향으로 나아가기 쉬우며, 종종 문화 지배, 착취, 흡수 등의 현상을 강화하곤 한다(Walzer, 1997).

문화적 다원주의에 대한 우리의 접근은 모든 문화적 위치를 형성적인 동시에 문제가 있다고 이해하는 것이다. 이러한 견해에 기초한 교육은 아동의 정체성에 분명한 영향을 주는 문화와 아동 운명의 권위에 대해 모호한 주장을 펼치는 모두에 대해 아동이 그 의미를 찾을 수 있도록 한다. 이와 같이 복잡한 상황을 처리하도록 고안된 교육은 문화적 긍정의 원천인 동시에 문화적 비판의 기반이 되기도 한다(Walzer, 1988 참조). 비록 고유문화에 대한 비판이 거세진다 하더라도, 그것이 반드시 그리고 대부분의 경우 폐기를 요구하는 것은 아니다. 또 비록 고유문화에 대한 거부가 비판의 필연적인 결과로 나타날 때에도, 이는 단순한 이해타산이 아닌 도덕적, 지적 근거에 기초한 것이다.

예를 들어, 아주 기독교적인 농어촌 공동체에서 기독교라는 전제는 인종차별주의를 비판하는 근거의 역할을 할지도 모른다. 이러한 비판은 아동이 자기 지역에서 인종차별을 하지 못하게 할 수 있으며, 그렇다 하더라도 이 지역을 떠날 필요는 없다. 이러한 버전의 교육은 아이에게 선이라는 것이 공동체 밖에 있다고 확신을 주려는 것이 아니며, 오히려 선과 악, 그리고 둘 중 하나를 추구하려는 가능성이 공동체 영역 안에 있다는 것을 보여 주려고 노력한다.

이런 일반적인 가정이 주어질 때, 농어촌 교육의 기반을 농어촌 생활의 전통에 두는 것은 도시의 흑인 아동의 교육 기반을 흑인 하위 문화의 민속과 문학 전통에 두는 것보다 더 향수를 불러일으키거나 낭만적인 것은 아닌 것으로 보인다(예, Banks, 1992; Chevalier, 1995; Jeffries, 1994 참조). 사실 지적 근거는 항상 과거의 회고에 의존한다. 흥미롭게도, 주류 교육이 Plato, Descartes, 그리고 Herman Melville을 돌아볼 때 그것을 향수적이라고 말하는 비평가는 거의 없다. 오히려 교양교육의 지지자는 서구 문화의 수준 높은 전통이 회의주의와 비판을 촉진하기 때문에 특별히 교육적이라며 크게 찬사했다(Guttmann, 1987; Hutchins, 1947; Mohrman, 1994). 그러나 서양 문화의 높은 전통 역시 기대와 헌신에 가치를 둔다(Bellah, Madsen, Sullivan, & Tipton, 1985). 진정 대부분의 전통은 오히려 회의주의, 신념, 비판, 그리고 약속의 일관되지 않은 혼합을 촉진한다. 간단히 말해, 대부분의 전통은 교육자와 학생이 요구하는 많은 것을 제공한다. 농어촌 문화는 이런 관점에서 다른 문화와 다르지 않다.

농어촌 전통이 제공하는 것

이 장의 앞부분에서 우리는 '농어촌'을 장소에 대한 헌신이라는 면으로 정의하였다. 이런 구조에서 장소는 자연과 인간 공동체 모두에의 연결을 의미한다. 이런 방식으로 농어촌을 보는 것은 도시 거주자가 민족적 또는 익숙한 이웃에 가지는 애착을 '장소에 대한 의미' 가 아닌 다른 어떤 것으로 정의하는 것을 가능하게 한다. 도시 거주자는 장소를 안정적인 인간 공동체와 관련할 수 있는 반면 도시 경관을 자연과 연관하는 것은 거의 불가능하다. 농어촌 환경에 있어 자연에의 연결은 자연과 함께하는 그리고 자연에 반하는 일을 포함한다. 그것은 단순히 도시 거주자도 즐길 수 있는 (물론 가장 흔하게는 도시를 떠남으로써) 자연미의 감상이 아니다. 게다가 농어촌 가정이 자연과 가지고 있는 연관은 일반적인 자연과의 관계가 아닌 자연에서의 특별한 영역과의 관계다. 대초원 지대의 농부는 목화씨 바구니를 이해하지도 계획하지도 않지만 바람의 다양한 종류와 강도를 이해하고 중시한다. 대초원 지대와 플로리다에 내리는 서리는 각기 다른 결과를 나타낸다.

본질적으로 특정 장소에 대한 지식과 경험에 의거해서 만들어진 장소에 대한 의미는 최적의 환경에서 세대를 전승하는 뿌리를 만들어 낸다. 한 장소에 오랫동안 거주하는 경향이 있는 인간 공동체는 과거 사건과 실천이라는 유산을 낳는다. 그렇게 하면서 그것은 떠오르는 세대의 일원이 타당한 정체성을 확립하도록 도울 수 있는 접근 가능한 이야기를 만들어 낸다. 사회적 무질서와 '정체성 위험' 은 대도시의 조건으로 충분하다 (Williams, 1973, 1989). 게다가 농어촌에는 일치에 대한 엄격한 기대가 만연한 경향이 있다(Duncan, 1999).

최적의 상황에서 농어촌의 특성을 나타내는 가정과 공동체 정신은 문화적 연속성을 지닌다. 그런 연속성은 같은 가계가 같은 장소에서 같은 일을 할 것을 요구하는 것은 아니다. 그러나 그것은 약간의 가족 유산, 약간의 가족관계에서의 생계, 약간의 활동 유형의 연속성을 요구한다. 항상 어떤 장소에 사람들이 있고 어떤 상업 활동이 진행된다고 해서 공동체가 그 문화를 유지하게 해 주는 것은 아니다. 예를 들어, 재택 근무자가 농어촌 콜로라도의 언덕으로 이주하는 것은 그곳의 농어촌 문화를 유지하는 데 직접적으로 기여하지 못한다. 농어촌 문화는 전통 활동과 전통관계의 패턴이 현재의 요구와 흥미의 기반이 될 때 유지되는 것이기 때문이다. 그런 기반은 모순이 될 수 있다. 예를 들어, 애팔래치아 농어촌에서 모녀 간의 친밀감 패턴은 오래 지속되어 온 그리고 저항적인 문화의 형태다. 딸은 종종 이 중요한 관계를 지키기 위해 가난이나 편부모를 참아 낸다(Fiene, 1993). 비록 변화가 지역의 경제적 기반의 지위를 떨어뜨렸지만, 가정은 그것을 유지하는 문화적 실천을 고수하기 위해 고군분투한다.

특정 장소와 연관된 학교 교육

농어촌 문화에서 유래되고 또 농어촌 문화를 유지하는 학교는 특별한 장소에서의 실천에 뿌리박고 있다. 그리고 대부분 농어촌에서 그런 실천은 지적 작업을 포함한다. 지성을 단지 도시 거주자의 영역에만(또는 더 협소하게, 대도시 대학을 나온 도시 엘리트의 영역 안에만) 국한하는 것은 대부분의 농어촌 공동체의 일상생활을 잘못 표상하는 것이다. 사실 대부분의 농어촌 공동체는 공식적으로 지적 전통을 연결하는 서사적 관습을 포함한 사회적 · 경제적 실천을 지지한다. 더욱이 대부분의 농어촌은 대중문화의 침략에 대한 완전한 면역성이 없다.

농어촌 사람이 그들의 세계를 타당하게 만들어 가는 많은 지적방법에도 불구하고, 교육자는 종종 농어촌 가정이 '교육을 중시하지 않는다'고 주장한다. 우리는 교육자가 잘못 말한 것이라고 믿는다. 우리는 학교 교육을 중시하지 않는 사람은 많이 알아도, 교육을 중시하지 않는 사람은 아무도 없다는 것을 안다. 우리가 일생 동안 해 온 일은 학교 교육의 가치에 의문을 제기하는 다양한 프로젝트다! 교육자가 농어촌 사람은 교육을 중시하지 않는다고 비난할 때, 실제 그 지역을 있는 그대로 말하지 않고 자신의 관점으로 그 지역 문화와 지역의 삶과 환경에 대해 트집을 잡음으로써, 그들은 그 문화의 가치를 평가절하한다. 이런 교육자는 이와 같은 비난으로 평가 절하된 문화와 삶에 대한 무지를 나타낸다. 우리가 제시했듯이, 이런 다양한 농어촌의 삶은 절대적으로 깊은 사고와 반성적 사고, 그리고 문제 해결—주 또는 국가의 학교 개혁자가 폭넓게 장려하는 '고차원의 기술'—을 요구하는 폭넓고 다양한 생산적 · 문화적 활동에 관여한다.

분명히 농어촌의 삶은 미국의 도시나 변두리 지역의 어떤 지역보다 지적 비판에 있어 자유로운 영역이 아니다. 그리고 농어촌 지역은 모두 고집불통인 경향이 있으므로 정확하게 판별 가능한 다양한 인종차별주의, 성차별주의, 계급적 편견을 경험하게 된다. 그럼에도 어디서든 교사가 주장하기 힘든 지적인 비판의 전통은 농어촌 학교에서도 여느 다른 학교와 마찬가지로 유용할 것이다. 그러므로 농어촌 공동체는 '저차원의 생각'에 전념하는 관습적인 의미에서든 또는 비판능력과 같은 더 특이한 의미에서든, 어떤 면에서도 다른 공동체보다 교육을 덜 중요시하는 것은 아니다. 우리의 분석에 따르면, 농어촌 공동체는 종종 아마도 지역을 사랑하는 마음과 책임을 뒤집는 학력 편중주의, 출세 제일주의, 공식적 관료주의에 대한 지속적인 회의주의를 가지고 있다는 점에서 다를 것이다.

우리가 어떤 대략적 민주 공동체를 유지하는 데 필요한 활동이라고 주장하는 지적 비판은 학교가 실제로 어느 정도 개발할 수 있는지에 달려있다. 예를 들어, 폭넓고 깊은 독서는 농어촌 학생과 공동체 일원이 그들 자신의 책임과 애정을 더 잘 구현하도록 돕는 장점이 있다. Raymond Williams(1973)는 폭넓고 깊은 독서 없이는 농어촌 상황을 올바로 인식하는 데 한계가 있음을 깨달았다. 그 자신의 교육에 대해 쓰면서 그는 다음과 같은 상황을 관찰하였다.

> 나는 농어촌에서 도시로 왔다. 가르침을 받았고 배웠다. 개인적 사실이나 가정에서의 사건을 완전한 기록으로 제출하였다. 증거와 연계, 그리고 관점을 변화시키는 것을 배웠다……. 그것은 바로 내가 마을 사

> 람, 학자, 농어촌에서의 삶, 농어촌 문학이 정말로 무엇을 의미하는지에 대한 영향력 있는 버전의 이야기, 즉 잘 준비되고 설득력 있는 문화적 역사에 대한 이야기를 들은 직후였다. 그리고 그 역사 때문에 계속해서 같은 질문을 하고 있는 나 자신을 깨달았다. 이 작가들 사이에서 나는 어디에 서 있는가? 또 다른 나라인가, 아니면 이 멋진 도시인가?(p. 6)

농어촌에서의 교육이 전통문화, 높은 문화유산, 그리고 대중문화를 요구할 수 있다는 것을 인식하면서, 사람들은 농어촌을 단지 빈곤한(자유로운 결손 모델) 또는 정숙한(보수적인 감상적 모델) 것으로 볼 수 없게 된다. 정말로 농어촌에서 가르치는 다양한 요소 간의 상호작용과 갈등은 특히 더 많아질 수 있다. 특히 이런 갈등은 학생들이 중요한 도덕적 선택과 정의를 하도록 요구한다. 예를 들면, 대중문화의 어떤 부분이 전통적 가치와 공존할 수 있으며 어떤 부분이 전통적 가정의 가르침에 영향을 미치는가에 대해 정의하도록 요구한다. 반대로 대도시 교육은 상위 문화와 대중문화를 공존할 수 있거나 상호 배타적인 두 전통으로 보고 그 둘에 대해 덜 비판적이게 한다. 어떤 경우든 대도시 교육은 모든 문화적 내용을 공헌하는 데 사용하려고 하고, 결과적으로 어떤 전통도 깊이 있거나 비판적으로 얽히는 데는 실패한다. 그리고 Williams(1973)가 스스로에게 던진 질문은 농어촌 학생에 의해 어떤 방법으로든(예를 들어, 도시만의, 농어촌만의, 둘 다 또는 둘 다 아닌, 때로는 하나를 또 때로는 다른 것을) 대답되어야만 할 것이다.

학업적 재능과 농어촌 학교 교육의 모순적 유산

한 학급으로만 이루어진 학교는 대중적 상상과 농어촌에서의 실상이 드러나는 조직적 실천이다. 대중적 이미지는 보통 좋아 보이며 감상적인 것이지만, (교사 수가 3명이거나 더 적은) 아주 작은 학교는 많은 농어촌에서 계속 존재하고 있다. 그런 학교에서는 종종 나이가 다른 학생이 뒤섞여 교육받으며, 각각의 아동은 적당히 보이는 속도대로 교육과정을 습득한다. 사실상 아동을 실제 나이별로 나누어 교육하는 것은 20세기에 다수의 아동을 다루는 데 힘이 들었던 도시에서 시작한 것이다. 농어촌 지역에서는 학년을 나이대로 배치하는 것이 외부적으로 강요된 개혁(예, 합병)에 의해 만연되었다. 사실 합병의 옹호자는 교육자가 아동을 실제 나이대로 집단을 묶어서 가르칠 수 있게 하는 데 더 큰 학교가 이점을 가진다고 주장하였다.

그러나 나이대로 학년을 배치하는 것이 아동에게 이롭다는 증거는 거의 없다. 실증적 연구는 오히려 그 반대 증거를 보여 주는 경향이 있다. 서로 다른 나이의 학생을 섞어 놓은 집단이 학업적 · 사회적으로 조금 더 장점이 있는 것처럼 보인다(Lloyd, 1999). 더구나 여러 연령의 학생을 섞어 놓은 집단에 대한 Lloyd의 폭넓은 개관에서 나타났듯이, 이런 집단은 특히 학업적으로 재능 있는 학생에게 이롭다(또 다른 적합한 예로 Christopher, 1981 참조). 그것은 학문적으로 재능 있는 학생이 월반이나 교차 학년 집단과 같은 혼란이 없이도 연관된 교육과정(즉, 대부분의 영재아동을 위한 속진화된 속도를 의미할 '계속적인 진보')에서 빠르게 이동할 수 있게 하였다. 더 나아가 다른 형태의 속진제와 같은 혼합 연령 학생이 섞인 집단은 재능 있는 학생이 다양한 배경의 학생과 상호작용할 수 있도록 해 준다. 반대로 또래의 교실에서 고립된 총명한 학생은 그들 자신의 배경과 비슷한 또래에 자신을 맞추려는 경향이 있다. 그러므로 혼합 연령 학생이 섞인 교실이 더 민주적인 선택을 제공하는 것처럼 보인다. 더구나 그것은 일반적인 교육 목적에서 '특별한 학생'의 요구를 지원하기 위한 쪽으로 특수 자금을 유용하지 않아도 된다.

학교 크기는 또 다른 중요한 문제다. 농어촌 학교는 100년 이상 통폐합의 대상이 되어 왔고, 총 학교 수는 1903년과 1992년 사이에 23만 8000개에서 대략 8만 개로 축소되었다(Stephens & Perry, 1991). 많은 농어촌 지역에서는 고등학교가 하나로 합병되기도 하였다. 이런 경우에 두 시간 동안의 버스 통학은 흔하다.

그러나 비교적 작은 학교가 많은 지역에서는 궁극적으로 통합을 원하는 지역의 염원은 작은 학교를 문 닫게 하고 있다. 특히 종종 그렇듯이 지역의 가장 무능한 교사를 없애는 방법으로 폐교를 고려한다면, 이런 학교에서는 더더욱 혁신이 어렵게 된다. 농어촌 지역에서 흔히 보고되는 이런 사례에서는 교육과정 역시 아마도 좁고 얕으며, 혼란스럽고, 정체되어 있을 것이다. 이런 종류의 고등학교(다시 말해, 최종적인 폐교 준비로 명백하게 자금이 부족한 작은 학교)는 아마도 대학 선수과정이나 하나 이상의 외국어 수업을 제공하지 못할 것이다. 같은 나이의 또래와 함께하는 이런 학교에 남아 있는 영재학생은 보통 공동체와 가정의 연결고리를 유지하기 위해 어떤 학업적 도전의 기회를 포기하고 희생하게 된다.

웨스트버지니아의 작은 농어촌 고등학교에 다니는 한 우수 학생의 다음 글은 그런 딜레마를 잘 나타내 준다.

> 우리는 거의 아무것도 얻지 못한다……. [우리는] 공정하게 취급받지 않는다. 우리는 찌꺼기다. 우리는 낡은 탁자와 주크박스, 책—미적분 책, 스페인어 책—을 얻는다……. 그들은 새것을 갖고 우리는 헌것을 갖는다……. 그들은 여기에는 농어촌뜨기, 촌뜨기, (남부의 교양 없는 가난한) 백인 노동자만 있다고 생각한다……. 그것은 우리가 쓰레기라는 것과 같다(Spatig, 1999).

지적 흥미를 가진 몇몇 학생은 부문별로 잘 정리된 도서관이나 잘 구비된 실험실 같은 지적 발달을 위한 자원이 부족하기 때문에 농어촌 공동체를 떠나고 싶어 한다. 학교의 시설이 빈약하고, 교사와 행정가가 농어촌의 직업을 지성이 요구되지 않는 것으로 간주하고, 가족이 전통적인 지식인을 믿지 않는 곳에서 사상에 관심이 있는 학생은 책을 제외하고는 친구가 거의 없을 것이다. Howley, Harmon과 Leopold(1996)는 농어촌의 영재학생이 농어촌의 비영재학생과 비교해 볼 때 자신의 문화를 더 강하게 부정하였으며, 같은 공동체의 비교집단보다 덜 만족스러워했다는 것을 발견하였다.

영재교육을 농어촌화하기

이 절의 제목은 David Orr의 논문「교육을 다시 농어촌화하기(Re-Ruralizing Education)」(1995)에서 언급되었다. 거기서 그는 모든 학교 교육이 '다시 농어촌화' 되어야 한다고 제안했다. 그는 지구의 운명에 대해 걱정하는 관점에서 글을 쓰면서 일반적으로 사람을 황폐하게 하는 도시화에는 한계가 있다고 믿는다. 지나치게 큰 기관은 너무나 비인간적이 된다. 그것은 욕심에 따른 관심과 주의, 개인적 야심, 그리고 일반적 공공의 선에 대한 무시로 꽉 들어차 있다. Orr는 학교를 그런 기관 중의 하나로 보았다. 학문적으로 재능이 있는 학생을 위한 규정은 단 한 번도 농어촌 프로젝트가 아니었다. 도시에서 시작된 영재교육은 대도시의 목적 중 가장 안 좋은 특징—특히 인종차별주의와 계급적 완고함—을 지지하기 위해 시작되었다(예, Gould, 1981; Howley et al., 1995).

농어촌화 목적의 급진적 특징

급진적(radical)이란 단어는 '뿌리박은(rooted)' 이란 뜻이다. 그것은 종종 '뿌리로부터의' 비판을 나타내는 데 쓰이거나 특정 견해에 완전히 기반을 둔 접근 방식을 나타내는 데 사용된다. 보수주의자와 사회주의자는 급진적이 될 수 있다. 어떤 이데올로기의 지지자든 그럴 수 있다. 우리 경험에 따르면, 농어촌 환경은 인간에게 가능한 가장 굳건한 기반을 둔 관점 중의 하나를 제공한다. 농어촌이란 입장에 서서 이해한다는 것은 사람을 현대 환경에 만연된 많은 것보다 더 강한 의미와 관계로 묶는다. 이런 의미에서 농어촌 세계는 본질적으로 급진적이다. 정확하게 말해, 그것은 20세기의 '모더니즘' 에서는 아주 이상한 것이기 때문이다. 20세기 모더니즘 프로젝트는 어떤 농어촌의 기반도 거절해 왔고, 사실상 수백만의 개인과 수천의 공동체가 이 기반을 버려야 한다는 것을 주장해 왔다.

따라서 다음 몇 가지 제언은 영재교육에서 아주 독특한 것으로, 급진적 불가능이나 오래된 낭만주의의 허구로 보일 수도 있다. 그럼에도 몇몇 학교와 지역이 진정으로 다른 학교나 지역보다 자신들을 더욱 의식적으로 농어촌의 중심에 놓으려 한다는 것을 알기 때문에, 우리는 농어촌화된 영재교육이 적어도 그 지역에서는 가능할 것이라고 믿는다. 더욱이 우리는 다른 많은 농어촌 학교와 영재 프로그램은 운영하는 사람들과 공동체의 가치가 절하되는 것을 막을 수 있었다고 생각한다. 그런 해로운 일을 제한하는 것은 농어촌의 진정한 의미가 생겨나고 유지될 수 있도록 깨끗한 상태를 제공하는 것이다. 그러나 그런 제한을 가하는 것 또한 적극적 저항의 한 종류이며, 친농어촌 행동이나 친농어촌 제한 행동의 둘 중 한 프로그램은 아마도 농어촌 공동체를 파괴하는 모더니즘 프로젝트로 이익을 얻는 사람과 지역 엘리트로부터 반대를 이끌어 내었을 것이다.

다음의 제안은 그런 어려움을 간접적으로 나타낸다. 우리는 학업적으로 재능 있는 아동을 돕고 농어촌 학교에 의해 만들어진 조항을 효과적으로 농어촌화할 세 가지 대안적 방법을 생각한다.

- 농어촌 학교의 영재 프로그램을 위해 농어촌 목적을 도입할 것
- 농어촌 학교에서 속진을 사용할 것
- 농어촌 학교의 영재학생을 위해 아무것도 특별히 하지 않을 것

마지막 대안은 비논리적인 것으로 보일지도 모른다. 어떻게 아무것도 안 하는 것이 학업적으로 재능 있는 아동을 도울 수 있겠는가? 우리는 그것이 몇몇 경우에는 타당하다고 생각한다.

진실한 고백

그러나 이런 선택권의 윤곽을 그리기 전에 몇 가지 고백을 하고자 한다. 첫 번째 것은 학교 교육에 대한 우리의 다소간 달라진 견해와 관계가 있다. 두 번째 것은 농어촌 교육과 영재교육의 화두 범위에 있어서 우리에게 도움을 요청했거나 요청하지 않은 사람의 정체성과 관련이 있다. 이런 경험에 대한 보고서는 이 장에서의 우리의 접근에 대한 설명을 돕는다.

학교 교육에 관한 우리의 견해 바꾸기 우리의 학교 교육에 대한 견해는 우리가 학교, 양육, 일반적 삶, 특히 농어촌의 삶과 환경을 오래 경험하면서 바뀌어 왔다. 우리는 계속하여 폭넓은 독서, 쓰기, 그리고 세상을 탐구하고 영향을 끼치기 위한 이성의 사용이라는 '인문과학'의 지적 프로젝트의 이상적인 형태에 열정적으로 동의해 왔다.

그러나 우리는 이해와 지혜가 학교 교육과 깊은 관련이 있다는 것에 대한 확신이 점차 줄어들었다. 우리는 너무나도 많은 유능한 학생이 학교에서 낮은 성적을 받는 것을 보아 왔다. 그들의 학교 경험은 일찍부터 측정이라는 비극과 다른 사람의 동기에 대한 불신을 남겼다. 그리고 너무 많은 중류 그리고 중상층 학생이 폭넓은 독서와 심지어 자신의 삶의 목적에 대한 깊은 고찰을 넘어 명망, 자만심, 관습을 가지고 있는 것을 보아 왔다.

재능 있는 아동과 그들의 가족, 그리고 학교에서의 태도와 우리의 이러한 경험은 우리로 하여금 일반적으로 학교 교육의 특징이 아주 중요하다는 데 의심을 갖게 했다. 그렇다. 우리는 일련의 나쁜 교사가 정말로 해를 끼칠 수 있다는 것을 안다. 우리는 이상적으로는 아동이 매해 매 수업에

멋진 교사를 만날 것이라고 생각한다. 하지만 우리는 돈과 재능을 비싼 영재교육으로 돌리는 것에 대단한 이점이 있어 왔다고 생각하지 않는다. 대부분의 영재 프로그램은 나쁜 영향 없이 쉽게 끝낼 수 있었지만 물론 수많은 예외가 있다.

우리는 이제 단일한 이상적인 교육과정이나 결과가 없다고 믿는다. 더욱이 우리는 학부모나 교육자가 타당하게 어떤 교육적 경험이 아동에게 가장 의미가 있을지 예측할 수 있다고 생각하지 않는다. 우리는 단지 돌이켜 생각해 보고 더 나은 선택을 직관으로 알 수 있을 뿐이다. 이런 통찰은 자식이 현 정치 · 경제 체제하의 일련의 공공시설에 적응하는 것을 보아 온 부모와 공명한다. 이런 학교 중 많은 수는 제대로 기능을 하지 못하며, 우리는 이런 비판이 독선적으로 그들의 '뛰어남'을 내세우는 대부분의 중산층 교외 학교에 적용된다고 주장한다. 다행스럽게도 이런 비판은 상당히 많은 농어촌 학교를 그들이 보통 결손되어 있다고 생각되는 위치에서 좀 더 위로 끌어올린다. 이런 농어촌 학교는 몇몇 보이지 않는 이점이 있으며, 그것은 전형적으로 더 작은 크기, 더 강한 정체성, 지역 주민과의 더 가까운 유대(대부분의 농어촌 교사는 그들이 가르치는 공동체에서 자랐다), 그리고 때로 현대적이고 대도시적인 가치에 대해 가지는 깊은 회의감을 포함한다.

우리는 어떻게 그리고 왜 학교가 지성에 적대적인지에 대해 광범위하게 글을 써 왔다(Howley et al., 1995). 반대로 우리는 여기서 학교가 만들어 낸 어리석음과 허영심을 드러내는 자유를 강조하고자 한다. 그렇게 하는 것은 아마도 '진정한 교육'을 적절하게 구성하는 것에 대한 통찰력을 제공할 것이다. 우리의 관점에서 진정한 교육은 능숙도 시험, 유행하는 교육과정, 체계적인 계획과는 그다지 관계가 없다. 오히려 진정한 교육은 학생에게 어려운 것을 읽게 하고, 겉으로 어리석어 보이는 질문을 심사숙고하게 하고, 그들의 직접적인 삶을 가능성의 원천으로 간주하게 함으로써 학생의 마음을 존중하고 끌어들인다. 진정한 교육을 가능하게 하기 위해, 교사는 학생의 가족과 공동체에 흐르는 사고방식을 존중해야만 한다. 이런 존중의 입장은 교사와 행정가가 학교에 대해 가정이 갖고 있는 불만을 감사하게 여길 것을 요구한다. 우리가 지금 생각하기에 학교가 해야만 하는 것의 비밀은 공동체의 딜레마를 존중하고 그에 감사하는 데 있다.

누가 도움을 요청하는가 아마도—여기에서 우리의 두 번째 고백이 시작된다—우리의 부모와 공동체의 중요성에 대한 감사는 우리가 수년간 부모와 공동체 집단에 정보를 주고 상담을 받아 왔다는 것을 알게 된 것에서 비롯된다. 그 고백에 대해 쓸 의도로, 우리는 관심을 갖고 있고 도움을 열망하고 있는 대중과 연락해 왔다. 많은 학교 관계자를 만나 부모와 지역사회 구성원의 깊은 염려를 이해하게 되었고, 이에 진정한 교육을 위한 시작점은 지역사회에서 일어나는 학교에 대한 비판이라는 것에 확신을 가지게 되었다. 이 통찰은 세계에서 일반 시민의 삶과 불평은 비판과 철학적 논쟁의 적절한 근원이라고 주장한 Michael Walzer(1988)의 더 일반적인 관찰과 잘 부합한다. 정의, 덕목, 그리고 공공복지—비판에 대한 고려—는 불가피하게 지역적 토대에서 전개된다. 그러므로 Walzer는 이런 내용이 지역적으로 나타날 때, 가장 효과적으로 취급된다고 주장한다.

다음에서 다루어지는 영재교육을 농어촌화하는 데에 따른 접근방법은 우리가 공식적으로는 발표하지 못했던 모순적 제안을 포함한다. 그러나 그중 어떤 접근방법도 독자에게 그것이 특권, 욕심, 또는 일반 선에 대한 태만과 일치한다고 보여서는 안 될 것이다.

농어촌의 목적을 농어촌 학교의 영재 프로그램에 적용하기

영재 프로그램을 농어촌화하는 데에서 우리의 첫 번째이자 가장 단단히 뿌리박힌 접근방법은 농어촌 영재 프로그램의 목적이다. 이미 일반적 관점에서 대도시의 목적과 '적절한 농어촌의' 목적을 대비하여 기술하였다. 이러한 관점에서 농어촌 영재 프로그램이 농어촌의 목적에 적절하게 맞추기 위해 포기해야 할 것은 분명할 것이다. 농어촌의 생계와 농어촌 삶을 우습게 보기, 영재아동에게 도시나 변두리에서 할 만한 전문 직업 훈련하기, 농어촌의 청소년이 도시로 이주하는 것을 촉진하기, 모든 학생에게 가치 있는 경험을 영재아동에게만 특별히 제공하기, 더 큰 세상을 선한 것의 표준으로 투영하기, 대도시의 규준을 세계적인 규준으로 잘못 여기기 등이 모두 그만두어야 할 것에 포함된다(예, Williams, 1989 참조).

어떤 농어촌에서 학업적으로 재능 있는 농어촌 학생을 위한 준비를 목적으로 생각하겠는가? 좀 더 극단적으로 말하면, 어떤 '적당히 농어촌적인' 목적이 학생들에게 그 지역에서 바람직한 특별한 재능을 나타내도록 하겠는가?

학업적으로 재능 있는 농어촌 학생을 위해 목적을 농어촌화하기

우리는 자율적인 학습을 중요하게 여기기 때문에 농어촌 영재학생의 지적 성향과 농어촌 삶의 책임을 발전시키는 것에 특별한 관심이 있다. 그것은 영재 프로그램이 농어촌의 삶에 부합된 지역—영재 프로그램을 위해 아동을 판별할 때 가장 간과하기 쉬운 지역—에서 농어촌 영재아동을 판별하고 교육할 것을 최우선으로 요구한다. 그런 아동을 판별하는 것은 부모와 지역사회가 관여하는 데 기초를 제공할 것이다. 프로그램은 학교나 지역에서 학업적으로 가장 유능한 노동자 계층의 농어촌 아동을 포함하려고 애쓸 것이다.

그런 프로그램은 농어촌 환경을 인식하고 이해하는 데 기초를 둔 지적 발달을 이루는 데 목적을 둔다. 동시에 그것은 단순한 심화가 아닌 학문적 내용을 다룰 것이다. 그것은 농어촌 삶을 관심의 초점으로 두고 농어촌을 노동과 사유의 터전으로 사용하기 때문에 다른 프로그램과 다르다. 모든 농어촌 지역은 경제, 정치, 역사를 통해 더 큰 세상과 연결되어 있다. 학업적으로 유능한 아동이 이런 연결의 실타래를 풀고 그것을 지역 조건의 관점에서 해석하도록 돕는 것이 그런 프로그램의 주목적이다. 농어촌의 삶과 연계되고 그런 세계를 돕기 위해 일하는 것은 실제로 위험한 일일 것이다. 그 프로그램을 지역 엘리트가 가질지도 모르는 적대감으로부터 보호할 수 있도록 준비해야 할 것이다. 그럼에도 그런 프로그램을 구상하고 실행에 옮기려고 노력하는 것은 주목할 만한 모험이 될 것이다.

이런 종류의 프로그램을 확립하는 데 있어 교사와 행정가는 영재교육이 현대적이 되도록 확실히 해야만 한다. 적절한 농어촌 영재 프로그램은 필연적으로 학교 개혁의 전문가적인 허언장담과는 대조적으로 운영된다. 다시 말해, '공식 노선'은 수학, 과학, 기술을 예술과 인문학보다 더 중시한다. 결과적으로 예술과 인문학은 도덕적 통찰과 행동의 영역보다는 학급 기반의 장식에 지나지 않게 된다. 실제로 모더니즘의 계획에서 윤리학은 기술의 보조격이 되어 버린다. 게다가 최고의 수학, 과학, 기술, 예술, 문학, 철학은 도시의 사업으로 재구성되고 거의 독점적으로 대도시(또는 '세계 수준의') 대학에만 있다. 이런 계획에서 학교의 과목(또는 '학업')은 영역 특정적이 되며 농어촌을 이해하는 것은 그 영역에서 당연히 제외된다. 그러므로 이런 관점에서 재능은 농어촌 생활에 맞게 적절히 개발될 수 없는 것이다. 그리고 이런 관점에서 적당하게 농어촌적인 사람은 학교 과목이나 지적 추구와는 거리가 멀어진다.

이런 잘못된 구성이 실제로 대도시 세계가 농어촌의 삶을 보는 방식이다. 우리는 전문직에 들어서면서 거의 어디서나 그것을 개인적으로 맞닥트린다. 농어촌 학교는 이런 잘못된 예로 재구성되어 오고 있지만, 이러한 재구성은 절대 완성될 수 없기 때문에 여전히 희망은 있다.

이런 희망찬 프로젝트에 착수하면서, 교사와 행정가는 아마도 약간의 안내가 필요하다는 것을 발견할 것이다. 비록 어떤 안내서도 가능하지는 않겠지만, 『지역 학교에 대한 생각(*Local Schools of thought*)』(Webb, Shumway, & Shute, 1996)이란 책이 지역에 맞는 교육적 목적을 이루기 위한 지역적 지식과 대도시적 지식을 혼합하는 데 접근이 용이한 안내를 해준다. 그와 더불어 Howley와 Eckman(1996)은 공동체에 초점을 둔 프로젝트를 기술하였고, 그것이 교사와 행정가에게 어쩌면 농어촌화된 학업 영재 프로그램은 어떤 모습일지에 대한 실마리를 줄지도 모르겠다. 웹사이트(http://www.ruralchallengepolicy.org/)를 통해 접근 가능한 농어촌 학교와 공동체 협의회의 일 또한 찾아볼 수 있을 것이다. 그러나 영재아동을 위한 학업적 기관을 농어촌화하는 결정은 아마도 '노하우' 보다는 기질과 이념적 경향에 더 좌우될 것이다.

영재 농어촌 학생을 위한 특별한 관리

인디언 교육자는 수십 년 동안 재능 있는 농어촌 학생을 위한 특별 관리 프로그램을 확립하기 위해 노력해 왔다(예, Barber, Bledsoe, Pequin, & Montgomery, 1999; Hartley, 1991; Montgomery, 1990; Navajo Tribe, 1984; Tonemah, 1991). 게다가 이들 프로그램 중 몇몇은 오랫동안 관심의 대상이었던 학업적 재능보다는 문화적으로 가치 있는 재능 판별을 목적으로 하고 있다. 그러나 그동안 농어촌 학교 일에 관계되면서 가지게 된 딜레마는 이런 인디언 예시와 관련해 생각해 볼 필요가 있지 않을까 한다(이에 대한 포괄적인 견해를 위해서는 Swisher & Tippeconnic, 1999를 참조).

그러나 자율적인 학습에 대한 생각을 가진 우리에게는 두 번째 생각에 대해 기술하는 것이 쉬운 일은 아니다. 우선 포스트모더니즘의 해석에서 알 수 있듯이, 계몽주의에서 유래된 두 세기에 걸친 기술적 이성은 농어촌 삶을 가장 나쁘게 파괴하였다. 두 번째로, 엘리트적 학교와 대학에 연관된 자율적인 학습은 전형적으로 일반인의 농어촌 삶을 파괴해 온 계급에게 이익이 된다. 세 번째로, 자율적인 학습은 많은 농어촌 공동체가 가지고 있지 않으며 아마도 받아들일 것 같지 않은 세상의 세속적인 관점 위에 있다. 물론 자율적인 학습에 대해 우리는 이런 우연성을 치명적 결함이 아닌 협상 가능한 손실로 해석한다. 우리가 틀릴지도 모르겠지만 몇몇 생각이 영재 프로그램의 기반으로서 자율적인 학습의 대안으로 주어지는 것이 필수적으로 보일 것이다. 우리의 관점에서는 영재 프로그램의 기반으로서 자율적인 학습을 대신할 수 있는 가장 그럴듯한 후보는 지역적인 지식이다. 물론 여기에서는 뛰어난 재능의 증거가 될 것이 거의 없다. 심지어 우리도 적절한 농어촌의 지역적인 지식의 영역이 무엇일지, 또는 어떻게 그것을 학교 교육과 연관할지가 확실하지 않다. 그러나 인디언도 50년 전에 그다지 확실하지 않았다. 어쩌면 우리가 그들을 따라잡을 수 있을 것이다.

우리는 농어촌 사람이 대도시나 변두리에 사는 사람과는 다른 방법으로 세상을 대면한다고 굳게 믿는다. 그중 일부는 상상력과 관계가 있으며, 일부는 기술력과 관계가 있고, 또 일부는 농어촌에 대한 지식과 관계가 있다. 결국 우리는 개인적으로 이렇게 알아 가는 방법이 문헌의 다양한 기술로 확대되고 강화된다고 믿는다.

지역 지식에 대한 존중은 교육과정뿐만 아니라 교수방법에도 녹아 있어야 하지만 이것을 실천하는 방법은 그다지 수월하지 않다. 농어촌의 삶을 예우하기 위한 좋은 의도에서의 노력도 실제로는 그것에 피해를 줄 수 있다. 감상주의 또는 농어촌의 역사나 현재의 안 좋은 부분을 폐기하는 것은 오히려 해로울 가능성이 높다. 다시 말하지만 적절한 농어촌 영재교육의 핵심 취지는 친농어촌적인 미래여야만 한다.

농어촌 학교에서 속진제 사용하기

앞의 논의에서 제시하였듯이, 아마도 작은 농어촌 학교(특히 초등학교)는 혼합 연령 집단 구성이 비교적 쉬운 것으로 보인다. 그런 배치가 가능한 곳에서 우수한 학생은 교육과정을 빠르게 통과할 수 있다. 그러나 많은 농어촌 지역에서는 학교들이 이미 거대하며, 혼합 연령 집단은 학교 조직에서 이미 만연해 있는 패턴의 변화가 된다. 이런 변화의 예로, 켄터키 주에서 켄터키 교육개혁조례(Kentucky Educational Reform Act: KERA)는 학년 없는 초등학교를 개혁의 한 특징으로 다시 내세웠는데, 이런 변화는 많은 농어촌 교사와 잘 맞지 않았다(Kannapel, Aagaard, Coe, & Reeves, 2000). 그러므로 많은 농어촌 학교에서 혼합 연령 학급을 만드는 것은 다른 속진법을 사용하는 것보다 더 어려울 것이다. 조기 입학, 월반, 교차 학년 배치는 농어촌 학교에서 손쉽게 가능한 선택이다. 그러나 이런 배치가 우수한 학생에게 도움을 줄 것이라고 교사와 교장을 납득시키는 것은 다른 지역에서와 마찬가지로 농어촌 학교에서도 쉽지 않다.

속진제는 지역의 예산이 아주 적게 든다. 아마도 속진제를 실시하는 지역은 그 과정을 조정하는 누군가를 채용하기만 하면 될 것이다. 특수교사를 임용하거나, 여분의 자료를 구입하거나, '영재학급'을 위한 별도의 공간을 제공할 필요가 없을 것이다. 게다가 속진 프로그램은 영재를 (학업적 재능의 관점에서만) 좁게 정의한다. 이런 접근방법은 자격을 획득하는 과정을 크게 단순화한다. 아주 높은 성취도 시험 결과를 획득한 학생은 속진되어야만 한다. 적절한 것은 이런 방식을 활용해 결정한다면 지역에서도 심리검사와 관련 비용을 크게 절감할 수 있다. 물론 특수한 경우에 개인 지능검사는 필요할 수도 있다. 그리고 대부분의 경우에 개인 성취도 검사는 필요할 것이다. 학년 수준의 집단 시험은 자기 학년 수준의 학업에 뛰어난 학생과 학년 수준 이상의 것을 할 수 있는 학생의 차이를 구별할 수 있을 정도로 어려운 문제가 포함되어 있지 않다. 속진제를 시행하는 방법을 설명한 책이 많이 있지만, 우리가 아는 한 그것은 농어촌에서 사용하는 것과는 관련이 없어 보인다. 우리 생각에 속진제는 어디서든 효과가 있을 것이다. 그렇다면 우리는 왜 특히 농어촌의 삶에 대한 장에서 그것을 논의하는가?

우리 관점에서 속진은 농어촌 지역의 두 가지 조건에 반응한다. 학교교육의 비용을 제한하려는 시민의 열망과 엘리트적 배열을 넘어선 평등적 배열을 중시하는 경향이다. 우리가 이런 농어촌 시민의 관심을 이성적인 것으로 간주하고 그것을 교육에 대한 지지가 부족한 증거로 보지 않기 때문에, 교육자가 영재학생을 위한 속진제를 선택했던 것처럼 그들의 학교에서 그 타당성을 실천하여 보여 줄 것을 격려한다.

농어촌 영재학생을 위해 특별히 아무것도 하지 않는 것

영재아동을 위한 속진 수업, 그리고 사회 정의의 향상을 위한 실천의 두 가지 중요한 교육적 상품이 공존할 수 있을 것이라 생각했던 때가 있었다. 세 가지 선택안 중에 첫 번째(영재 프로그램을 농어촌화하는 것)에 대한 논의에서처럼, 우리는 더 이상 그렇게 낙천적이지 않다. 이런 '상품'이 필연적으로 양립할 수 없다고 보지는 않지만, 우리는 이제 실제적인 상황이 종종 교육자에게 둘 중 하나를 선택할 것을 요구한다는 것을 안다. 선택이 불가피하다면 우리에게는 사회 정의가 우선이다.

농어촌 공동체에 있어 학교 교육의 지역적 통제는 사회 정의의 핵심 문제다. 농어촌 사람이 그들의 아동을 농어촌의 삶과 조화로운 방법으로 교육하려고 노력하지 않는다면 주가 불공평하게 참견할 것이다. 사실 대부분의 경우에서 지역 학교에 대한 주의 통제는 농어촌 문화와 충돌하며 농어촌 문화를 차별하는 경향이 있다. 이런 경우는 스페인어가 모국어인 아동이 영어로만 교육받는 데 요구되는 것과 아주 비슷하다. 두 경우 모두에서 주는 불공평한 편견을 구체화하고 제도화하는 것이다. 사회 정의에 대한 우리의 책임은 스페인어가 모국어인 아이들이 모국어로 가르침을 받지 못하게 하는 제한에 반발하도록 하는 것이다. 또한 그것은 우리가 농어촌 사람이 자신의 자녀 교육에 대한 중요한 결정에서 제외되는 현실에 대해 반대하도록 한다. 그러므로 농어촌 사람이 영재 프로그램을 엘리트주의로 보고 이런 프로그램이 그들의 지역 공동체에서 그들의 가능성을 막는 것처럼 보인다고 결정한다면, 그런 프로그램에 대한 반발은 사회

정의를 위한 행동을 만들어 낼지도 모른다. 우리는 그런 행동을 승인하며 부모가 그런 입장을 보이는 학교에 영재 프로그램을 강제하는 것에 대한 어떤 정당한 이유도 찾지 못한다.

우리는 또한 지역적 지식과 지역 공동체의 연계에 기반을 둔 수업을 하는 소규모 학교가—장소 중심의 교육을 위해서 제안된 것처럼(예, Nachtigal & Haas, 1998; Woodhouse, 1999 참조)—영재교육의 전형적인 이론학(예, Howley et al., 1995 참조)보다 농어촌 영재학생에게 더 이롭다고 믿고 싶다. 동시에 대화가 사회 정의에 기본적인 것이기 때문에, 부모와 교사는 그것을 수행할 준비가 되어 있는 학생에게 학업적으로 도전이 되고, 실행에 비용이 아주 적게 들고, 한때 일반적이었던 농어촌 학교의 실천과 일치하는 속진제 같은 제도의 가능한 장점을 공동체 구성원이 생각하도록 해야 할 것이다.

적절하게 농어촌적인 목적을 가지고 시작하기

적절한 농어촌적인 목적은 정의하기 어렵고, 전문가 집단, 연방 및 주정부 기관에 의해 고안된 '대도시적' 의제, 그리고 자본주의자의 정치적 경제 앞에서 존중받기도 어렵다. 그러나 국가 상태의 약화와 동시에 이루어지는 농어촌 상황이 분명히 들어있는 '지방'의 중요성(예, Heilbroner, 1993; Hobsbawim, 1990; Sassen, 1996; World Bank, 1999)의 상승은 이런 노력의 궁극적 실제를 보여 준다.

다른 곳에서와 마찬가지로 오랫동안 사회화되고, 부분적으로 그들의 사고가 설명되는 농어촌 영재학생은 어려운 역할을 하게 된다. 한편으로 그들의 공동체는 그들을 '더 나은' 미래라는 마음의 희망적인 틀에서 보려는 경향이 있다. 다른 한편으로는 그런 미래는 보통 그들 앞에 펼쳐진 보통 도시, 변두리, 그리고 요원한 '전문가적인 삶'이라는 분위기로 해석되어 왔다.

많은 농어촌 사람은 '가장 훌륭하고 가장 똑똑한' 사람이 떠나는 것이 현실적으로 불가피하다고 믿는다. 그런 일이 일어날 때, 농어촌 공동체는 흔히 그렇듯 특별한 패배자가 되며, 일반적으로 공동체의 개념도 그렇게 된다. 농어촌 지역은 물론 어떤 형태로든 살아남을 것이다. 그러나 문제가 미래에 다른 새로운 양상을 띠게 된다면 그들은 번영할 수도 있다. 학교가 그것을 도울 수 있을 것이다.

◉ 후주

1. 독자는 이 장이 농어촌 환경을 백인만의, 특히 농어촌 노동자 계급의 백인만을 지칭한다는 것을 고려해야 한다. 많은 농어촌 지역은 대체로 백인 지역이다. 그러나 미국 농어촌에서는 민족적 분리가 아주 일반적이다. 다른 민족 집단은 농어촌 환경을 아주 독특하게 차지하고 있어서, 백인으로서 우리는 그들을 서술하는 데 자신이 없다. 우리는 백인이 인디언, 흑인, 멕시코계 미국인을 대량 학살하고 노예로 삼고 강탈한 역사가 농어촌 역사라는 것을 독자 역시 인지할 것을 촉구한다. 계급의 불평등은 농어촌 환경의 복잡함의 일부이고, 이 사실은 농어촌의 삶과 환경에 대한 어떤 감수성이나 낭만적인 견해가 부적절하다고 보는 이유 중의 하나다. 과거는 현재의 농어촌보다 더 낫지 않고, 근사한 농어촌의 미래는 과거 그리고 현재와 달라야만 한다. 이런 미래를 깨닫는 영재학생의 역할은 다른 농어촌 학생들보다 더 중요한 것은 아니다. 소수민족은 그런 미래를 깨닫는 데 평범하지 않은 첨예한 도전에 직면할 것이다. 그리고 이런 도전은 우리의 삶이 그렇게 하도록 아직 준비되지 않았기에 우리가 개인적으로 설명할 수 없다.

제7장

영재성의 부재
영재 없는 영재교육

James H. Borland

서론

1960년대에 신학을 연구하는 학자 간에는 한동안 '신학의 죽음' 이라고 알려진 급진적인 운동이 번성했다(Altizer, 1967; Gundry, 연대 미상; Vahanian, 1961). Friedrich Nietzsche가 쓴 『즐거운 과학(*The Gay Science*)』(1887/1974)과 특히 "신은 죽었다."라는 주장이 발췌된 『차라투스트라는 이렇게 말했다(Thus Spake Zarathustra)』(1891/1967)를 기반으로 한 이 운동은 "한동안 서양 철학과 신학의 시초가 되었던 사상이었는데, 이는 초월적인 신의 실재는 절대 알 수 없고 어쩌면 전혀 존재하지 않을 수도 있다."라는 주장을 하였다(Gundry, 연대 미상, p. 1).

이것은 수 세기 동안 서양 사회의 공리적 기초 역할을 해 온 전통적인 진리를 더 이상 지지할 수 없고(Yeats의 유명한 말인 "사물이 분리된다. 중심이 없어진다."[1967, p. 184]를 상기시킨다), 기술이 발달할수록 더욱 잔혹해진 세상을 더 이상 이해할 수 없다는 확신에서 비롯된 모더니즘의 여러 표현 중 하나다. 계몽주의 시대의 '위대한 시계 제조자', 근세 이전의 세상에 아주 잘 맞아떨어지던 '신'과 현대 삶의 엄연한 사실을 융화하는 일은 제1차 세계대전의 참호에서 미친 살인자, 나치 시대의 대량 학살, 끝없어 보이는 인종적 · 민족적 증오의 폭력적 표현을 낳은 세기에 사는 수많은 사상가에게는 이겨 내기 어려운 일이 되었다. 어떤 사람에게는 현대 시대의 복잡한 상처에 대한 유일한 설명은 문자 그대로, 상징적으로 '신은 죽었다'는 믿음이었을 것이다.

이 운동과 결부되어 신학자들이 피력한 의견은 많은 사람, 특히 미국인을 불편하게 만들었다. 이는 그들이 전통적인 종교적 믿음을 널리 유포하는 직업을 가지고 있다는 점, 그리고 이들 신학자의 일이 유명 언론에서 취급되었던 매우 감각적인 태도를 고려해 보면 그다지 놀랄 일은 아니다. 그러나 "신은 죽었다. 감사합니다, 신이시여!"라고 말한 것으로 유명한 Altizer처럼 극단적으로 보이는 사람들에 의해서 발전된 사상은 많은 사람이 생각하는 것보다는 훨씬 더 미묘하고, 종교적인 믿음의 근본적인 정수와는 덜 상반된다. 대다수의 사람은 거의 원전을 읽어 보지도 않고, 대중 매체에서 표현한 캐리커처에 의존했다.

예를 들어, Gundry(연대 미상)는 신은 죽었다는 Altizer(1967)의 주장을 다음과 같이 해석한다. "신이 죽었다고 말하는 것은 신이 초월적, 초자연적인 존재로서 존재하기를 멈추었다고 말하는 것이다."(p. 2) 신의 죽음이 '신 없는' 세상을 낳는다는 주장과는 달리, Altizer와 같은 사상가는 신을 어떤 초월적인 수준에서 제거하는 것이 아니라 신이 (우주나 시간에) 내재하고 현실에 존재한다고 믿었다. 이것은 주류 신학은 아닐 것이다. 그러나 열린 마음과 자신의 언어로 그에 접근하려는 사람에게 종교적 정당성은 '신이 없는 무신론'이라고 흔히 말하는 것과 같지는 않다(다른 종류의 무신론으로 무엇이 있는지는 잘 모르겠지만). 만약 있다면 약간의 특성 이상의 '무신론자'라는 칭호를 만들 정도로 바로 지금 여기에 스며든 신 혹은 신의 정수가 '무신론'이다.

이러한 여담의 요지는 처음 보기에는 충격적일 정도로 급진적이었던 신학적 운동과 내가 이 장에서 제안하고자 하는 것, 즉 영재아라는 개념 없이도 우리는 잘할 수 있다는 것을 비교하는 것이다. 내가 생각하기에는 이 비교가 타당하고, 희망하건대 유용한 것이다. 앞서 제안한 대로, 신학의 죽음이 처음 제기되었을 때는 그 옹호자들이 일하는 영역의 가치, 믿음, 전통과 배치되는 듯했다. 그러나 가까이에서 살펴보면 이 사상가들에 의해서 시작된 생각을 읽고 공평하게 고려하는 사람은 제기된 내용이 서구 신학적 믿음과 전통의 핵심과 상당 부분 일치하고 그것의 논리적 연장이라는 것을 분명히 알게 될 것이다. 마찬가지로 Gundry(연대 미상)의 말을 빌리자면, 구인(construct)으로서 영재아는 "실재는…… 최선의 경우…… 알 수가 없고…… 최악의 경우 전혀 존재하지도 않는" 단위가 된다. 의심할 여지없이 많은 독자는 이를 이단이라고 생각하고 충격을 받게 될 것이다. 물론 나는 이 생각이 영재교육 분야의 전통과 조율될 수 있을 뿐만 아니라 대체로 암묵적인 목표의 실현으로 이끌 수 있다고 믿지만 말이다.

다음에서 내가 제시하고자 하는 제안은 네 가지 요소를 가지고 있다. 첫 번째는 영재성의 구인에 대한 논리적 기초에 도전하는 것으로, 영재아라는 개념은 타당성이 의심되는 사회적 구인이라는 주장을 전개할 것이다. 두 번째는 영재아가 존재한다는 믿음에 기반하고 있는 교육적 실천은 대체로 비효율적이며 실용주의에 근거를 두고 있다는 것이다. 세 번째는 이 교육적 실천이 미국에서 교육적 자원의 불평등한 할당을 악화시켰다는 것이다(예, Kozol, 1991, 2000 참조). 이와 관련해서는 실용주의에 대해서뿐만 아니라 도덕적인 비판도 이루어질 것이다. 내 논의의 네 번째 요소는 더욱 탐색적인데, 영재아라는 구인이 애초에 이 영역을 존재하게 한 목표를 성취하는 데 필요하지 않거나 장애가 될 수도 있다는 것이다. 다른 말로 하면, 나는 영재아 없는 영재교육을 할 수 있고 또 해야만 한다는 주장을 할 것이다.

영재아라는 구인에 대한 의문스러운 타당성

영재성이라는 것은 '사물'이 아니다. 그것은 물리적인 실체도 아니고, 무게가 있지도 않으며, 부피도 없다. 그것은 사회적인 개념이지, 본질이 있는 실체가 아니다. 영재성이라고 하는 것은 만들어진 것이지, 발견된 것이 아니다. 내가 어디에선가 주장했듯이, 영재성이 사회적으로 만들어진 것이라고 주장하는 것은 "그것이 사람들의 교류에서, 특히 담화에서부터 그 의미와 존재 자체를 얻는다."라는 말이다. "따라서 사회적으로 구성된 개념과 구인은 그들의 자산과 영향을 이미 존재하는 실체에 대한 경험적인 사실을 천천히 쌓아 감으로써 얻는 것이 아니라 주고받는 식의 사회적 교류를 통하여 얻는 것이다." (Borland, 1997b, p. 7).

이것은 진정으로 완전한 급진적인 제안은 아니다. 예를 들어, Stephen J. Gould는 『인간에 대한 잘못된 측정(*The Mismeasure of Man*)』(1981)이란 책에서 지능에 대해 동일한 주장을 하였다. 그것은 단순히 사회과학과 사회과학에 의해 정보가 제공되는 전문 분야에서 우리가 다루는 세상을 반영하고 있다. 우리의 관심을 사로잡는 아주 많은 것이 물질적이지도 않고 촉각을 통해서 느낄 수도 없는 본질을 가지고 있기 때문에(예, 지능, 영재성, 장애), 우리는 우리의 사고와 실천을 인간 행동과 담화라는 혼란스러운 원자료에서 얻어 낼 수 있도록 구인을 추론하거나 심지어는 만들어 내야만 한다.

영재성과 영재아는 심리 측정에서 발자취를 찾을 수 있는, 교육학에서는 비교적 최근에 만들어진 것이다. 미국에서 영재교육의 아버지라고 널리 간주되는 Lewis M. Terman이 또한 스탠퍼드-비네 지능검사를 발전시킨 사람이라는 것은 우연이 아니다. 시험 점수에서의 개인차, 의무 교육법이 더 일반적이고 강제화되면서 더욱 분명해진 학업 성취의 차이는 후에 영재성과 정신지체가 된 사회적 구인의 직접적인 원조라고 볼 수 있다.

어떻게 이것이 나타나게 되었는지에 대해, 내가 생각하기에는 (이 역사적 현상을 이해하는 많은 가능한 방법 중의 하나로) Foucault의 지식과 힘, 규율과 통제에 대한 생각을 끌어다 보면 훨씬 분명하고 유용하게 이해할 수 있을 것이다(예, Foucault, 1984, 1995; Gallagher, 1999; Rabinow, 1984; Simon, 1995 참조). Foucault는 현대사회에서 힘은 다른 형태를 취하고 다른 방식으로 작용하며, 일반적으로는 대체로 인간사를 통해서 이루어졌던 것과는 다른 상징을 가지고 있다고 믿는다. Foucault에 따르면 힘은 더 이상 물리적 억압의 형태를 취하지 않으며, 더 이상 특정 인간이나 단체(예, 왕이나 국가)에 속하지도 않는다. 또한 힘은 '군주제의 장엄한 의식(ritual)'으로 인식되지도 않는다. 대신 힘은 담화와 사회적 교류의 네트워크 속에서 구성되고 발휘된다(Foucault, 1995, p. 170).

이러한 네트워크는 '훈련'이 복종과 통제라는 면에서, 또한 '학문'이 조직화된 지식과 전문 분야를 가지고 있다는 점에서 규율적이다. 담화의 이러한 네트워크의 핵심에는 특정한 지식체계가 있다. 이 체계는 거대하고 포착하기 어려운 힘을 가지고 있다. 왜냐하면 이 체계를 통하여 사람들이 통제될 뿐 아니라 개인으로 구성되어 있기 때문이다. Foucault가 "휴머니즘은 실패한 철학적 프로젝트다. 휴머니즘은 인간이 휴머니즘의 결과 중 하나임에도 지식을 위한 휴머니즘의 기초가 되게 한다."(Simon, 1995, p. 25)라고 한 주장은 이런 맥락에서 명백해진다.

Foucault(1995)는 힘과 지식은 분리될 수 없다고 믿었다. 그는 "힘과 지식은 직접적으로 서로가 서로를 필연적으로 수반한다. 한 분야의 지식의 상관적인 구성 요소 없이는 힘의 관계도 없고, 동시에 힘의 관계를 미리 가정하지 않는 지식도 없다."(p. 27)라고 기술하고 있다. Foucault에게 힘은 많은 과정을 통해서 발전된다. 그 과정에 대해 그는 "거대한 힘의 발산과 함께 태어난 작은 교활한 행위"라 불렀다. 그러한 과정은 규율에 의거하여 지식에 대한 필요를 만족시킨다. 이러한 과정이 Foucault의 잘 알려진 '힘의 기술'이다. Foucault는 "규율적 힘의 성공은 의심할 여지없이 위계적 감시, 표준화된 판단, 그리고 과정의 조합인 검사와 같은 단순한 도구의 사용에서부터 나온다." (p. 170)라고 하였다.

Foucault(1995)는 첫 번째 힘의 기술인 위계적 관찰을 Jeremy Bentham의 원형 형무소를 언급하면서 묘사하였다. 원형 형무소 입소자는 혼자서 기거하는데, 자신은 익명의 감시원에 의해 끊임없이 감시받으며 살고 있다는 것을 알고 있다. 이것은 "입소자에게 의식적이고 영원한 가시성의 상태를 끌어내기 위함이며, 이를 통해서 힘의 자동적인 작용을 보장하기 위함이다." (p. 201). Gallagher(1999)에 따르면, "교육에서 위계적 관찰은 교육자가 직간접적으로 학생을 더욱 명확히 볼 수 있는 객관적이고 다소 거리를 둔 입장이 될 때 힘의 기술로 사용할 수 있다." (p. 77)

이렇게 하는 한 가지 방법은 심리 측정을 통해서다. 측정은 학생들을 수량화하고 등급을 매길 뿐 아니라 지속적으로 측정되고 있다고 의식하게 함으로써 학생을 통제하는 하나의 수단으로 사용된다. 이러한 힘의 기술이 현대시대에는 교육 관료주의자나 정치가에 의해서 특히나 치명적인 형태로 나타났다. 그들은 소위 표준화 운동과 전면적인 표준화된 검사를 교육자와 학생 모두, 특히 소외된 학생에게 통제력을 발휘하는 수단으로 사용하였다. 이러한 영향은 또한 아동이 영재 프로그램 판별과정에서 경험하는 불안감에서도 드러난다. 이 프로그램의 일원이 되기를 열망하는 아동은 교사의 판단, 등급, 시험 결과 같은 것이 자신이 그 프로그램에 선발될지, 즉 자신들이 '영재'가 될지 아닐지를 결정한다는 것을 알고 있다. 이러한 인식이 힘의 기술로 작용하는 것이다. Foucault(1995)가 주장했듯이, 이 경우에 현대 삶의 규범은 국가의 외적 힘이나 상징적 덫이 아니라 자신이 감시되고 판단되고 있는 존재라는 내적인 인식이다. 이것이 힘과 통제가 규정되는 매개체가 된다.

미국에서 20세기 초 아동은 지능지수에 따라 배열되기 시작했고, 두 번째 힘의 기술인 표준화된 판단에 의해 평가받게 되었다. 이것은 "개인의 능력, 수준, '본성'을 수적으로 측정하고 가치로 위계를 매기는 과정이다. 그리고 다른 모든 것과의 관계에서 차이를 규정할 한계와 비정상이라는 외적 경계를 긋는 것이다." (Foucault, 1995, p. 183)

교육자는 항상 학교의 권리와 책임 사이에서 발생한 권력관계를 규정한다. 그 관계의 중요성은 서구 유럽 국가에서 미국으로 쏟아져 들어온 이민자의 아동을 동화하고 '문명화' 할 필요성을 인식하면서 더 강화된다. 이러한 이민자가 최근에 물밀듯이 들어왔고, 그래서 새로운 검사기술을 채택하게 되었다(Foucault의 위계적 관찰과 표준화된 판단은 세 번째 힘의 기술인 '검사' 를 만들어 내는 것과 관련된다). '능력' 의 수량화는 '능력' 이 수많은(수치로 표시될 수 있는), 때로는 치명적인 방식으로 단순화되는 결과를 낳았고(Gould, 1981 참조), 지능지수 점수의 배열로 표현되었다. 표준화된 판단은 처음에는 인간의 다양성 변화를 양극단의 연속으로 축소하려는 의도가 명백하게 나타났다. 그리고 두 번째로는 '정상' 영역과 나머지 '비정상' 영역으로 이 연속성 있는 영역을 분리하는 것으로 나타내었다. 따라서 어떤 경계를 넘는 지능지수를 보이는 학생은 '비범함' 으로 표현되었고, 이후 『국립교육연구협회 제19호 연감(*Nineteenth Yearbook of the National Society for the Study of Education*)』(Henry, 1920)에서는 '영재' 로 표현되었다. 반면에 어떤 점수 미만으로 떨어지는 지능지수를 가진 학생은 '정상 이하' 로 표현되었다. Goddard는 이를 '바보' '멍청이' '저능아' 라고 표현하였다.

'정상' 이라는 이 과정의 중심 개념은 Foucault(1995)의 '고고학' 이 입증한 것처럼 사람이 만들어 낸 것이지 발견된 것이 아니라는 점을 강조하는 것이 중요하다. 규율적 힘의 발휘로서, 통제의 수단으로서 (Foucault의 가장 영향력 있는 작품의 제목을 따서) '규율과 처벌' 이 실시된다. Foucault는 검사에 대해서 다음과 같이 기술하였다. "규율은 한마디로 개인차와 관련된 힘의 양상으로 특징지을 수 있는데, 검사는 이러한 규율을 의례화한다." (1995, p. 192) 다시 말하면, 심리 측정이나 교육학의 규율은 학생을 '정상' '정상 이하' 또는 '비범' 으로 분류한다.

그러므로 '정상 지능' 을 규정하는 과정은 교육계 체제의 힘을 사회의 도구로 규정하는 것이다. '정상 지능' 을 구별하는 목적은 ① 적합하고 다루기 쉬운 아동, ② 공립 교육의 혜택에서 소외되거나 배제될 수 있는 아동(많은 경우 자유와 인간의 존엄성을 박탈당한), ③ '영재' 라고 불리는 아동을 국가적 이익이 되기 때문이거나 그들의 비범함 때문에 따로 정의하거나 효과적인 학교 교육을 시켜야 하기 때문에, 그리고 특별하게 양육된 아동을 분별하기 위해서다.

영재성 개념의 기원이나 교육 분야에서 영재성의 출현이 불가피하거나 반드시 필요한지에 대해서는 생각해 보아야 한다(교육학적, 심리학적, 철학적 면에서 어떤 비판 이론가는 불평등한 사회에서 발휘되는 권력관계에서 발생한 역사적인 필요성이 있었다는 논지를 펼 것이다). 그 개념은 무에서 창출되지는 않았다. 분명히 공립 교육에서 무시될 수 없는 상황이 있었고 또 현재도 그러하다. 아동은 서로 다른 속도와 방식으로 성장한다. 이것은 아동이 전통적인 정규 교육과정을 어떻게 이행하느냐에 영향을 준다. 우리는 교육적 효율성과 평등에 관심을 가지는 만큼, 개인적인 필요에 부응할 수 있게 교수법 및 교육과정을 적절히 조절하여야 한다. 문제는 이것을 어떻게 실행하느냐다.

한 가지 가능한 답은 교육과정과 교수법을 분류하거나 꼬리표를 붙이거나 검사하는 것을 삼가고 모든 학생의 요구에 부합하도록 조정하는 것이다. 분류와 검사는 Foucault 학파가 말하는 '표준화의 적용' 에 해당하는 것이다. 사람이 변화할 수 있는 정도는 다양하며, 이는 매우 '정상적' 인 일이다. 같은 의미로 '평균적인 아동' 은 다른 '평균적인 아동' 과 여러 측면에서 다르며, 어떤 경우에는 교육적인 측면에서 유의미하다고 할 정도로 다를 때도 있다. 그러나 영재교육이라는 분야가 만들어지던 때에 얻어진 사회적 · 정치적 조건(Foucault 식의 분석에 따르면 학문 분야를 통해 힘과 통제를 행사할 필요가 있는 사회 · 정치적 조건)과 미국 공립 교육의 선조격에 해당하는 사회적 효율성 운동(Kliebard, 1995)은 민주주의적인 힘보다는 힘의 기술을 이용하여 이 분야를 만들었다고 해야 할 것이다.

그러므로 아동이 비형식적 교육과정을 포함한 학교 교육과정과 상호작용하는 방식도 다르다는 사실에 대한 전문가의 반응은 적어도 그 차이의 어떤 부분은 평균과 다른 특성을 가진 영재와 같은 독특한 집단의 존재 결과라고 간주하는 것이다. 일단 어떤 사람이 질적으로 차이가 있는 개별 집단의 존재를 인정하면, 명백한 다음 단계는 존재가 가정된 모집단에 대한 실행 가능한 정의를 만들고, 이 모집단의 위치를 설정하기 위한 판별 절차를 개발해서 실행하고, 그들의 요구를 맞추기 위해서 다른 교육적 처치를 개발해서 실행하는 노력을 하는 것이다. 이것이 채택된 행동과정이다. 그리고 나의 주장은 이것이 오늘날 영재가 존재하는 이유라는 것이다.

영재에 대한 추론에는 피할 수 없는 논리의 순환성이 있다. Sapon-Shevin(1994)에 따르면, "참여자는 때로는 명시적으로, 때로는 암묵적으로 같은 정의에 동의하고 나면 마치 그 정의가 객관적으로 밝힐 수 있는 범주를 나타내는 것처럼 행동한다. 이런 방식으로 그 범주는 스스로 생명을 얻고 학교 조직의 일원은 동일한 정의와 규칙을 배운다"(p. 121). 그 범주는 구성원의 확인에 앞서 만들어졌고, 그에 속하는 사람을 식별해 낼 것이다. 그 범주가 존재하고 임무를 다한다는 것은 다시 말해 그 범주의 존재를 확인한다는 믿음에 의거하여 사람을 식별해 내는 것이다.

이렇게 인간을 영재 집단과 비영재 집단이라는 서로 성질이 다른 상호배타적인 두 집단으로 나누는 이 단순한 이분법은 다양한 여러 영역에서 발생하는 사람들의 노력과는 대조적이어서, 어떻게 이러한 이분법이 이토록 오래 살아남았을까 하는 의심이 들게 한다. 인생이 그렇게 단순하게, 그렇게 쉽게 이분화될 수 있는가? 그리고 이 영재와 비영재라는 두 집단은 이 정제되지 않은 분류법이 암시하는 대로 분리되고 비연속적이고 구조화된 완전물이라고 볼 수 있는가? 즉, 영재성은 평균 혹은 규준과 질적으로 다른, 자신만의 고유한 것을 가지고 있는가? 그래서 영재성을 가진 사람은 나머지 인간 집단과는 현저하게 다른 종류인가? 적어도 이러한 용어로 표현된 개념이 많은 사람에게 진실로 받아들여지는가?

그러나 받아들이기 어렵게도 이러한 믿음은 영재라는 단어가 전문적, 일상적 담화에서 사용되는 방식에 잠재해 있다. 우리는 일상적으로 '영재로 판별'되었다거나, '진정한 영재' 또는 '준재' '중간 영재' '고도 영재'라고 말하곤 한다. 다시 말하면, 우리는 영재성을 어떤 유형의 물질, 하나의 현실, 사람들, 특히 아동이 가지거나 가지지 못한 어떤 것으로, 우리가 그것을 인지하고 이름을 붙이는 것과는 독립적으로 그 자체로서 존재하는 어떤 것으로 간주한다.

영재교육 분야의 인과적 검사 또한 이 이분법이 일관적이고 궁극적으로 변호될 수 있는 실행이기가 얼마나 어려운지를 보여 준다. 나는 종종 학생에게 우스갯소리로 '지역 영재'라고 부르는 것에 대해서 이야기하곤 한다. '지역 영재'란 어떤 학군에서 영재로 판별된 아동이 다른 학교체제로 옮긴 후에는 더 이상 영재가 아니라고 판단되는 드물지 않은 현상을 말한다. 특정한 날 이전에 그 학생은 영재였으나 그날 이후로는 '평균'이 되어 버린 것이다. 만약 우리가 사람을 측정 가능한 특성으로 정의하고 정확한 교육평가를 통해 아동을 두 개의 전혀 다른 부류로 나누어 이해하려는 견해를 고수한다면, 우리는 이 아동의 존재론적인 위기를 단지 측정상의 오류나 한 학교체제가 '부정확'한 영재성 정의를 고수하고 있다는 이유로밖에는 설명할 수 없을 것이다.

그러면 영재성에 대한 '정확한' 정의는 무엇인가? 수년 동안 제안되어 온 영재에 대한 다양한 정의가 이를 정의하는 데 실패하였음을 보여 주고 있다. 아무도 아직 얼마나 많은 정의가 있는지 세어 보지는 않았지만, 내가 아는 한 그 정의는 수치상으로 적지 않으며 그들 사이에는 그다지 중요한 차이가 없다. 학문적 영재를 높은 지능지수와 읽기 · 수학 성취도 시험 퍼센트로 구분하는 전통적인 심리 측정 정의를 예로 들어 보자. 이것은 Renzulli(예, 1978)의 매우 영향력 있는 세 고리 정의와 대조된다. Renzulli의 영재 정의는 창의성, 과제 집착력과 함께 단지 '평균보다 높은' 능력만이 요구될 뿐이다. 만약 전통적인 지능지수/성취도 검사 정의에 의거했던 어떤 학군이 Renzulli의 정의로 바꾸었다고 가정해 보자. 만약 이 옛날 판별과 새로운 판별의 두 가지가 그 정의에 따라 충실하게 행해졌다면, 영재라고 이름 붙여진 아동의 집단은 그 구성에 있어서 현저한 차이가 있을 것이다. 어떤 '영재아' 는 더 이상 영재가 아닐 것이고, 또 어떤 '비영재아' 는 갑자기 영재로 분류될 것이다.

이 두 가지 영재성에 대한 개념은 서로 매우 다를뿐더러, 다른 점수보다 이 점수를 택해야 하는 경험적인 근거도 없다. 따라서 나는 영재성을 정의하는 것은 가치나 정책의 문제이지 경험적 연구가 아니라고 주장한다. 그리고 대부분은 아니더라도 많은 주에서 영재성에 대한 정의는 법으로 규정되어 있지 않다. 그 결과, 지역 교육가는 자유롭게 혹은 필요에 따라서 자신의 영재교육 프로그램의 기초로 작용할 영재성에 대한 정의를 선택해야 한다. 그 영재성 정의라고 하는 것은 크게 보면 누가 영재이고 아닌지를 판별할 수 있는 근거다. 다시 말하자면, 학교에서 영재는 우리가 칭호를 주는 어떤 것이지 발견해 내는 것이 아니다. 그것은 교육정책의 문제이지 과학적 진단이 아니다. 그것은 사회적으로 만들어진 것이지 자연적 산물이 아니다. 그리고 그것은 경험적이지도 않고 논리적 필요성도 없다.

이 모든 것이 '영재' 그리고 '평재' 라는 것이 이미 존재하는 인간의 종류가 아니라는 점을 시사한다. '영재'와 '평재'는 사회적으로 구조화된 집단에 주어진 칭호다. 그 사회적 집단은 이론에서나 실제에서나 많은 면에서 일관성과 거리가 멀고, 많은 경우에 논리적, 체계적, 과학적이지 않은 방식으로 구성된 것이다. 영재성은 Stuart Hall(예, 1997)이 인종의 표현 방식에 대해서 '유동적 기호 표현'이라고 부른 것과 같다. 아마도 항상 그러했을 것이다. 유동적 기호 표현이란 기호론적 용어로 "모호하고 매우 다양하며 상술할 수 없거나 아예 존재하지 않는 의미를 가지는 것을 다양한 기호로 정의한 용어"(Chandler, 2001, p. 33)다. 그러한 기호는 각기 다른 사람에게 저마다 다른 것을 의미한다. 즉, 그것은 많은 상징적 의미를 가질 수도 있다. 그러므로 학교에 있는 영재아를 생각할 때에 있는 그대로 보는 것이 아니라 실리성과 실용성에 기초하여 아동을 범주화하도록 하여야 한다. 영재성에 대한 근본적인 질문은 영재성이 존재하느냐 아니냐가 아니라 그 개념의 적용, 특히나 교육 분야에의 적용의 결과가 이로운지, 해로운지, 혹은 해가 없는지다.

의문스러운 영재교육의 가치와 효능

영재성이 사회적인 개념이라는 주장에 대해서 어떤 사람은 많은 것이 정확히 그렇게 고안될 수 있다고 반박하기도 한다. Gallagher(1996)는 다음과 같이 기술하였다.

> 우리는 '영재'가 만들어진 개념이라는 것을 인정해야만 한다……. 그러나 '오페라 가수'도 만들어진 개념이고, '유격수'도 만들어진 개념이며, '보스'도 만들어진 개념이다. 우리가 인간을 기술하는 데 사용하는 모든 개념이 만들어진 개념이다. 영재성은 교육적으로 유용한 개념인가? 그것이 중요한 문제다(p. 235).

나는 Gallagher가 구인에 대해서 존재론적 준거가 아닌 실리적이고 실용적인 준거를 적용해야 한다고 주장한 것이 옳다고 생각한다. 그러나 나는 그가 영재성과 동격화한 구인에 이러한 준거를 적용하는 것에 대해 그 준거는 영재성과는 달리 실용적인 필요를 논할 수 있는 기능적 범주라고 주장하고 싶다. 오페라는 존재한다. 오페라 가수가 없으면 오페라는 없다. 야구 또한 존재하고, 유격수 없이는 야구 팀도 없다. 학교 또한 존재한다. 그러나 사람들이 영재아 없이 학교가 존재할 수 없는가를 논리적으로 주장할 수 있는가? '영재아'는 '오페라 가수'나 '유격수'와 달리 기능적 필요에 근거하지 않은 개념이다.

그리고 그것은 단지 칭호의 문제가 아니다. 우리는 오페라 가수를 '칠레산 농어'로, 유격수를 '침을 많이 뱉는 장갑을 낀 남자'로 부를 수 있듯이, 우리는 때때로 '영재' 대신에 '재능이 있는(talented)' 혹은 '능력이 있는(able)'과 같은 다른 용어로 대체하기도 한다. 그러나 그것이 무엇이라고 불리든지 우리는 오페라를 보고 싶다면 작곡가와 가극 작사가의 창조물을 소리로 표현할 수 있는 누군가가 있어야 하고, 또 우리가 야구를 보고 싶으면 2루와 3루 사이의 공간을 수비하고 수백만 달러짜리 계약서에 사인을 할 사람이 있어야 한다. 그러나 나는 학교가 존재하기 위해서 흔히 '영재아'라고 칭해지는 특별한 분류가 필요한지에 대해서는 확신하지 못한다. 더구나 특수한 분야에서의 역할을 의미하는 오페라 가수나 유격수와 같은 구인은 '영재아'라는 구인보다는 가치가 덜 부가된 것이다. '영재아'는 원래 위계적인 함축적 의미를 가지고 있고, 영재라는 칭호를 둘러싼 논쟁은 어떠한 교육적인 이득으로 보상되느냐 마느냐 하는 문제를 제기한다.

'영재'라는 개념의 효용에 대한 한 가지 중요한 질문은 영재를 위한 프로그램의 효과와 관련이 있다. 나는 그러한 프로그램이 효과가 있다는 근거가 거의 없다고 주장한다. 미국의 대부분의 영재아를 위한 프로그램은 파트타임 풀아웃(pull-out, 역주: 오래된 영재교육의 한 방법으로, 일주일에 2~3시간 정도 정규학급에서 나와 다른 영재학생과 함께 영재학생 담당교사의 수업을 듣는 것을 말하며, 부분적 이동 수업이라고도 한다) 프로그램의 형식을 취한다. 그러한 프로그램에서 학생은 대부분의 시간을 일반교실에서 보낸다. 그리고 매주 특정한 시간에는 정규학급에서 선발되어 특수교사와 영재로 판별된 다른 학생과 만나 특정한 형식의 심화 수업을 받는다(Shore, Cornell, Robinson, & Ward, 1991). 그러나 Slavin(1990)은 "영재 프로그램에 대한 연구는 높은 성취자를 따로 분리해서 교육하는 프로그램이 속진을 포함하지 않는다면 거의 효과가 없다고 한다."(p. 486)라고 전하고 있다. 다시 말하면, 속진을 우수한 학생을 위한 차별화된 교육과정의 일환으로 사용하는 것은 그것이 의도하는 바, 즉 우수한 학생의 교육적 요구에 내용을 맞춘다는 목표를 성취한다는 증거가 충분하다. 그런데 심화가 심화를 제공한다는 목표 외에 우수한 학생의 교육적 요구에 내용을 맞춘다는 목표를 달성하는 데 효과적인 방법이라는 증거는 별로 없다(Horowitz & O'Brien, 1986).

10여 년 전에 Shore 등(1991)은 획기적인 『추천할 만한 영재교육의 실제(*Recommended Practices in Gifted Education*)』라는 책에서 "30년 전에 Passow가 심화에 대한 연구가 부족하다는 언급을 하였다. 하지만 현재 상황은 거의 변하지 않았다."(p. 82)라고 썼다. 심화에 대한 경험적인 자료가 없기 때문에 영재교육에서 자주 제안되는 '심화가 프로그램의 일부가 되어야 한다'는 것은 실제로 연구에 의해 전체적으로든 부분적으로든 입증되지 않고 있으며, 오히려 심화는 '모든 아동에게 적용 가능한' 실천 중의 하나다(p. 286).

학생들을 정규 프로그램에서 선발하여 일부 시간 동안에만 심화 프로그램을 하는 것의 효과는 긍정적인 증거가 부족할 뿐만 아니라 존재 자체도 설득력이 떨어진다. 이에 대해 고려할 만한 가치가 있는 두 가지 연구가 있다. 풀아웃 프로그램의 효과에 초점을 맞춘 메타분석에서 Vaughn, Feldhusen과 Asher(1991)는 "영재교육의 풀아웃 모델은 유의한 긍정적 효과가 있다."(p. 92)라고 결론을 내렸다. 그러나 이 메타분석은 단지 9개의 연구만 다루었고, 네 가지 종속 변수와 관련된 결과를 검증한 것이었다. 최대 3개의 연구가 분석의 효과 크기를 내는 데 쓰였기 때문에 이 결론의 타당성, 견고성, 반복 가능성에 의문이 든다.

국립영재연구소에서는 효과성 연구가 부족하다는 문제를 다루기 위해 '학습 결과 연구(Learning Outcome Study)'를 시도하였다(Delcourt, Loyd, Cornell, & Goldberg, 1994). 이 연구는 10개 주에서 1010명의 학생을 대상으로 하고 있는데, 그들은 풀아웃 심화 프로그램을 포함한 다양한 종류의 영재 프로그램에 소속되어 있거나 어떠한 프로그램에도 소속되어 있지 않은 학생들이었다. 전자 그룹에 속한 학생은 형식적 혹은 비형식적으로 영재라고 판별된 학생이었고, 나머지 학생은 교사에 의해서 비교 대상으로 추천된 학생이었다. 연구자는 영재 프로그램에 있는 학생이 이질적인 학생이 모인 교실 내에서 특별한 처치를 받은 학생과 어떤 교육적 처치도 받지 않는 학생보다 학문적으로 더 뛰어났다는 것을 알아내었다.

이 결론의 문제점은 형식적으로 영재라고 판별되어 특수 프로그램에 배치된 학생은 뛰어난 학업 성취를 보이는 학생이었다는 점이다. 비교집단이 된 학생은 그 연구를 위해 교사가 추천한 학생으로서 형식적 혹은 비형식적으로 영재라고 판별은 되었지만 프로그램에 소속되어 있지 않은 학생이거나 영재라고 판별되지 않은 학생이었다. Campbell과 Stanley(1963)에 따르면 '선발' 이라고 부르는 것은 불행히도 프로그램 종류나 프로그램 존재 유무가 성취에서 차가 나는 이유를 설명하는 것처럼 성취도 차이의 충분한 설명이 된다. 따라서 그 집단들이 실제로는 비슷하지 않다고 의심할 이유가 있다. 즉, 형식적으로 판별되어 영재 프로그램에 배치된 학생은 영재 프로그램에 속하지 않은 학생이나 영재로 판별되지 않은 학생과 특별히 다르고, 그러한 차이가 다른 어떤 것만큼이나 결과에 영향을 미쳤을 것이다.

요약하면, 대부분의 일반적인 영재교육 프로그램이 효과적이라는 뚜렷한 증거는 거의 없다. 그러나 Slavin(1990)이 주장하고 Shore 등(1990)이 동의했듯이, 영재를 위한 또 다른 접근방법인 속진에 대해서는 효과적이라는 연구가 많이 있었다. 그렇다면 이것이 어떤 영재교육 프로그램은 효과적임을 말해 주는 것인가? 나는 그렇지 않다고 생각한다. 특별히 영재교육 프로그램이라고 명명된 프로그램은 속진을 영재의 요구를 충족하기 위한 제일의 방법으로 사용하고 있는 경우가 거의 없다. 왜냐하면 연구자료에 의해서 그 효과가 강력히 나타나기는 하지만, 속진은 여전히 논란의 여지가 많고 잘못 이해되고 있어 실시하기가 두렵기까지 하기 때문이다(예, Coleman & Cross, 2001; George, Cohn, & Stanley, 1977; Southern & Jones, 1991).

더구나 학교는 본질적으로 영재 프로그램 없이도 속진을 사용할 수 있으며 또 실제로 하고 있기도 하다. 속진은 학생을 '영재'로 판별할 필요도 없고, 영재교사도 필요 없으며, 학급 이동 같은 전통적인 영재 프로그램이라고 명명된 어떤 것도 요구하지 않는다. 만약 어떤 학생이 수학 과목에서 또래보다 앞선 내용을 학습할 수 있다면, 그 학생은 단순히 그렇게 하라고 허락만 받으면 되는 것이다. 그 학생을 영재라고 판별할 이유는 없다. 예를 들어, 뉴욕 주 교육청에서는 중학생에게 수학을 잘하기만 하면 속진할 수 있는 기회를 제공하고 있다. 이것은 영재교육이라는 맥락에서 행해지는 것이 아니다. 다시 주제로 돌아가서 말하자면, 속진은 영재 프로그램이나 영재학생 둘 다 없이도 이루어질 수 있는 영재교육의 한 방법이다.

영재교육과 사회적 · 교육적 불평등

영재교육은 민주주의 사회에서 일반교육과 그다지 사이가 좋지 못하였고, 우리 사회에서 최우선시되어야 하는 평등이라는 원칙에 위배된다는 점에서 실행 초기부터 비판을 받아 왔다. 영재 프로그램과 그 지지자는 '엘리트주의자'라고 불리었고, 더 나쁘게는 영재교육의 옹호자는 능력별 학급 편성을 최후까지 옹호해서 다른 교육적 실행에 해를 끼치는 사람들로 간주되어 왔다(Oakes, 1985). 영재교육 분야의 교육자는 자신들의 목표가 불평등주의에 기반하며 영재 프로그램이 반민주적이라는 논란을 거부하며, 이러한 비난을 맹렬하게 반박해 왔다.

나 자신 또한 적극적으로 참여해 온(예, Borland, 1989) 이 영재교육 분야에 대한 옹호는 영재교육 분야의 교육자들이 모든 아동에게 적합한 교육을 해야 한다는 목표를 실현하기 위한 한 가지 방법으로 진실하다고 믿는다. 영재교육 옹호자는 영재교육을 잘못된 것을 교정하는 한 방법으로, 즉 교육제도로 인해 혜택을 받지 못한 소수의 합법적인 요구를 충족하기 위한 방법으로 간주한다. 더구나 영재교육 전문가는 영재로 판별된 학생을 위한 적합한 교육 프로그램은 엘리트적, 인종 및 성 차별적이거나 사회경제적 불평등을 형성하지 않고도 얼마든지 이행할 수 있다고 믿는다.

내가 믿는 것처럼 영재교육 분야의 교육자의 의도가 나무랄 데 없이 훌륭하다고 하더라도, 나는 우리의 노력의 결과가 의도의 순수함을 너무 자주 배반한다는 생각을 해 본다. 영재교육의 실행은 실제로 불평등으로 가득 차 있다는 주장을 배제하기에는 어려울 정도로 이에 대한 충분한 증거가 존재한다. 영재학생을 판별하는 데 있어 인종적 불평등은 미국 역사를 통틀어 지속적으로 존재해 왔다(예, Borland & Wright, 1994; Ford, 1996; Ford & Harris, 1999; Passow, 1989; VanTassel-Baska, Patton, & Prillaman, 1989 참조). 그리고 오늘날에도 지속되고 있다.

미국 사회의 사회경제적 불평등의 경우 물론 인종적, 윤리적 불평등이 전혀 관련 없다는 것은 아니지만, 미국 교육부(1991)가 8학년을 대상으로 영재 프로그램에 대한 '국가 교육 장기 연구(National Educational Longitudinal Study)'를 한 결과, 이 문제의 정도는 훨씬 더 심각한 것으로 드러났다. 이 연구의 자료는 가정의 사회경제적 지위가 인구의 상위 25%에 속하는 학생들이 하위 25%에 속하는 학생보다 대략 5배 정도 더 영재교육 프로그램에 속해 있다는 것을 보여 주고 있다. 영재학생이 판별되고 교육되는 과정에서 인종적, 사회경제적인 불균형을 없애려는 수십 년간의 노력에도 불구하고, 영재 프로그램은 지속적으로 백인 중산층 아동만을 만족시켜 왔다. 전체 인구에서 그 수는 혜택을 받지 못하는 가난한 아동과 유색 인종 아동에 반하여 불균형한 모습을 보여 주고 있다. 이 전문분야 내에서 이 문제는 잘못된 것이고 대체로 교정이 가능한 것으로 간주되어 왔다. 그러나 그 문제의 지속성은 이 분야가 최근에 만들어졌기에 그것을 이 분야 내에서 얼마나 다루기 쉬운지에 대해서 의문을 갖게 한다 (이 문제에 대하여는 Borland & Wright, 2001을 참조). 더구나 영재 프로그램은 영재교육 분야 내의 사람들도 거의 찬성할 수 없는 목적을 수행한다고 지적되어 왔다. Sapon-Shevin(1994)에 따르면 다음과 같다.

> 큰 도시 학군 내에서, 특히 가난하고 재정난을 겪고 있는 학교와 규모가 크고 인종적으로 다양한 학생으로 구성된 것이 특징인 학군에서는 영재 프로그램(영재 마그넷 프로그램 포함)이 백인 중산층으로 하여금 도심에서 변두리로 탈출하게 만드는 한 방법으로 작용해 왔다(때로는 활성화되어 왔다). '영재학생' 을 위한 분리된 프로그램을 제공하면, 영재 프로그램에 자신들의 아동을 등록한 백인 부모는 계속 그 학군(그리고 과세 구역) 내에 남아 있게 될 것이다(p. 35).

나는 뉴욕 시에서 실제로 이런 상황을 체험했다. 뉴욕의 공립학교 프로그램 중 영재 프로그램에 대한 정보와 접근성은 가난한 소수 인종의 가족을 차별한다는 이유로 언론 및 옹호 집단(ACORN, 1996), 그리고 교육감에 의해서 정밀 조사를 받아 왔다. 나의 아들이 맨해튼 전역의 영재학생을 위한 프로그램에 참가하고 있었는데, 그 프로그램은 행정상으로 '학교 내 학교', 즉 지역 주민 자제를 교육하는 데 일차적인 목표를 두는 학교 내에 속해 있었다. 하지만 멀리서도 그 학교의 특정 학생 집단이 영재 프로그램에 속해 있는지, 아니면 '일반학교' 에 속해 있는지를 구별하기란 그리 어렵지 않았다. 주로 백인, 아시아계 미국 학생으로 구성된 집단을 찾아보면, 그 집단은 영재 프로그램 학급이었다. 반면에 아프리카계 미국인과 라틴계 미국인으로 구성된 집단은 반드시 지역학교 학급이었다. ACORN의 『비밀 인종차별(*Secret Apartheid*)』(1996)이라는 보고서는 이것이 뉴욕 시에만 한정된 것이 아님을 보여 준다.

나는 다음의 두 가지가 논란의 여지도 없이 진실이라고 생각한다. 첫째는 영재교육 분야의 전문가는 다른 어떤 교육자 집단 못지않게 인종 불평등과 다른 여러 형태의 불평등에 반대하고 있고, 교육에 대한 공평한 접근에 전념하고 있다는 점이다. 실제로 많은 사람은 교육적 평등이 자신을 영재교육 분야로 데려온 첫 번째 이유라고 주장하고 있다. 둘째는 최선의 노력에도 불구하고 영재교육은 역사적으로 그리고 현재에도 미국 사회의 불평등을 반영하고 있고 또 아마도 영속시키고 있는지도 모른다는 점이다.

영재아 없는 영재교육

그러므로 지금까지 나의 주장은 다음과 같이 요약될 수 있다.

① 영재아라는 구인(개념)은 미국 교육에서 널리 이해되듯이 경험적으로나 논리적으로 불가피하지도 옹호되지도 않는다. 더 나아가서는 그 구인이 개념적으로 부조리하다고 주장할 수 있다.
② 이 구인을 수용하는 것은 실리주의적인 기준(넓은 의미에서 그 구인이 그것의 실용성에 근거하여 판단되는 기준), 그리고 최우선의 목표는 최대 다수의 최대 행복에 있다는 Bentham의 견지에서의 기준(예, Bentham, 1843)과 실용주의적인 기준(그 구인이 실제적인 결과에 근거해 평가되는 기준) 둘 다를 만족시키지 못하는 결과를 낳는다.
③ 영재교육의 실행은 대부분의 영재교육 옹호자의 목표와 가치와는 반대로 다른 대안을 고려하도록 만드는 사회 · 도덕적 결과를 자주 만들어 낸다.

내가 제안하는 대안은 우리가 적어도 한 가지 사고적 실험을 통해 영재아 없는 영재교육을 착상하도록 노력해야 한다는 것이다. 나는 우리가 언제나 학생 없이도 영재교육을 수행할 수 있다고 주장하는 것은 아니다. 오히려 나는 우리가 영재성이라는 개념(정의, 판별 절차, 그리고 대부분의 풀아웃 프로그램) 없이, 대신에 학교의 모든 다양한 학생을 위한 차별적 교육과정 및 지도에 목표를 둘 것을 강조한다.

나는 교육과정이 영재교육 분야의 모든 것이라고 주장한다. 차별화된 교육과정이 이 분야의 존재 이유다. 영재 프로그램의 유일한 정당화는 본질적으로 특수교육에 대한 정당화와 같다. 그것은 우리가 대부분의 학생의 요구를 충족한다고 믿거나 가정하는 정규 교육과정이 어떤 학생에게는 부적합하다는 믿음에 근거한다. 그들은 자신의 장애나 영재성으로 인해 특별하고 수정된 교육과정을 가질 권리가 있는 학생이다. 만약 영재교육을 엘리트 양성이라는 의도로만 단정하기를 원하지 않는다면(또는 보다 좋지만 요점에서 더 벗어나지 않게, 특수한 소수의 재능을 개발하기 위해), 영재교육을 실행할 때 교육과정 차별화를 영재교육의 목표와 주요 정당화 사유로 삼아야 한다. 교육적 효과와 적합한 교육에 대한 권리를 주장하기 위해서는 교육과정 차별화를 수단으로 하여야 한다.

만약 전통적으로 '영재' 라고 칭해지는 학생을 위해서 교육과정을 차별화하는 것이 정당화되고 영재교육 분야의 목표가 된다면, 영재성을 정의하고 '영재'를 판별하고 교사를 영재교육 프로그램에서 일하도록 준비하는 일 등은 단지 더 큰 목적을 위한 수단이 될 뿐이다. 이러한 일 자체로는 이바지하고자 하는 목적을 이루어 나가는지의 여부, 특히 프로그램 효과와 관련된 주장이 어떤 타당성을 가지고 있는지의 여부에 관하여 의문이 제기되기 쉽다.

그렇다면 우리는 단순한 차별화 교육과정뿐만 아니라 적절하고 방어가능한 차별화 교육과정의 제공이라는 우리의 목적을 가장 잘 달성할 수 있는 방법에 초점을 두어야 하는가? '영재' 로 불리는 사람들의 존재에 대한 가정에서 시작하여, 영재 분야의 사람들이 합의를 보지 못한 영재성을 정의하는 문제와 씨름하고, '영재'와 영재가 아닌 사람을 분리하고자 노력하는 판별과정, 그리고 마지막으로 영재로 판별된 사람에게만 배타적으로 제공되는 차별화 교육과정의 개발을 진행해 나가는 것이 이치에 맞는가? 아니면 교육과정 그 자체, 무엇보다도 우리의 노력의 목표인 교육과정에서부터 출발하는 것이 더 이치에 맞는가?

영재아 없는 영재교육을 고려해야 한다는 주장에서 나는 분열하고 또 처치가 힘든 영재성을 정의하고 판별하는 문제는 피하고, 우리의 관심을 교육과정의 차별화에 두어야 한다는 것을 말하고 싶다. 앞서 주장했듯이, 영재성을 한마디로 정의하는 데에는 여러 가지 문제가 있다. 만약 인종에서 발견되는 다양성을 반영하는 교육과정과 교수법을 가진 학교로 만드는 것을 우리의 목표로 세우고 그것을 달성하고자 한다면, 유일하게 합리화할 수 있는 영재교육의 목적이 성취될 것이다.

그러한 학교에서 '정상아'와 '특수아'라는 관념은 대체로 폐기된다. 학생들이 맞춰야만 하는 혹은 '특수'라는 칭호를 얻는 억지로 획일화하는 정규 교육과정이라는 관념도 폐기된다. 교육과정과 교수법은 학생의 현재 교육적 요구에 따라서 규정된다. 예를 들어, 학생들의 수학 학습은 그들이 현재 아는 것과 그 과목에서 명백히 필요한 교수법에 의해서 결정되어야 한다. 그들의 나이에 따라 3학년 교육과정인지, 4학년 교육과정인지가 결정되어서는 안 된다. 영재교육의 한 관심 분야인 수학에서 발달이 빠른 학생을 위한 차별화 교육과정을 옹호하는 Stanley(Benbow, 1986 참조)는 '바쁜 공부(busy work)', '문화적 심화' 또는 '상관없는 학문적 심화'가 아니라, 그 학생들에게 적절한 도움을 제공하고 도전해 볼 만한 수준에 맞춰진 수학 교육과정이어야 한다고 하였다.

더구나 우리는 다음과 같은 믿음에 의거해서 정해진 현재의 교육제도에 대해서 공공연하게 비논리적인 입장을 취해서는 안 된다. ① 학교의 대다수 학생은 특수하지 않거나 정상이며, 어떤 주어진 시간에 그들의 교육과정 및 교수법에 대한 요구는 출생 연도에 의해서 결정된다. ② 어떤 학생들은 장애를 가지고 있고, 그들의 교육과정 및 교수법에 대한 요구는 그들의 장애의 본질에 따라서 결정된다. ③ 어떤 학생은 영재이고, 그들의 교육과정 및 교수법에 대한 요구는 수많은 다양한 개념적 이론적 근거 중 하나(예, Sternberg & Davidson, 1986 참조)와 수많은 다양한 교육학적 모델과 설계 중 하나(예, Renzulli, 1986a 참조)에 의거해서 결정된다. ④ 위의 집단들의 존재와 구성은 많은 경우 인종, 민족성, 사회경제적 지위에 의해서 결정된다.

그러므로 차별화된 교육과정 및 교수법은 모든 학생을 위한 규준에서 전통적으로 '영재' 라고 칭하는 학생의 요구를 충족하는 방향으로 갈 수 있게 한다. 뿐만 아니라 차별화된 교육과정 및 교수법은 '평균' 이라고 불리는 거대한 집단에 속하는 학생뿐만 아니라 '장애' 를 가졌다고 불리는 학생에게도 더욱 효과적이고 인도적인 학교 교육이 되게 할 것이다. '정상' 집단은 실행할 때 교육적으로 아무런 차별화를 두고 있지 않으나, 현실에서는 현저하게 다양한 집단이다.

학생을 분류하지 않는 이질적인 학급을 두는 통합학교와 학생의 요구에 부응하는 차별화된 교수-학습법은 특수교육 분야의 통합교육 옹호자(예, Stainback & Stainback, 1990)와 영재교육 비판가(예, Sapon-Shevin, 1994, 1996)에 의해서 주장되기 전에 제기되었다. 그러나 영재교육 분야의 사람들 사이에서 이 의견은 적의, 의심, 혹은 주어진 동시대 미국 교육의 현실에서 너무 이상주의적이고 비실제적이라는 평가를 받아 왔다.

얼마 전까지 나를 포함하여 우리 대부분(예, Borland, 1996b 참조)은 영재 프로그램에 대한 비판을 마치 높은 성취의 학생에게 적합하게 차별화된 교육과정이 필요하다는 주장에 대한 공격인 것처럼 대응했다. 우리는 영재교육의 목적이 아닌 수단을 옹호하는 데 그쳤고, 우리가 성취하고자 하는 바를 달성할 수 있는 더 나은 방법이 있는지를 고려하기보다는 영재 프로그램을 보존하려는 데 에너지를 소비해 왔다(Borland, 1996a). 나는 우리가 영재 프로그램의 대안을 고려하고 궁극적으로는 채택하여 능력 있는 학생에게 참되게 헌신할 수 있을 것이라 생각한다. 특히 영재교육 분야의 전통적인 실행에 대한 효과성이 그다지 입증되지 않았다는 점에서, 나는 우리가 이렇게 한다면 영재학생을 더 효과적으로 지원할 수 있을 것이라고 생각한다.

나는 단지 개별 학생의 다양한 요구에 응하는 교육과정 및 교수법을 가진 통합학교—이런 학교에서는 '정상' 장애' '영재' 라는 호칭을 의도적으로 피할 뿐 아니라 호칭 자체의 의미가 전혀 없다—를 만들어 내는 것보다 옹호하는 것이 더 쉽다고 주장하는 사람에게 동의할 뿐이다. 그러나 사람들은 그러한 상황이 더 효과적일 뿐만 아니라 더 정당한 교육체제를 위하는 일이 된다고 믿는다면 그것을 현실로 만들기 위해서 필요한 것을 상상하게 된다. 최소한 다음과 같은 조건이 성취되어야만 한다.

① 교사, 행정가, 학생, 그리고 부모는 교육과정 및 교수법의 차별화가 과정의 한 일환으로 일어나기를 기대해야 한다. 즉, 교육과정 및 교수법의 차별화는 예외가 아닌 규준으로 간주되어야만 한다는 것이다.

② 교사교육 프로그램은 (단지 특수교육이나 영재교육에서뿐만 아니라 모든 교육 분과에서) 모든 졸업생에게 교육과정 및 교수법을 차별화하는 능력을 기본 기술로 익히도록 해야 한다. 이 기술은 대학 교실과 교생 실습 환경에서 교수되고 모형화되어야 한다.

③ 현직 교사에 대한 계속교육은 신규 교사에게는 차별화 기술을 유지 · 증원 · 강화하도록 하고, 차별화라는 개념에 익숙하지도 편하지도 않은 경험 많은 교사에게는 자신의 교수법을 수정할 수 있도록 도와주어야 한다.

④ 우리 교육체제는 특히 분류 목적을 위하여 전형적으로 학교에 적용되던 '정상' '장애' '영재' 라는 개념을 포기하고, 차이를 규칙처럼 단순히 받아들여야만 한다.

분류되지 않은 다양한 아동 집단이 함께 행복하고 효과적으로 차별화된 교육과정 및 교수법의 실행을 배우는 통합교실 간의 직접적이고 상호적인 연계를 강조하는 것은 중요하다. 교육적으로 통합적인 다양성은 차별화를 요구한다. 이와 다른 방법은 아동 각자의 차이와 독특함을 존중하지 않고 개개 아동을 하나의 모두의 요구에 맞추려는 교육과정을 따르도록 강압하는 것이다. 나는 이러한 획일적 교육과정이 분명 '정상' '비정상' 과 같은 개념을 낳는다고 믿는다. 그리고 그것은 불가피하고 유쾌하며 다양한 색깔을 가진 인간을 Foucault의 정형화하는 판단(normalizing gaze)에 얽매이도록 만든다.

영재교육의 패러다임 전환

잘 정립된 분야에서 실행을 바꾸는 것은 어렵다. 그러나 그 분야의 전문가들에게 그들 대부분이 그 분야를 정의하는 구인을 버리도록 납득시키는 것은 더욱 어렵다. 아마도 가능한 영역 밖의 일일 것이다. 앞서 나는 시험 삼아 영재아 없는 영재교육을 하나의 사고 실험으로 착상해 보자고 제안했다. 나는 독자들이 이후 내용도 하나의 가능성으로 보아 주기를 희망한다. 그렇게 보는 것이 실제 변화의 전주가 될 수 있을 것이다. Susan Gallagher(1999)는 변화가 일어나려면 "우리가 그 학문 분야의 의미 구성 체제에서 당연시 여기는 사고방식이 어떻게 의도적, 비의도적으로 교육과정에 영향을 미치는지를 인식할 필요가 있다." (p. 69)라고 저술했다.

따라서 Thomas Kuhn의 『과학적 혁명의 구조(*The Structure of Scientific Revolutions*)』(1962/1996)에서 비롯되어 남용되어 오고 때로는 오용되기도 한 용어를 빌려, 패러다임 전환은 진실로 영재아라는 구인을 버리고 앞으로 나아가는 일이 되어야 한다고 주장하고 싶다. 지적 역사에서 획기적인 업적인 이 책에서 Kuhn은 '정상 과학' , 즉 "하나 이상의 과거 과학적 업적, 특정 과학 공동체가 한 시대 동안 그 공동체의 실행을 위한 기초를 제공한 것으로 생각되는 업적에 확고히 근거한 연구"(p. 10)가 시간의 흐름에 따라 어떻게 변화하는지를 설명하려고 시도하였다. Kuhn은 오늘날 과학자들이, 예를 들어 19세기 과학자와 왜 다른 것을 믿고, 다른 질문을 하고, 방법론적으로 다른 식으로 일을 진행하는지 의문을 제기하였다. 그는 이러한 차이가 기술 발전과 지식의 단순한 양적 증대에 전적으로 의존하는 것은 아니라고 생각하였다.

Kuhn(1962/1996)의 설명은 '패러다임'이라는 개념에 의거한다. Phillips(1987)에 따르면, 패러다임은 "중요하다고 간주되는 문제, 그것이 개념화되는 방식, 적절한 탐색방법, 판단의 관련 근거 등을 결정짓는 이론 틀"(p. 205)이다. 패러다임은 우세한 세계관과 과학자에게 받아들여진 운용법으로 구성된 이론과 실행의 복합체다. 그리고 그 나름으로 패러다임은 종종 교과서에 과학적 진실과 과학적 방법으로 증류된 것이다.

패러다임은 정상 과학이 앞으로 나아가도록 한다. 정말로 Kuhn(1962/1996)은 패러다임이 과학적 탐색을 위해서 필요하다고 주장하였다. 그러나 명백히 탐색은 우세한 패러다임과 일치하지 않는 경험적 자료를 찾아낸다. 이는 종종 패러다임을 변화시키지만 훼손시키지는 않는 원칙과 이론의 변경을 가져온다. 그러나 역사의 과정이 지속됨에 따라 머지않아 현재 군림하는 패러다임이 자체의 근본적인 기초에 의해 예측될 수 없거나 반대되는 자료가 계속 쌓이는 것을 막을 수 없게 되고 만다. 그 시점에서 패러다임은 새로운 지식을 설명할 수 있는 새로운 패러다임에 자리를 내주어야만 한다.

이러한 변화는 Kuhn(1962/1996)이 타이틀로 '혁명'이라는 단어를 사용했듯이 결코 표면적인 것이 아니다. 그는 "패러다임의 변화는 과학자가 자신들의 연구 관련 세계관을 바꾸게 한다. 과학자의 세상에 대한 유일한 자원이 자신들이 보고 행하는 것을 통하는 것인 한, 우리는 과학자가 혁명 후에는 또 다른 세상에 반응하고 있다고 말하기를 원할지 모른다." (p. 11)라고 기술했다. 더구나 새로운 패러다임 출현의 결과로 새로운 버전의 '정상 과학'이 등장한다.

만약 내가 제시하는 영재아 없는 영재교육을 실행하는 것이 하나의 사고 실험 수준을 넘어서 계속 진화한다면, 영재교육에서 패러다임 전환에 버금가는 변화가 요구될 것이다. 나는 패러다임 전환에 수반될 어려움이나 그것이 일으킬 저항을 평가 절하하고 있지는 않다. Kuhn(1962/1996)에서 간략하게 인용하자면, 교육에서 정상 과학에 버금가는 '표준 실행(normal practice)'은 "후속 실행을 위한 기반을 제공하는 과거 업적에 확고히 기초한" (p. 10) 것이다. 이러한 것은 20세기 전반기에 이 분야의 시작과 전문적인 지위를 가져온 Terman이나 Hollingworth와 같은 개척자의 업적과 20세기 사사분기에 미국 교육에 절대적으로 필요한 요소로 영재교육을 재정립한 지도자의 업적이다.

우리의 표준 실행은 Hurn(1993)이 '근본적인 패러다임'이라고 규정한, 과거에 그 자체로 무비판적으로 받아들여지면서 오늘날의 많은 사회적·교육적 사고를 지배하게 된 한 패러다임에서 도출되었다. 이 패러다임 시대에 현대 서구 사회는 독특하게도 귀속 지위보다는 성취 지위로 역할이 결정되는 능력 위주의 사회로 간주된다. 이 시기는 전문적 기술과 이성적 지식에 많이 의존하고, 사회적 불균형 개선을 향한 진보를 지속적으로 불완전하게 하였다. 학교는 근본적인 패러다임 내에서 "지적 기술의 생산, 재능의 구분 및 선발, 교양 있는 시민 육성" (Hurn, 1993, p. 47)에 책임이 있는 기관으로 규정되었다. 그 모든 것이 현대 서구 사회를 특징짓는 질을 유지하기 위해서, 그리고 더 민주적인 미래를 향한 사회의 진보를 지속하기 위해서 필요한 것이다. 이 패러다임의 핵심은 다음과 같은 믿음이다.

> 교육기관은 부모의 사회적 지위, 종교, 인종과 같은 귀속 지위에 근거한 선발을 초월하는 방식으로 재능 있는 사람을 구분하고 선발한다.

> 그러나 그 방식은 불완전하다. 직업적 지위와 교육적 성취를 연계하는 것은 사회가 가장 재능 있는 사람을 발견하여 그들을 가장 중요한 직업에 배치하는 것을 최대화할 수 있다(pp. 52-53).

영재교육 분야의 전통적인 진리를 이 패러다임 내에 두는 것은 어렵지 않다. 우리 분야는 본질적으로 학교에 다니는 아동에 대해 명확히 구분되는 집단의 존재에 대한 믿음을 가지고 있다. 그 집단은 비범한 강점을 가진 특수한 아동이며, 그들의 특수한 교육적 요구는 사회 정의에 대한 공헌으로 그리고 인적자원의 생산을 통해 공적 이익을 창출하는 방식으로 다루어진다. 이 모두는 기능주의적 패러다임과 일치한다.

어려운 점은 일반적 패러다임과 그것이 영재교육 분야에서 특수하게 실현화된 것 모두 심각한 비판을 받을 수 있다는 점이다. 나는 앞서 영재교육의 이론과 실천에 관하여 주장을 한 바 있다. Hurn(1993, 특히 pp. 50-55 참조)은 교육적 문제를 이해하고 교육적 실행을 행하기 위한 일반적인 틀로 사용하기에 부족한 기능주의적 패러다임의 단점을 노출하였다. 만약 그의 주장이 타당하다면, 기능주의적 패러다임 내에서는 조정될 수 없는 모순된 자료가 있다. 그것은 아마도 새로운 패러다임의 필요나 명백한 패러다임 전환을 알려 줄 것이다.

만약 패러다임 전환과 같은 급진적인 현상이 영재교육에서 나타나지 않을 것 같다면, 그것은 현상 유지와 같은 말이 될 것이다. 영재교육 분야에서 표준 실행은 30여 년 전의 기념비적인 말랜드 보고서(Marland, 1972)의 출판 이래로 이 분야에서 지배적이었다. 그 표준 실행은 판별된 학생과 그렇지 않은 학생을 영재, 비영재로 구분하고, 일시적으로 영재라고 판별된 학생을 그들의 혼성 학급에서 분리하여 심화 교육과정 수업을 받고 다시 판별되지 않은 동료에게로 돌아가게 하는 것이다. 그 모델은 이 분야 밖의 많은 사람(예, Margolin, 1994, 1996; Oakes, 1985; Sapon-Shevin, 1994, 1996)의 비판을 받아 왔다. 그리고 점점 더 분야 내의 사람에게서도 비판을 받게 되었다. 더구나 내가 앞서 주장했듯이, 그 모델은 논증될 만한 긍정적인 교육적 결과를 거의 이루지 못했다.

기능주의적 패러다임에서 도출된 전통적 모델에 대해서 영재교육 분야 내의 전문가들이 할 수 있는 세 가지 일련의 행위가 있다. 첫 번째는 완고하게 기능주의적 패러다임에 의거한 전통적 모델을 고수하고, 비판을 무시하거나 왜곡하고, 훨씬 더 구미에 맞는 사조로 회귀하기를 희망하는 것이다. 나는 이것이 비현실적이며, 교육자가 다양성, 집단화, 특수성, 그리고 그와 관련된 이슈에 대한 사고방식의 본질적인 변화를 무시하는 것이라고 생각한다. 예를 들어, 영재성을 포함한 특수성이라는 개념은 역사적, 사회 · 문화적 힘을 반영하기보다는 의학적 혹은 심리 측정적 필요에 근거한 것이다. 이것은 기능주의적 패러다임의 다른 믿음과 함께 점진적으로 공격을 받고 있다(예, Franklin, 1987; Sleeter, 1987 참조). 이는 이 모든 것이 단순히 사라지고 우리는 풀아웃 프로그램이 만연하는 평온한 나날로 되돌아갈 것이며, 심지어는 그것이 바람직하다고 믿는 비정상적으로 현실 도피적인 입장을 가지게 될 것이다.

패러다임이 모순되는 발견으로 위협받을 때 취할 수 있는 두 번째 가능성은 맞지 않는 자료를 조정하기 위해서 패러다임을 버리기보다는 수정하는 것이다. 이 전략은 내 논문을 포함한(예, Borland & Wright, 1994) 이 분야의 최근 문헌에서 볼 수 있다. 우리 분야에서는 만성적으로 가난한 아동과 유색 인종 아동이 영재 프로그램에 적게 뽑히는 것과 같은 아주 지독한 실패를 치료하기 위한 제안이 이루어지고 있다. 그러나 그러한 문제는 지속되고 있다. 그래서 최근 논문에서(Borland & Wright, 2001) 우리는 그 가능성을 Isaiah Berlin의 가치 다중주의(value pluralism; Berlin, 1990; Gray, 1996 참조)에 의거하여 고민하였다. 가치 다중주의에 따르면, 우리가 교육적 평등과 같은 논란의 여지가 없는 것과 영재로 불리는 학생을 위한 차별화된 프로그램과 같은 추정된 것을 조정하는 것은 절대 현실적으로 이룰 수 없는 것이다. 다시 말하면, 패러다임과 그것에서 파생된 표준적인 실행을 어설프게 수선해서 효과적인 교육이나 평등한 교육과 같은 것이 영재교육과 함께 공존할 수 있도록 만들 수 있는 방법은 없다.

세 번째 가능성은 내가 이 장을 통해서 계속 고려하기를 주장해 온 근본적인 변화다. 어떤 사람에게는 이것이 급진적이겠지만, 만약 그 지배 패러다임을 옹호하는 퇴행적인 영재교육 지지자가 점점 더 줄거나 혹은 그 패러다임이 없어서는 안 되는 교육적·사회적·도덕적인 구성 요소와 공존할 수 없는 틀로 보인다면, 세 번째 가능성이 영재교육 분야가 할 수 있는 유일한 선택인 듯하다. 만약 그런 경우가 된다면 우리는 영재성의 죽음을 영재교육의 생존력을 보장하는 유일한 길로 보는 역설과 직면하게 될 것이다.

제 2 부

영재교육과 평등

제8장

평등, 수월성 그리고 학교 개혁

이들의 공통 기반 찾기

Mara Sapon-Shevin

영재교육 분야에서 논란의 여지를 불러일으켰던 『편파주의: 영재교육과 공동체의 분열(*Playing Favorites: Gifted Education and the Disruption of Community*)』(Sapon-Shevin, 1994)을 발표했을 때, 나는 나와 견해가 다른 여러 사람의 반응과 비판을 접할 수 있었다. '영재교육에 대한 비판적 평가' 라는 주제로 『영재교육 저널(*The Journal for the Education of the Gifted*)』 특별호에는 나의 논문(Sapon-Shevin, 1996)과 내 글에 대한 몇몇 직접적인 응답(Borland, 1996a; J. J. Gallagher, 1996)이 실리기도 하였다. 논란이 되었던 '영재교육 정착자' 에 대한 나의 견해를 살펴보면 영재교육에서 일어나는 여러 논쟁의 본질과 나의 생각이 오랜 기간 동안 고수되어 온 교육과 민주주의 개념, 그리고 학교교육에 대한 생각과 가설에 어떻게 도전하고 있는지를 알 수 있을 것이다. 아울러 그 논쟁의 틀과 논점이 만들어진 방식을 보면 조정하거나 다루기 어려운 차이의 영역뿐만 아니라 논란의 범위에 대해서도 더 명확한 그림을 그릴 수 있을 것이다. 영재교육 공동체 내의 이러한 논쟁을 통하여 명백한 변화와 성장을 직접 확인하는 동시에(앞서 인용된 『영재교육 저널』의 특별판이 좋은 증거다) 계속해서 과거를 문제 삼고 서로 오해하던 것에서 벗어나 서로를 제대로 이해하게 되면 보다 심오한 문제를 조명할 수 있을 것으로 보인다. 이 장에서 나는 영재교육에 대한 나의 주장을 간략히 점검해 보고, 내 주장에 대한 다른 사람의 몇 가지 도전을 분석한 다음, 생명력 있고 유용한 영재교육이 되기 위해 협력하여야 할 보다 폭넓은 학교 개혁 운동과 그 방법에 대해 논의하고자 한다.

영재교육에 대한 비판적 관점

어느 대도시 한 학군의 행사에 대해 월간 뉴스레터에 실린 다음의 내용을 살펴보자.

> B 교사의 학생들은 가을 학기 종강을 축하하며 자신들이 쓴 공연을 환상적으로 연출하였다. 오늘 공연에는 모두 6개 반의 학생이 참가하였으며, 각 반 학생은 5~8명으로 구성된 세 집단에 소속되었다. 그리고 자신들이 원하는 주제에 대한 브레인스토밍을 한 결과로 처음에는 모두 30여 개의 아이디어가 만들어졌다. 학생들은 이 중에서 초고 아이디어 세 가지를 선택한 다음, 각자가 원하는 역할을 맡아서 연기부터 무대 진행, 조명, 프로그램 유인물 배부까지 자신들이 일하고 싶은 영역을 선택하여 일했다. 모든 연기자는 자신들의 의상을 고안하거나 만드는 것을 도왔고, 모든 학생이 함께 세트를 만들었다.

이는 훌륭한 교수법에 의해 진행된 멋진 프로젝트처럼 들린다. 그렇지 않은가? 모든 학생이 연극 제작을 위해 극작, 연기, 연극의 기술적인 면에 관여하였고, 학생의 흥미와 기술의 범위를 관여하는 통합적이고 협동적인 활동을 하였으며, 자신의 흥미를 살릴 수 있는 기회를 가졌으니 말이다.

그럴 수도 있다. 하지만 그렇지 않다. 이것은 내가 살고 있는 지역의 영재교육 프로그램인 탐구 센터에서 실시한 프로젝트 하나를 묘사한 것이다. 그 기사는 이어서 탐구 센터 극장 기금의 경우 학부모에게서 자발적 기부를 받았고, 지금까지 연극에 참여한 학생들의 부모에게서 추가로 200달러의 기부금을 조성했다고 보고하고 있다. 이 기부금은 연극 제작에 필요한 메이크업, 조명, 의상, 확성기, 세트, 프로그램 유인물과 같은 것에 대한 일부 비용을 차감하는 데 쓰였다고 한다. 그 옆에는 "만약 당신의 아이가 특별한 재능과 능력을 가지고 있다고 믿으신다면 CFI-555-1234로 연락해 주세요."라고 쓰여 있다.

이 시나리오는 많은 의문을 제기한다. 모든 질문은 영재교육의 정치적 분석과 관련이 있다. 영재교육 프로그램에 속하는 아동은 어떠한 아동인가? 그들은 어떻게 선발되는가? 연극을 올리는 것은 영재학생만이 가능한 배타적인 영역인가? 영재아가 연극을 만들고 있는 동안 일반 프로그램에 있는 학생은 무엇을 하는가? 왜 이 특별한 기회는 영재학생 부모의 주머니에서 기금을 받아야만 하는가? 영재교육 프로그램이 기부금 조성, 교육적 프로그램 만들기, 여러 자원, 그리고 일반교육 프로그램에 미치는 영향은 무엇인가?

영재교육은 무엇이며, 왜 증진되어야만 하는가

나는 현재 미국에서 정의되고 실행되는 영재교육은 엘리트 교육이고, 능력 위주이며, 선별적 교육의 하나라고 주장한다. 영재 프로그램은 교육적 실패를 관대하게 받아들이지 않을 것 같은 학생(일반적으로 백인이며 특권을 받는 부모의 아동)을 위해서 실행된다. 그리고 영재교육은 정규 교육 체제를 손대지 않은 채로 남겨 두고 분석과 비판에 영향을 받지 않는 방식으로 실시된다. 우리의 관심과 에너지의 초점을 '영재'로 규정된 학생의 교육 개선에 맞추는 것은 좀 더 포괄적이고 응집적인 전반적 교육체제에 대한 분석과 비판, 그리고 개혁에 대한 요구를 우리의 관심에서 멀어지게 하고 있다.

특정한 교육적 혜택을 어떤 학생은 받고 어떤 학생은 받지 못한다. 이는 선하고 공정한 교육적 실행을 가장하여 차별적인 대우가 구체화될 수 있는 체제를 만들었기 때문이다. 나는 여기서 영재교육 체제가 증진되고 유지되는 이유, 그러한 구조가 시사하는 점, 그리고 영재교육과 관련된 담론이 비판적인 견해를 저해하는 방식을 검증하고자 한다.

영재로 판별된 학생을 위한 독립적이고 특수화된 서비스를 제공할 필요와 중요성은 일반적으로 교육적 필요, 사회적 정의, 그리고 정치적·경제적 필요성의 세 가지 방식으로 정당화된다. 교육적 필요라고 보는 관점의 사람들은 남보다 뛰어난 재능을 가진 학생을 위한 차별화된 교육적 기회를 제공하는 것은 단순히 서로 다른 학생의 개별적이고 서로 다른 요구를 충족하는 하나의 방법이라고 주장한다. 다른 말로 하면, 서로 다른 아동을 다르게 다루는 것이 '좋은 교수'일 뿐이라는 것이다. 사회 정의적 관점은 서로 다른 아동을 다르게 다루는 것은 공평한 것이라고 주장한다. 즉, 학교가 이미 '학습 부진' '이중 언어' 혹은 '정서장애'라고 판별된 학생에게 차별화된 프로그램을 제공하는 것과 마찬가지로, 평등 정신에 입각하여 '영재'라고 판별된 학생을 위한 특별한 프로그램이 제공되어야 한다는 것이다. 정치적·경제적으로 긴박한 사정은 영재 프로그램을 지지하는 세 번째 주요 형태가 된다. 즉, 미국은 주요한 세계적 힘을 가진다는 입장이나 기술, 의학, 과학에서 선두가 되기 위해서 '최고의 그리고 가장 우수한 사람'을 개발할 부담을 가지지 않을 수가 없다는 것이다.

이상의 주장은 명시적이고 암시적인 협의 사항, 의도되거나 의도되지 않은 산출물, 그리고 영재교육은 더 넓은 정치적·경제적 이데올로기와 연계되고 그에 내포되어 있다는 점으로 분석될 수 있다. 이를 탐색하는 한 가지 방법은 영재교육에 대한 위 주장의 정당성을 뒷받침하는 가정을 비판적으로 점검하는 것이다. 예를 들면 다음과 같다.

- '영재성' 이라는 것이 존재한다. 즉, 어떤 아동은 '그것을 가지고' 있다. 우리는 그것을 검증할 수 있고, 일단 그것을 판별하면 교육적으로 대응할 수 있다.
- 객관적으로 구별되는 '비영재학생' 과 확실하게 구별되는 '영재학생' 이 존재한다.
- 영재아는 아동의 한 '계층' 을 나타낸다. 포괄적 혹은 집단적 방식으로 영재 교육 혹은 프로그램을 말할 수 있다.
- 영재학생에게 효과가 있는 것이 다른 모든 사람에게는 이득이 없을 수도 있다(예컨대, 공원 프로그램, 젊은 철학자 클럽, 위대한 책 프로그램, 그리고 지역사회 멘토십에서 다루는 셰익스피어는 다른 학생에게는 권장할 만하거나 적합하지 않다).
- 일반적인 교육 개혁은 영재학생의 요구를 충족할 만큼 충분히 넓게 구조화될 수 없다. 교육과정과 교수법의 개혁, 즉 통합 언어(whole language) 교육, 포트폴리오 평가, 다중 지능 중심의 수업, 주제별 수업, 혹은 다층적 교수법은 영재라고 판별된 학생의 남다른 교육적 요구를 다루는 데 불충분하다.
- 어떤 교육과정 및 교수법의 '최선의 실행' 은 실제로 영재라고 판별된 학생에게 해롭다. 예를 들어, 혼합능력 집단 구성에 초점을 두는 협동적 교수법은 영재학생이 자신의 수준과 맞는 다른 학생들과 함께 학습할 수 있는 기회를 박탈하고, 또래 리더로서의 부적절한 역할을 하도록 강요한다(Johnson & Johnson, 1993; Sapon-Shevin & Schniedewind, 1993).

도전적인 가정

이상의 주장과 가정을 수용하는 결과는 무엇인가? 그리고 어떻게 다른 방식으로 개별적 차이, 교육 목표, 사회적 정의에 대한 요청에 대해서 논의하고 대응할 수 있는가?

영재성에 대한 가정 나는 영재성이 객관적인 현실이라기보다는 사회적 구인이라고 주장한다. 그것은 정의를 하는 사람들의 견지에서 존재하는 사유와 기술의 한 방식이다(Sapon-Shevin, 1987). 이는 아동이 여러 측면에서 다르지 않다는 것이 아니다. 그들은 명백히 다르다. 그러나 분류를 정의하는 방법, '커트라인' 점수를 정하는 법, 그리고 그 범주 내외에 속하는 사람들 사이를 구분하는 법은 윤리적, 정치적인 결정이다. 이러한 결정은 가치, 아동, 지능, 교육에 대한 믿음, 그리고 문화적 · 경제적 정황에 의해 많은 영향을 받는다. 사회적으로 구성된 그 범주의 성격을 파악하는 데 실패하게 되면 그 범주를 사용하는 데 따르는 정치적, 경제적 결과는 더 쉽게 무시될 수 있다.

마치 영재가 실제로 단일화된 교육적 요구를 가진 응집적, 동종 집단인 것처럼 '영재학생에게 필요한 것'에 대해 총괄적으로 진술을 하는 것 또한 실수다. 일부 학생을 영재라고 판별한 다음 그들에게 차별화되지 않은 교육과정을 제공하는 학군은 그 학생들이 빠져나온 정규학급만큼이나 과잉일반화의 오류를 범하게 되며 개별화가 부족하게 된다. 학생들의 '범주'에 따라 자금을 지원하고 프로그램을 선정하는 것은 누가 무엇을 갖는지와 관련되는 심각한 불평등이라고 볼 수 있다. 특정한 학생을 비교해 보면 이를 훨씬 더 명백하게 알 수 있을 것이다.

차별화에 대한 가정 현재 영재로 판별된 학생에게 제공되는 교육적 기회가 영재로 판별되지 않은 학생에게는 좋은 결과를 기대하기 어렵다거나, 영재를 위한 특별한 교육 서비스가 더 넓은 범위에서는 실시될 수 없다는 것을 제안한 연구는 없다. 그리고 많은 교실에서 대부분 사용하고 있는 연습 문제지가 '일반' 아동에게만 적합하다고 가정할 수도 없다. 즉, 가장 좋은 교육적 실천에 대한 실행이라는 개념을 바꾸면, 특별히 뛰어난 재능을 가진 아동을 좌절하게 하고 성가시게 만드는 많은 과제는 좀 더 일반적인 기술을 가진 학생을 가르치는 데도 나쁜 방법이라는 것을 확실히 알 수 있다. 예를 들어, 연극을 하게 된 영재학생에 대한 앞의 예시를 다시 생각해 보자. 이 활동에서는 그 학교의 모든 학생이 각기 다른 방식으로 관여하여 넓은 범주의 학습 경험을 얻을 수 있다. 연극의 배경을 연구하는 것, 연극을 쓰는 것, 장면을 설계하는 것, 리허설 일정을 짜는 것, 의상을 디자인하고 재봉하는 것, 다른 사람이 대사를 알 수 있도록 돕는 것, 음악을 작곡하고 연주하는 것 등이 예가 될 수 있다. 이렇게 많은 분화된 일과 기회는 셀 수 없을 정도로 많으며, 학생들의 총체적 기능, 흥미, 실행 수준과 관련해 적용될 수 있다. 차별화와 "한 사이즈로 전부를 맞출 수 없다." (J. J. Gallagher, 1997, p. 281)라는 주장은 모든 아동이 동등한 관심과 배려로 '맞춰질' 것임을 암시하고 있다. 그리고 그러한 주장은 대부분의 아동은 헐렁하고 맞지 않는 누더기를 얻는 반면 몇몇은 개별화된 맞춤식 옷이나 디자이너 옷을 얻을 것이란 사실을 은폐하고 있다.

학교 개혁에 대한 가정 영재교육을 찬성하는 사람은 현재 실행되고 있는 일반학급이 대부분 변화될 가능성이 없다고 주장한다. 그리고 그들은 많은 교사와 학생이 영재학생에게 적대적이기에 영재학생을 자신들과 비슷한 다른 학생과 같이 있을 수 있도록 안전한 곳으로 이동시키는 것이 필요하다고 주장한다. 일반적으로 대부분의 학급은 상호 연관되어 있지 않은 교육과정, 창의성이 배제된 학습, 그리고 공동체의 부재라는 특성을 지니고 있다는 것에 나도 동의한다. 또한 그러한 정규교육 학습의 경우 현재의 체제로는 영재로 분류되는 학생에게 이상적이거나 만족할 만한 정도가 아니라는 것에도 동의한다. 그러나 이런 학급은 어떤 학생에게도 이상적이거나 만족할 만하지 않다고 생각한다. 어떤 아동의 교육적 요구를 충족하기 위해서 이러한 환경에서 어디론가 빼내기로 결정하는 것에는 내포된 중요한 의미가 있다. 첫째, 그것은 교사와 학급, 학교의 변화 가능성, 다양한 능력을 지닌 학생의 요구를 하나의 통합된 환경 내에서 충족할 수 있는 통합적이고 활기차고 역동적이며 다양한 학습 공동체 역할을 하는 학급을 지속적으로 만들어 갈 가능성이 없다는 것으로 이해된다. 둘째, 일반학급에서 충족되지 않는 요구를 가진 학생의 학부모 중 일부는 재력과 정보력, 연줄, 권력 등을 이용해서 다른 데로 옮길 만큼 적합한 점수를 받은 자신의 자녀를 이동시킬 수 있다. 반면에 어떤 부모는 그렇게 할 수 없다(Kohn, 1998). 그러나 무엇보다 중요한 점은 '적절한' 교육을 제공하기 위해서 영재학생을 이동시키는 것은 정규교육 학급의 성격과 본질은 손대지 않은 채로 남겨 두게 된다는 점이다. 학교 개혁이 절망적이라고 주장하는 것은 공립학교 교육에서의 이탈을 정당화하는 것이며, 사립 교육과 준사립 교육(차터 학교, 매그닛, 프로그램, 바우처 프로그램, 독립된 영재 프로그램)에 대한 지원을 강화하는 결과를 가져온다.

공평함에 대한 가정 영재학생이 무시받거나 적합한 대우를 받지 못하는 경우, 그리고 종종 조롱을 당하고 고립되는 경우를 예로 제시함으로써 영재교육 옹호자는 영재 프로그램이 전혀 불공평하지 않으며, 단지 모든 학생에게 필요한 차별화된 교육을 제공하는 한 방편일 뿐이라고 주장한다. 또한 그들은 영재학생에 대한 특수교육을 거부하는 것은 '장애아'로 판별된 학생에게 특수교육을 거부하는 것과 다름이 없다고 주장한다(Marland, 1972). 학교가 장애를 가진 학생의 요구에 대해 의지를 가지고 혹은 강제적으로 충족해 왔다는 것을 언급함으로써 영재학생의 교육적인 요구에 대한 타당성을 정당화하는 것은, 현재 특수교육의 모델들이 극적으로 변화하고 있는 미국에서는 분리된 특수교육 학급이나 이동 프로그램이 점점 더 통합적 서비스 모델로 대체되고 있음을 고려하지 않은 것으로 보인다(Stainback & Stainback, 1990, 1996; Villa & Thousand, 2000). 영재학생에게 서비스를 제공하는 것을 '단지 공평하다' 고 선언하는 것은 이런 서비스가 어떻게, 누구에게, 어디서, 그리고 다른 학생에게 제공되는 서비스와 어떤 연계 선상에서 제공되어야 하는지를 설명해 주지 않는다. 대다수를 위한 정의를 구성하는 것이 무엇이냐에 대한 논의 없이 특정 집단에 대한 정의를 주장하는 것은 불가능하다. 정의에 대한 절대적인 기준이란 없다. 즉, 우리는 항상 정의에 대한 요구가 발생하는 정치적, 경제적인 맥락을 알아야만 한다.

정의에 대한 주장은 종종 접근에 대한 평등, 서비스에 대한 평등, 산출물에 대한 평등이라는 목적을 구분하지 않는다. 문제는 어떤 차이에 관심이 주어져야 하는지, 그리고 어떻게 그래야 하는지를 결정하는 데에 있다. 타당한 이유가 있는 차이에 근거를 둔 적합한 차별화와 차이에 대한 가치가 부여된 설명, 혹은 누가 이러한 다른 처치로 이익을 얻게 되는가 누가 이익을 얻지 못하는지에 대한 가정에 근거를 둔 엘리트주의 혹은 편파적인 대우의 속단적 처치 간의 차이는 무엇인가? 아마도 '평등한 대우'에 대한 주장은 '평등하게 유익한 대우' 혹은 '평등하게 반응하는 대우'에 대한 요구로 고쳐 쓰여야 할 것으로 보인다. 영재교육이 평등하다고 주장하는 것은 부적절하며, 이런 프로그램이 생겨난 맥락과 영재 프로그램이 아동, 교사, 학부모, 학교, 사회에 미친 영향이 무엇인지를 신중하게 점검하지 못하고 있다.

정치적 · 경제적 요구에 대한 가정 영재교육 프로그램에 대한 정치적 · 경제적 주장은 지역적, 국가적 수준에서 제기되어 왔고, 종종 정의에 대한 주장과 관련이 있다. 예를 들면 다음과 같다.

> 지난 수년 동안 엘리트주의라는 말은 젊은 영재 음악가와 학자에 대한 지원 노력을 약화시켜 왔다(하지만 엘리트 운동선수에 대한 지원은 아주 충실하게 이루어져 왔다). 아마도 이 일반적 믿음은 미국의 정치적 신념인 '모든 인간은 평등하게 창조되었다'에 대한 오해에서 발생한 것 같다. 만약 그렇다면 이는 미국 창시자의 의도를 오해한 것일 뿐만 아니라 그들이 만들어 낸 나라에 대한 위협이기도 하다. 영재아(영재학생)를 개발하지 않는 나라는 종자용 옥수수를 먹어 버리는 나라나 마찬가지다(Harris, 1995, p. 307).

민주주의의 이름으로 영재교육 프로그램의 지원을 강화하는 것은 흥미로운 왜곡이다. Orwell의 『동물농장(*Animal Farm*)』에서처럼 어떤 동물은 단순히 '다른 동물보다도 더 평등' 하다. 그리고 자신의 종자용 옥수수를 먹어 버리는 것이 모두가 인정하듯이 무모하고 근시안적인 행위라고 할지라도, 인구의 대다수가 이미 굶주리고 있는데도 그것을 심는 것, 또한 그것을 수확하더라도 모든 사람에게 그 수확물이 동등하게 배분되지 않을 것임을 알게 된다면 어떻게 될까?

대도시 학군, 특히 가난하고 학업 성적이 낮은 학교와 다양한 인종을 가진 학교로 구성된 학군에 존재하는 영재 프로그램(영재 매그넛 프로그램과 같은)은 백인 중산층이 도심에서 교외로 이주하도록 연결해 주는 역할을 하고 있다. 때로는 그런 방식이 유효하기도 하였다. 학군 내에 독립된 영재 프로그램을 가지고 있을 경우, 영재 프로그램에 자녀를 보내는 백인 부모는 현재의 학군과 과세 지역에 그대로 남을 것이다. 영재 프로그램에 대한 부모의 요구나 관심이 늘어난 직접적인 배경은 많은 학교와 공동체에서 인종적 통합이 증가한 것에서 찾을 수 있다. 학교의 영재교육 프로그램은 종종 그 프로그램에 소속된 백인 학생과 '주류'인 유색 학생 간의 인종차별을 부활하였다. 모든 학생의 성취를 도와주기 위해서는 보다 소규모 학급, 좀 더 열정적인 교사, 풍부한 교육과정, 더욱 개별화된 프로그램의 변화를 꾀해야 한다. 질 높은 교육이란 이름하에 인종차별의 부활을 꾀하는 것이 아니라, 빈곤한 도심지 학교와 불충분한 교육재정 문제를 가진 학교를 어떻게 볼 것인가, 다양한 학습자의 요구를 충족할 수 있는 프로그램(학교 내 학교, 다양한 수준을 고려한 다층화된 교육과정, 멘터십 프로그램)이 실행 가능한가, 그리고 배타적이지 않은 질 좋은 교육적 프로그램으로 도심 내에 특권층 학부모가 계속 거주하도록 할 수 있는가에 관심을 두어야 한다(Ayers & Ford, 1996; Meier, 1995).

불평등 유지하기: 모델 만들기, 논의 통제하기

불평등한 체제를 지속하기 위해서는 몇 가지 조건이 필요하다. 첫 번째 요건은 체제가 스스로 지탱하도록, 즉 스스로 영속하도록 설계되어야만 한다. 두 번째 요건은 체제를 둘러싼 담화가 사람들이 공평 혹은 불공평의 불가피함을 수용하도록 사회화되는 방식으로 통제되어야 한다. 영재교육은 이 두 가지 기준을 충족한다. 첫째, '영재성' 은 표준 기준이나 외부 조건 없이 종종 상위 3~5% 같은 인구의 퍼센트로 정의된다. 명백하게 95~97%의 인구는 '영재가 아니며' 영재라고 정의되는 학생에게 주어지는 서비스를 받을 자격이 없다. 둘째, 영재교육은 자본주의 사회에서 학교의 역할인 일반적 판별과 선발 기능을 일부 담당한다. 모든 사람이 대학에 가는 것이 아니다. 그러므로 모든 사람이 대학 선수학점 이수학급(AP 수업)에 들어갈 필요는 없다. 다시 말해서, 모든 사람이 학교에서 다 잘하고 모든 사람이 우등생 명부에 올라 있다면 누가 정말로 우등반 수업을 받을 가치가 있는 학생인지, 누가 고급교육 기회의 혜택을 받으면 발휘할 잠재력이 있는 학생인지를 알 수 있겠는가? 현재의 체제에서는 충분한 시간과 돈, 자원이 없기 때문에 누가 이러한 혜택을 받을지를 결정해야 하고, 소수의 학생 집단을 영재라고 판별하는 것은 불공평한 일이지만 엘리트주의라는 비난 없이 할 수 있는 일이 되었다.

그리고 그러한 불공평한 체제를 유지하기 위해서 우리는 학생, 교사, 학부모, 지역사회 일원과 같은 참여자가 이러한 차별화는 불가피한 것이며, 장려하여야 하며, 최소한 논쟁거리는 아니라는 것을 수용하도록 사회화시켜야 한다. 다음을 생각해 보자.

> 어떤 교사에게 "마이클이 가는 특별 프로그램에 나는 언제 갈 수 있어요?"라고 묻는 학생이 있다면 뭐라고 대답할지를 질문한다고 가정해 보자. 그 교사는 "오, 그들은 착해요. 그들은 결코 그런 질문을 하지 않아요."라고 대답할 것이다. 또 다른 6학년 교사는 "이 나이 또래 아동은 잘 물어보지 않아요. 그들은 이미 누가 똑똑하고 누가 그렇지 않은지를 잘 알지요."라고 응답할 것이다.
>
> 어떤 초등학교에 새로 온 학생이 복도에서 교장선생님을 만나, "몇 명의 아이만 갈 수 있는 그런 프로그램이 있다고 들었어요. 어떻게 하면 나도 갈 수 있나요?"라고 물었다고 한다. 그 교장은 내게 비밀을 털어놓았다. "솔직히 나는 뭐라고 얘기해야 할지 몰랐어요. 어떻게 내가 그 아이에게 아마도 너는 결코 갈 수 없을 거야라고 말할 수 있겠어요?"
>
> 학생들의 다양한 능력과 재능을 존중하며, 통합적이고 매우 다양한 내용을 실시하려고 노력하는 4학년 교사는 나에게 이렇게 말하였다. "나는 학교 심리학자가 직접 와서 왜 특정 학생만 영재 프로그램에 갈 수 있는지를 설명하도록 했어요. 나 자신이 그것을 학생에게 직접 설명해야 하는 사람이 되고 싶지 않았기 때문이죠."
>
> 3학년 학생이 토론을 하고 있다. 한 여학생이 총명한 말을 한다. 그녀의 급우들이 그녀에게 대꾸한다. "너는 그렇게 똑똑하지는 않아. 너는 영재 프로그램에 가지 않잖아."

영재교육은 정형화된 능력 본위주의 훈련의 예다. 학생은 두 가지를 배운다. ① 누가 똑똑해서 흥미로운 기회를 가질 가치가 있으며 누가 그렇지 않은가, ② 불평등이나 불공정을 분명히 알아차려도 묻지 않는 편이 낫다. 묻지 않는 편이 '착한' 것이며, 그런 질문으로 교사를 불편하게 만드는 것은 착하지 않다는 것이다.

시험에서 충분히 높은 점수를 받으면 들어갈 수 있다는 점에서 영재교육은 '평등' 하다고 보기 때문에 차별화된 대우 또한 평등하다고 볼 수 있다. 어떤 사람이 '공평하게' 탈락된 게임에서 자신이 배제된 이유와 잘못된 점을 찾는 것은 옹졸하고 치사한 태도다. 가치 있는 사람은 소유할 자격이 있고, 그들은 가질 만한 것을 가진 것이고, 능력 본위주의 사고의 폐해인 어떠한 항거나 반대도 잠재울 수 있는 교육적 객관성과 공정함이라는 무게와 힘을 가지고 있다.

Borland(1996a)는 내 주장을 "영재교육 분야는 그것의 믿음과 실행에 대한 비판을 효과적으로 잠재우는, 재정 상태가 좋은 거대한 것"(p. 134)이라고 특징지음으로써 이 비평에 대응하였다. 그러고 나서는 내 주장을 '불가능' 하다고 간단히 기각했다. 나의 책에 대한 최근 평론에서 Schroeder-Davis(1994)는 영재교육에 대한 상당한 논쟁과 토론이 있고, 묵살하자는 모의는 없다고 말했다. 나는 영재교육에 대해서 침묵하는 것이 불공평하다는 것에 동의한다. 오히려 이것은 공동으로 구성된 침묵이다. 그러나 불행히도 영재교육에 대한 많은 연구와 논쟁은 '영재교육자'라는 좁게 한정된 공동체 내에서만 두드러지게 일어난다. 이로 인해 당연히 영재교육을 교육적 평등, 학교 개혁, 교사 교육이라는 더 넓은 화제와 연결하는 종류의 토론은 형성될 수 없다.

지능, 가치, 공정함, 장점에 관한 더 넓은 사회적 개념 또한 그 대화를 단절하기 위해 학교 구조와 결탁하고 있다. Alfie Kohn은 그의 「나의 아이만을 위해서: 어떻게 특권층 부모가 학교 개혁을 음해하는가?(Only for My Kid: How Privileged Parents Undermine School Reform)」(1998)라는 논설에서 자신을 '진보주의' 혹은 '자유주의'라고 칭하는 부모조차 자기 아이에게 특권이 주어지거나 이득이 되는 지위 또는 프로그램을 없애는 학교 개혁에는 부정적으로 반응하고 있다고 명백하게 밝히고 있다.

대화의 장 열기: 폭넓은 맥락의 영재교육

그러나 영재 프로그램은 최근 공격을 받고 있다. 주요 도시 학군이 영재 프로그램을 위한 자금 가능성을 탐색할 때마다 영재교육에 대한 담화 공동체는 점점 더 커지고 점점 더 다양해지고 있다. 워싱턴 포스트는 「가장 우수한 학생을 위한 최선의 방책」(Kaufman, 1997)이라는 제목의 특집 기사로 2개월 동안 교육에 대한 특별판을 펴냈다. 뉴욕 데일리 뉴스의 1면 기사는 「영재에 대한 수다」라는 제목으로, 그리고 『국회 계간지(*Congressional Quarterly*)』는 전 판을 「영재학생 교육하기」(CQ Researcher, 1997)에 대해 다루었다. 영재교육과 그 공정성에 대한 논의는 더 이상 교육 이론가만의 영역이 아니다. 그것은 공중의 논의가 되었다. 뉴욕 데일리 뉴스에서 한 어머니는 어떻게 자신의 쌍둥이 아이 중에 한 명은 영재 프로그램에 입학 허가를 받고 다른 한 명은 거부당했는지를 설명했다. 그리고 자신의 고민에 대해서 이야기하였다. "제가 조던에게 영재 프로그램을 포기하게 하여 형의 기분을 상하지 않게 해야 할까요, 아니면 조던이 영재 프로그램에 들어가서 애리보다 더 나은 교육을 받게 해야 할까요?" 그녀는 매우 안타까워하였다. "영재학급은 훨씬 더 많은 돈을 투자해서 반 정도의 수밖에 안 되는 학생이 수업을 해요. 애리는 동생처럼 개별 지도를 받을 가치가 없는 것인가요?" (Chang & Sugarman, 1997. p. 6)

그 논쟁은 격렬했다. 그리고 인종적, 사회 계급적 대표제에 대한 기본 질문이 제기되었다. 존스 홉킨스 영재센터(Johns Hopkins Center for Talented Youth)의 1992년 졸업자에 대한 연구는 여름 캠프 학기를 마친

3453명의 10대 중에 단지 1.4%만이 아프리카계 미국인이었고, 남미계 미국인은 그보다 훨씬 적었다고 밝혔다. 그러나 그 센터는 프로그램 입학 전형을 바꾸기를 거부했다. "어떤 사람은 우리가 다르거나 더 넓은 자격 요건을 사용하기를 원한다. 그러나 SAT를 활용한 우리의 선발 방식은 매우 훌륭하다. 그 시험은 어떤 학생이 잘하고 어떤 학생은 그렇지 못한지를 정교하게 예측해 낸다."라고 영재학생 선발 담당관인 Linda Barnett은 말하였다(Kauffman, 1997, p. 35).

나의 글에 대한 비평은 우리가 직면한 도전에 대해 무엇을 말해 주는가

영재교육에 대한 나의 주장 중 일부는 그 분야의 몇몇 지도자에게 받아들여져 왔다. 예를 들어, Borland(1996a)는 나의 도전이 "영재교육의 분야로서의 존재에 대한 근본적이면서도 당황스러운 질문"을 제기했다고 말했다. 그리고 Borland는 나의 주장에 대해 영재교육의 내부자가 아닌 내가 그런 도전을 제기했다는 점을 내내 애통해하면서 나의 주요 논점을 하나씩 짚어 가며 지지하였다. 나의 주장에 대해서 분노로 응대한 사람들은 단순히 심경이 불편하다는 수준 이상을 설명하고 있다고 본다. 내가 외부의 오해와 비판에 오랫동안 적나라하게 노출되었던, 그리고 상대적으로 내부적 논쟁에 익숙하지 않았던 분야의 신경을 건드린 것이다(Borland, 1996a; Callahan, 1996 참조). 또한 내가 단순히 나 자신을 분명히 하지 못했던 탓도 있을 것이고, 그 '실패'가 내 요지를 표명하는 데 불충분한 이유가 되었을 가능성도 있다. 그러나 그런 적개심과 대화의 부재가 존재하는 또 다른 이유는 의견 일치에 문제가 있는 학교와 변화, 그리고 교수법에 대한 근본적으로 서로 다른 믿음에 기초를 두고 있기 때문이다. 이 점은 의견 일치를 이루는 일을 아예 불가능하게 하거나 혹은 문제가 있도록 만든다. 우리는 문자 그대로 상대방의 말을 '경청'하지 않는다.

다른 사람이 말하는 것은 '지적인 말'이 아닌 백색 소음으로 들리기 때문이다. 그렇다면 서로 오해하는 부분은 무엇인가? 그리고 어떻게 그러한 오해가 영재교육을 더 넓은 학교 개혁의 일부로 만드는 일에 박차를 가하게 하며, 무엇이 그것을 더 어렵게 하는가? 우리는 그 논쟁에서 무엇을 배울 수 있는가? 그리고 이 '대화의 실패'를 어떻게 이해하는 것이 우리가 공통된 근거를 찾고 앞으로 나아가도록 할 수 있을까?

영재교육에 대한 나의 분석에는 네 가지 주요 논점이 있다. 그 사이에는 상당하게 겹치는 부분도 있고 연관된 부분도 있지만 각각에 대해 설명하자면 다음과 같다.

첫 번째 논점 나의 주장은 이상적이고, 불가능하며, 현실적인 감각이 없고, 세상을 모르는 것이며, 혹은 터무니없는 것으로 간주된다. 예를 들어, 나의 교실 공동체에 대한 강한 탄원과 분리된 영재 프로그램이 학급의 소속감과 학습에 중요한 공동체 의식을 어떻게 분열하는지에 대한 경고에 대하여, Borland(1996a)는 "미국의 학교는 학생과 교사가 영재교육이라는 뱀이 출현하기 전에는 타락 이전의 공산사회의 행복 속에서 사는 에덴 동산과 같은 파라다이스였다."(p. 141)라고 주장한다고 추궁하였다.

이것은 내가 학교와 교실의 바람직한 상태 및 목표라고 말한 것을, 학교는 한때 이런 식이었으니 단지 영재교육 프로그램을 없애기만 하면 초기 공산사회의 완벽주의에 가까운 상태로 돌아갈 수 있을 것이라는 세상물정 모르는 진술과 혼동하고 있는 증거다. 사람들이 단지 영재학급을 없앤다고 해서 학생의 요구에 더 잘 반응하고 교육학적으로 흥미로운 학교를 만들지는 못한다. 만약 그것이 그렇게 단순했다면, 우리는 단순히 모든 영재 프로그램의 문을 닫고 학교들이 급속도로 개선되는 것을 지켜보기만 하면 된다. 만약 영재교육 프로그램을 철폐하는 것이 우리가 할 수 있는 전부라면, 단지 영재 프로그램만을 없앰으로써 학교를 더 낫게 만들 수는 없다. 나는 이제까지의 학교들이 완벽했다거나 혹은 능력에 차이가 있는 아동을 완벽하게 정규교육에서 수용했다고 믿는 것이 아니다. 나는 교실이 아동이 높은 수준의 학습 기준을 유지하고 성취하는 동시에, 폭넓은 개인차를 극복하고 서로를 도와주고 서로에게 관심을 갖는 방법을 배우는 좋은 학습 환경이 되도록 하는 데 많은 일을 할 수 있다고 믿는다.

나는 널리 퍼진 학교 개혁의 가능성에 대해 영재교육 공동체 내부에서 가지는 깊은 절망과 죽은 것처럼 무감각해진 절망 상태를 감지하고 있다. 이것은 종류별 분류 심리, 즉 "이것은 모든 아동에게 다 도움이 될 수가 없을 거야. 그러니 우리의 아동을 위해서 우리가 할 수 있는 것만 하자." 라고 말하는 태도의 핵심이다. 또 다른 관점, 즉 아동의 다양성 때문에(다양성에도 불구하고가 아니라) 모든 아동을 가치 있게 대하고 존중하는 학교에 대한 믿음과 그렇게 나아가야 한다는 생각을 지지함으로써, 나는 몽상가, 이상주의자, 그리고 현재 상태나 미래 가능성에 대한 감각이 심각할 정도로 없는 교육가로 내쳐졌다.

또한 나는 일반학급에서 이방인이 된 것처럼 느끼고, 기이하게 보이고, 배제되고, 놀림을 당하는 영재학생의 갈등 상태에 대해 무감각하다는 비난을 받았다. 나는 학생이 어떻게 학교 교육을 경험해 가는지, 어떻게 학교 공동체가 학생을 수용하고 안전함을 느낄 수 있는 환경으로 만들어 가는지(Sapon-Shevin, 1999)에 진정으로 깊은 관심을 가지고 있다. 학교에서 거부당하고, 불행하고, 도움을 받지 못하는 아동에 대해 생각만 해도 나는 마음이 아프다. 그러나 특정 집단의 학생의 고통과 어려움에만 초점을 맞추는 것은 책임감과 힘의 범주를 제한하는 결과를 낳는다. 나는 영재아를 안전한 피난처로 이동시키는 것이 교실 공동체를 장기적으로 생산적이게 만들지는 못한다고 믿는다. 만약 우리의 목표가 영재학생을 위해 완전히 분리된 학교 교육(영재학급, 영재 점심시간, 영재 리틀 리그, 영재 드라마 클럽)을 만드는 것이 아니라면, 모든 학생은 다양한 학생을 수용하고 존중하고 그들과 상호작용하는 법을 배워야 한다. 장기적으로는 모든 학생이 인정받고 가치 있는 대우를 받는 학급 환경과 학교 문화로 변화하자는 데 그 목적이 있다. 나는 이런 일이 얼마나 복잡한지 모를 정도로 미숙하지도, 또 복잡성에 대해서 경험이 없지도 않다. 그렇다고 해서 나는 성공적인 혼성 학급을 만들고자 하는 목표를 달성하기 어렵다고 버리지도 않을 것이다.

만약 영재교육이 더 넓은 학교 변화 및 개혁과 연계되어야 한다면, 그리고 변화가 이루어지려면 우리가 다 함께 노력해야 한다. 영재교육에 대한 많은 수식어구가 지루하고 엄격한 전통적인 교실의 변할 수 없는 본질을 전제로 하기 때문에(그러므로 영재학생을 이동시키는 것을 필연적으로 동반한다), 정규학급을 바꾸는 일에 대한 냉소주의는 직접적으로 모든 아동을 위해서 교육과정, 교수법, 구조적인 학교 개혁을 조직화할 수 있는 가능성에 대한 반발로 작용한다. 영재교육 종사자가 일반교육 종사자와 함께 힘을 합쳐서 성공적인 연대를 형성하고 공동으로 옹호하려는 노력을 할 때까지, 분열을 조장하는 냉소주의는 광범위하고 지속적인 변화가 일어나는 것을 방해할 것이다. Callahan(1996)은 이에 대해 잘 설명하고 있다.

> 많은 학교에서 영재교육은 질 낮은 교육 프로그램에서의 '도피'로 보인다. 영재학생을 위한 서비스의 질이 지역 학교, 주, 나라의 전체적인 교육 프로그램의 질과 밀접하게 연관되어 있다는 것을 인식하고 행동하지 않음으로써, 우리는 영재 프로그램을 특별한 특권을 가진 것으로 간주하며, 영재학생을 위한 프로그램을 만드는 것이 훨씬 더 힘든 환경을 만드는 꼴이 되었다. 일반적인 교육 프로그램의 수요자가 실제든 상상이든 영재를 위한 프로그램이 더 낫고 더 안전하며 일반 프로그램에서 필요한 자원을 가져가는 것으로 생각하는 한, 우리는 그런 자원의 보다 평등한 분배, 그리고 대안적 서비스나 더 안전한 환경을 요구하는 학부모를 만나게 될 것이다. 영재학생을 위해서 서비스를 제공하는 데 할당된 불충분한 정도의 자원으로 전체 학교 프로그램을 획기적으로 바꾸는 것은 거의 불가능하다. 그런 입장을 취하는 사람에게 문제

가 되는 것은 프로그램의 이미지와 상징성이다.

두 번째 논점 '공정한' 대우와 '공평한' 대우의 차이에 대한 지속적인 혼동이 있다. 아마존닷컴(Amazon.Com)에서 나의 책을 검토한 어떤 사람은 다음과 같이 썼다.

> 사람들이 가득한 방 안에서 어떤 사람이 음식을 먹다 목이 메인다. '공정함'은 그 사람에게 하임리크 구명법(Heimlich Maneuver)을 실시하는 것이다. '공평함'은 모든 사람에게 '하임리크 구명법'을 실시하거나 혹은 누구에게도 하지 않는 것이다. 저자가 주장하고자 하는 것은 이러한 미숙한 노력에 관한 것이다.

나는 누구도 음식이 목에 걸리기를 원하지 않는다. 게다가 사실은 모든 사람이 주의 깊게 계획된 맛 좋고, 균형이 잘 잡혀 있으며, 예쁘게 준비되고, 매력적으로 장식된 음식을 먹고 영양이 좋아지기를 바란다. 공정함과 공평함은 같지 않다. 3개월 된 아기와 20세 된 청년에게 똑같은 음식을 먹이는 것은 분명 터무니없이 부적절한 일이다. 그러나 공평함은 누군가가 개개인의 메뉴에 대해서 주의 깊게 책임을 지고 생각을 하여, 메뉴를 제공할 때 똑같은 배려를 한다는 것을 의미한다. 나는 모든 아동이 개인적 재능, 흥미, 하고 싶은 일에 관계없이 똑같은 그레이트 북스(Great Books, 역주: 서양고전에 기반을 둔 강의와 토론 중심의 소집단 활동) 프로그램이나 확산적 사고, 창의적 문제 해결 교육과정을 거쳐야 하는 일반적인 영재 프로그램에 '영재아'를 두는 것을 원하지 않는 영재교육 종사자와 의견을 공감한다. Callahan(1996)은 영재교육 종사자는 학생을 찾아내는 '어떤 프로그램'에 대해서보다는 그들에게 진실로 차별화된 교수법을 제공하는 것에 대해서 더 많이 이야기해야 한다고 경고한다. 나 또한 모든 아동이 주의 깊게 구조화되고, 개별화되며, 개별 학생의 교육적 요구에 잘 반응하는 높은 질의 교육을 받았으면 한다. 단지 내가 원하는 것은 모든 영재학생뿐만 아니라 모든 아동이 그런 교육을 받기를 원한다는 것이다. 우리는 똑같은 교육과정, 똑같은 기준, 똑같은 교수법, 똑같은 평가를 의미하는 '공평한' 교육과 모든 아동에게 개별적으로 응대하는 교육, 그리고 그 아동을 잘 알고 그의 교육을 위해서 흥미로운 가능성을 계획하는 사람의 집단에 의해서 계획된 교육인 '공평하게 우수한' 교육을 구별하여야 한다. 실제로 나는 다양한 수준을 가지고, 학생들의 참가를 적극적으로 유도하는 구성주의적 교육이 한 지역사회에서 제공되는 것을 목격해 왔다. 그런 교육에서는 아동이 개별적으로 그리고 협동적으로 자기 수준의 과제를 진행하고, 자료를 모으고, 서로를 도와가며 학습과 성취를 적합한 방식으로 나눈다(Sapon-Shevin, 1999). 아무도 '제지될' 필요가 없고, 어떤 아동도 자기 학습과 성취의 수준의 높고 낮음에 의해서 고립되거나 낙인찍히거나 사회적으로 무시당할 필요가 없다.

세 번째 논점 학교와 교수법에 대한 엄격한 개념 이외의 것을 지지하기란 힘들다. 비록 나는 구성주의적, 참여 유도적, 다층적, 다중 지능적 교육과정에 대한 의향을 분명히 했다고 믿지만, 여전히 비판가는 내가 모든 사람이 동시에 똑같은 수준에 있기를 원한다고 해석한다. 예를 들어, J. J. Gallagher(1996)는 내가 "학생들 중 가장 준비가 덜된 학생이 읽을 수 없는 책은 어떠한 책도 사용해서는 안 된다."(p. 245)라고 제안하였다고 비판하였다. 그러고는 나의 생각은 사회 정의라는 이름으로 '교육적 평범'을 낳는다고 주장하였다. 다시 말하자면, 이 제한된 틀 내에서 높은 성취를 이루는 학생이 할 수 있는 선택은 단지 두 가지뿐이다. 즉, 분리된 영재 프로그램이거나 또는 모두에게 동일하게 적용되는 낮은 기준을 가진 독창성 없는 교육에서 제공되는 지루하고 엄격한 교육과정이 그것이다. 나를 비판하는 사람 중 어떤 사람들은 30명의 학생을 대상으로 똑같은 시간에 똑같은 방식으로 똑같은 것을 지도하는 독창성 없는 교사 한

명으로 이루어진 학급으로 조직되는 것 이외의 교육은 상상할 수 없는 것 같다. 또한 '프로그램'과 '서비스' 사이에는 계속되는 혼동이 있다. 이에 대한 논의는 분리된 특수교육 학급을 점차 없애고 통합적인 교수 환경으로 변화시키는 것과 관련이 있다. '프로그램'을 없애는 것이 서비스를 없애는 것을 의미하지는 않는다. 특수한 교육적인 요구(언어 치료, 물리치료, 정서적 문제, 읽기 장애 등)를 가진 아동은 윤리적으로 혹은 법적으로 그런 서비스들을 요구하고 받을 자격이 있다. 그러나 많은 서비스가 다른 아동과 격리되고 분리된 환경에서 제공될 필요는 없다. 이와 유사하게, 우리는 높은 성취를 하는 학생을 이동시켜 영재 프로그램을 받게 하지 않고도 얼마든지 개별적인 서비스를 제공하는 방법을 분명히 계획할 수 있다.

학교를 이런 식으로 다시 고안하는 데에는 현실적으로 경제적, 정치적, 교육적인 제한이 따를 수 있다. 예를 들어, 보다 '진보적인' 형태의 교육과 교육과정에 대한 반발뿐만 아니라 비중 높은 시험에 대한 집중적 관심은 확실히 대안적 교육 가능성의 고안을 힘들게 한다. 기금 조성 또한 종종 장애가 된다. 어떤 전문가는 개인적 요구, 일반 상식, 혹은 지역사회 유지에 대한 책임보다는 진단과 호칭에 의거해 선발된 몇몇 학생하고만 일할 수 있도록 기금을 받기도 한다. 그러나 확실히 다른 가능성이 있다! 우리는 '전형적'인 것과 필연적인 것을 동일시해서는 안 된다. 혹은 상상력의 부재로 다른 교수-학습 제도를 계획하고 실행하지 못하게 되어서도 안 된다.

네 번째 논점 교육적 변화와 넓은 정치적 변화를 연계하는 것은 비현실적이며, 불가능하고, 때로는 실제적인 화제를 위장하기도 한다. 예를 들어, Gallagher(1996)는 다음과 같이 밝히고 있다.

Sapon-Shevin과 교육적인 토대에 대해서 이야기하는 것은 어렵다.

> 왜냐하면 그녀가 옹호하는 것은 우리 학교를 위한 교육적 해결책이 아니라 우리 사회를 위한 정치적, 사회경제적 해결책이기 때문이다. 수월성은 공평함이 달성되고 나서야 고려될 수 있다. 우리 모두가 그런 행복한 날을 곧 볼 수 있기를 희망하자! 나는 가난한 아동에게 불공평한 점이 어떤 것이라도 있는 한 영재아에게는 단 1센트도 주지 못한다는 사회적 문제 해결에 대한 이 완고한 접근 방식에 화가 난다. 그리고 차후로 과세 규정에 불공평한 점이 있는 한 세금을 1센트라도 내지 않을 것을 맹세한다. 만약 잠시 내 소식을 들을 수 없다면 어디서 나를 찾을 수 있는지 알 것이다(pp. 245-246).

Gallagher는 "어떤 아이가 양질의 교육을 받을 수 없다는 것은 모든 아동을 저버리는 것이다."라는 나의 진술이 "세계적 수준의 과장"이라고 하면서, "암묵적으로 이것은 모든 아동이 질 좋은 교육을 받지 못한다면 어떤 사람도 질 좋은 교육을 받을 수 없다는 것을 의미한다."라고 말했다. 이 주장은 증상을 치유와 혼돈한 것이다. 내가 학교에서 아동이 받는 교육의 질에 문자 그대로 심한 불평등이 있다고 믿는가? 그렇다. 그렇다면 나는 영재라고 판별된 아동에게 우수한 질의 교육을 받게 하지 않는다고 해서 자동적으로 대다수에게 제공되는 교육의 질이 개선될 것이라고 믿는가? 그렇지는 않다. 그러나 몇몇 학생을 위해서 질을 높이는 것만이 모두에게 충분하고 공정하며 정의로운 지표로 간주될 수는 없다는 것이다.

Borland(1996a)는 영재 프로그램의 정치적인 결과를 인식하면서, 그가 "참이며 경험적으로 입증할 수 있다."고 한 두 가지 진술을 제시한다.

1. 영재학생을 위한 프로그램은 적어도 부분적으로 효과적이다. 그것은 학문적, 전문가적인 내용으로 진행하여 담당 학생에게 혜택을 제공한다.
2. 영재학생을 위한 서비스는 중상층, 백인 학생에게 불균형적으로

할당된다.

그는 계속해서 진술한다.
만약 이러한 진술이 타당한 전제라면, 나는 다음과 같은 결론이 논리적으로 뒤따른다고 제기한다.

3. 그러므로 지지자의 의도와는 달리, 영재학생을 위한 프로그램은 사회에서 가진 자와 가지지 못한 자 사이의 격차와 주류 문화와 소수 문화 사이의 격차를 넓히는 역할을 한다(p. 139).

우리가 이를 인식한 다음에 풀어야 할 절박한 문제는 그것을 위해서 우리가 무엇을 할 것인가다. 내가 일찍이 언급했듯이, 단순히 영재 프로그램을 없애는 것이 사회적 정의나 교육적 평등을 가져오지는 않을 것이다. 그러나 그런 가능성을 제기하는 것 자체가 특권과 힘을 가진 사람들에게 영향력을 행사하는 것이다. Gallagher(1996)는 내가 교육적 변화만큼이나 사회의 정치적 · 경제적 변화를 주장한다고 비난하였지만, 나는 그것을 자랑스럽게 받아들인다. 이와 다른 방식으로 교육을 변화시킨다는 것은 내게는 너무 순진하고 자멸적인 것으로 보인다.

예를 들어, Jonathan Kozol의 『야만적인 불평등(*Savage Inequalities*)』(1991)이나 『나 같은 죄인 살리신(*Amazing Grace*)』라는 책을 읽을 때, 우리는 정말로 문제나 해결책이 교육적인 것이라고 믿는가? 혹은 인종차별, 가난, 그리고 부정이 부적합한 학교체제가 세워지고 유지되는 기초인가? 만약 참된 학교 개혁을 원한다면 정치적 · 경제적 정의를 위한 투쟁 외에는 아무것도 할 것이 없다. 이는 우리가 학교와 교육을 조직하는 방법에서 즉각적이고 구체적인 변화를 이룰 수 없다고 말하는 것은 아니다. 우리가 항상 '큰 그림' 에 익숙하도록 우리의 시각을 유지해야만 한다는 의미다.

앞서 진술한 대로, 나는 영재교육이 교육적인 우선순위 선별(보다 능력이 떨어지거나 투자 가치가 덜하다고 간주되는 학생들을 희생시키는 결과를 낳는, 서로 다른 아동을 어떻게 다르게 다룰 것인가에 대한 결정; Sapon-Shevin, 1994, 1996)의 형태로 개념화된다고 믿는다. Charles Derber(1996)는 「우선순위 선별의 정치학: 미국인의 잉여 인구와의 계약(The Politics of Triage: The Contract with American's Surplus Populations)」에서 미국은 현재 경제적, 정치적, 문화적인 우선순위 선별에 착수해 있다고 주장한다. 경제적으로 품질이 최하인 것을 구별해 내는 것은 전혀 경제적으로 성공할 가망성이 없는 잉여 인구를 만들어 내기에, 노동인구에서 가능한 고용이나 살기에 적당한 임금을 빼 버리는 것으로 보일 수 있다. 문화적인 우선순위 선별은 지식인이 잉여 인구의 제거를 명백하게 정당화하는 이데올로기를 받아들이는 데서 명시적으로 드러난다. 정치적인 우선순위 선별은 정치 지도자가 버림받은 집단에게 돈, 집, 혹은 다른 서비스를 제공하여 돕는 행위를 그만두는 명백한 결정과 관련이 있다(p. 37).

우선순위 선별에서 이러한 다른 형태 사이의 교차를 보면, 우리는 수월성과 평등을 서로 경합하는 의제로 개념화하지 못하게 만들고 있다. 만약 그렇게 한다면 우리는 모든 것을 잃을 것이다. 우리는 가장 도움이 필요한 사람에 대한 자원을 철회할 수 없다. 통화 침투 경제는 잘 진행되지 않아 왔고, 어떤 아동에게 좋은 교육을 제공하는 것이 어떤 식으로든 모든 아동의 교육을 변모시킬 것이라는 믿음 또한 잘 실현되지 않았다. 오히려 우리는 평등의 맥락 내에서 수월성을 탐색해야만 한다. 어떻게 우리가 모든 학생을 위한 성공을 이룰 수 있는가? 학교 공동체는 어떠한 모습이어야 하는가? Derber(1995)는 경고한다. "전쟁과 같은 우선순위 선별은 유별나게도 공동의 적에 항거하여 결집하기를 기본으로 하는 연대 책임을 요한다. 이 경우에는 내부의 적이다……. 우리가 경제적인 안전과 도덕적인 각성에 대한 요구에 공동체에 대한 긍정적인 비전을 가지고 응하기 전에는, 우선순위 선별이라는 정치학이 야만적인 대리자로 나타날 것이

다."(p. 88)

어떻게 우리 국가가 교육적으로 떨어지는 학생을 선별해 내는 데 참여할 수 있는가? 심지어 엄밀히 경제적인 관점에서도 우리 아동의 대부분을 평범한 수준이나 뒤쳐진 채 두는 것은 이치에 맞지 않는다. 만약 우리가 정말로 우수한 질의 민주적 공립학교 교육을 원한다면, 최고 수준의 교육적 영양을 선택된 소수에게만 제공하는 고급 음식이 아니라 모든 학생을 위한 음식으로 제공할 수 있어야 한다.

제9장

인종차별 없는 영재교육
다문화 학생을 위한 평등방안 모색

Donna Y. Ford

서론

어떤 분야든지 계속 유지되기 위해서는 비판적인 자기 평가 과정을 거쳐야 하는데, 영재교육 분야도 예외는 아니다. Borland (1996a)가 제안했듯이, 영재교육도 그 근본적인 전제와 실천이 여전히 유효한지(또는 유효하기는 했는지) 의문을 제기하고 검토하여야 한다. 그중 가장 시급하고도 논란이 되는 주제는 문화적 · 언어적으로 다른 학생[1]이 영재교육에서 상대적으로 적게 선발되고 있다는 것이다. 이보다 더 많은 논쟁과 비판, 옹호를 야기한 주제는 없는 것 같다. 하지만 영재교육의 옹호자는 학교에서 영재교육을 하는 데 있어서 핵심적인 문제에 대한 검토나 논쟁에 적극적으로 입장을 표명하기보다는 주로 방관자적 역할에 머물고 있는 편이다(Borland, 1996a, p. 131 참조).

영재교육 분야는 불평등으로 가득 차 있으며, 특히 유색 인종 학생에게 평등한 교육 기회를 제공하는 것에 관해서는 더욱 그러하다. 1954년의 브라운 대 캔자스 주 토피카 교육위원회(Brown v. Board of Education of Topeka, Kansas) 소송에서의 판결 이후, 교육자들은 (양심적으로, 때로는 마지못해서) 소수민족 출신 학생에 대한 교육 기회의 부족과 불평등이라는 문제와 고전해 왔다.

이 장에서는 영재교육에 있어서 소수민족 학생의 참여에 대해 다루는 한편, 학교교육에서의 공평, 정의, 통합, 수월성 등을 포함하는 철학적 개념인 평등에 특히 초점을 맞추고 있다. 핵심 주장은 평등의 원칙이 교육 정책과 실천, 그리고 ① 교육철학, ② 학생 평가, 그리고 ③ 교육과정 및 교수법의 개발의 중심에 놓이지 않는 한, 소수민족 출신 학생은 여전히 영재교육에서 낮은 비율을 보일 것이라는 것이다.

이 장의 논의는 다섯 가지의 가정에서 출발한다. 첫째, 일반교육이나 특수교육을 비교했을 때, 영재교육은 우리의 교육 프로그램 중 가장 차별적이며 백인과 중산층 출신이 압도적으로 많다. 둘째, 영재교육에 대한 소수민족 출신 학생의 참여를 확대하려는 노력에는 종종 정치적인 고려가 개입된다. 셋째, 학교는 영재, 지능, 재능을 여전히 20세기 방식으로 정의하고 판별하기 때문에 문화적, 언어적, 경제적 다양성의 증가에 따른 요구에 대해 제대로 준비되어 있지 않다. 넷째, 사회적인 지탄에도 불구하고 영재와 지능에 대한 생물학적 이론은 여전히 계속되고 있다. 천재는 개발되기보다 유전적으로 타고난다는 바로 그 생각이 인종차별주의(그리고 계급 및 성 차별주의)의 이데올로기를 지탱하고 있다. 다섯째, 종종 소수민족 출신 학생과 그 가족이 주류 사회의 규범에 동화되고 적응하도록 부담을 준다. 교육자는 기본적으로 변화와 교육 불평등의 해결을 학교 내부에서보다는 학교 외적인 요소에서 찾는 경향이 있다.

이 장에서는 우선 영재교육에서 소수민족 출신 학생의 판별을 가로막고 있는 '평등을 막는 장애물'에 대해 살펴볼 것이다. 이후 문화적 · 언어적으로 다양한 영재학생을 위한 수월성과 평등 교육을 보장할 수 있는 변화를 제안할 것이다. 이 장의 결론은 부분적으로 다음과 같이 요약되는

Sapon-Shevin(1996)의 관찰에 기반하고 있다. "영재교육이 정의되고 구성되며 실행되는 방식은 직접적으로 인종차별을 증가시키고, 많은 학생의 교육 기회를 제한하며, 결국은 아동의 사회 · 정치적인 발달에 해로운 영향을 끼치는 결과를 낳는다."(p. 196)

철학과 태도: '차이'의 딜레마와 평등을 방해하는 장애물

인간 사이의 차이는 여전히 폭발력 강한 주제로 남아 있으며, 차이에 대한 인식은 역사를 통해 다양한 형태로 나타났다. 1970년대 이전에는 주로 문화결손(culture-deficit) 이론으로 소수민족이 보이는 평균 이하의 사회적, 교육적 결과를 설명하였다. 이러한 이론은 인종적 · 문화적으로 다양한 학생이 학교에서 뒤처지는 것은 그들이 "문화적으로 부족하기 때문" 또는 "문화적으로 불리하기 때문"이라고 주장하였다(Ford & Harris, 1999, 2000; Ford, Howard, & Harris, 1999). 그러므로 교육자를 포함한 많은 사회과학자는 동화를 통해 아동의 문화를 변화시키기 위해 노력하였다. 만일 학생이 기꺼이 자신의 문화를 포기하고 동화된다면, 다시 말해 학교에 들어가면서 그들의 신념, 가치, 전통, 관습, 언어를 포기한다면, 그들은 미국의 주류 사회에서 혜택받고 성공할 확률을 더 높일 수 있다는 것이다. 이러한 관점에서 교육은 아동이 취학 전에 습득한 것을 버리고 그 자리에 주류 사회가 받아들일 만하거나 실용적이라고 간주하는 문화적 신념, 가치, 전통을 대체하는 공제과정(subtractive process)이 되었다.

1970년대부터 이러한 결손의 관점에 변화가 나타나기 시작하였다. 많은 저서와 연구는 어떻게 '문화적 차이'가 문화 간 오해나 갈등을 야기하는지에 대해 초점을 맞추었다. 서로 다른 문화권의 사람들은 미국 내에서 병렬적(그러나 반드시 동등하지는 않은) 하위 문화 속에서 살아가며, 그들 사이의 차이가 사회와 교육 환경에 갈등을 야기하게 된다는 가정이 나타났다. 문화적 결손이라는 개념이 더 이상 유행하지 않게 되자(사실상 정치적으로 옳지 않고, 심지어 인종차별주의적인 것으로 인식되자), 학교는 다양성을 어떻게 다룰 것인가에 대한 문제를 떠안게 되었다(이 문제에 관한 영향력 있는 논의는 Myrdal의 1962년 저서 『미국의 딜레마: 흑인 문제와 현대 민주주의(*An American Dilemma: The Negro Problem and Modern Democracy*)』를 참조). 21세기를 맞는 지금도 이 문제는 여전히 남아 있으며, 이에 대한 최근의 대답은 인종 논쟁을 회피하는 철학을 채택하는 것으로 보인다.

다양성을 포함하여 차이의 문제가 제기되는 것을 회피하는 가장 쉽고 편리한 방법은 그것을 무시하는 것이다. 인종 논쟁을 회피하는 철학은 다양성의 문제에 대답해야 할 책임을 회피하는 하나의 방법이다. 인종 논쟁을 회피하는 철학은 교육자가 '모든 아동을 똑같이' 공평하게 대하는 체하면서 차이를 무시할 수 있도록 한다. 그러나 우리가 영재교육에서 모든 아동을 똑같이 대우한다는 생각을 처음부터 포기한 것에서도 쉽게 알 수 있듯이, 이러한 똑같은 대우는 본질적으로 불평등할 수 있다는 것이다. 우리는 영재학생이 다른 학생보다 더 빨리 배운다고 믿기 때문에, 그에 적합한 교과과정과 압축이나 속진과 같이 수정된 교수법을 사용한다. 우리는 영재학생이 다른 학생보다 더 정교하고 복잡한 방법으로 생각한다고 믿기 때문에, 그들로 하여금 고차원적인 사고기술, 창의적 사고, 문제해결 기술 등을 접하게 한다. 도시의 교육(역주: 도시 교육은 주로 다인종 문제를 다룬다)과 다문화 교육에서처럼 영재교육에서 모든 아동을 똑같이 대우한다는 생각은 후퇴하는 것이며, 교육적으로도 올바르지 않다.

그럼에도 최근의 미국 교육은 아동 사이에 존재하는 심각한 차이를 최소한으로만 인정하고 있다. 그러므로 미국의 교육과정은 영재학생에 대해서건 소수민족 출신 학생에 대해서건, 모든 사람을 똑같은 키로 만들어 버리는 프로크루스테스의 침대(역주: 여기서는 모든 사람에게 한 가지 교육을 제공하여 무리하게 강제로 획일화하는 방침)와 같다(Ford, 1996).

Callahan(1996)이 지적했듯이, 매일 마주치는 학생의 다양성에도 불구하고 역사적으로 우리는 교수법을 획일화해 왔다. 마찬가지로 영재학생을 교육시키는 한두 가지 방법이 지배적인 위치를 차지하게 됨으로써, 우리는 영재교육을 '서비스'[2]가 아닌 '프로그램'이나 '수업'으로 인식하게 되었다. 다시 말해서, 우리는 영재학생 사이의 다양성을 잘 알고 있으면서도 대부분의 학생을 놀랄 만큼 유사한 프로그램에 배치하고 있으며, 그들을 가르치는 데 표준 교육과정과 교수법에 의지하고 있다(Callahan, 1996). 이러한 회피는 모두 '영재교육에서는 어떤 종류의 다양성에 가치를 부여하며, 또한 문화적으로 다른 영재학생을 판별하고 교육할 때 어떻게 개인과 집단 사이의 차이라는 문제를 다룰 것인가?' 라는 논점을 교묘히 피한다. 이러한 질문을 제기하기 전에, 우리는 먼저 자민족중심주의나 자기만의 세계관을 넘어서야만 한다.

자민족중심주의: 지능과 능력에 대한 다문화적 관점의 무시

영재성은 사회적으로 만들어진 개념이다(social construct). 한 문화에서 지능이나 영재성으로 인정되는 것이 다른 문화에서는 가치 없는 것일 수 있다는 것이다. 예를 들어, 미국인은 인지적, 학문적 능력을 공간적, 음악적, 대인관계 및 다른 능력보다 높게 평가한다(H. Gardner, 1993). 우리는 학교 내에서 필요한 지능(schoolhouse intelligence)을 암묵적 또는 실용적 지능보다 높게 평가한다(Sternberg, 1985a). 심지어 교과목 중에서도 읽기, 수학, 과학(이른바 '기초' 과목) 등의 과목을 사회, 음악, 미술, 체육 과목보다 가치 있게 여긴다. 영재학생을 위해 학교에서 제공하는 프로그램이나 과목을 검토해 보면 이와 같은 결론이 쉽게 도출된다. 반면에 다른 문화에서는 예술이나 다른 '비학문적' 과목에 학문적 과목만큼의(또는 더 큰) 가치를 두기도 한다.

마찬가지로 어떤 학군에서 영재성이라고 정의되고 분류되는 것이 반드시 다른 학군에서도 인정되는 것은 아니다. 이러한 주장의 근거는 영재성(그리고 지능)에 대한 정의와 개념이 얼마나 많고 다양한가에서도 드러난다(예, H. Gardner, 1983; Sternberg, 1985a; Marland, 1972, USDE, 1993; Weschler, 1991). 이와 같은 다양한 정의는 Borland(1996a)가 지지했듯이 "영재성은 발견되는 만큼이나 만들어진다……. 우리는 영재성을 발견하는 대신에 그것을 부여한다."(pp. 133-134)라는 것을 시사한다. 달리 표현하자면, 능력, 영재성, 지능 등에 대한 너무나도 다양한 개념이 존재하기 때문에 결국 영재성이란 (그 본질이 무엇이든지 간에) 사회적, 문화적 가치와 신념, 그리고 정치에 의해 형성된다는 결론에 도달하게 된다.

영재성에 대한 정의와 개념이 학군 간에, 그리고 교육자마다 서로 다른 것처럼, 다른 문화는 능력과 교육의 목표에 대해서도 다른 생각과 기대를 가지고 있다. 생물학과 환경 결정론 사이의 논쟁은 그 핵심적인 한 예를 보여 준다. 미국인은 역사적으로 유전적인 관점에서 지능을 정의해 왔고, 환경과 유전자 중 어느 것이 상대적으로 지능에(그리고 관련 성취에) 더 영향을 주는지에 대한 논쟁을 계속하고 있다. 반면에 동아시아인은 인간의 발전에 대한 환경적 관점을 강조하는 유교적인 신념에 심취하였다. 개인차를 만들어 내는 유전이나 타고난 요인의 역할을 인정하면서도, 그들은 환경적 개입, 읽을거리에 대한 접근, 개인 과외 같은 것에 더욱 초점을 맞추고 있다(Stevenson, Lee, Chen, Lummils, Fan, & Ge, 1990). 따라서 일본인이나 중국인은 수행성이 학교가 제공하는 학습 경험의 종류와 질에 크게 좌우된다고 믿는다. 유전자보다는 교사의 기술과 학생의 성실함이 수행 성과에 더 큰 영향을 미친다는 것이다. Waley(1989)가 관찰했듯이, 이런 환경 결정론적이고 노력 중심의 문화에서는 "인간은 천성적으로는 거의 비슷하다. 다만 실천에 있어서 서로 크게 다르다."(p. 209)라고 본다. 물론 미국인이 다른 문화의 가치와 신념 체계를 그대로 도입하기를 기대하는 것은 어렵겠지만, 아시아계 미국인이 거둔 주목할 만한 학업적 성공을 보면 어느 정도 미국의 가치와 신념 체계, 그리고 실천을 재검토할 필요가 있다는 것을 알 것이다. 미국 교육부(1993)에서도 인정했듯이, "대부분의 미국 학생은 좋은 성적을 받고 고등학교를 마치도록 장려될 뿐, 도전이 될 만한 수준의 지식이나 기술의 본체를 터득하거나 학문에 정진할 것을 요구받지는 않는다. 사회가 학생에게 보내는 메시지는 종종 학문적으로 뛰어나라는 것이 아니라 학문적으로 적절한 수준만 갖추라는 것이다" (p. 1).

학교: 불평등의 현장, 재능 개발의 장애물

수천 명의 소수민족 출신 학생들이 매일 학교에 다니지만 그중 소수만이 도전이 될 만한(역주: 학생의 수준보다 조금 더 어려운) 수업을 듣고 있으며, 영재학생을 위해 고안된 활동에 참가하는 학생의 수는 더욱 적다. 그러나 문화적 · 언어적으로 다양한 이들 학생 중 많은 학생은 충분히 높은 성취를 이룰 능력이 있다. 다만 우리가 소수민족 학생에 대한, 그리고 그들을 분류하고 보상하는(또는 처벌하는) 적절한 방법에 대한 인식 때문에 많은 학생이 그들의 잠재력을 실현할 수 있는 기회를 박탈당하고 있는 것이다. 학교가 순종적인 학생을 우등생으로 끌어올리는 데 더 효과적일수록, 다른 학생의 가능성은 더욱 효과적으로 제한될 것이다. 학교에서 많은 소수민족 학생은 그들의 잠재력이 아닌 한계만을 발견할 것이다. Gardner(1961/1984)가 언급했듯이, 교육 시스템은 항상 그것을 통과한 학생이 장차 담당할 역할과 밀접한 연관을 갖는다. 그러면 영재 프로그램은 사회적 재생산의 한 형태이고, 만약 그렇다면 우리는 어떤 방법으로 사회 질서를 재생산하고 있는가? Sapon-Shevin(1994)에 따르면, "영재교육 프로그램이 기존의 경제적, 인종적 계층을 재생산할 의도가 있든 그렇지 않든 간에, 혹은 엘리트 학생 집단이 가지고 있는 문화 자본을 생산할 의도가 있든 그렇지 않든 간에, 사실상 그 모두는 프로그램의 결과다" (p. 192).

학교에 자문을 하면서 몇몇 교육자는 소수민족 출신 영재학생에게 평등한 교육을 제공하지 않기 위해 여러 가지 정교한 제도적 장치를 고안해 낸다는 것을 알게 되었다. 한 도시의 공립 학군에서는 학생들이 이미 일정한 기준의 기본 IQ와 성적을 충족한다는 가정하에, 영재 프로그램에 들어가기 위해서는 다음과 같은 여덟 가지 조건을 충족하여야 한다고 하였다.

① 학교시설에 따라 160~600달러에 이르는 입학금(입학금을 낼 수 없는 가정에 대한 재정적 지원은 없다)
② 질병으로 인한 경우를 제외하고는 완벽한 출석 기록
③ 성적표에 부정적 행동에 대한 언급이 전혀 없을 것
④ 이전에 어떤 과목에서도 C 이하의 점수를 받지 않았을 것
⑤ (학생이 이미 해당 학군에 등록되어 있다 하더라도) 지원서와 함께 부모가 직접 공식적인 성적 증명서를 제출할 것
⑥ 지원서는 이틀간의 지원 기간 중 특정 시간 동안에만 접수할 것
⑦ 부모나 법적 보호자가 교내 행사에 미리 정해진 날짜와 시간에 참가한다는 동의서
⑧ 모든 지원서는 직접 방문하여 제출할 것

사실상의 장애물인 이러한 조항은 전혀 관련 없는 행동 양식을 강조함으로써 영재성에 대한 인식을 오염한다. 그리하여 영재교육은 필요보다는 특권에 기반을 두게 된다. 이 지역의 소수민족 출신 학생과 경제적으로 어려운 학생은 이러한 조항으로 인해 피해를 받고 있었다. 그들이 그 학군의 전체 학생의 70%나 차지함에도 영재 프로그램에서 이들 학생의 비율은 10%에 지나지 않았다.

또 다른 도시 지역 학군에서는 영재교육 기회에 대한 지원 자격을 결정하는 데 정교한 도표가 사용된다. 총 9개의 시험 성적과 세부 성적이 교사

의 체크리스트 점수와 함께 표에 기입된다. IQ 점수와 성취도 백분위수에 가중치가 주어진다(예를 들어, IQ 145 이상의 학생에게는 10점, 130 이상의 학생에게는 5점, 그 이하의 학생에게는 0점이 주어진다). 그리고 시험 성적이 모든 수집된 정보의 90%를 차지한다. S. Johnson(1994)은 이러한 관행을 '사이비 과학'이라고 일컬었다.

세 번째 예에서는 시험 성적이 부차적인 것으로 취급된다. 자료에 따르면, 이 도시 지역 학군에서는 소수민족 출신 학생이 심사나 판별의 대상에서 덜 고려되었다. 교사의 추천서는 판별과정의 첫 단계다. 일단 추천이 되면, 학생들은 시험을 치른다. 하지만 문화적, 언어적으로 다양한 학생에 대해 낮은 기대와 기준을 갖고 있는 교육자들은 이 예에서 볼 수 있듯이 그들에게 영재교육의 기회 자체를 주지 않는다.

이러한 예가 얼마나 만연되어 있을까? 민권 문제를 담당하는 정부 부처(Office for Civil Rights)는 상당수의 영재교육을 포함하여 매년 대략 5000개의 이러한 사례를 검토하지만, 당국을 상대로 공식적인 불만을 제기하는 학부모는 거의 없다. 그렇다면 위의 예는 단순히 예외적인 경우인가, 아니면 영재교육에 있어서 최악의(다시 말해, 비윤리적이고 교육적으로 올바르지 못한) 관행을 보여 주는 지표인 것인가? 이에 대한 대답은 여전히 불명확하다. 그러나 우리는 이 엄청난 불평등을 피할 수도 고칠 수도 없다는 것을 모두 알고 있다. Edmonds에 따르면, "우리는 언제 어디에서나 우리가 관심을 갖는 모든 아동을 성공적으로 가르칠 수 있다. 우리는 이미 모든 아동을 성공적으로 가르치는 데 필요한 것보다 더 많은 것을 알고 있다. 다만 우리가 그것을 실천할 것인가는 우리 스스로가 지금까지 그렇게 해 오지 않았다는 사실을 어떻게 받아들이느냐에 달려 있다"(Boyer & Baptiste, 1996, p. xiv 재인용).

Edmonds의 훈계는 '기대'라는 문제를 제기한다. 불평등을 바로잡기 위해 충분히 노력하지 않는 것은 기대 자체가 낮기 때문이다. Ford(1996)는 그녀가 면담한 많은 흑인 영재학생이 학교에서 그다지 노력하지 않는다고 고백했지만, 그들에게 더 노력하라고 격려하는 교사는 거의 없었다고 보고했다. 낮은 기대치의 문제는 교육자들이 수업을 가장 낮은 수준의 지식과 이해력에 초점을 맞추는 것에서도 분명하게 드러난다. 학생은 매일같이 정보를 받을 뿐, 비판적이고 창의적인 사고를 할 수 있는 기회는 거의 제공받지 못한다. 역설적이게도, Levin(1990)은 성취도가 낮은 학생, 학습 부진아(역주: 잠재력에 비해 성취가 낮은 학생), 또는 신경을 쓰지 않으면 능력을 발휘하지 않을 것 같은 학생이 속진학습, 즉 도전적인(역주: 자신의 수준보다 조금 어려운) 교육과정과 교수법으로부터 오히려 혜택받을 수도 있다는 것을 발견하였다.

표준화된 시험: 불평등의 도구, 재능 개발의 장애물

미국 교육자는 자랑스러워해야 할 것도 많지만, 그만큼 부끄러워해야 할 것도 많다. 영재학생에 대한 시험과 판별이 바로 후자에 속한다. 우리는 전통에만 너무 얽매여 있어서 실제로 영재학생을 판별하는 실행은 심리학이나 사회학, 교육학 등에서 제공할 수 있는 최상의 연구, 지식, 이론에 비해 한참 뒤처져 있다(Callahan, 1996; Gould, 1981; Madaus, 1994). 표준화된 시험은 여전히 학생을 결정하는 가장 주요한 도구로 남아 있다. 시험은 학생을 분류하는 인기 없는 작업을 객관성이라는 허울로 대신함으로써 엄청난 힘을 발휘하고 있다. 그러나 교육과정과 마찬가지로 시험도 인간이 만드는 것이므로 문항 선택과 시험 형태, 응답 형태와 정답에 이르기까지 가치 중립적일 수 없다.

그런데도 우리는 다른 대부분의 도구와 마찬가지로 시험 역시 완벽하지 않다는 것을 잊고 있다. 자식이 고열에 시달려 본 부모라면 인간이 만든 도구인 온도계 역시 부정확하다는 것을 알 수 있을 것이다. 예를 들어, 온도계의 종류도 다양할뿐더러(디지털, 아날로그, 충전식, 수동식), 어디서 재었느냐에 따라(겨드랑이 밑, 혀 밑, 직장 안, 이마 위), 심지어 같은 온도계로도 체온이 다르게 나타날 수 있다. 수치(체온)의 정확성 또한 최근에 찬 것이나 뜨거운 것을 얼마나 마셨는가, 그 사람이 얼마나 신체적으로 활동적이었는가, 그리고 하루 중 언제 재는가에 의해서도 영향을 받을 것이다. 더구나 노인의 고열이 10대의 고열보다 종종 더 심각하다는 것도 알고 있다. 어떤 훌륭한 의사도 이와 같은 다양한 요소를 모두 고려하지 않고는 정확한 진단을 내릴 수 없다. 하나의 수치(체온)에만 의거한 진단을 받아들일 부모도 거의 없다.

어떤 학교든지 시험이란 것을 객관적이고 오류가 없는 것으로 받아들인다면 엄청난 실수를 저지르는 것이다(Gardner, 1961/1984). 교육적 결정이 주로 시험에 의해 이루어지거나 그것만으로 이루어진다면, 소수민족 출신 학생은 종종 잘못된 배치와 잘못된 교육으로 고통받게 된다(Gould, 1981). 하나의 수치, 시험, 혹은 등급만으로는 이미 드러나 있는 우수함이나 잠재적인 우수함을 포착할 수 없다(Friedman & Rogers, 1998). 무엇보다도 한 사람의 유전 형질을 구성하는 특징은 간단하지도 않고 부가적인 방식으로 작용하지도 않는다. 현재 존재하는 어떤 자료도 인종이나 국적이 한 아이의 가능성에 또 다른 한계를 부과한다는 관점을 지지하지는 않는다. 교사가 비슷한 조건하에서 다양한 집단의 능력 범위나 평균 능력이 거의 같을 것이라고 전제할 권리가 있다면, 마찬가지로 아동을 각각 개별적으로 다루어야 할 의무 또한 있다(Klineberg, 1952).

학생을 시험 점수에 따라 분류하고 이후에 나타날 수 있는 부수적인 복잡한 문제에 대해서는 생각하지 않는 것은 가장 쉬우면서도 무책임한 방법이다. 우리가 인간 행위의 오직 한 단면만을 대략적으로 측정하거나 구체화할 뿐인 시험 점수에 기초하여 학생을 분류한다면, 우리는 그만큼 현실을 제한하고 인간의 풍부한 잠재력을 부정하고 있는 것이다(Gardner, 1961/1984, pp. 66-67). 타고난 능력을 측정할 수 있는 어떤 신뢰할 만한 수단도 존재하지 않는다(Cleary, Humphreys, Kendrick, & Wesman, 1975, p. 17). 우리는 시험이 모든 해답이나 최소한 가장 객관적인 해답을 제공한다는 가정을 버려야만 한다. 더욱 중요한 것은 시험이 더 이상 '관행적인' 행동에 대한 변명이 되어서는 안 된다는 것이다. 영재교육의 통합(역주: 인종차별을 없애는 것)과 관련하여, 교육은 스스로에게 다음과 같은 질문을 던져야만 한다. 만일 소수민족 출신 학생의 성적이 특정한 표준화된 지능이나 성취도 시험에서 낮게 나타난다면, 왜 우리는 그런 시험을 계속 사용해야 하는가? 만일 전통적인 시험과 절차들을 사용하는 것이 소수민족 출신 학생에게 전혀 다른 영향을 끼친다면, 왜 우리는 그러한 도구와 절차를 계속 사용해야 하는가? 궁극적으로 우리는 표준화된 시험에서의 낮은 혹은 차별적인 결과가 과연 '문화적 결손'을 가진 학생의 잘못인지, 편파성을 지닌 도구인 시험의 문제인지, 수준 낮고 피상적인 교육과정의 문제인지, 혹은 이 모든 변수의 결합 때문인지에 대해 질문해 보아야 한다.

간단히 말해, 우리는 언어적, 문화적으로 다양한 학생의 능력을 어떻게 정확하게 평가할 수 있을까? 이어지는 제안은 영재교육의 재통합이라는(역주: 인종차별을 없애고자 하는) 목표를 반영하고 있다. 이것은 해답이라기보다는 오히려 변화의 과정을 시작하기 위한 전제 조건이라고 할 수 있다.

변화를 위한 제안

> [영재교육에는] 재능과 지능이 풍부하지만, 그것을 미래를 상상하고 설계하는 데 쓰는 것이 아니라 과거를 옹호하기 위해 사용하고 있다는 점이 매우 우려된다(Borland, 1996a, p. 145).

앞선 논의에서 밝혔듯이, 영재교육에서 소수민족 출신 학생에게 불리한 이 현상은 매우 복잡한 문제다. 따라서 해결책 또한 그만큼 복잡할 수 있다. 이제부터는 긍정적인 변화를 위해 선행되어야 할 몇 가지 조건을 제시하겠다. 우선 건전한 철학적 방향이 필요하다. 우리는 영재교육의 목적이 무엇이며, 어떻게 하면 우리 학교가 모든 학생을 최적으로 발달시킬 수 있을지를 명확하게 해야만 한다. 이러한 질문은 학교가 재능을 개발하는 장소라는 것을 전제하고 있다. 그것은 또한 학교가 모든 학생에게 성취를 위한 동등한 기회를 제공한다는 사명을 가지고, 다양성과 평등에 대한 자신들의 헌신을 계속적으로 검토해 본다는 것을 가정한다. 이러한 암묵적인 제안은 높은 수준의 교육적 경험에 대한 공평한 접근의 기초가 된다. 더 나아가서 학교는 교육적이고 사회적인 결정을 내리는 데 있어서 시험이 담당하는 역할을 재검토해야만 한다. 만일 소수민족 출신 학생이 특정한 시험과 절차에 의해 불리한 영향을 받는다는 것이 밝혀진다면, 학교는 다양한 학생의 능력과 요구를 측정할 다른 방법을 모색해야 한다. 마찬가지로 만일 소수민족 출신 학생에 대한 교사 추천 수가 적다면, 학교는 보다 신뢰성 있는 추천과정을 만들거나 교사 추천의 영향력을 줄여야 한다.

교육과정과 교수법에서의 동등한 기회

유전적인 요소가 있는 것은 분명하지만, 한 개인의 인지능력은 강도 높은 훈련을 통해서 극적으로 증대될 수 있다. 유전이란 인간에게 유전자가 영향을 미칠 수 있는 가망성일 뿐, 특정한 개인에게 미리부터 결정된 불변의 결과를 의미하지는 않는다(Plomin & Thompson, 1993, p. 68). 한마디로 유전자는 운명이 아니다. 소수민족 출신 학생이 자신의 잠재력을 성취하도록 하기 위해서, 학교는 그들에게 적절한 종류의 교육적 기회와 후원을 제공해 주어야만 한다. 그러나 이 문제에 대한 우리의 노력은 여전히 미미한 수준이다(예, Kozol, 1991; Woodson, 1933).

학교는 모든 학생에게 도전이 될 만한, 즉 학생의 수준보다 약간 어려운 가르침과 학업적으로 큰 노력을 요하는 교육과정을 제공하여야 한다(Banks & Banks, 1995; Ford & Harris, 2000). 학생은 비판적 사고, 문제 해결 능력, 창의력 등을 배우고, 학업적 탐구와 독립적 연구에 참여할 권리가 있다. 모든 아동은 분석하고 평가하는 법을 배워야만 한다. 오늘날 어떤 식으로 실행되고 있는지를 보면(예, 심화학습 활동과 고차원적 사고), 우리가 '영재교육' 이라고 부르는 많은 것이 모든 학생에게 적합하다는 것을 알 수 있다. 만일 영재교육 프로그램의 핵심 요소가 고차원적 사고기술, 창의적인 활동, 문제해결 능력, 견학, 게임 등과 같은 것이라면, 이는 모든 아동에게 필요한 것이기에 모든 아동이 영재로 판별되어야만 한다. 소풍을 가거나 어떤 과제를 수행하는 데 130 이상의 지능이 필요하지는 않다는 것이다.

더 나아가 우리가 소수민족 출신 학생도 인지적으로, 학업적으로 성취할 수 있도록 하고 싶다면, 최소한 ① 필수적인 초인지적 기술과 방법을 배울 기회, ② 필수적인 학업기술을 습득할 기회, ③ 시험을 치르는 데 필수적인 기술을 습득할 기회(Ford, 1996 참조)가 필요하다. 이러한 기회는 교육자가 문화적으로 다양한 학생에게도 높은 기대치를 가지고 있다는 것을 전제한다.

교육의 민감성: 교수법의 차별 철폐

'교수법의 차별' 이란 다양한 배경의 또는 특정한 문화에 영향을 받은 학생의 학습 유형에 불공평하거나 부적절하게 반응하는 모든 교육 행위, 실천, 또는 행동을 지칭한다. 이는 보통 소수민족 출신 학생의 학업적 성취를 가로막게 된다. Shade, Kelly와 Oberg(1997), 그리고 다른 많은 저자(예, Stevenson et al., 1990; Saracho & Gerstl, 1992)는 소수민족 출신 학생은 다른 학생에 비해 구체적, 귀납적, 영역 의존적, 공간적, 감각적, 사회적 학습자인 경향이 있다고 보고하였다. 그러므로 그들은 자신의 성향에 맞는 교수방법과 함께 그들이 배운 것을 다양한 방법을 통해 나타낼 수 있는 기회가 필요하며 또 그래야만 한다는 것이다. 이와 같은 학습 유형과 사고방식을 이해하고 그것이 학생의 성취에 미치는 영향을 이해할 때에만, 교사는 학생이 지식을 배우고 그것을 이해하고 사용할 수 있도록 더 많은 기회를 제공하는 방향으로 자신의 교수방법을 수정할 수 있을 것이다.

다문화 교육: 문화적으로 민감한 책임

전통적인 교육과정은 문화적 · 인종적으로 다양한 학생을 거의 인정하지 않으며 힘을 실어 주지도 않는다. 단일 문화적이거나 자민족 중심주의적 교육과정은 우수할 수도 평등할 수도 없다. 만일 우리가 소수민족 출신 학생이 인지적으로나 학문적으로 의욕적이기를 기대한다면 그들의 존재를 교육과정 속에서 보아야만 한다. 다시 말해서, 교육과정은 그들의 존재를 인정하고, 그들의 필요와 요구에 민감해야 한다(Banks & Banks, 1995; Ford & Harris, 1999).

Baptiste(1995)에 따르면, 다문화 교육은 단순히 교육과정이나 교수 관행에 그치지 않는, 학교 환경에 대한 포괄적인 철학적 개혁을 수반한다. 그것은 학생에게 민감하고 책임을 다하는 교육과정을 포함한다. 다문화 교육은 수월성, 평등, 사회 정의의 원칙에 초점을 둠으로써 학생으로 하여금 교육적 평등과 문화적 힘의 부여라는 현명한 가르침과 높은 기대를 통해 가장 잘 구현될 수 있는 원칙을 경험하도록 한다. 평등을 위한 교육으로서 다문화 교육은 모든 학생이 문화적 다양성을 인정하고 존중하며, 자민족 중심적이거나 편파적인 태도를 극복하고, 현재 존재하는 불평등의 조건을 만들어 낸 사회 · 정치적, 경제적 요소를 이해하는 데 도움을 준다(*Rethinking Schools*, 2002).

믿을 만할 평가의 실행

역사적으로 강조되어 왔던 것은 적당한 학생 수와 적당한 시험을 결정한 이후에 미리 정해진 영재교육 프로그램에 참가할 적절한 학생을 찾는 것이었다. 반면에 학생의 수행능력을 진단하거나 평가하는 것은 여전히 마구잡이식으로 이루어진다. 한 개인의 발달과정에 대한 의문은 여전히 해결되지 않았으며, 따라서 신중하게 수집되고 평가된 광범위한 증거에 기초하여 결정이 이루어졌다고 확신할 수 있기 위해서는 모든 사항을 고려하여야 한다. 경험상 올바르고 공평한 선발과정의 가장 커다란 적은 '효율성'이라는 이름으로 단순하게 공식에 대입하여 개별 학생에게 하나의 점수를 부여하는 것이다. 효율성이 우리의 진단을 왜곡하거나 재능에 대한 우리의 개념을 축소하여서는 안 된다. 재능을 찾아내는 일에는 막대한 노력이 필요하다(Gardner, 1961/1984, p. 67).

요약하자면, 학교 관계자, 특히 평가 자료를 운영하고 해석하는 사람은 윤리적 기준에 충실하며, 시험을 공정하게 주관하고, 기술적 장점(타당도, 신뢰도, 규준화 과정과 표본 추출)에 기초해서만 특정한 시험을 선택하며, 그 시험의 특수 목적과 모집단에 적합한 용도로만 사용해야 한다.

자기 사정과 평가

Borland(1996a)와 Callahan(1996)은 교육 전문가로서 우리의 철학 및 실천과 목적에 대한 지속적인 고민의 필요성을 설득력 있게 주장하였다. 긍정적인 변화를 위한 자아비판을 하지 않는 전문가 집단은 외부의 비판에 취약할 수밖에 없다. 영재교육 분야에서 이러한 비판적인 평가는 ① 판별과 평가를 위한 수단, 정책, 절차의 개선, ② 소수민족 출신 학생의 수적인 평등 확보와 개선, ③ 교육과정과 교수법의 개선에 중점을 두어야만 한다. 또한 추천과 평가의 대상이 되는 학생에 대한 자료는 그들의 언어적, 민족적 배경을 고려하여 검토되어야 한다. 이러한 평가과정은 최소한 ① 추천, 심사, 배치 등에 있어 성별과 학년, 사회경제적 지위에 따른 소수민족 출신 학생의 비율, ② 소수민족 출신 학생이 영재교육을 계속 받는 비율과 성별, 학년, 사회경제적 지위에 따른 그 이유, ③ 추천, 평가, 배치 과정에 가장 효과적인 도구와 전략에 관한 정보를 제공할 수 있어야 한다.

재능 개발 장소로서의 학교

최소한 이론적으로, 모든 교육은 재능 개발에 대한 것이다. 만일 학교가 재능을 개발하지 못한다면, 그 학교는 학교로서의 자격이 없다. 학생들이 12년간의 학교 생활 이후에도 거의 바뀌지 않고 남아 있기를 바라는가? 아니면 학생이 정서적, 인지적, 학문적으로 성장하고 변화하기를 바라는가? 학생의 재능, 특히 제한적인 기회만을 가지고 있는 학생의 재능을 책임지고 북돋아 주는 영재교육 프로그램의 수는 너무나도 적다.

1993년에 미국 교육부는 『국가 수월성: 미국의 재능을 발전시키기 위한 사례(*National Excellence: A Case for Developing America's Talent*)』라는 보고서에서 영재학생을 위한 서비스는 재능을 개발하는 방향으로 나아가야 한다고 제안하였다. 이 보고서는 다음과 같이 주장하였다. "'영재'라는 용어는 계속 개발되는 능력보다는 이미 완성된 힘을 의미한다는 점에서 아동에 대한 최근의 연구 결과와는 상반된다." (p. 26) 재능 개발을 강조하는 것은 학생을 분류하고 그들을 미리 정해 놓은 교실과 프로그램에 배치하는 것에서 벗어나 개인의 강점과 요구를 평가하고 그에 적절한 교육을 제공하는 방향으로 나아간다. 이것은 이전까지 '올바른 시험' '올바른 구분' '올바른 프로그램' 그리고 '올바른 영재학생'을 찾던 무모한 노력을 재검토할 것을 요구한다. 대신에 소수민족 출신 학생이 영재교육 서비스를 받을 수 있게 하기 위해 교육과정, 교수법, 기대를 개선할 효과적인 방법을 찾아야 한다. 우리는 재능 개발이라는 개념에 기초한 철학과 교육을 발전시켜야만 한다. 미국 교육부(1993)는 다음과 같이 정의를 내렸다.

> 뛰어난 재능을 가진 아동과 청소년은 그들과 비슷한 나이와 경험, 환경의 다른 아동과 비교하여 주목할 만한 높은 수준의 성취를 이루거나 그렇게 될 잠재력을 보여 준다. 이 아동과 청소년은 지적, 창의적, 그리고/또는 예술적 영역에서 높은 수행능력을 보이거나, 특별한 리더십을 가지고 있거나, 특정한 학문 영역에서 우수성을 보인다. 그들에게는 학교에서는 보통 제공되지 않는 교육과 활동이 필요하다. 뛰어난 재능은 아동과 청소년의 모든 문화적 집단에서, 모든 경제적 계층에 걸쳐, 그리고 인간이 시도하는 모든 영역에서 나타난다(p. 3).

교사의 준비: 문화적 능력의 증진

오늘날의 교사는 더 이상 존재하지 않는 교실에서나 어울릴 만한 교수법을 배우고 있다. 소위 전문가라고 불리는 이들을 포함하여 그들 중 영재학생의 요구에 적합한 정규 수업을 받아 본 사람은 거의 없다. 이러한 결함이야말로 영재학생을 제대로 판별해 낼 수 있는 교사가 왜 이렇게 적은지에 대해 정확하게 설명해 주고 있다(Ford, 1996). 마찬가지로 심각한 문제는 교사가 문화적 · 언어적으로 다양한 학생의 일반적인 발달적 요구를 대상으로 하는 교과목을 수강하거나 전문 연수를 받아 본 적이 거의 없다는 것이다. 이와 같은 준비의 부족은 소수민족 출신 학생을 학교에서 그들의 학문적 강점과 요구가 충족되지도 않는 상태에서 일상적인 편견을 참아내야만 하는 이중적인 위험에 빠트린다.

모든 학교에서 어떤 교사든지 심사받을 학생을 추천할 수 있다는 것을 감안할 때, 모든 교사는 영재교육에 대해 교육을 받아야 한다. 가장 기본적인 단계로 교사는 ① 판별과 평가, ② 영재학생의 특성, ③ 잠재력에 비해 성취가 낮은 영재학생에 대한 인지, ④ 영재학생을 위한 교육과정과 교수법, ⑤ 다문화 교육, ⑥ 사회 · 정서적 요구와 발달, ⑦ 도시 지역 아동의 발달에 대한 교육을 받아야 한다. 더 나아가 행정가는 영재교육에 소수민족 출신 교사를 모집하고 고용하기 위해 지속적으로 노력해야 한다(Ford, Grantham, & Harris, 1997). 전국적인 설문 조사를 통해 Ford(1998)는 대학과 학교가 영재교육 분야에 있어 소수민족 출신의 예비 교사를 선발하는 데 소홀하다는 사실을 발견하였다. 몇몇 소수민족 출신 교사는 영재학급에서 가르치지 못하도록 적극적인 방해를 받았다고도 보고하였다. 따라서 학생이 교실에서 소수민족 출신의 역할 모델을 볼 수 없으며, 자신을 위한 문화적 대변자를 너무나 적게 가지고 있다고 생각하는 것은 그리 놀랄 만한 일이 아니다(Ladson-Billings, 1994).

비생산적인 교육논쟁을 넘어

유전과 환경의 상대적 영향에 관한 논쟁이 계속되고 있지만, 이는 실제로 행해지고 있는 교육을 개선하지는 못했다. 만일 환경이 학생의 수행능력을 결정하는 데 별로 중요하지 않은 요소라 할지라도(사실은 훨씬 더 중요하지만), 교육정책은 여전히 환경의 중요성을 인지하고 강조할 수 있다. 심지어 10명 중 2명의 학생만이 이러한 정책으로 어느 정도 지적 효과를 거둘 수 있다 하더라도, 우리는 여전히 이를 위해 노력할 의무가 있다는 것이다. 추상적 논쟁의 미묘한 쟁점에서 어느 쪽이 이기건 간에, 우리가 할 일은 여전히 아동 개개인의 잠재력을 최대한으로 발전시키는 것이다(Gardner, 1961/1984). 따라서 우리는 이런 비생산적인 논란을 한쪽으로 제쳐 두어야 한다. 무엇보다도 학교를 포함하여 환경이 중요하지 않다면 교육의 목적은 과연 무엇이란 말인가? 왜 영재교육이 필요하며, 심지어 책은 왜 필요한가? 차라리 사회 전체를 유전학에 의거하는 것이 낫지 않겠는가? 성공이나 실패의 원인을 유전학으로 돌리는 것은 전문가로서의 우리의 책임과 역할을 포기하는 것이다. S. Johnson(1994)은 이러한 입장에 대해 잘 서술하고 있다. "이러한 주장은 감기나 메뚜기 떼와 같이 단순히 사람을 짜증나게 할 뿐만 아니라, 사람을 두려움이나 무력감에 빠뜨릴 수도 있다. 그들은 국가 및 지역 정책에 위험한 영향을 끼친다." (p. 273)

요약하자면, 가장 덜 차별적인 교육, 다시 말해 영재교육에서 인종차별을 철폐할 수 있는 실천을 보장하기 위해서는 평가와 교육을 할 때 다음과 같은 사항을 고려해야만 한다.

① 정의. 영재성의 정의는 재능 개발과 잠재력이라는 개념을 포함해야 한다(예, Gardner, 1983; USDE, 1993). 정의는 옹호할 만한 것(즉, 행동, 출석, 이전 성적 등의 기준에서 자유로운)이어야 한다.

② 평가. 다양한 종류의 평가(예, 언어적 · 비언어적 지능평가, 성취도 평가, 포트폴리오)와 더불어 타당도와 신뢰도가 있는, 특히 문화적 · 언어적으로 다양한 학생에게 불리하도록 왜곡되어 있지 않은 도구를 도입해야 한다.

③ 정책. 정책이나 실천에 의해서 소수민족 출신 학생이 영재교육에 참여하지 못하게 되는 정도를 파악해야 한다.

④ 의사소통. 교육과정, 판별과 평가 도구, 정책, 절차 등을 포함한 영재교육의 서비스를 가정과 연계하여 의사소통이 일찍부터 지속적으로 이루어지게 해야 한다.

⑤ 연간 재검토와 평가. 자료에 기초한 결정을 위하여 교육의 모든 측면인 정책과 절차, 평가도구는 매년 재검토되고 평가되어야 한다.

⑥ 인사. 평가 자료를 선택, 운영, 해석하는 사람은 적절한 자격을 갖추어야 한다. 모든 관계자(교사, 상담자, 심리학자, 행정가 등)는 영재교육과 도시교육에 대해 기본적인 자질(예, 수업과 전문 연수를 통한)을 가져야 한다.

⑦ 재능 개발. 일찍부터 재능을 발전시키기 위해서는 조기교육(유치원부터 3학년까지)에 더 많은 노력을 기울여야 한다. 이러한 제안은 많은 소수민족 출신 학생, 특히 흑인 남학생의 성취도가 일찍부터 급격하게 떨어지는 것을 보이는 '2학년 신드롬'과 관계가 있다. 이것은 또한 이 장에서 계속 논의한 재능 개발의 철학과도 연관된다.

⑧ 다양한 서비스나 프로그램에 대한 선택권. 적절한 학습 기회를 계속적으로 보장하기 위해서는 여러 서비스 중에서 선택할 수 있는 기회가 필수다.

⑨ 전문 교육자. 전문 연수 교육자에게 영재교육과 도시교육에 대한 전문성 개발을 위한 기회가 지속적으로 제공되어야 한다.

이런 제안이 받아들여지기 위해서는 학교 관계자가 문화와 사회경제적 지위, 그리고 언어에 상관없이 모든 아동을 교육하고자 하는 분명한 신념을 가지고 있어야 한다.

요약 및 결론

> 우리 분야에서 이루어지고 있는 교육의 저변에 깔려 있는 근본 질문을 진지하게 검토해 보면, 다른 사람의 열정에 비해 우리 교육자의 확신이 부족하다고 해도 과언이 아니다(Borland, 1996a, p. 145).

공평, 평등, 수월성, 기회 등에 대해 미국인이 가지는 모순적이고 혼돈스러운 모든 생각은 영재교육과 소수민족 출신 학생에 관한 토론에서 금방 나타난다. 우리는 영재교육에서 소수민족 출신 학생이 소외되는 문제에 대한 지속적인 질문을 '어떻게 더 많은 소수민족 출신 영재학생을 판별해 낼 수 있는가?'에서 '어떻게 하면 모든 배경 출신의 다양한 능력을 가진 학생의 잠재력을 최대한 실현할 수 있는 기회와 보상을 제공할 수 있을까?'로 바꾸어야 한다. 우리는 단순한 분류보다는 전통적인 방법으로 쉽게 측정되거나 계량화될 수 없는 환경이나 능력을 가진 학생에게 풍부한 기회를 제공할 것을 강조해야 한다(Friedman & Rogers, 1998). 변화는 체계적이어야 한다. 불평등과 불관용이 가득한 데에서는 수월성이 인정될 수 없다. 모든 교육은 그 프로그램과 서비스의 목적과 실행 가능성을 검토해야 한다. 예를 들어, 우리는 제대로 된 교육과 적절한 자원을 제공받지 못한 학생이 더 어려운 프로그램에 배치되었을 때, 특히 그들이 이전에 학업적, 사회·정서적 지원을 받지 못했다면 높은 수준의 성취를 이루기가 어렵다는 것을 알고 있다.

반면에 우리가 영재성에 대한 일반적이고 단일화된 개념에만 초점을 맞추고 최근 등장하고 있는 능력에 대한 새로운 개념은 무시한다면, 영재교육에서 소수민족 출신 학생이 상대적으로 적게 선발되는 문제는 바로 우리 영재교육 분야의 책임이다(Feldhusen, 1998). 이와 같은 전통을 고수하는 것으로 주류에 속하는 아동은 잘 교육해 왔을지 모른다. 그러나 우리는 모든 학생이 각자의 재능에 따라 최선을 다해 도전하고 성취할 수 있도록 하는 교육체제를 목표로 해야 한다. 현재의 지능, 창의성, 지도력 측정도구가 성인이 되었을 때 특별한 성취를 할 수 있는 가능성을 예측하는지에 대한 신뢰도가 의심스럽기 때문에, 성급하게 문을 닫아 버리고 학생의 미래를 제한하는 일은 이제 그만두어야 한다(Pendarvis & Howley, 1996, p. 217). Lemann(1999)은 SAT가 대학 신입생 성적 분포의 15%밖에 예측하지 못한다고 보고하였다. 그렇다면 나머지 85%는 무엇으로 설명되는가? A. E. Housman은 다음과 같이 대답하고 있다. "착각이라는 집은 값싸게 세울 수는 있지만, 막상 그 안에서 살기에는 너무 허술하다" (Garnder, 1961/1984, p. 138 재인용). 이제는 그것을 개혁해야 할 시간이다.

뛰어나게 될 잠재력은 모든 집단에 공평하게 분포되어 있다. 몇몇 자연과학자나 교육학자가 이러한 사실을 인정하지 않는 동안, 유색 인종학생은 매일 인종차별적으로 분리되고 수준 미달의 교육 프로그램에 참여하고 있다. 우리는 헌법, 권리장전(Bill of Rights)과 민권법(Civl Rights Act)의 약속이 실현되려면 얼마나 더 기다려야만 하는가? Martin Luther King(1963/1997)은 다음과 같은 감동적인 이야기를 하였다.

> 우리 공화국의 설립자들이 헌법과 독립선언문이라는 장엄한 글을 썼을 때, 그들은 모든 미국인이 그 유산을 물려받을 것이라는 약속 어음에 서명한 것이다. 이 어음은 모든 사람에게…… 삶, 자유, 그리고 행복을 추구할, 양도될 수 없는 권리를 보장할 것이라는 약속이었다……. 미국은 유색 인종의 시민에 한해서는 이 약속을 이행하지 않았다……. 미국은 흑인에게는 부도수표를 주었을 뿐이다(p. 13).

그러나 King 박사는 정의라는 은행이 도산했다고 믿기를 거부하였고, 우리 역시 미국의 모든 아동을 위한 기회의 금고가 비어 있다고 믿기를 거부한다. 자유와 정의의 수표를 현금으로 바꿔야 하는 의무는 이미 기한을 넘긴 지 오래다.

◉ 후주

1. 문화적, 언어적으로 다양한 소외계층과 유색인종이라는 용어는 이 장에서 혼용하여 사용되었다. 이런 학생에는 흑인, 히스패닉과 라틴계, 인디언 후손과 재미 아시안계가 포함되지만, 소외계층의 저조한 참여에 대해 언급할 때는 아시안계 미국인은 포함되지 않았다. 왜냐하면 아시안계는 영재교육에 매우 많이 참여하고 있기 때문이다.
2. Treffinger와 Feldhusen(1996)과 같은 학자는 '영재교육 프로그램'이라는 말보다 '영재교육 프로그램 편성'이라는 말을 더 선호한다. 사실 우리는 '서비스'라는 말을 더 좋아하는데, 영재교육 프로그램 편성이나 서비스라는 말은 학생들의 교육적 요구나 장점의 프로파일에 기초하여 다양한 방법이나 장소, 시간으로 구성되는 보다 광범위하고 다양한 서비스를 통칭하는 말이다.

제10장

영재교육 개혁에서 놓치고 있는 것은 무엇인가

Margie K. Kitano

수십 년 동안 소외되어 온 집단에게 전국적으로 관심을 기울여 왔음에도, 여전히 저소득층 학생과 문화적, 언어적으로 다양한 학생은 영재 프로그램 전체 수에 비해 훨씬 적게 선발되고 있다. 영재교육이 사회적 불평등을 영속화한다는 비판 때문에 정책 입안자는 모든 학생에게 도전적인 교육과정을 제공하는 학교 전반에 걸친 개혁을 촉구하게 되었다. 더 많은 학생을 포함하려는 이러한 노력은 편향된 판별 관행, 엘리트주의, 그리고 도전적인 교육과정을 모두에게 제공하지 못하고 소수에게만 제공하는 문제를 다룬다. 비록 학교 전반에 걸친 심화학습이 우등생을 위한 특별 서비스와 같이 제공될 수 있다고 하더라도, 몇몇 비평가(예, Sapon-Shevin, 1996)는 영재교육 프로그램 자체의 폐지를 주장하기도 한다.

영재교육 분야의 지도자가 이러한 문제에 대응하여 왔다는 것은 다양성 문제에 초점을 맞춘 전문적 학술 회의나 혹은 이와 관련된 많은 출판물과 정책이 계속적으로 증가해 왔다는 것으로도 증명될 수 있다. 영재학회(Association for Gifed)의 다양한 연례 심포지엄이 그러한 예 중의 하나다. 그렇다면 영재 프로그램에 더 많은 사람이 더 쉽게 접근하도록 관심이 쏟아졌음에도, 왜 이러한 소외계층의 소수 선발은 근본적으로 바뀌지 않은 채로 남아 있는가? 이 장에서는 교육 서비스의 평등을 증대하려는 노력에서 간과되고 있는 것이 무엇인지 사회문화적 관점에서의 가설과 그 해결책을 제시하고자 한다.

이렇게 소외계층이 상대적으로 적게 선발되는 문제에 대한 해답을 찾으려고 할 때에는 특별한 수행을 할 수 있는 잠재력은 어떤 집단(민족적, 문화적, 성별, 경제적)에서든 동일한 비율로 존재한다고 가정한다. 이런 가정은 도덕적, 윤리적 전제가 아니라, 문화 집단은 추상이나 추론과 같은 인지과정 자체보다는 그러한 과정이 표출되는 방식에서 차이가 난다는 인류학적 자료에서 도출되었다(Cole & Bruner, 1971).

사회문화적 관점

사회문화적 이론가는 아동의 인지적 발달은 삶의 문화적이고 역사적인 측면과 별개로 설명될 수 없다고 한다(García, 1999; Rogoff & Chavajay, 1995; Tharp & Gallimore, 1988). 가르치는 것과 배우는 것은 인지적일 뿐만 아니라 사회적인 과정으로서, 교사와 학교의 문화적 실천과 분리하여 검토될 수 없다. 그러므로 어떤 아동의 인지적 발달은 그 아동이 살아 온 사회적 맥락 안에서만 이해될 수 있다. 학교 교육은 사회적, 문화적, 언어적, 인지적으로 학생에게 의미가 있어야 한다. 그러나 García(1999)는 학교가 문화적, 언어적으로 다양한 학생에게 의미 있는 환경이 되지 못해 왔다고 주장한다. 그는 오히려 학교가 사실상 이런 아동의 역사, 언어, 경험, 가치를 교육과정에서 체계적으로 배제함으로써 오히려 교육적으로 취약한 상태를 만드는 데 일조해 왔다고 주장한다.

다양한 배경의 영재학생을 판별하고 도움을 주는 오늘날의 접근방법에서 부족한 것은 학교와 교실의 사회적이고 문화적인 환경에 대한 구체적이고 지속적이며 체계적인 관심이다. Maker(1996)는 새롭고 유용한 판별 절차도 그것에 의해서 판별된 아동이 다른 유형의 아동을 위해 고안된 기존의 프로그램에 배치되었을 때는 성공적이지 않았다는 이유로 더 이상 사용되지 못해 왔다는 점에 주목한다. 그런 아동이 실패한 것은 그들의 행동이 교사가 가지고 있는 영재의 특성이나 행동에 대한 믿음과 일치하지 않았기 때문이었을 수도 있다. Maker에 따르면, 많은 교육자는 문화적 또는 언어적으로 다양한 아동의 능력에 대해서 부정확하고 부정적인 인식을 가지고 있다.

교실에서 무엇이 진행되고 있는가는 학생의 성취에 결정적으로 영향을 미친다. 프로그램의 수정과 학생의 성취에 대한 연구에 기초하여, Delcourt 등(1994)은 프로그램 유형(특수학교, 별도의 교실, 풀아웃)의 정규 교실에서 교사가 영재학생에게 적절한 교육을 제공한다면 인종에 따라 학습 결과에 다른 영향을 미치는 것은 아니라고 결론지었다. 그러나 그들은 흑인 영재학생과 스페인어권 영재학생이 백인 영재학생에 비해 모든 프로그램 유형에 걸쳐 표준화된 성취도 검사의 성적이 낮다는 것을 발견하였다(Cornell, Delcourt, Goldberg, & Bland, 1995). Cornell 등은 편향된 시험과 사회경제적 지위의 차이, 그리고 사회문화적 요소가 이런 차이의 원인일 수 있다고 주장하였다. 실제로 Pollard(1989)는 인종 간의 비교는 "흑인과 백인이 같은 교실에 앉아 있다 해도 그들은 전혀 다른 교육적 경험을 하고 있으며, 백인과 다른 소수민족 집단은 이 나라에서 역사적으로 그리고 현재까지도 전혀 다른 지위를 가져왔다는 것을 생각해야 한다." (p. 299)라고 주장한다.

사회문화적 관점에서 보았을 때, 교실 환경의 네 가지 구체적인 측면이 영재교육에서 결정적임에도 사실상 현재 부족하다고 보인다. 저소득층 학생들과 문화적, 언어적으로 다양한 영재학생을 더 많이 도울 수 있는 가능성을 가진 네 가지 요소는 ① 교실의 문화적, 언어적 다양성에 교수법을 맞추고, ② 개인적, 제도적 편향을 줄이는 한편, ③ 다문화 교육과정을 실천하고, ④ 긍정적인 대응 전략의 발전을 통해 회복력을 강화하는 것이다.

교실의 문화적·언어적 다양성에 교수법 맞추기

영재에 대한 현재의 교수법은 교수-학습에 대한 구성주의 원칙과 상당히 일치하는 것처럼 보인다(Feldhusen, 1998; Maker & Nielson, 1996). 사실 Tomlinson(1996)은 지난 30년간의 영재교육 전략이 보다 새로운 인지심리학의 원칙을 바탕으로 세워졌다고 주장한다. 그녀는 개혁가들이 영재교육이 더 이상 필요하지 않다고 주장하는 이유 중의 하나는 최근 일반교육에서도 구성주의를 도입하고 있기 때문이라고 본다. 구성주의 원칙(예를 들어, 1997년에 출판된 미국심리학회[American Psychological Association]의 『학습자 중심의 심리 원리(*Learner-centered Psychological Principles*)』를 참조)은 모든 학습자에게 적용하는 것을 의도하고 있다. 또한 구성주의 원칙은 새로운 개념을 학습자의 경험과 연계하는 것, 문화와 언어가 동기부여와 사고방식에 끼치는 영향, 고차원적인 사고 전략의 적용, 그리고 실질적인 과제 수행을 통해 학습자가 의미를 발전시키는 데 적극적으로 개입하는 것을 강조함으로써 다양한 학습자의 요구를 뒷받침하는 것처럼 보인다(García, 1999). 게다가 구성주의 원칙은 영재학생의 복잡한 것에 대한 선호, 일반화 능력, 시행착오를 통한 학습(Kanevsky, 1990), 그리고 기존 지식을 사용하여 새로운 문제를 해결하는 연구 중심적 성향에 특히 적합한 것처럼 보인다(E. B. Coleman & Shore, 1991). 그러나 Reyes(1992)가 주장했듯이, 어떤 하나의 접근 방식을 채택하는 것은 학습자 간의 차이를 고려하지 않은 것이다. 특별히 그들의 요구에 맞추어 고안되지 않는 구성주의 방법을 적용하였을 때, 어떤 다양한 배경의 학생이(그리고 일부 주류의 학생도) 실패할 가능성이 있지 않을까?

스페인어권 학생이나 몽족(Hmong, 역주: 역사적으로 중국에서 라오스 산맥으로 이주한 민족으로 베트남전쟁 때 CIA에 협력했으며, 미군이 베트남에서 철수한 후 많은 몽족이 박해를 피해 미국을 비롯한 여러 나라로 이주함) 학생이 교사와 상호작용하는 것을 관찰한 후, Reyes(1992)는 읽기 · 쓰기 교수법에서 '전체 언어(whole language)'(역주: 읽기와 철자에 초점을 맞추기보다는 의미 이해에 초점을 두는 교수법) 같은 과정 위주 접근 방식은 영어가 능숙하지 못한 학생들의 성공을 가로막을 수 있다고 결론지었다. 왜냐하면 구성주의 접근법은 학습자가 적극적으로 참여하고 주도할 것을 장려하기 때문에, "교사가 직접적이고 명시적으로 가르쳐 주기를 기대하는 문화적, 언어적으로 다양한 학생을 혼란시킬 수 있다……. 스페인어권 학생이 교사를 권위적인 존재로 인식하고 존중하는 것은 그들이 교사의 직접적인 개입과 가르침을 기대하고 또 그에 의지하고 있다는 것을 나타낸다"(p. 439). Reyes는 교육자가 주류 학생을 위해 개발된 프로그램을 피상적으로 수정하기보다는(또는 전혀 수정하지 않기보다는) 구체적으로 문화적, 언어적 다양성을 핵심 이슈로 다루는 프로그램을 고안해야 한다고 촉구하였다. 그녀는 언어적으로 다양한 학생이 영어를, 일부 주류 학생이 스페인어를 제2외국어로 배우는 데 성공적이라고 입증된 과정 위주 교수법을 사용한 프로그램을 예로 들었다. 그 프로그램은 어떤 언어든지 학생들이 더 편하게 느끼는 언어로 쓸 수 있게 함으로써 영어 자체보다는 읽고 쓰는 능력의 발전을 강조하였다. 그 밖의 다른 요소로는 협동학습, 학습 활동 속에서 명확한 기술을 지도하는 방법, 실수를 지적하는 방법, 그리고 높은 기대 수준을 들 수 있다.

Delpit(1988)도 흑인 학생을 교육하는 데 과정 위주 접근법을 사용하는 것에 대해 비슷한 경고를 하였다. 높은 수준의 비판적 사고방식에 초점을 둔 진보적 읽기 · 쓰기 교수법에 따른 아동의 행동에 기초하여, 그녀는 다음과 같이 진술하였다. "그것은 이미 내용을 아는 아동에게 그 내용을 표현하게 하거나 기껏해야 이미 알고 있는 것에 기초하여 새로운 개념을 만드는 기회를 제공할 뿐이다. 이것은 배울 것을 미리 알지 않고 학교에 온 아동은 첫날부터 '보충' 수업이 필요하다고 규정하는 것을 의미한다." (p. 286) 더 나아가 Delpit은 교사가 학생을 잘 가르치지 못한다면 "충분히 판단할 나이가 된 학생으로 하여금 시간을 낭비하고 있으며 교사가 가르치는 의무를 다하지 못하고 있다는 생각을 하게 할 것"이라고 주장한다. 또한 그는 "이와 같이 속고 있다는 느낌이 아주 강하게 들면 학생은 교육제도에 완전히 등을 돌릴 수도 있다." (p. 287)라고 주장한다.

최근에 Fradd와 Lee(1999)는 저소득층 영어 학습자(역주: 모국어가 아닌 제2외국어로 영어를 배우는 학습자)에게 과학을 가르칠 때, 교사는 자신들의 문화적 배경이나 경험에 따른 교수법을 선호하기 때문에 교사가 직접적 교수법과 탐구 학습법에 대해 느끼는 편안함의 수준을 고려해야 한다고 덧붙였다. 그들은 학생 중심의 교수법이 문화적, 언어적으로 다양한 학생에게 효과적일 수 있으며, 특히 과학에 대해 제한적인 지식과 경험만을 가진 학생들에게는 직접적 교수법과 열린 교수법이 상충하기보다는 상호 보완적인 것으로 고려되어야만 한다는 것의 증거를 제시하였다.

Reyes(1992), Delpit(1988), Fradd와 Lee(1999)는 일반교실에서의 상호작용에 대해서도 기술하였다. 그들의 관찰이 저소득층 영재학생이나 문화적, 언어적으로 다양한 배경의 영재학생에게 적용될 수 있을지는 불명확하다. 그러나 그들의 발견은 영재교육 교육자에게 질문을 던지고 있다. 구성주의 전략을 강조하는 것이 어떤 영재학생, 특히 저소득층이나 문화적, 언어적으로 다양한 배경의 영재학생의 동기나 학습을 저해할 수 있지 않을까? 이들 저자 중 그 누구도 문화적, 언어적으로 다양한 아동에게 기본적 기능을 가르쳐야 한다고 주장하지는 않는다. 오히려 그들은 교육자가 다른 아동이 보통 집에서 받는 교육 내용을 제공하고 모든 아동에게 적합한 전략을 적용할 것을 권장한다. 문화적, 언어적으로 다양한 아동을 가르치기 위해 다른 전문가(예, García, 1999)가 구성주의 학습법을 옹호한다는 사실은 독립적 연구 및 탐구와 함께 기본 지식과 기술을 발전시키기 위해서는 교사 중심의 교수법과 학생 중심의 교수법 사이의 균형을 이루어야 하고 집단 내의 차이를 고려해야 한다는 사실을 강하게 시사한다.

개인적 · 제도적 편향 줄이기

대부분의 교육자와 심리학자는 전통적으로 영재를 판별하는 데 사용되어 온 표준화된 지능검사가 다양한 배경의 학생에게는 불리한 점수를 받도록 편향되어 있다는 데 동의한다. 결과적으로 다양한 배경의 영재학생을 더 잘 교육하려는 노력은 종종 지능이나 영재성에 대한 보다 포괄적인 개념에서 도출된, 편향되지 않은 평가 도구와 절차를 사용하고 개발하는 데 초점을 맞추어 왔다(예, Borland & Wright, 1994; Frasier, 1997; Maker, 1996). 그러나 Borland(1986)가 오래전에 예언했듯이, "그런 것에 몰두하는 사람은 IQ 검사와 상관없이 계속해서 특정 아동을 [영재교육을 받을 수 있는] 경쟁에서 배제할 것이다"(p. 167).

본질적으로 편향된 도구도 편향되지 않은 방식으로 쓰일 수 있고, 편향되지 않은 도구도 편향된 방식으로 쓰일 수 있다. 의도하건 의도하지 않건, 편향성 있는 검사는 문화적, 언어적으로 다양한 학생에게 영재 프로그램 서비스를 충분히 제공하지 못하게 하는 하나의 요인이다. 영재교육 분야에서 편향성이 존재한다는 것을 국가 차원의 문서에 기록하게 된 것은 (p. 163) 최근에 와서의 일이다. Peterson과 Margolin(1997)은 많은 라틴계 소수민족을 가르치는 중서부 지역교사에게 영재 프로그램에 학생을 추천해 달라고 요청했다. 그 결과, 교사들은 백인 중류층인 자신의 문화에 속하고 주류 언어를 사용하는 학생을 선택하는 경향이 있었다. 연구자는 이러한 편향된 선발은 교사가 우수함에 대한 기준의 본질이 문화적으로 결정된다는 것을 인식하지 못해서 초래한 의도치 않은 결과라고 설명하였다.

영재교육에 대한 비판자는 영재교육 프로그램이 저소득층 학생이나 다양한 학생에게 충분한 서비스를 제공하지 못하는 문제에 대해 더욱 가혹한 평가를 내린다. Wells와 Serna(1996)는 10개의 다인종 학교에서 수행된 3년간의 연구를 통해 학부모가 능력별 학급 편성을 폐지하려는 개혁에 강하게 반발하고 있다는 것을 발견하였다. 저자들은 학부모의 반발이 지위와 인종이라는 두 가지 쟁점에 의해 시작된 것이라고 기술하였다. 엘리트 학부모는 '우등반' 을 계속 유지하기를 원하는 동시에, 흑인과 라틴계 학생이 백인 중류층 학생처럼 행동하는 경우에만, 그리고 자신의 자녀와 같은 교실에 있지 않는 상황에서만 다양성을 존중한다. Wells와 Serna는 또한 종종 학생 자신의 능력보다는 부모가 가진 특권의 수준에 따라 학생의 반 편성이 이루어진다고 보고하였다. "초등학교에서 '아주 유망하다' 고 판별된 엘리트의 자녀가 고등학교에서는 우등반 편성 시험에서 탈락했을 때, 그 부모는 마치 시험에 문제가 있었다는 식으로 대응하여 어떻게든 자기 아이를 우등반에 배치할 방법을 찾아낸다." (p. 105) 어떤 학교에서는 성취도 점수에 대한 재검토에서 몇몇 '비영재' 학생의 성적이 상위 90% 이상에 속하는 반면 몇몇 영재학생은 상위 58%라는 낮은 성적을 받았다는 것이 드러났다. Kohn(1998)은 영재교육과 영재학생의 학부모를 직접적으로 관찰한 논문에서 "우리는 최소한 몇몇 경우에서 좀 더 사악한 동기가 존재한다는 것을 알게 되었다. 그중 하나는 인종차별주의(또는 동급인 계급차별주의)다." (p. 575)라고 언급하였다.

인종, 경제적 지위, 성별 등에 있어 다양한 배경을 가진 영재학생에 대한 수많은 연구(예, Arellano & Padilla, 1996; Arnold, Noble, & Subotnik, 1996; Kitano, 1994/1995; Richie et al., 1997)는 많은 학생이 살아가면서 어느 시점에는 인종차별 그리고/또는 성차별을 경험하게 된다는 것을 보여주고 있다. 몇몇은 초·중고등학교 시절(K-12)에 교사나 상담교사, 교장 또는 지역사회 주민으로부터 이러한 차별을 받고, 성인이 되어서는 고등교육과정이나 직장에서까지도 차별을 경험하게 된다. 저소득층 출신의 소수민족 학생이 더 나은 배경의 소수민족 학생보다 더 많이 억압을 경험했을 수는 있지만(Arellano & Padilla, 1996), 성공적인 중산층 유색 인종 학생이라고 해서 예외는 아니다(Feagin & Sikes, 1994).

중요한 것은 누군가를 편향되었다고 하거나 인종차별주의자라고 비난하는 것이 아니다. 그보다 영재를 판별하고 교육하는 데 있어서, 그리고 성인이 되었을 때의 성취에 있어서 이러한 강력한 힘이 작용한다는 것을 인정하는 것이 중요하다. 먼저 이런 문제를 인정하기 전에는 문제를 해결할 수 없다. 영재교육에서 부족한 것은 초·중고등학교, 고등교육, 학부모 조직, 전문가 포럼 등 모든 수준에서의 공개적인 토론과 문제 해결을 위한 노력이다. Patton과 Baytops(1995), Frasier(1997)는 다양한 배경의 학생의 잠재력에 대한 태도(역주: 낮은 기대 수준)야말로 그들이 영재로 판별되는 것과 관련된 많은 문제의 가장 흔한 이유라고 경고하였다. 비록 접근성, 평가, 적응을 도와주는 조절의 문제가 해결될지라도 "영재 판별에 대한 태도와 관련하여 훨씬 더 어려운 문제에 직면하게 될 것이다" (Frasier, 1997, p. 501).

McElroy-Johnson(1993)은 총 35명의 대학 선수 학점 이수과정(역주: 고등학교 과정에서 대학 수준의 수업을 듣고, 대학에서 그 학점을 인정받는 수업) 영어 수업에 참여하는 세 명의 흑인 학생 중 한 명의 사례를 기술하였다. 그 학생은 『맥베스(*Macbeth*)』를 '싫어하게' 되었다. 그 흑인 여학생이 교사에게 무엇인가에 대해 설명해 달라고 부탁할 때마다 교사는 그녀에게 덜 어려운 수업으로 옮길 것을 제안하였다. 그 학생은 백인 학생이 흑인 학생을 무시한다고 느껴지는 소집단 교수법에 대해서도 불편함을 드러내었다. 교사는 그런 문제에 대해 전혀 신경 쓰지 않았다. "학생이 직면하고 있는 문제를 무시할 때, 우리는 그들을 실패하게 만든다." (p. 103)

왜 우리는 학생에 관한 이런 문제를 공개적으로 제기하지 않는가? 몇몇 학자(예, Gerstein, Bregelman, & Jiménez, 1994; Thompson, 1998)는 교육자가 '이름 붙이는 것에 대한 공포'를 가지고 있으며, 그것이 미국 학교에서 인종과 계급의 문제를 인정하고 해결하지 못하게 한다고 주장하였다. 그 결과는 유색 인종 학생이 학습 동기를 잃어버리게 되는 데까지 이른다. Thompson(1998)에 따르면, "남학생이건 여학생이건, 많은 흑인 학생이 인종 문제에 대한 언급을 모호하게 회피하는 것을 신뢰에 대한 배반으로 받아들인다. 왜냐하면 그런 회피는 실제로 존재하는 갈등과 관계를 부정하기 때문이다"(p. 537). 흑인과 이 집단에 속하는 영재를 포함하여 다른 인종 집단에 있어서도 차별은 명백하고도 일상적인 경험이다. 그러나 교사는 인종 갈등을 부정하는 것처럼 보인다.

> 흑인 공동체에 속하는 흑인 학생이나(물론 모든 흑인 학생이 그런 것은 아니겠지만) 매일 공공연한 인종차별을 겪는 흑인 학생은 교사에 대한 신뢰를 잃고 학교에 대한 관심을 상실하기 쉽다. 그들이 대하는 특정 교사나 인종, 문화, 개인주의에 대한 백인의 문화적 규준에 치이면서, 흑인 학생은 학교가 그들에게 줄 수 있는 것이 아무것도 없다고 결론지을지도 모른다(Thompson, 1998, p. 537).

미국심리학회의 뉴스레터에 실린 최근 논문에서 Burnette(1997)는 인종 문제에 관한 공개적인 토론이 아동의 인종차별을 막을 수 있다고 주장하였다. "학교와 집에서 인종 문제에 대한 대화가 부족한 것은 아동에게 부정적인 고정관념을 고착하게 한다." (p. 33)

다문화 교육과정의 실천

Banks(1995b)는 다문화 교육과정의 역사를 19세기 후반과 20세기 초반의 흑인 학자까지 거슬러 올라가는 것으로 보는 한편, 현재의 형태는 1960년대와 1970년대의 민권 운동에서 비롯된다고 주장하였다. 1970년대에 전미교육대학연합(American Association of colleges for Teacher Education)이나 장학 및 교육과정 개발연합(Association for Supervision and Curriculum Development) 등과 같은 주류 전문가 집단이 초 · 중 · 고등 교육과정에 인종 집단에 관한 내용을 포함하는 것을 장려하는 입장 표명문과 출판물을 출간하였다. 그러나 초 · 중 · 고등교육과 고등교육의 내용을 변화시키려는 30여 년간의 노력(Winzer & Mazurek, 1998)과 다문화적 교육과정이 학생의 인종에 대한 태도를 수정할 수 있다는 증거(Banks, 1995a)에도 불구하고, 다문화 교육은 아직까지도 미국 교육과정의 가장자리에 머물러 있다. 다문화적으로 융합된 교육과정은 주류 학생이 빈곤이나 다른 인종 집단에 대해 가지는 태도를 크게 변화시킬 수 있으며, 자민족중심주의를 약화하는 한편 비판적 사고력을 증진할 수 있다(MacPhee, Kreutzer, & Fritz, 1994).

Banks(1995b)는 다문화 교육이 (여성을 포함한) 다양한 집단의 학생들에게 평등한 교육 기회를 제공하며, 모든 학생이 다원주의적 민주사회에서 효과적으로 기능하는 데 필요한 지식과 태도, 기술을 습득할 수 있도록 돕는 것 등을 포함하여 몇 가지 목표를 가지고 있다고 기술한다. 이러한 목표에 부합하는 다문화 교육의 차원으로는 다양한 집단에 대한 내용을 포함하는 것, 지식이 만들어지는 과정을 이해하는 것, 편견을 줄이는 것, 모든 집단 학생의 학업 성취를 증진하는 것, 그리고 학생에게 능력을 부여하는 학교 문화를 배양하는 것 등이 있다. 이 다문화 교육의 목표는 영재학생을 포함하여 모든 문화, 모든 경제적 집단 출신의 학생에게 분명하게 적용된다.

이런 목표에 덧붙여, Hilliard(1991/1992)나 다른 학자(예, Morey & Kitano, 1997)는 여러 가지 관점에서 이해되어야만 하는 주제에 대해 정확하고 포괄적인 지식을 제시하는 데 있어서 다문화 교육이 핵심이라고 주장한다. 예를 들어, 학생은 신세계(New World)에서의 콜럼버스의 활동에 대해 콜럼버스의 관점과 그의 탐험에 대한 다른 유럽인의 관점 및 그가

'발견한' 토착민의 관점을 모두 고려할 때만 평가할 수 있다. 하나의 관점만을 가지고는 교사와 교과서는 불완전한 진실만을 보여 줄 수밖에 없다. 비슷한 맥락에서 영재교육을 공부하는 학생이 Terman의 지능과 인종에 대한 초기 견해(Terman, 1916)를 사회진화론(Social Darwinism)과 우생학(eugenics) 운동의 맥락 안에서 배우지 않는다면, 그가 영재교육 분야에 끼친 공헌에 대해서 불완전한 지식만을 가지게 되는 것이다.

더 거대한 진실을 이해하고, 다양한 사회를 위해 필요한 지식을 습득하고, 편견을 줄이고, 다양한 집단이 끼친 공헌을 이해하고자 하는 다문화교육의 목표가 모든 학습자에게 중요하지만, 몇몇 권위자는 자신이 속한 집단의 공헌에 대해 배우는 것이 다양한 학생의 자아정체성, 자존감, 그리고 학교에서의 동기 부여에 결정적이라고 주장한다. 열정이 가득한 한 에세이에서 Thompson(1998)은 다음과 같이 주장한다.

> 흑인 학생은 (고의적이든 그렇지 않든) 인종차별주의에 대해 거짓말하거나, 흑인의 성취를 무시하거나, 노예제도와 분리정책에 대해 얼버무리거나, 흑인 역사와 문화에 대한 학습을 흑인 역사의 달에만 제한하는 교사를 믿지 못한다……. 부분적으로 옹호할 만하고 바람직한 관계는 지식을 기반으로 한다는 점에서, 그리고 부분적으로는 교사가 학생들이 스스로에게 중요한 질문을 발전시키고 탐구해 나가도록 도울 책임을 갖고 있다는 점에서, 교육과정은 핵심적인 것이다. 만일 흑인 학생이 교사가 그런 도움을 줄 의사가 없다는 것을 알게 된다면 그들의 교육에서 그런 교사에게 의지할 이유가 전혀 없게 된다(p. 540).

이러한 함의는 영재학생의 경우에도 마찬가지다. 5학년과 6학년 흑인 영재 여학생과 평균 수준의 흑인 여학생에 대한 Ford(1994/1995)의 연구는 흑인에 대해 배울 때 대부분의 학생이 학교를 더 흥미 있는 곳으로 생각한다는 점을 보여 주었다. Patton과 Baytops(1995)는 흑인 영재학생의 독특한 필요를 기술하는 한편, 흑인 문화를 흑인 영재를 위한 교수-학습의 매개체로 활용하는 패러다임을 촉구하고 있다.

고등교육에서 인디언, 라틴계, 흑인, 아시아계, 백인, 외국인 대학생 등 다양한 인종 집단 표본과의 인터뷰(Jones & Young, 1997)는 대부분의 학생이 강사가 자신의 문화 집단과 관련된 자료를 다룰 때 기뻐했으며, 자료가 자기 문화의 구체적인 측면과 연관될 때 더 적극적으로 참여하는 경향이 있다는 것을 발견하였다. 비록 일부 학생은 '튀는' 듯한 기분이 들어서 당황스러웠다고도 했지만, 다른 학생은 대부분의 수업에서 그들의 문화와 관련된 자료가 다루어지지 않는 것에 대해 분개하였다. 인종 연구를 수강하였던 학생은 이러한 자료를 다른 수업에서도 소개하기를 원하였으나, 그것이 가져올 위험으로 인해 종종 그렇게 하길 두려워하였다.

다문화 교육이 다양한 배경의 학생이 등록한 학교에서나 적용된다는 일반적인 가정은 전혀 옳지 않은 것이다. 다문화 교육은 평등을 지지하기 위한 방법으로 문화적, 언어적으로 다양한 학생의 성취를 향상하고자 한다. 그러나 지구촌 사회에서 성공할 수 있도록 간문화적으로 능력 있는 시민을 양성하는 것, 편견을 줄임으로써 사회 변화를 촉진하는 것, 더 평등한 사회를 만들기 위한 기술을 제공하는 것 등의 목표는 모든 배경의 학습자들에게 공통적으로 중요한 것이다. 더구나 이는 자신이 선택한 분야에서 지도자가 될 가능성이 큰 영재학생에게는 더욱 그렇다. Ford와 Harris(1999)는 이러한 복합적인 목표를 다루는 다문화 영재교육의 지침과 예를 제시하였다. 또한 윌리엄 앤드 메리 대학교의 영재교육센터는 Banks(1995b)의 다문화 교육에 기초하여 개발된 영재학생을 위한 사회 과목의 교육과정 단원을 보고하였다(Struck, 1999). Kitano와 Pederson (2002)도 다문화적 내용을 영재 학습자를 위한 교육과정에 통합하려는 초·중등 교사의 노력, 그리고 그들이 부딪히게 된 장애물과 그에서 파생되는 이득에 대한 예를 소개하고 있다.

긍정적 대응 전략의 발전을 통한 회복력 강화

회복력이나 '인내력' 관련 문헌은 많은 역경에도 불구하고 잘 자란 아동과 성인의 성공에 기여한 요소를 밝혀내고자 한다. 지난 10여 년 동안 이러한 문헌을 일반적으로는 도시 아동의 교육(예, Benard, 1994; Pollard, 1989; Wang & Gordon, 1994; Wang, Haertel, & Walberg, 1998)에, 특수하게는 영재학생의 교육(Bland, Sowa, & Callahan, 1994; Ford, 1994; Hébert, 1996)에 적용하는 것에 대한 관심이 증가해 왔다. 성인 영재에 대한 연구(Arellano & Padilla, 1996; Arnold et al., 1996; Kitano, 1994/1995, 1997, 1998a, 1998b; Kitano & Perkins, 1996, 2000)는 엄청난 인내력과 회복력을 모든 문화와 지역에 걸쳐—성, 인종, 종교, 경제적 지위, 또는 정치 · 사회 · 지리적 조건 등에 관련된 장애(예, 전쟁, 가족 폭력, 기아)를 경험하고도—성공한 사람의 특징이라고 보고하고 있다. 몇몇 일류 대학은 입학 기준 중의 하나로 회복력을 활용해 왔다. Piirto(1999)는 영재를 판별하는 모델에서의 비인지적 변수로 회복력, 끈기, 추진력을 포함하였다.

이러한 논의에서 가장 중요한 것은 회복력이 어떤 불변의 특성이 아니라 협조적인 환경(Gonzalez & Padilla, 1997)이나 문제해결 기술을 직접 가르침으로써(Cowen, Wyman, Work, & Iker, 1995) 촉진될 수 있는 후천적인 반응이라는 것의 증거다. 복원력을 증진한다고 일반적으로 문헌에서 논의되는 조건(Benard, 1994; Ford, 1994; Pollard, 1989; Wang, et al., 1998)으로는 교사의 상냥한 태도, 높은 기대 수준, 효율적인 교수법의 실행, 학생의 다양성에 대한 민감함, 그리고 실생활과 관련된 복잡한 문제를 해결할 수 있는 기회를 제공하는 다문화적, 학습자 중심의 교육과정 등을 들 수 있다.

다양한 배경을 가지고도 크게 성공한 성인에 대한 연구는 위에서 기술한 것과 같은 요소에 더하여 강한 민족적 정체감이나 이중문화 공존주의

(biculturalism) 같은 문화적으로 특수한 요소도 제시하였다. 사회경제적 지위나 민족적 동질성의 수준이 한 집단 내부에서 민족적 정체감이 회복력에 기여하는 정도에서의 차이를 가져올 수도 있다. 학교 개혁의 지지자가 능력에 따른 이질 집단 편성을 요구하고 등급 표시 폐지를 요구하고 있지만, 조기 판별하여 영재교육 프로그램에 배치하는 것이 경제, 문화 및 언어적으로 다양한 배경을 가진 학생의 학업적 회복력에 기여한다는 증거가 발견되었다. 또한 연구들은 다양한 배경의 성인 영재가 자신의 성공과 관련되었다고 인지한 구체적인 대응 전략을 밝혀내었다.

Arellano와 Padilla(1996)는 일류 대학에 다니는 30명의 라틴계 학부생을 대상으로 학업적 회복력에 관련된 조건을 연구하였다. 저자들은 이 집단에서 '위험에 처해 있는' 학생(빈곤층이나 노동자 계급 출신)을 좀 더 유리한 조건의 학생과 비교하였다. 집단을 나눈 기준은 학부모의 교육 수준이었다. 놀라운 것은 전체 집단의 73% 학생이 초등학교 때 영재로 판별되었다는 사실이다. 나머지 학생은 능력별 학급 편성을 하지 않는 학교를 다녔다. 많은 학생이 그들의 자아 효능감과 경쟁심 때문에 영재로 판별될 수 있었다고 보고하였다. 연구자들은 위험에 처해 있는 영재학생에게 있어서 협조적인 부모와 교사, 이중문화 공존주의(자신의 문화적 전통과 민족적 정체성을 버리지 않고서도 주류에서 성공적으로 살 수 있는 능력), 자신들의 민족성과의 강한 연대감 등이 그들의 능력 발전에 기여하였다는 것을 알아내었다. 유리한 조건의 학생은 학창 시절에 다양한 경험을 하고 더 적은 수의 장애를 겪었으며 민족 문제에 대해서는 좀 더 중립적인 견해를 나타내었다.

Gonzalez와 Padilla(1997)는 대체로 스페인어를 사용하는 멕시코계 고등학생의 학업적 회복력과 성취도를 조사하였다. 그들은 학교에 대한 소속감과 협조적인 학업 환경을 회복력의 주요 지표로 제시하였으며, 가족과 동료 학생의 지원이 회복력이 있는 학생으로 하여금 학교에 더 높은 의미를 부여하도록 한다는 사실을 밝혀냈다. 또한 그들의 발견은 민족적 · 문화적 자부심이 민족적으로 동질적인 학교(예를 들어, 라틴계 학생이 95% 등록한)의 학생들보다 다양한 민족의 학생으로 구성된 학교의 학생에게 더 중요하다는 것을 제시한다.

Kitano와 Perkins(Kitano, 1994/1995, 1997, 1998a, 1998b; Kitano & Perkins, 1996, 2000)는 흑인, 아시아계, 라틴계, 백인, 그리고 그 밖의 다양한 이민자 출신으로 성공한 여성이 살아가면서 사용해 온 긍정적 대응 전략을 밝혀내었다. 이러한 전략에는 적극적으로 무시하기, 긍정적 방식으로 재구성하기, 문제를 다른 것을 성취하기 위한 수단으로 만들기, '정면' 으로 대응하기, 문제에 대해 숙고하기, 미리 준비해서 문제 예방하기, 이중문화 공존주의 가지기, 인지하고 넘어가기, 자신을 지지하기, 대안 모색하기, 주위 환경 관찰하기, 올바르게 선택하기, 다른 사람에게 협조 구하기, 전략적으로 행동하기, 낙담을 도전으로 삼기, 변화를 위한 지도력 가지기, 더 열심히 노력하기, 기술 쌓기, 계획하기 등이 포함된다. 이 중 몇 가지는 특정한 문화와 연관된 것처럼 보이지만, 대부분은 모든 문화에 걸쳐 나타나는 것으로서 다른 연구에서 확인된 요소와 유사하다(예, Arellano & Padilla, 1996; Richie et al., 1997).

이러한 연구 결과는 긍정적 대응 전략을 가르침으로써 저소득층 출신의 영재학생의 회복력을 증진할 수 있는 가능성을 제시하는 것이며, 이런 대응 전략은 적극적인 태도나 높은 기대 수준이 회복력을 증진한다는 좀 더 일반론적인 논의를 향상한 더 구체적인 접근법이라고 할 수 있다. 한 집단 연구에서는 저소득층 출신이며 높은 성취도를 보이는 라틴계, 아시아계, 흑인, 그리고 백인 대학 1~2학년 여학생을 대상으로 실제 삶에서의 딜레마를 극복한 사례 연구와 유색 인종 영재 여성에 대한 연구에서 도출된 대응 전략(Kitano, 1997, 1998a, 1998b; Kitano & Perkins, 1996, 2000), 그리고 Cowen 등(1995)에 의해 기술된 문제해결 방법 등이 통합된 교육과정의 초안을 검토하도록 하였다(Kitano, 1998c). 그 과정에서 학생들은 연구되어 온 미국 내 또는 외국의 여러 민족 집단 출신의 영재 여성이 직면하는 문제를 선택하여 해결책을 모색하도록 요구되었다. 에리트레아(Eritrea) 출신의 학생은 아버지 때문에 나이 많은 남자와 결혼하게 된 12세 나이지리아 소녀의 문제를 논의하였다(그 소녀는 결국 도망쳤고 가족에 의해 의절당했다). 이 학생은 이러한 문제가 미국 내 자신의 민족 집단 내부에서도 마찬가지로 나타난다고 지적하였다. 한 멕시코계 학생은 집에서 멀리 떨어져 있는 대학에 진학하겠다고 하자 아버지가 재정 지원을 중단한 라틴계 영재 여성의 문제를 선택하였다. 흑인 학생은 직장 내에서의 공공연한 인종차별의 예를 선택하였다. 베트남 출신의 한 학생은 이 실험적인 수업이 개인적으로 경험한 장애에 대해 학교에서 논의해 본 최초의 시간이었다고 이야기하였다. 그녀는 이런 문제를 부모와 이야기하는 것은 불편하기만 할 뿐이라고 했다. 그들은 학생이 실생활 속에서 여러 가지 딜레마를 직면하게 되는 중학교 때 이런 종류의 교육과정을 제공하는 것이 도움이 될 것이라고 제안하였다.

이런 예가 보여 주듯이, 실제 영재 여성의 삶에서 도출된 문제를 학교교육에 통합시키는 것은 아직까지 매우 논쟁적이며, 부모와 가족의 긴밀한 협력, 그리고 매우 세심한 실행이 필요하다. 그러나 집단 연구 참가자는 그러한 사건이 이미 어린 시절부터 발생하며, 그것을 부정하는 것은 전혀 도움이 되지 않는다고 반박하였다. 하나의 대안은 긍정적 대응 전략에 대한 연구와 실천을 도전적인 기준 중심의 학업 교육과정—예를 들어, 전쟁이나 강제 이주와 같은 극도로 어려운 환경 속에서 살아남은 사람들의 전기를 분석하는 것과 같은—에 통합하는 것이다. 자녀에게(어떻게 인종차별에 맞설지 등을 포함한) 대응 전략을 직접적으로 가르쳐야 할 부모와 가족 역시 이로부터 도움을 얻을 수 있으며, 마찬가지의 기여를 할 수도 있을 것이다. 또한 Wang 등(1998)은 특정한 활동이나 전략 자체가 교육적 회복력을 만들어 낼 수는 없으며, 이런 활동이나 전략은 학교, 또래 집단, 가족, 지역 공동체를 포함하는 포괄적인 개혁이라는 맥락 안에서 이루어져야 한다고 경고하였다.

결론

영재를 포함한 모든 학생의 성취도를 향상하기 위한 목적으로 고안된 학교 전반에 걸친 심화학습이나 다른 개혁안은 불평등한 교육 결과를 가져올 수 있는 근원적인 문제를 직면해야만 한다. 문헌에 따르면, 많은 경우에 다양한 배경의 영재학생은 판별, 수업, 그리고 나중에 심지어는 직장에서까지 공공연하면서도 미묘한 차별을 경험하게 된다. 교육자는 종종 학생이 매일 직면하는 인종 문제를 인지하기를 꺼린다. 만일 우리가 교실에서 문화적, 언어적으로 다양한 학생에게 어떤 일이 일어나고 있는가에 대한 문제를 다루지 않는다면, 영재를 비롯한 모든 학생에게 도전적인 교육과정을 제공하려는 노력이 성공할 수 있겠는가?

사회문화적 문헌은 이런 문제를 직접적으로 언급하는 것의 중요성과 그 잠재적인 해결책을 보여 주고 있다. 발판을 제공해 주는 것과 같은 구성주의적 접근과 직접 교수법을 결합하고, 개인적 · 제도적 편견을 제거하며, 교육과정을 변화시키고, 긍정적인 대응 전략을 가르침으로써 회복력을 강화하는 등의 노력은 교육 평등에 기여할 수 있는 것으로 충분히 검토해 볼 가치가 있다. 이러한 전략은 저소득층이나 다양한 배경의 영재학생만을 위한 별개의 구조를 만든다거나 그들을 위한 정서적인 교육과정을 옹호하는 것으로 해석되어서는 안 된다. 오히려 이런 전략은 모든 문화적, 언어적 배경의 학생의 동기를 높이고 성취도를 향상할 수 있는 가능성이 있기 때문에 심각하게 연구되어야 할 것이다.

제3부

영재교육의 실천

선발, 교육과정 그리고 프로그램

제11장

영재 프로그램을 위한 교육과정 정책 개발

영재교육 관련 이슈의 현장 적용

Joyce VanTassel-Baska

영재교육의 정책 개발은 기금 조성의 우선순위와 밀접한 관계가 있으며, 주와 연방 의안 제출로 제한되어 왔으며, 주로 판별과 차별화된 프로그램을 만드는 것에 초점을 두었다(U.S. Department of Education, 1993; Council of State Directors, 1996). 교사 훈련에 대한 관심은 선별된 주 자격증과 승인 프로그램을 통하여 다루어져 왔다. 교육과정은 교육정책의 어떤 수준에서도 별로 다루어지지 않았다. 따라서 이 장에서는 주와 지방 수준에서 영재 학습자를 위한 교육과정 정책 의안 발언권을 제도화할 것을 주장한다. 교육과정 정책 의안 발언권은 새로운 주 기준과 평가 기제와 양립될 수 있지만 학습자의 본성에 근거한 본질적인 융통성은 유지할 수 있도록 한다. 소외계층을 교육과정에 더 잘 접근하도록 유도하고, 최고의 학생을 공립학교에 계속 남게 하기 위해서, 교육청에서는 이러한 내용을 발의해야 한다(Ford, 1996).

이론적 근거

영재 학습자를 위한 교육과정 정책이 필요한 이유는 영재를 위한 프로그램 개발에서 교육과정이 차지하는 역할에 대한 세 가지 가정을 근거로 한다. 무엇보다도 교육과정은 영재교육에서 핵심적이다. 도전 의욕을 불러일으키며, 잘 전달되고, 적절하게 평가되는 교육과정 없이는 효과적이고 실행 가능한 영재 프로그램이란 있을 수 없다. Cox, Daniel과 Boston(1985)은 교육과정 중심의 모범적 영재 프로그램을 나타내는 열 가지 변수 중에서 일곱 가지를 설명하였다. 그것은 합의로 도출된 철학과 목표, 학습자의 성과에 대한 분명한 기대, 그리고 도전을 포함한다. 더구나 학교에서 실행할 수 있도록 연구에 기초한 최선의 실행방법에 관한 최근의 목록(예, Wang, Haertel, & Walberg, 1996)에서도 채점 후 다시 돌려주는 숙제, 목표에 따라 가르치는 것, 직접적인 교수, 그리고 순차적인 기술에 따라 완전 습득 학습(mastery learning)을 제공하는 것과 같은 교육과정 문제를 강조하였다. 그러므로 교육과정과 학교 개선은 영재교육과 일반교육 모두와 매우 긴밀하게 연관되어 있다.

둘째, 우리는 교육과정 개발과 프로그램 개선을 위한 적절한 전략이 필요하다. 적절한 자원이 부족하기 때문에 영재교육은 항상 지역 수준으로 단편화된 사업, 즉 3~5학년 수준의 약간의 이동 프로그램, 6~8학년 수준의 소수의 고급 수학반, 고등학교 수준의 소량의 대학 학점 선수 이수 과목이었다. 일반교육을 개혁하는 시대에 그러한 접근은 거의 성공률이 없었다. 대신에 우리는 영재학생의 학습을 위해서 적절한 틀을 유지할 필요 때문에 재조직되고, 집약되고, 첨부된 주 기준의 개별화된 세트를 통과해야만 한다. 그리고 이 전략과 유사하게 개선에 대해서도 체계적인 접근법을 가져야만 한다. 이 접근법은 혁신적인 개선을 가장 잘 관찰할 수 있는 학교 수준의 실행에서 어떤 일이 일어났는지를 연구하여 만든 계획,

실행, 평가, 행동을 고려해야 한다.

마지막으로, 교육과정 정책 개발은 학교나 학군에서 영재교육과 관련된 각각의 분리된 문제에 대해 임시변통으로 고안되는 행위에 반하여 장기간의 응집력을 보장할 수 있는 하나의 법이다. 그것은 연구를 바탕으로 한 최선의 실행에 대해 일종의 '표준 표식'을 제공하는 역할을 할 수 있다. 왜냐하면 그것은 많은 측면에서 영재 프로그램을 초등 및 중등 교육 수준을 넘나들고, 과목 사이를 넘나들며, 그 조직 모델을 뛰어넘어 통합하게 하는 접착제 역할을 하기 때문이다. Clune(1993)은 교육 개혁 사항을 지지하는 데에서 정책 개발이 가지는 중요성을 언급하였다. 많은 면에서 영재에게 적절한 교육과정은 학교에서는 전형적으로 '혁신'이기 때문에 비슷한 맥락에서 다루어져야 한다. 즉, 정책 목표, 해당 구성 요소, 실행과 관련된 정치, 그리고 그 목표를 실현하는 쪽으로 진보하는 것에 대한 증거를 식별하여야 한다.

교육과정 정책이 영재교육 관련 문서에 많이 나타나지 않았다고 해서 문제가 없었던 것은 아니다. 반어적으로 그것은 보통 프로그램 개발자에게도 계속해서 등장하는 동일한 문제다. 어떻게 학습 속진을 다룰 것인가? 무엇이 참된 차별화인가? 정규교육 학습과의 관련이 중요한가? 어떤 집단화 모델을 사용해야 하는가? 어떻게 교사가 영재와 수업하는 것을 준비해야 하는가? 이러한 문제는 30여 년 동안 이 분야를 지배해 왔다. 시기적절하게도, 영재교육 분야는 이러한 문제에 대한 합의가 필요하고 그 문제를 미래 프로그램 개발자에게 예시가 될 수 있는 정책 의안으로 전환할 필요가 있음을 인지할 만큼 충분히 진보되었다. 시간과 노력을 낭비하는 것이 실행가가 빠져 있었던 더 무가치한 일 중의 하나였으며, 최우수 학습자를 위한 교육과정 관련 이슈보다 이 과정에 영향을 받기 쉬운 영역은 없었다. 그러므로 우리가 이러한 문제를 직접적으로 전환할 수 있다면, 학교는 영재 학습자를 지지할 수 있는 다섯 가지 중요한 정책 제안을 할 수 있다. 그 중 세 가지는 구체적으로 교육과정과 관련된 사항에 초점을 둔다. 그리고 두 가지는 그것을 성공적으로 수행하기에 필수적인 지지체제에 초점을 둔다. 이들 목표 각각을 관련 요인과 함께 설명할 것이다. 그러한 예시가 영재교육 분야에서 응집적인 실행의 기초를 제공할 수 있기를 희망한다.

정책을 만드는 정치학

변화에 대한 많은 다양한 이론이 있지만(Fullan & Stiegelbauer, 1991; Senge, 1990), 대부분의 학자는 변화가 위에서 아래로 또는 아래에서 위로 왔다 갔다 하는 복잡한 과정이라는 것에 동의한다. 학교가 어려운 환경에서도 변화를 수행하는 데는 몇 가지 이유가 있다. 그것은 혁신적이기보다는 더 반응적인 혼돈된 작용, 교사의 교육 내용과 연관된 교수법의 전문 기술 부족, 그리고 긍정적인 변화를 방해하는 위계적인 행정 모델을 포함한다. 일반적인 교육 개혁에서 도출된 이러한 문제가 주어진 상황에서 영재 교육과정 실행을 제도화하는 것이 상당히 어렵다는 것은 그다지 놀라운 사실이 아니다.

분명히 혁신적인 것을 만드는 작업은 위압적이다. 수학·과학 과목 개선 프로젝트에 대한 최근 연구는 무엇이 잘 작용하는지에 대한 많은 근거 없는 통념을 논파하였다(Cohen & Hill, 1998; Kennedy, 1999). 접촉 시간, 실행 모델, 심지어 교육 종사자의 폭넓은 개입과 같은 이슈는 과정에서 상대적으로 중요하지 않은 듯하다. 그러나 특수 교과목에서 학생이 무엇을 배울 필요가 있는지와 그것을 배우도록 돕기에 가장 좋은 전략에 대한 초점이 일순위다. 만약 이러한 발견이 새로운 연구에서 지속적으로 지지를 받게 된다면, 그것은 학교가 조직되어야 하는 바른 방법과 학교가 교사를 계속해서 효과적이 되도록 준비시키는 방법을 제도화하는 일 등에 영향을 미칠 것이다. Borko, Mayfield, Marion, Flexer와 Cumbo(1997)는 대규모 개혁 프로젝트는 교실에서의 변화를 이끌어 내기 위해서, 그리고 위협적인 '시험이라는 칼'이 없는 전문가로 교사를 대하기 위해서는 집중적으로 2년 정도가 필요했다는 것을 발견하였다. 그러한 발견은 일부 행정가가 전적으로 시험 점수를 올리는 데 몰두해 있는 현실이 결국 누구의 잘못도 아니라는 태도와 반대된다. 그러나 성공적인 정책 실행은 많은 면에서 정책 개발의 토대에 근거하고 있다.

교육과정 융통성에 대한 정책

학군이 규정하는 가장 중요한 교육과정 정책 의안 제출권 중의 하나는 교육과정의 융통성을 다루는 것일 것이다. 교육과정 융통성은 같은 연령대의 학생이 학습 영역 내에서 혹은 학습 영역에 걸쳐서 서로 다른 수준으로 학습하게 하는 것을 바탕으로, 학생의 학습 수준을 진단하고 그 수준보다 조금 높은 수준의 교육과정을 제시하는 것이 필요하다는 것을 가정한다. 시간의 죄수(Prisoners of Time)라는 정부 자료(National Education Commission on Time and Learning, 1994)는 학습할 때 시간을 결정적인 변수로 인지하는 것이 중요하다고 기술하였다. 그것은 Bloom(1985)이 수십 년 전에 이해했던 바와 같다. "만약 경험과 연구와 일반 상식이 다른 아무것도 가르치지 못한다면, 그것은 사람이 다른 과목을 다른 방식으로, 다른 진도로 배운다는 공리를 확증하는 것이다." (p. 4) 다른 발달 단계를 가지고, 다른 과목 영역에서 학습 진도에 차이가 있다는 것은 학교가 교육과정과 교수법의 본을 뜨는 데 필요한 결정적인 이해 요소다. 이 융통성을 영재 학습자에 적용하여 해석하면 몇 가지 속진 형태가 될 수 있다. 장애 학습자를 위해서 교육과정의 과제, 시험, 심지어 전체 학습에 할당되는 시간을 연장하는 것은 적절한 형태의 융통성이라 볼 수 있다. 그러나 학교 교육에서 융통성은 공립학교에서 특수한 요구를 가진 학생에게 적용될 때 매우 어려운 과업이 된다. 특수교육은 장애아의 요구에 주의를 불러일으켰지만, 속진 교육과정이 필요한 영재 학습자의 요구를 들어주기 위해서는 주법과 연방법에 그와 유사한 박차가 거의 가해지지 않았다.

학군 수준에서 그러한 정책을 개발하는 데는 다양한 요소가 고려되어야 한다. 그중 하나는 다양한 발달 단계에 있는 학생에게 조기 입학과 조기 졸업을 허용하는 것이다. 고등학교와 대학교에 조기 입학하는 것이 중요한 만큼, 유치원이나 1학년에 조기 입학하는 것 또한 고려할 만한 중요한 단계다. 많은 영재아는 정해진 나이가 되기 전에 학업적으로 학교에 들어갈 준비가 되어 있다. 그리고 그들은 학교 환경에 들어가면 또래보다 더 빠른 발달을 보인다. 고등학교 조기 입학은 미국의 많은 학교에서 너무나 공통적인 중학교 교육 기간의 패턴을 유지하는 것을 깨는 것이다. 조기 대학 입학은 이미 고등학교 교과목을 숙달한 학생에게 열려 있다(Olszewski-Kubilius, 1995). 새 기준 운동의 이점 중 하나는 학교 교육의 각 분야에서 숙달 수준을 문서로 증명하게 하는 분명한 방법을 제시한 것이다. 그리고 이것은 학생이 앞으로 나아갈 수 있도록 준비할 수 있게 한다.

또 다른 교육과정 융통성 요인은 모든 교과 영역과 모든 수준의 학교 교육에서 내용에 근거하여 속진을 실행하도록 하는 것과 관련이 있다. 최근에 학교들은 점점 수학 속진에 더 개방적이 되고 있다. 그러나 다른 학과목에 고급반을 제공하는 것은 그렇지 않다. 언어, 과학, 예술 영역에서 발달이 빠른 영재 학습자에게는 속진이 그들의 자연스러운 발달 속도에 맞는 향상된 학습과 개발을 위해서 결정적이다. 하지만 실제로는 속진 실행에서 고려되는 학과 영역을 제한하였을 뿐만 아니라, 학생이 학교 교육과정에서 너무 벗어나지 않도록 혹은 다른 학생이 자신의 나이에서 너무 벗어나지 않도록 진도를 6개월 또는 1년으로 한정하고 있다. 이러한 실행은 속진이 향상된 학습, 동기, 그리고 속진을 받는 학생이 특별 활동에 개입하는 것에 미친 긍정적인 영향을 보여 준 지난 80년간의 연구에서 지적되었듯이 둘 다 잘못된 것이라고 볼 수 있다(Benhow, 1998; Swiatek & Benhow, 1991).

고등학교 수준에서 실행되고 있는 매우 잘 적용될 만한 속진 형태에는 대학 과목 선수 수강 배치(College Board Advanced Placement Program: AP)와 국제학사제도(International Baccalaureate: IB) 등이 있다. 이들 프로그램은 모두 학생들이 고등학교 기간 동안 대학 수준의 공부를 할 수 있는 기회를 제공하는 동시에, 그 과목에 대해 대학의 이수 학점으로 인정받게 해 준다. 이러한 모델은 모든 연령의 학생에게 가능해야 하며, 고급 수준의 학업을 했다는 증거는 다음 수준의 교육적 경험과 관련해 공적으로 인정되어야 한다. 이것은 모든 수준의 학교 교육과정에서 총명한 학생에게 훨씬 더 동기 유발적인 학습이 이루어지도록 하는 데 중심적 역할을 한다. 고급심화과정(AP) 프로그램에 참여함으로써 학생이 얻을 수 있는 구체적인 이익은 ① 고등학교에서 고급 수준의 교육과정을 들을 수 있는 융통성 있는 접근, ② 고등학교 학업 대신 대학 수준의 이수 학점이나 배치, ③ 계속해서 도전 의식을 자극하는 학업을 할 수 있도록 동기 유발, ④ 대학 목표에 관한 모델 제공, ⑤ 상장 모으기 등을 포함한다. 학교는 ① 교사에게 무조건 교육과정을 개발하게 하기보다는 고급 수준의 교육과정 수업 계획서를 제공하기, ② 교육과정과 교사 평가에 이용할 수 있는 교육과정 중심 평가 자료, ③ 높은 기준을 수행한다는 증거를 얻을 수 있다. IB에서도 유사한 이점이 생기는 것으로 보인다.

교육과정 융통성에 대한 세 번째 요인은 교육과정에 걸쳐 앞선 학생에게 단순히 학년 속진을 허용해 주는 것이다. 이것은 조기 입학 정책으로 다루어질 수 있으나, 자연스럽게 일어나는 변환기를 넘어서서 학교 교육의 단계를 고려하는 것으로 생각의 범주를 넓혀야 한다. 모든 교과목에서 2년 이상을 앞선 학생에게 학년 수준 속진은 좋은 결정이 될 것이다(Charlton, Marolf, & Stanley, 1994). 개인적인 사회 · 정서적 성숙 수준도 학생이 그러한 이동을 하고자 하는 욕구가 있는지와 함께 고려되어야 한다. 물론 각각의 경우가 개별적으로 고려되어야 하지만, 이와 같이 문서로 잘 증명되고 연구된 이 실행에 관해서 실제로는 생각보다 더 많은 관심이 표출되었다. 학교 교육의 결정적인 시점에서 학년 속진을 실시하는 것은 최고의 학습자가 지루함을 이기고 적극적인 태도를 갖도록 도울 수 있다.

고등학교에서 2년제 전문대학이나 4년제 대학에 이중 등록하는 코스를 가능하게 하는 정책도 중요하다. 이중 등록은 조기에 학문적 과정과 사회화 과정이 일어나게 할 수 있는 훌륭한 기회를 제공한다. 학생들은 캠퍼스에서 떨어진 곳에서 한두 과목을 듣거나 혹은 캠퍼스에서 이중 등록 코스를 수강할 수 있다. 현재 22개 주에서 이중 등록 정책을 허용하고 있다. 이러한 정책은 지역 학군이 학생에게 고등학교에 있는 동안 대학교육에 접근할 수 있는 기회의 제공을 장려하는 것이다. 이러한 코스는 나중에 대학 학점으로 쌓이고, 자동적으로 학생이 같은 주의 주립대학에 진학할 때 대체로 대학 1학년에 동등한 학점으로, 이수 과목으로 인정된다. 때로 시골 지역에 있는 학생과 학교에는 종종 관심을 가지는 교수진의 부족이나 충분한 학생 수의 부족으로 AP나 IB가 불가능하기도 한데, 이중 등록은 이에 대한 충분한 대안이 될 수 있다.

학교 융통성 정책에서 고려할 마지막 요인은 전자통신 영역에 있다. 고급 코스는 이제 10년 전에는 불가능했던 방식으로 기술적으로 제공될 수 있다. 학교정책은 이러한 교수-학습에 대한 새로운 대안을 반영해야 한다. 특히 그런 새로운 방식으로 매우 큰 효과를 볼 수 있는 우수한 학생에게 허용되어야 한다. 몇몇 대학은 어린 학생에게 맞춰진 온라인 코스를 제공하고 있다. 컴퓨터 기반 수학 프로그램인 스탠퍼드 영재교육 프로그램(Stanford Education Program for Gifted Youth: EPGY)이 그 예다. 볼 주립대학교와 같은 다른 대학은 전자통신을 이용하여 시골 학교에 고급 코스를 제공한다. 대학교수와의 독립 연구 기회와 전 세계 규모로 진행되는 연구 프로젝트는 이제 교실을 넘어서 학생의 학습의 한 부분이 되고 있다. 하지만 학습기술을 가지고 전통적인 학습 모델을 넘을 수 있는 능력이 있는 학생에게 도움을 줄 수 있는 이러한 새로운 형식의 학습을 총괄하는 정책 자체는 매우 부족한 실정이다.

교육과정 차별화에 대한 정책

영재를 위한 교육과정에서의 두 번째 정책 제안은 교육과정, 교수법, 그리고 평가가 서로 연계되는 것에 따른 차별화를 요구한다. 차별화된 교육과정은 영재 학습자 집단이나 개별 학생의 요구에 맞춰서 만들어지며, 확실히 규준과 다른 경험을 제공하여 특수화된 개입을 정당화한다. 그리고 학습을 최대화하기 위해 적합한 교수과정과 평가과정을 사용하는 훈련을 받은 영재 교육가에 의해서 시행된다.

교육과정 설계는 훌륭한 교육과정을 구성하는 주요 특징의 윤곽을 그리는 것이기 때문에, 영재를 위한 차별화된 교육과정 정책의 한 가지 주요 요소가 된다(Borland, 1989). 영재를 위해 잘 구조화된 교육과정은 적절한 목표와 결과를 규명해야만 한다. 학생이 어떤 발달 단계에서 알아야 하고 할 수 있어야 하는 중요한 것은 무엇인가? 학습자가 자료를 숙달하는 속도에 맞추어 도와주기 위해서는 깊이 있고 복잡한 교육 경험을 어떻게 제공하여야 하나? 영재를 위한 교육과정은 또한 학습 교과목에도 모범적이 되어야만 한다. 즉, 영재를 위한 교육과정은 학과목 표준에 기초를 두어야만 하고, 쓰기, 수학적 문제 해결, 혹은 생활과학을 행하는 실제 세계의 전문가의 생각에도 근접해야만 한다(VanTassel-Baska, 1998b). 더구나 영재 교육과정은 우수한 학생의 수준 높은 도전, 심층적 사고와 행동, 그리고 추상적인 개념화에 대한 요구를 존중하도록 설계되어야 한다.

과거 10년 넘게 윌리엄 앤드 메리 대학교의 영재교육센터에서는 영재 학습자를 위해서 특별히 설계된 중 · 고등 수준의 언어, 과학, 그리고 최근에는 사회 과목의 교육과정을 재검토하고, 개발하고, 현장에서 실험해 보고, 보급하며, 후속 연구를 실시하는 활동을 해 왔다. 개별 프로젝트는 각 학습 영역에 대한 국가 기준점에 조심스럽게 조준하면서 맞추어 왔다. 새 국가 기준점이 제시된 상황에서 현재까지 우리의 연구 증거는 영재를 위한 차별화 정책이 교육자로 하여금 국가 기준점에 의거해서 진보된 수준의 과제를 개발하고, 더 높은 수준의 기술과 개념에 초점을 맞추기 위해서 여러 학년을 아우르는 기준점을 조직하고, 개념을 깊이 탐색할 수 있는 기회를 제공하도록 하는 데 더 많은 관심을 기울여야 한다고 주장한다(VanTassel-Baska, Bass, Reis, Poland, & Avery, 1998; VanTassel-Baska, Johnson, Hughes, & Boyce, 1996). 표준을 벗어난 전체적으로 새로운 코스나 단원을 창조하는 것은 별로 도움이 되지 못한다.

교육과정 차별화 정책은 또한 영재와 우수한 능력이 있는 학습자를 담당하는 교실에서 사용할 자료는 조심스럽게 선별될 필요가 있음을 제기해야 한다. 그러한 자료는 한 가지 종류의 읽을거리가 아니라 고급 수준의 읽을거리를 제공하고, 흥미롭고 도전 의식을 자극하는 생각을 제시하며, 지식을 시험적이고 개방된 것으로 취급하고, 학생이 학제적인 연계를 할 수 있도록 개념적인 깊이를 제공해야만 한다. 더 이상적이게는 각 교실이 같은 기준을 충족하는 질 높은 기술적인 학습 자료도 보유해야 한다(Johnson, Boyce, & VanTassel-Baska, 1995).

다양한 학습자 사이에서 차별화된 반응을 촉진하는 교수법적인 접근은 탐구 중심 접근법과 개방적인 접근법을 포함하며, 융통성 있게 집단을 나누는 실행방법을 활용할 수 있다. 효과적인 탐구 중심 모델의 한 예로는 문제 중심 학습이 있다. 문제 중심 학습에서 학습자는 주어진 교과목의 핵심 학습 내용을 바탕으로 교사가 만든 실생활의 문제를 접하고, 그 문제의 본질과 그것을 연구하기에 효과적인 방법을 탐색한다. 문제 중심 학습은 관련 자료를 얻을 수 있는 출처도 제공해야 한다. 교사에게는 높은 수준의 질문을 하는 기술, 경청기술, 토론기술, 개별지도 능력과 같은 수업기술이 필요하다. 이러한 기술은 교실에서 성공적인 학습 결과를 만드는 과정으로 유도하는 데 도움이 된다. 문제 중심 학습은 또한 융통성 있는 팀 만들기와 교실 전체 토론을 활용하기를 요구한다. 문제를 해결하려면 학생이 제안하고 교사가 안내하는 프로젝트와 발표도 필요하다 (Boyce, VanTassel-Baska, Burrss, Sher, & Johnson, 1997; S. A. Gallagher,

Stepien, Sher, & Workman, 1995). 그러므로 수업정책은 교육과정의 의도된 산출물을 성공적으로 강조하는 몇 가지 핵심 교수 모델을 선별해야만 한다. 행정가는 교사가 그러한 모델을 깊이 있게 잘 배울 수 있는 기회를 제공해야만 한다.

차별화는 기초가 되는 핵심 자료와 교육과정을 신중하게 선별하고 강력한 교수법을 심사숙고해서 선택하는 것과 관계가 있는 것과 마찬가지로 또한 높은 수준의 학습을 반영하는 차별화된 평가 계획안을 선택할 필요가 있다. SAT(The Scholastic Aptitude Test), 고급심화과정(AP) 시험과 같은 비중이 큰 평가와 심지어는 주에서 실시하는 평가는 학생이 또래 집단에 비하여 얼마나 잘하고 있는지를 나타내는 표준화된 상징이다. 우수한 학군으로 인정받기 위해서는 국가적으로 규준화된 이러한 도구에서 높은 수준의 점수를 받는 학생을 만들어 내야 한다. 그러나 이러한 시험에서의 성공은 개별 학급의 깊이 있는 준비에 달려 있다. 관련된 내용에 근거를 둔 교육과정 전형에 대한 충분한 준비 없이는 심지어 영재와 같은 능력 있는 학습자도 자신의 능력을 잘 발휘할 수가 없기 때문이다. 그러므로 학생 수행에 대한 전반적인 향상을 위한 핵심은 관련 교과목의 이러한 평가를 직접적인 교수의 계획을 위한 도구로 사용하여야 한다는 것이다. 교사가 만든 교안을 재검토할 책임이 있는 행정가는 어떻게 그러한 평가 모델이 교실에서 진행되는 수업으로 전환될지를 알아야 한다. 학교에 기반을 둔 팀과 보조 부서는 그러한 요소를 결합하기 위한 전략을 짜는 데 노력을 기울여야 한다. 우리 사회의 현실은 그러한 평가를 학교에서 학생 향상의 주요 지표로 간주한다. 따라서 우리는 평가를 공공연히 배척하기보다 우리의 목적에 맞게 사용하여야 한다.

학생 학습을 평가하는 표준화된 측정과 더불어, 개인적인 성장과 발달을 평가하기 위해서는 수행에 근거한 도구를 사용하는 것이 중요하다 (Wiggins, 1996). 더 표준화된 측정과 연계하여, 수행평가 도구는 특수 교육 목표에 대한 개인의 발달과정에 관해서 좀 더 완벽한 그림을 제공한다. 영재 학습자에게는 특히 그러한 측정이 전통적인 지필 측정보다 심도 있게 숙달된 기술과 개념을 평가하는 더 나은 지표가 될 것이다. 실제로 영재교육은 오랫동안 그러한 접근법을 선호해 왔다. 그것이 많은 영재 프로그램의 목표 구조와 잘 맞아떨어지기 때문이다. 예를 들어, 연구 프로젝트를 전체적으로 평가하기 위해 채점 기준표를 사용하는 것은 오랫동안 영재 프로그램에서 강력한 표준으로 시행되어 왔다. 그러나 그러한 평가를 사용할 때 영재 학습자에 관하여 고려해야 할 중요한 이슈는 사전·사후 평가 절차를 통해서 밝혀진 시간의 흐름에 따른 학생의 실제 성장, 그리고 개인과 소집단을 위한 교수 계획에 사전 평가 결과를 사용하는 것에 관한 것이다. 너무나 자주 학생은 그들이 이미 아는 것에 대해 평가를 받거나, 새로운 학습 분기점에 도달하는 것을 제대로 설명하지 못하는 평가로 측정받아 왔다.

영재 학습자에게 대안적인 평가 방식을 사용하는 데 있어 마지막으로 고려할 점은 학생에게 과제가 주어질 때 평가에 대한 기준표를 가르쳐서 학생들이 시작할 때부터 그 과제가 요구하는 기대 수준을 이해하도록 하고 관심을 가지는 것이다. 이 방법은 또한 판단의 기준을 교사가 잘 정의하고 학생이 잘 이해하도록 도와준다.

명료성에 대한 정책

프로그램의 통합성을 이루어 내기 위해서 필요한 세 번째 정책 제안은 교육과정의 명료성과 연계성이다. 영재 학습자가 학교에 다니기 시작할 때 그들이 남보다 빠른 단계로 발전하게 될 경우, 학교는 그러한 발전을 계속 이룰 수 있도록 도와주고 나아가 훨씬 더 도전적인 것도 보충적으로 받을 수 있다는 확신을 주어야 한다(VanTassel-Baska, 1992). 결론적으로 교육과정 제공에 대한 범위와 순서에 대한 주의 깊은 관심은 존재하는 교육과정의 구조와 함께 교육과정 정책 개발과 시행의 결정적인 부분이다.

교육과정을 개발할 때 이러한 면은 너무 자주 간과되어 왔기에, 프로그램에서 포함되는 경험이 분열되고 제공되는 교육과정의 일관성은 결여되었다.

각 교과 영역에 대해서는 유치원부터 고등학교 3학년까지 선택할 수 있는 사항의 전형을 개발해야만 한다. 그래서 각 분야에 대한 교육과정을 만들 때 사용할 수 있는 전반적인 접근 방식을 결정할 수 있어야 한다. 예를 들어, 수학 교육과정을 차별화하는 주요 방법이 내용에 대한 속진이라면, 이 방법에 대한 전반적인 도식이 전개되어 수학 과목에서 배울 것이 없어지지 않도록 고등학교 3학년 수준에도 적절한 선택 사항을 포함해야 한다. 만약 통합된 접근법이 사용된다면 요소 사이의 연계를 서술하는 것이 가장 중요하다. 만약 초등학교 프로그램 모델이 존재하지 않는다면, 중등학교에서의 전형을 개발하는 것도 중요한 기능을 한다. 중학교 모델은 고등학교에서 주어지는 선택 사항과 분명히 잘 연계되어야만 한다. 범위와 절차 전형은 그것을 어떻게 일어나게 할지에 대한 논의를 하게 한다. 그리고 학부모와 다른 교육가에게는 영재학생을 위한 교육과정의 두드러진 면을 이야기할 수 있는 방법을 제공한다.

교과목의 차별화된 전형을 제공하는 것이 교육정책에 도움이 되는 역할을 하는 동안, 중요한 것은 각 지역에서 정한 학습 기준을 교육과정과 연계하는 일이다. 이 과정은 주어진 발달 수준과 교과 영역에서 영재 교육과정과 모든 학생을 위한 교육과정 사이의 관계에 대한 질문에 해답을 준다. 영재학생에 대한 기대는 주에서 정한 기준을 어느 정도로 초월하고, 또 다른 영역으로 확장하는가? 이 중심 이슈는 학교의 최고 학습자를 위한 교육과정에 대해서 다양한 내부와 외부의 대중에게 의견을 전달할 때 핵심적인 것이 된다. 강력한 영재 교육과정은 주가 정한 기준을 우회할 것이 아니라 통과하도록 설계되어야만 한다. 서류로 문서화하여 이 일을 효과적으로 달성할 수 있도록 방법을 제공한다. 결론적으로 교육자와 일반 대중은 어떻게 영재 학습자 교육과정이 모든 학생을 위한 규준과 다른지, 한편으로는 어떻게 동일한지도 이해하기 시작할 것이다.

자주 제기되는 비평 중 하나는 주의 기준이 영재학생의 학습을 방해하고 심각하게 뒤처지게 한다는 것이다(Reis, 1999). 그러나 12개가 넘는 주 기준을 기록한 서류를 자세하게 분석해 보면 그러한 우려를 이해하기가 어렵다. 새 기준은 각 교과 영역 내에서 효과적인 학습에 대한 최신 연구에 근거하고 있고, 학생이 더 높은 수준의 기술을 더 광범위하게 사용하도록 제시하고 있다. 연구, 역사적 분석, 문헌 해석, 실험 설계와 같은 요소 모두는 모든 교과 영역과 모든 발달 단계에서 이러한 기술을 특별히 강조한다. 영재 학습자가 그러한 기술을 더 빨리 터득하는 것이 사실이지만, 한편으로 그러한 기술은 일반 학습자뿐만 아니라 영재에게도 지속적인 연습이 필요한 중요한 학습이다. 그러므로 그러한 근심의 요점은 기준 그 자체에 있는 것이 아니라 어떻게 그 기준이 개별 교사에 의해서 해석되는지에 있다. 그러한 기준의 효과적인 시행의 핵심은 교사가 주어진 과목의 각 요소 내에서 각 학생이 기능하는 수준에 관해서 만들어 낸 추론에 있기 때문이다. 만약 진단평가나 기준의 군집에 아무런 관심을 기울이지 않는다면, 영재학생은 사실 어려움을 겪게 될 것이다.

연계에 대한 마지막 고려 사항은 어떻게 영재 학습자를 위한 교육과정을 고급심화과정(AP) 및 국제학사제도(IB)와 수직적으로 연계할 것이냐 하는 것이다. 이 역시 적절한 정책 개발에서 중요한 문제다. 모든 교사는 학교에 가기 전에 학생이 교과 영역에서 획득할 수 있는 가장 높은 수준에 대해서 이해하고 있어야 한다. 학교에서는 각 교과 영역의 중심 기술을 학생에게 일찍 소개하고 설명해 줄 수 있어야 한다. 시기가 늦을수록 학생이 표준화된 시험에서 요구되는 엄격한 수준까지 이르기가 훨씬 더 어려워진다. 그러므로 효과적인 설계과정은 연속성과 모든 학교 교육 단계에서 합리적으로 엄격한 수준을 보장하도록 개발되어야 한다.

집단 구성을 위한 정책

최근 연구(Kulik & Kulik, 1992; Rogers, 1998)에서는 영재를 대상으로 한 능력별 집단 구성이 긍정적이라고 보고하였다. 따라서 각 학군은 정책적으로 프로그램을 개발할 때 집단 구성이 도움이 된다는 것을 염두에 두어야 한다. 이러한 정책에 대한 주요 요소는 특별학급과 멘토십, 인턴십과 같은 독립된 집단 구성의 선택뿐만 아니라, 교실 내에서 융통성 있게 집단을 만드는 것과 차별화된 과제를 제공하는 것에 대해서도 관심을 가지고 있다.

교실 내 소집단을 만드는 것은 학교 교육의 모든 수준에서 중요하다. 초등 수준에서는 많은 교실이 혼성적이고 통합적이다. 일반적으로 그러한 환경에서는 영재 학습자를 위한 차별화나 도전이 거의 주어지지 않으며, 혼합교실에서 유사한 능력의 학생을 집단으로 묶도록 하는 교실 내 집단화는 어떠한 집단에게도 도움이 되지 않는다(Lou, Abrami, Spence, Poulson, Chambers, & D'Apollonia, 1996). 중 · 고등 수준에서 우등반과 심지어 고급심화과정(AP)에 속할 학생을 구분해도 우수한 정도의 학생에서 영재까지 다양한 범주의 학생이 포함된다. 결과적으로는 교사가 모든 학생을 대상으로 모든 자료를 다 다루려고 하는 동안 영재 학습자에게는 수업에 대한 도움이나 심층 학습의 기회가 주어지지 않게 되는 것이다. 같은 학급 내 학생 능력에 따른 우열반 구별은 교사에게 학습을 다루는 대안적인 방법을 제시한다. 예를 들어, 집단에 따라 과제를 차별화하는 것은 우수한 학생에게 훨씬 더 많은 범위와 깊이를 허용한다. 집단에 따라 읽기 자료를 차별화하는 것도 동일한 효과를 가질 수 있을 것이다. 이미 동료끼리 서로 비판해 주는 방식에 익숙한 집단에서는 수업 중에 쓰기 연습이 더 많이 이루어질 수 있을 것이다. 이렇게 같은 수업 내에서 사용될 수 있는 우열반 구성 등의 다양한 접근은 교사가 학생 개개인이 적절한 수준의 수업을 받고 있는지를 확인할 수 있도록 도와준다.

영재 학습자를 과목 영역별로 집단화하는 특별 수업은 중등 수준에서는 역사적으로 가장 자주 사용되어 온 방식이다. 반면에 프로그램의 초점에 따라서 일부 시간만 이동하는 방법(pull-out)은 초등 수준에서 많이 활용되고 있다(VanTassel-Baska, 1998a). 특별학급 집단화는 널리 실행되어 왔기에 학군정책을 정립하는 데 고려해야 할 중요한 부분이며, 차별화 교육과정을 시행하는 주요 방법 중 하나다. 연구들은 혼합학급 환경에서 수업 시간의 84%가 전체 학급 활동에 쓰이고, 영재를 위한 차별화에는 아무런 관심도 기울여지지 않는다고 보고한다(Archambault et al., 1993). 더구나 특별 수업에서는 필요에 따라 학급의 수준이 내용 면에서 훨씬 더 향상되었을 때 개별 학생을 위해 우수한 속진 실행을 도입할 수 있었다.

많은 학교가 수학과 국어 과목에서는 특별 집단화를 제공하여 왔으나, 과학과 사회 과목에서는 그렇지 않았다. 다시 말하지만, 학교 크기가 그러한 군집의 형성을 가능하게 해 줄 정도라면 모든 관련 학과목에 집단편성을 적용하는 것은 매우 중요하다. 모든 분야에서 우수한 학생들은 자기 능력 수준에 있는 다른 학생과 교류해 볼 기회가 필요하며, 자신의 능력에 부합하는 진도와 보조를 맞추어 학문적으로 앞서 나갈 필요가 있다. 그러한 상황은 전형적으로 특별화된 집단 환경에서만 일어날 수 있다.

좀 더 독립적인 유형의 수업을 하기 위해 집단을 나누는 것 또한 모든 수준에서 가능한 집단화 방법의 주요한 부분이다. 학생은 자신의 지적 성장을 위해 더 개별화된 기회를 제공하는 것에 목적을 둔 여러 선택 사항 중에서 잘 설계된 독립 프로젝트, 전문가 수준의 환경에서의 학습, 또는 각자 관심 있는 분야의 전문가에게서 배우는 것을 선택할 것이다. 이러한 배열 각각은 학교가 훨씬 더 개별화된 학교 시간을 활용하도록 할 뿐만 아니라 지역사회의 일원과 일대일 상호작용을 허용하는 정책을 바탕으로 이루어져야 한다.

교사 개발에 대한 정책

교육과정에 대한 정책 진술에 포함될 필요가 있는 마지막 지원 구조는 이 장에서 이미 서술된 정책 요소를 지원할 수 있는 교사 개발에 초점을 맞추어야 한다. 영재 학습자와 효과적으로 일할 수 있도록 교사를 신중하게 육성하고 사회화하는 것은 장기 과제다. 그러나 이것은 내용 전문 영역의 틀 내에서 완수되어야 한다. 그러기에 특정 학습자 집단을 가르치면서 스스로 향상할 수 있는 인센티브는 직업에 대한 전반적 기대 사항 속에 잘 포함되어야 한다. 교사가 높은 능력을 가진 학습자와 영재 학습자만 다루게 되는 경우는 드물다. 그러므로 한정된 시간 내에서 효과적으로 교육과정과 교수법을 수정하는 것에 초점을 두어야 한다. 이러한 이슈는 교원 개발의 요소와 방법에 많은 영향을 미친다.

기본적인 교사 개발의 주요 요소 중 하나는 영재 학습자의 특성과 교육적인 요구를 이해하는 것이다. 이것은 교육과정 계획을 효과적으로 처리하는 데 핵심적이다. 또한 영재학생을 가르치는 어떤 교사라도 기본적으로 이해하고 있어야 하는 것이다. 모든 교사는 대학을 떠나기 전에 장애학생을 이해하는 과정을 수강해야만 하지만, 현재 어떠한 규정에도 영재 학습자를 이해하기 위한 과목은 존재하지 않는다. 만약 영재 학습자가 일반학급 교사에게도 할당된다면, 주에서 부여하는 자격증 기준에 일반학급 교사도 그러한 교육을 받도록 방법을 생각해 볼 수 있다.

교사 개발을 위한 구조적인 지원을 위한 두 번째 요소는 학과목 관련 내용과 그것을 지원할 수 있는 교수법에 관한 것이다. 영재 학습자와 효과적으로 일하는 교사는 내용뿐만 아니라 그것을 학습자에게 어떻게 하면 가장 잘 전달할 수 있을지에 대해 매우 지식이 풍부한 사람이어야 한다. 그러한 전문성은 학생의 학습을 돕는 데 매우 본질적이다(Shulman, 1987). 대학 협회를 통하여 국가에서 제공되는 워크숍은 내용과 교수법을 효과적으로 활용하는 방법을 포함하고 있다. 미국수학교사협의회

(National Council of Teachers of Mathematics)와 같은 내용 관련 여러 분과의 국가적 모임에서도 그러하다. 『수학교수법(*Mathematics Teaching*)』이나 『과학세계(*Science Scope*)』와 같은 학술지나, 교사를 위한 정기 출판물을 보는 것도 관련 내용을 지속적으로 접하게 하는 또 다른 방법이 될 수 있다. 영재교육이 하나의 전문 분야로서 분명히 필요함에도 내용과 교수법적 기술의 발달을 통합하는 교사 훈련 모델은 적극적으로 개발되지 않았다.

교사 개발 정책의 세 번째 요소는 교사가 속진과 심화에 관련된 영재교육과정의 다른 면을 이해하는 데 관심을 두는 것이다. 학군과 모든 학교 교육 수준의 주 교육과정과 친숙해지는 것이 교육의 본질적인 부분이다. 교사가 사용될 관련 기준과 평가를 아는 것은 그들이 그것을 가르치는 데 직접적인 책임은 없지만 자신의 교육과정에 대해 더 넓은 지식을 가질 수 있도록 도와준다. 보조교사는 또한 자기 과목의 고급심화과정과 국제학사제도에 대해 실질적인 지식을 가지고 있어야만 한다. 왜냐하면 그것은 영재학생이 대학에 가기 위한 길에서 통과 가능한 가장 엄격한 부차적 선택 사항이기 때문이다. 이러한 시험에서 요구되는 과제의 수준은 더 어린 학생을 가르치는 교사에게 경쟁할 수 있는 좋은 모델을 제공한다. 특히 영어와 사회의 쓰기 숙제와 과학, 수학의 문제가 그러하다. 그러므로 교원 개발 접근법은 교사가 중등 수준에서 높은 능력을 갖고 있는 학습자에 대해 갖고 있던 기대에서 벗어나도록 사회화하여야 한다.

마지막으로 교사가 교실에서 높은 능력을 가진 학생이나 영재 학습자를 대할 때 사용할 만한 전략이 축적되어 있음이 틀림없다. 영재 프로그램의 목표가 독립 연구, 고등 사고, 문제 해결을 강조하기 때문에, 교사는 이러한 목표 각각을 다루는 적어도 하나의 교수 모델을 사용할 줄 알아야 한다. 교사 개발의 주 요소로 연구방법을 가르칠 때는 일관된 모델을 사용하기, Richard Paul의 것과 같은 신중하게 생각하도록 돕는 사고 모델을 사용하기, 문제 해결을 가르칠 때 문제 중심 학습이나 창의적 문제 해결을 사용하기 등을 다루어야 한다. 교사가 이러한 모델을 관련 교과목 내용과 연계하도록 돕는 것도 교육적 모델을 교실에서 효과적으로 사용할 수 있도록 하는 데 필수적이다.

결론

체계적인 영재교육 프로그램은 계획에서부터 시행에 이르기까지 융통성, 차별화, 정교성 이슈를 가지는 교육과정 정책의 개발이 필요하다. 집단 구성과 교사 교육과 같은 지지 구조 또한 고려되어야 한다. 주에서 정한 기준점을 적용하고 주가 실시하는 평가를 사용하도록 하는 압력이 더 강해지는 이 시점에서, 영재 프로그램은 모든 학습 단계에 이러한 점을 고려하여 영재에게 풍부하고 다양한 선택 사항을 제공해 주어야 한다.

제12장

성취영재와 미성취영재를 위한 정규 교육과정 및 영재교육의 관계

Sally M. Reis

나는 약 24년 전에 내가 다녔던 중학교에서 영어를 가르치기 위해 고향으로 돌아왔다. 2년간 다른 도시에서 경험을 쌓은 후 학교를 발전시키고 싶은 열정과 사명감으로 가득 찼던 나는 예전의 은사님과 동료가 되어 일하기 시작했다. 대학원에서 영재교육을 전공한 내가 고향에서 처음으로 도전한 일은 통합적인 영재 프로그램을 개발하는 것이었다. 그 후 약 12년 동안 효과적이고 포괄적이었던 이 프로그램은 초 · 중 · 고등학교의 학문적으로 우수한 영재와 예술 영재에게 적용되었다. 9명의 전임 교사진과 풍부한 기부금, 탄탄한 교직원 연수를 바탕으로 이 영재 프로그램은 자료실 중심의 영재교육 프로그램과 개별 프로그램 및 소집단 영재교육 프로그램에서 널리 사용되었다. 영재 프로그램 구성을 위해 우리는 Renzulli의 영재의 정의와 3부 심화 프로그램 모델에 이론적 바탕을 두고 연구도 시작하였다. 5년이 지나서 효과적이고 대중적인 프로그램을 마련할 수 있었고, 그 프로그램은 수년간 지속되었다. 부모와 교사는 연말 평가보고서에서 그것을 높이 평가해 주었고, 시험이나 대학 입시, 학생들의 성과물 등을 통하여 학생들이 예전에는 시도도 하지 못했던 일에 새로이 도전

했음을 알 수 있었다.

지금 생각해 보면 이 프로그램을 위해 들였던 시간과 노력과 열정을 똑같이 쏟아붓는다 하더라도 이 학군에서 똑같은 프로그램이 다시 만들어질 수 있을지는 알 수 없다. 왜냐하면 아직도 그 지역에서 가르치고 있는 교사에 따르면 그 지역이 대부분 노동자 계층 자녀로 변하였으며, 영재교육은 보충수업의 하나로 전락하였고, 학생과 교사 모두 학생에 대한 기대수준이 매우 낮아졌다고 이야기하기 때문이다. 최근 유치원에서 가르치고 있는 나의 절친한 친구는 유치원에 온 대다수의 학생이 취학 전에 크레용도 한번 쥐어 본 적이 없었다고 말했다. 심지어 대부분의 학생은 보통 부모나 조부모가 읽어 주는 널리 알려진 동화조차 거의 본 적도 없다고 한다. 교육과정이라는 것을 주 전체 평가에서 좋은 점수를 받기 위한 보충학습으로 생각하는 그 지역에서 어떻게 영재학생을 위한 프로그램을 실시할 수 있었을까?

내가 영재교육에 몰두하게 된 이유는 이 도시의 특성이나 분위기와 매우 관련이 있다. 우수한 학습자였던 나는 수년 동안 학교 교육을 지루해하며 힘들어했다. 나는 학교에서 결코 공부하는 법을 배운 적이 없었고, 필요한 만큼 최소한만 공부해도 최상의 점수는 아니지만 꽤나 높은 점수를 받아 장학생으로 고등학교 시절을 보낼 수 있었다. 대부분의 교사는 거의 이 사실을 알아채지 못했고, 나에게 공부를 가르쳐 보려고 시도했던 몇몇 교사조차 나에게 실망하였다. 왜냐하면 나는 시스템이 어떻게 운영되는지를 알았기 때문에, 적당히 공부하고도 좋은 성적과 대학 장학금, 그리고 즐길 시간까지 가질 수 있었기 때문이다. 대학과 대학원 과정에서 나는 초등학교와 중 · 고등학교 때 경험해 보지 못했던 배움의 가치를 알게 되었고, 최선을 다하는 것에 대한 보상을 받을 기회를 가졌다. 현재 미국의 분위기는 교육자가 언제나 영재 프로그램을 만들 수 있도록 격려하지는 않는다. 만약 우리가 성공적으로 영재학생에게 수준 높은 교수법과 교육과정을 제시하고 도전적인 학습 환경을 제공하려면, 지난 10년 동안 변해 왔던 교육 방식을 비롯해서 영재교육과 일반교육의 관계도 재고해 보아야만 한다.

이 장에서는 학업 수준이 낮은 교육과정과 교과서, 반복적인 내용, 그리고 영재학생이 학교에 가서 배우는 수준 낮은 내용에 대한 결과를 살펴보고자 한다. 많은 학생이 성취가 낮은 이유에 대해 논하게 될 것이다. 또한 몇몇 영재교육 프로그램에서 나타나는 학력 수준의 저하와 영재교육 분야의 새로운 방향 설정의 필요성에 대해서도 논의해 보고자 한다. 여기서 방향을 설정한다는 것은 미성취 같은 문제, 문화적으로 다양한 배경의 영재학생을 위한 정체성에 대한 투자와 프로그램 개발, 영재학생에 대한 판별 절차의 재고 등을 모두 포함한다. 또한 영재 프로그램에의 참여 기회와 정규 교육과정 내에서 실시되는 영재교육에서 일반교사와의 중요한 동반자 관계에 대해서도 강조하고자 한다.

정규 교육과정 내용의 학력 수준 저하와 반복

미국의 대다수 학군은 학생 개개인의 교육적인 필요를 정책에 반영하고 있다. 그러나 많은 학군은 이러한 정책을 실천에 옮길 능력이 부족하다. 일반 교육 현장에서 일어나는 현상 중 어떤 것이 영재교육의 필요성을 반영해 주고 있는가? 막대한 양의 보충교육 자료가 있지만 그것은 교사가 성취도가 낮은 학생에게 사용하도록 하고 있다. 하지만 이미 성취 수준이 높은 학생을 도와줄 수 있는 방법은 거의 없는 편이다. 학교가 가지고 있는 심각한 문제점은 영재학생을 위한 학문적인 도전과 차별화된 교육과정이 부족하다는 것이다. 이 주장을 뒷받침할 수 있는 연구가 있다. 평균 정도의 능력을 보이는 학습자와 평균 이상의 학습자를 대상으로 한 논문에서 Taylor와 Frye(1988)는 5학년과 6학년 평균 학습자의 78~88%가 기초학습자로 분류되기 전에 기초적이고 포괄적인 능력에 대한 기초능력 시험에서 통과할 수 있었다는 것을 발견하였다. 평균 학습자는 기초능력 시험에서 더 나은 학습자가 93%의 정확도를 보였을 때 약 92%의 정확도를 보여 주었다.

평균이나 평균 이상의 그렇게 많은 학생이 교육과정을 이미 습득하고 있는 이유는 현재 교과서의 학력 수준이 매우 저하되어 있기 때문이다. 이 용어는 전직 교육부 장관 Terrel Bell이 1984년에 처음으로 인용하였다. Chall과 Conard(1991)는 30년 내내 (1945~1975년) 가장 널리 사용된 교과서의 대부분이 난이도가 낮아지는 경향이 있었다는 보고서를 발표하면서 Bell의 평가에 동의하였다. “전체적으로 볼 때, 같은 학년의 교과서라도 최근에 발행된 것일수록 독해 수준, 성취도 수준, 질문의 난이도, 삽화의 범위 등에서 교과서가 점점 쉬워지고 있다.”(p. 2) Kirst(1982) 또한 지난 10~15년에 걸쳐 교과서의 난이도가 두 학년 수준 정도 떨어졌다고 주장하였다. 최근 미국의 저명한 학자이자 교과서 저자인 Philip G. Altbach(Altbach, Kelly, Petrie, & Weis, 1991)는 평가척도로 평가해 볼 때 다음과 같이 교과서의 난이도가 낮아졌음을 주장하였다.

> 교과서는 교육체계의 핵심이다……. 비평가는 미국 교과서가 지루하며 가장 낮은 수준의 학습자를 위해 고안되었다고 한다. 교과서가 점차 지식이 희석되고 쉽게 읽히도록 수정되면서 학생의 학력 수준이 저하되고 있다. 교과서는 지난 수십 년에 걸쳐 교육에 대한 일관된 접근보다는 외부 압력에 반응하는 위원에 의해 수합된 ‘산출물’로 구성되었다. 많은 비평가는 교과서가 개혁, 재생, 향상의 시기에 있는 미국 학교를 위해 학문적 기초를 제공하지 못하고 있다는 점을 지적하고 있다 (p. 2).

연구자들은 학교가 정치적으로 쉽게 읽히는 교과서를 채택하기 때문에 교과서의 수준이 저하되며, 이로 인해 영재학생이 가지게 되는 특별한 문제점에 대해 논의해 왔다. Bernstein(1985)은 높은 성취도를 보이는 학생에게 사용되는 현 교과서의 문제점을 다음과 같이 요약하였다.

> 교과서 채택이라는 중요한 문제에 대해 어떤 실용적인 방안이 있다 하더라도, 지금처럼 보통 각 학년용으로 나오는 어떤 과목이나 학년에 단 한 종의 책만 사용한다면 결국은 비현실적인 일이 되어 버리는 것이다. 그런 교과서를 구입하도록 하는 정책은 가장 낮은 수준의 학생이 학습할 수 있는 책을 사도록 교과서 채택 위원회에 압력을 가하는 꼴이 된다. 결과적으로 좀 더 높은 학업 성취를 이루는 학생의 교육적 요구는 묵살되는 것이다(p. 465).

Chall과 Conard(1991) 또한 상위 수준의 학생이 난이도가 낮은 교과서를 사용하면서 겪는 어려움을 거론하였다. "다른 집단의 학생은 약 두 학년 또는 그 이상의 학년을 학습할 수 있는 집단이었는데, 사실상 자신의 능력 수준에 맞는 교육을 제공받지 못하고 있었다. 그들이 학교에서 사용하는 교과서는 그들에게 조금도, 아니 전혀 학습 의욕을 제공하지 못했다. 왜냐하면 이러한 교과서는 그들의 학습능력에 맞춘 것이 아니라 그들의 학년에 맞추었기 때문이다."(p. 111) 또한 Chall과 Conard는 학습자의 능력과 교육 과제의 난이도 수준을 맞추는 것의 중요성을 강조했다. 그들은 학습 과제가 학습자의 능력보다 약간 높은 것이 가장 적절한 수준이라고 주장하였다. "이렇게 적절한 수준이 제공될 때 학습이 이루어지고 향상되는 것이다. 그러나 학생의 이해력보다 너무 높거나 너무 낮아서 적절하지 못하다면 학습이 효과적으로 이루어지지 못하며 발달이나 향상의 속도도 지체될 것이다."(p. 19) 대다수의 학생이 학습할 수 있는 교과서를 선택하는 것은 상위 학습자에게는 분명히 문제가 된다.

Usiskin(1987)과 Flanders(1987)의 연구 결과에 따르면 문제는 난이도가 낮아진 교과서뿐만 아니라 많은 교과서가 학습을 쉽게 만들기 위해 반복을 많이 하고 있다는 것이었다. 8학년 수학 교과서를 보면 전체의 약 25%만이 새로운 내용을 포함하고 있다. 그래서 Usiskin은 평균 수준의 8학년 학생의 경우 여전히 대수학을 공부해야만 한다고 주장하였다. Flanders는 널리 사용되고 있는 수학 교과서 세 종을 분석하여 이러한 사실을 뒷받침해 주었다. 이런 교과서를 사용하고 있는 2~5학년 학생은 한 학년 과정 동안 대략 40~65% 정도의 새로운 내용을 하게 된다. 이는 일주일에 2~3일 정도만 새로운 내용을 학습하게 되는 셈이다. 8학년이 되면 새로운 내용의 양은 30%로 떨어졌다. 그것은 일주일간 1.5일에 한 번 꼴로 새로운 내용을 학습하는 것이 된다. Flanders(1987)는 평가를 하거나 복습하는 날이 연구에 포함되지 않았기에 문제는 더욱 심각하다고 하면서, "높은 성취를 이루는 학생이 학교에서 지겨워하는 것은 전혀 놀라운 일이 아니다. 그들은 매년 똑같은 것을 배우고 있다."(p. 22)라고 결론지었다.

최근 연구에 비추어 보면, 교과서의 난이도 및 교과서 내용의 반복과 높은 능력을 가진 학습자의 요구 사이에는 큰 차이가 있다. 영재학생은 학교에서 이미 알고 있는 내용을 배우거나 같은 기술을 되풀이하는 것만으로 많은 시간을 보낸다. 이 모든 요인은 가장 능력 있는 학생에게 덜 학습하게 만들 것이고, 결국은 그들의 발달을 느리게 만들 것이다. 우수한 학생에게 최소한의 자극을 제공함으로써 성취도를 끌어내리게 되는 것이다. 만약 우수한 많은 학생이 최선을 다한다면 어릴 때 이미 그 내용을 학습할 수 있었을 것이고, 매년 새로운 내용을 지속적으로 제공받게 되었을 것이다.

대부분의 학교는 수준 낮은 성취만을 요구하는 교과과정으로 인하여 미성취가 지속적으로 반복되고, 최소한의 노력만으로 학습에 임하려는 학생을 위한 장소가 되고 있다. 영재로 판별된 학생은 덜 배우고, 많은 영재학생이 도전적인 학습을 하지 못하게 되므로 영재 프로그램은 직접적인 영향을 받게 된다. 지난 시대까지 핵심 지식으로 간주되었던 내용도 많이 부족하다. 도시 고등학교에 있는 상위 학생을 대상으로 한 연구에 따르면, 그들은 많은 학생에게 도전감을 주는 문학이나 중요한 역사적 방향 또는 주제를 다루어 보지도 못하고, 진지한 토론의 기회도 갖지 못하며, 전체적으로 학문적인 도전이 전혀 이루어지지 않았던 환경에서 고등학교를 졸업하고 있었다(Reis et al., 1995).

영재 프로그램 전문가로서의 내 경험에 따르면, 일부 영재 프로그램은 사실상 보충을 목적으로 이용되고 있을 뿐이었다. 즉, 초보적인 연구 프로젝트를 수행하기 위한 정보 찾기, 메모하기, 1차 자료와 2차 자료 간의 차이점 이해하기 등 기본적인 기술에 치중하여, 결국 영재 프로그램 속에 있는 상위 수준의 내용이나 연구 프로젝트에 참여할 시간이 별로 남지 않게 되는 것이다. 이는 '영재 프로그램의 학력 수준 저하' 라고도 할 수 있을 것이다. 즉, 영재교사는 20세기 전에는 보통의 지식이라고 생각되어 온 내용과 기술을 가르치는 데 수시간을 보내고 있다. 나쁜 습관과 자기통제 기술의 부족과 결부되어 영재 프로그램에서는 더 낮은 기술과 20세기 전에 가르쳤던 것보다 더 나을 것이 없는 내용을 가르치고 있는 것이다. McCall, Evahn과 Kratzer(1992)는 이에 대해 다음과 같이 설명한다.

> 낮은 성취의 학생이 학교에서 기대만큼 배우지 못한다는 사실은 그들의 정신 능력이 학년에 맞게 낮아진다는 것을 의미한다. 이렇게 되면 그들은 이제 미성취가 아닌 셈이 된다. 따라서 계속되는 미성취는 그들이 정신적인 성실함이 부족한 것이 아니라 학교에서 정신적 능력을 육성하지 않았기 때문이라는 주장도 이상하지 않게 만들 것이다(p. 18).

흥미로운 것은 현재의 폭발적인 과학기술에 비추어 보건대 교육과 교육과정에서의 과학기술 사용에 있어 학력 수준 저하의 논쟁은 아주 중요한 문제가 될 것이라는 점이다. 오늘날 다양한 책과 수업, 상호적인 웹사이트는 수년 전의 내용을 넘어서 교사가 뛰어난 학생의 학습 요구에 응할 수 있도록 다양하고 넓은 선택의 기회를 제공하기 때문이다.

높은 잠재력을 가진 학생의 낮은 성취도

잠재력에 비해 훨씬 낮은 학생의 성적, 특히 높은 능력을 가진 어린 학생은 교사를 당황하게 할 것이고, 아마도 교사가 시도하는 많은 노력을 헛되게 만들기도 할 것이다. 높은 능력의 학생이 학문적으로 낮은 성취를 보이는 문제를 논의한 연구는 Conklin(1940)까지 거슬러 올라간다. 그는 IQ 점수가 높으나 성적이 낮은 학생에 대한 연구를 실시하였다. 하지만 50여 년에 걸친 연구에도 불구하고 높은 능력의 학생이 낮은 성취를 보이는 것은 아직도 중요한 문제로 여겨진다. 1955년 초 Gowan은 영재이면서 낮은 성취를 보이는 학생을 "우리 문화의 가장 큰 사회적 손실 중 하나"(p. 247)로 묘사하였다. 국립영재센터에서 실시한 영재에 대한 1990년 국가 요구 평가 조사에 따르면, 미성취에 관한 이슈가 가장 큰 관심거리로 보고되고 있다(Renzulli, Reid, & Gubbins, 1990).

'미성취'에 관한 개념적이고 조작적인 정의는 쉽지 않다. 대부분의 사람은 낮은 성취를 교육에 적용할 때 다음과 같은 포괄적 정의에 동의한다. "미성취 학생은 정신적 능력의 관점에서 볼 때 기대수준보다 더 낮은 성취를 보이는 학생이다."(McCall et al., 1992, p. 2) 이 개념적 정의는 실제와 기대된 성취 사이의 불일치를 나타낸다. 그러나 미성취 학생의 유형을 분류하는 것은 여전히 쉽지 않다. 1957년 소련의 스푸트니크호 발사 이래로 국가의 과학 기술력에 대한 우려가 있었고, 교육 비평가는 높은 가능성을 지닌 학생에게 충분한 교육을 실시하지 않고 있으며, 그중 많은 학생은 학교에서 평범한 수준으로 교육을 받고 있다고 주장하였다. 또한 영재이지만 미성취를 보이는 학생에게 사회적, 정치적, 그리고 교육적 관심이 집중되기 시작했다고 주장하였다. Shaw와 McCuen(1960)은 일찍이 교육자에게 다음과 같은 정의를 제공하였다. "높은 능력을 가진 미성취 학생은 측정되거나 검증된 적성 또는 학문적 잠재력보다 크게 낮은 점수를 받거나 낮은 성취도 시험 점수를 받는 것으로 판단할 수 있다."(p. 15)

'높은 능력의 미성취도 학생'이라는 명칭은 학습자의 잠재력 수준을 알아내는 것이 중요하다는 것을 함축하고 있다. 이러한 필요성에 대한 신념은 적절한 학문 수행이 잠재력의 실현을 구현하는 것이라는 이론적 근거에 바탕을 두고 있다. 학습자의 잠재력을 평가하는 것보다 더 어려운 점은 학생에게 어떤 수준의 학문적 성취를 확인해야 하는가 하는 점이다. 가장 흔하게 적용되는 기준은 단순히 현재 학년에서 보이는 평균보다 낮은 성취다(Fitzpatrick, 1978; Morrow & Wilson, 1961; Perkins, 1976). 어떤 연구자는 특정 학년만을 대상으로 하는 대신에 지속적이고 상습적으로 학업 패턴에 미성취를 보이는 학생을 높은 능력의 미성취도 학생으로 본다(Lukasic, Gorski, Lea, & Culross, 1922).

미성취는 초등학교 고학년이나 중학교 또는 고등학교 때쯤 확실하게 시작되는데, 여학생보다는 남학생이 더 일찍 시작된다고 보고되고 있다(McCall, Lea, & Culross, 1992). 미성취의 문제는 오히려 중학교에서 더 잘 발견된다. 이 시기 동안에는 숙제가 많아지면서 숙제를 하기 싫은 학생이나 적은 노력과 관심으로 숙제를 해치우려는 학생이 쉽게 확인되기 때문이다. 어떤 영재학생은 초등학교 저학년 때부터 노력 없이 쉽게 성취하였기에 노력하는 방법을 모를 수도 있다. 그러나 꾸준한 노력이나 실질적인 산출물을 요구하거나 숙제의 양이 급격히 증가하는 등의 도전을 받는다면 문제가 달라진다. 결국 그들은 미성취 학생으로 분류될 것이다. 미성취를 보이는 영재학생의 판별은 지속적인 낮은 성취와 관련 이슈에 대해 중요한 문제를 제기한다.

미성취의 원인과 관련 요인

왜 능력 있는 학습자가 자신의 능력을 제대로 발휘하지 못하는 것일까? 이 난처한 질문에 대한 명확한 대답은 존재하지 않는다. 그러나 이론은 생물학, 환경, 스스로의 압박, 학교의 압력, 목표에 관한 압박, 부모의 강요, 학교에서의 지루함, 부적절한 교수방법 등의 가능한 원인을 다양하게 논의하고 있다(Lukasic et al., 1992). 많은 연구자는 우수한 학생이 학교환경 때문에 흥미와 동기를 잃어버린다고 생각한다. 어떤 교사는 능숙한 일 처리와 학생에 대한 낮은 기대, 도전감이 없는 교육과정으로 쉽게 만족할지도 모른다. 그러나 이는 똑똑한 어린 학생의 학문적 성취에 부정적 영향을 주게 된다(Pirozzo, 1982). 순응적인 태도가 평가되는 교육 환경에서 교사는 비판적이거나 창의적인 사고와 문제해결 능력보다는 오히려 기계적인 학습을 더 높이 평가할 것이다.

최근 연구에 따르면 부적절한 교육과정은 다양한 문화적 배경을 가진 도시 고등학교에서 분명히 높은 능력의 학생의 미성취에 영향을 주고 있다고 한다(Reis, Gentry, & Park, 1995). 우리 연구에서는 이러한 학생이 초등학교, 중학교에서의 학습 경험이 너무 쉬웠기 때문에 기본적으로 공부하는 법을 학습하지 못했다는 것을 알아내었다. 그들은 초등학교 때는 어렵지 않게 공부했으며 학교 공부에 많은 노력을 기울일 필요가 없었다고 회상하였다. 이러한 학생은 중요한 학문적인 기술이나 고급 학업기술을 개발할 기회를 갖지 못하였다. 이러한 연구는 교실이나 집에서 학생 자신의 학습 습관과 자기 훈련이 적절히 개발되지 않았음을 보여 주고 있다. 학생은 어릴 때부터 정규교실이나 영재 프로그램에서 적절한 수준의 도전이나 교육 서비스를 경험하지 못하였다. 그 당시의 영재 프로그램은 5학년이 되어서야 제한적으로 제공되었다. 그들이 여러 적성검사와 학업성취도 시험에서 높은 점수를 얻었다 할지라도 모두가 영재 프로그램에 참여할 수는 없었다.

초등학교 고학년, 중학교, 고등학교 동안, 학생은 많은 노력과 더욱 효과적인 학습기술을 요구하는 새로운 환경을 만나게 된다. 이때 학생은 새로운 학습기술의 습득과 학습 습관을 향상하는 기회가 필요하다. 그러나 학습 습관을 향상하고 발달시키기 위한 조언을 받아들이는 학생은 드물었다. 학교 경험의 결과로 자기 주도적 학습능력을 개발하는 경우도 드물었다. 그리고 그들의 미성취는 점점 강화되었다. 이 연구에 참가한 많은 학생은 만약 그들이 좀 더 어릴 때부터 잠재력을 가진 것으로 확인되었다면, 그리고 적절한 프로그램으로 도전받았다면, 지금과 같은 낮은 성취는 피할 수 있었을 것이라고 믿고 있었다.

영재의 일반학급에서의 경험

코네티컷 대학에 있는 국립영재연구센터는 미국의 일반교실에서 높은 능력의 학생들이 어떠한 경험을 하게 되는지를 분석한 수행 연구를 발표하였다. 그 연구는 부정적인 영향의 패턴에 대해 논의하고 있다. 교실 수행 연구 조사(The classroom Practices Survey; Archambault et al., 1993)는 이러한 학생이 정규교실에서 차별화된 수준의 교육을 받는 정도를 조사하였다. 이 연구에는 공립과 사립 학교에 재직 중인 약 7300명의 3~4학년 교사가 무작위로 선택되었다. 그리고 이 전국적인 표본의 51% 이상이 조사 연구에 응답하였다. 공립학교 교사의 61%와 사립학교 교사의 54%가 그들 학급에 있는 영재학생을 제대로 가르치지 못했다고 보고하였다. 이 연구에서 중요한 점은 학급의 교사가 영재학생의 교육적 필요를 알게 되더라도 단지 최소한의 교육과정 변경만으로 대처했다고 밝힌 것이다. 이 결과는 연구 표본으로 참가한 모든 종류의 학교와 다양한 지역의 교실에서 동시에 나타나고 있었다.

교실 실행 관찰 연구를 위해 미국 전역에 걸쳐 정규 초등 교실에서 영재학생에게 사용된 교육 내용과 교육과정을 조사하였다(Westberg, Archambault, Dobyns, & Salvin, 1993). 학교 관리자와 교장에 의해 확인된 46개의 3~4학년 교실에서 체계적인 관찰이 수행되었다. 그 관찰은 과연 학급의 교사가 정규교실에서 영재학생의 학습 요구를 알게 되는지, 그리고 알게 된다면 어떻게 알게 되는지를 알아보기 위해 이루어졌다. 높은 능력과 평균 능력을 가진 두 집단의 학생이 교육과정에서 받았던 교육의 종류와 빈도, 자료와 훈련된 관찰자에 의한 교사와 학생 간의 언어적 상호작용 기록을 주로 분석하였다. 그 결과로 교육적 내용과 교육과정의 실행(정규교실에서 영재학생들을 위한 소집단화, 언어적인 상호작용 포함)에 있어 별로 차별화되지 않았다는 것이 발견되었다. 92일 동안 관찰한 결과, 영재학생은 동일 능력을 지닌 학생과 소집단 내에서 교육을 받은 경험이 매우 적었다(시간의 21%). 그리고 더 놀랍게는 관찰된 영재학생도 그들이 참여했던 교육적인 활동의 84%에서 교육과정상의 차별화를 전혀 경험하지 못했다는 것이다.

훈련된 관찰자에 의해 매일 작성된 일지도 검토되었다. 이렇게 해서 확실하게 발견된 내용은 관찰 학생에 대한 동일한 기술 내용이었다. '비의도적인 차별화'와 같은 내용이 92개의 일지 중 51회나 나타났다. 다음의 일화는 높은 능력을 지닌 학생의 일상 경험에 대해 날카로운 일침을 제공하고 있다. "영재학생은 모든 수업 시간 동안 부주의했다는 사실을 알 수 있었다. 많은 학생이 졸았으며 결코 자진해서 나서지 않았고, 모든 활동에서 그다지 열성적이지도 않았다. 좀 더 높은 단계의 사고를 하게 하거나 더 도전적인 학습 경험을 갖게 하기 위한 어떤 시도도 이루어지지 않았다."

세 번째 연구는 교육과정 압축 연구에 관한 것이었다(Reis et al., 1993). 이 연구에서는 높은 능력을 지닌 학생에 맞도록 교육과정을 수정하고, 이미 학습한 내용을 제거하기 위해 압축된 교과과정이 얼마나 효과가 있는지를 조사하였다. 400명이 넘는 교사가 참여한 이 연구에서 783명의 영재학생이 교육과정 차별화의 필요성을 확인하였다. 학생은 10월과 5월에 다음 학년 수준의 아이오와 기초학력검사(Iowa Test of Basic Skills)를 치렀다. 우수한 영재학생을 위하여 정규 교육과정에서 이미 알고 있는 내용인 전체 교육과정의 40~50% 정도를 제거하고 학습을 실시하였더니, 읽기, 수학, 사회, 철자 쓰기 공부에서 압축된 학습 내용으로 학습한 학생이나 모든 교육과정을 전부 학습한 학생이나 별다른 차이점을 발견할 수 없었다. 과학과 수학 개념에서는 오히려 압축된 교육과정으로 공부한 학생이 통제집단 학생보다 높은 점수를 얻었다. 따라서 교사는 학습 성취 점수에 불리한 결과를 초래하지 않고도 40~50%만큼의 내용을 줄일 수 있었다. 그리고 어떤 내용 영역에서는 이미 학습된 내용을 제거했을 때 학생들이 실제적으로 더 높은 점수를 받을 수 있었다. 또한 교사는 압축된 교육과정으로 효과를 보았던 교실에서 영재학생으로 판별되지 않았던 또 다른 영재를 확인할 수도 있었다.

영재교육 교수법의 확장

영재 프로그램의 노하우를 일반교육에 적용한 효과는 인간 능력에 대한 다양한 연구 조사에 의하여 뒷받침되고 있다(Bloom, 1985; H. Gardner, 1983; Renzulli, 1986b; Sternberg, 1984). 이러한 연구는 재능 개발에 대한 확대된 개념에 대한 분명한 정당성을 제공하고, 과거에 수행했던 영재 판별 절차 중 하나인 제한적인 학생 선발 수행에 반대하고 있다. Tomlinson과 Callahan(1992)은 영재교육이 일반교육에 기여한 점을 몇 가지 인용하였다. 그것은 재능의 확장된 관점(H. Gardner, 1983; Reis & Renzulli, 1982; Renzulli, 1978; Sernberg, 1985a, 1991), 부당하게 무관심의 대상이었던 집단에 대한 관심(Baldwin, 1985; Frasier, 1989; Whitmore, 1980), 교육적인 기술(Brandwein, 1981; Maker, 1982; Passow, 1982; Renzulli, 1977; Renzulli &

Reis, 1985, 1997; VanTassel-Baska, 1988a; V. S. Ward, 1961/1980), 주제 중심(theme-based) 학습뿐만 아니라 내용, 과정 및 산출물의 차별화(Kaplan, 1986), 자기 주도적 학습 (Treffinger, 1986), 그리고 학생의 생산성(Renzulli, 1977); 개별화(individualization); 교수 모델(Feldhusen & Kolloff, 1986; Kaplan, 1986; Renzulli, 1977; Renzulli & Reis, 1977)을 포함한다. 영재교육 프로그램에서 사용된 몇몇 교수법은 영재로 판별되지 않은 학생에게도 확장되어 사용될 수 있다. 최근 연구(Renzulli, 1994; Renzulli & Reis, 1997)에서 다양한 문화적 배경을 지닌 두 도시에서 매주 정해진 시간에 심화 프로그램 집단의 학생에게 자신의 계획대로 프로그램을 할 수 있는 권한을 준 경우를 볼 수 있다(Reis et al., 1995). 이러한 프로그램이 계획대로 진행되는 동안 학교의 모든 것은 변해 갔다. 학생은 짧은 시간 안에 선택한 집단이 있는 학급이나 교사를 찾아 이 교실, 저 교실로 복도를 즐겁게 지나다녔다. 각 집단에서는 학생이 새로운 학습 자료를 학습하게 하고, 산출물을 생산할 수 있도록 능숙한 촉진자 역할을 하는 교사와 함께 공부할 수 있는 기회를 제공한다. 이 연구에서 심화집단은 창의적 글쓰기, 발명, 역사 연구, 과학 실험, 드라마와 미술 같은 영역을 제공하였다. 심화집단에서는 교사의 차별화 전략, 심화 전략, 고등 지식의 사용 등을 실시하였다. 심화 집단에서 수준 높은 지식 내용을 사용하는 것은 심화집단의 특성에 따른 부산물이고, 학생과 교사의 상호 관심에 기초를 둔 심화된 주제와 내용을 탐구하는 기회였다.

연구에서는 도시의 두 학교에서 심화집단을 이끌며 촉진자 역할을 하는 교사가 자신의 정규교실에서 수준 높은 내용을 사용하고 적절한 기회를 제공하는지에 대해 조사하였다. 심화집단의 촉진자 역할을 하는 교사의 95%가 심화집단에서 실시된 새로운 개념과 앞선 내용을 소개하리라는 것은 어느 정도 예상된 바였다. 정규 교실에서 집단을 설계하고 적절한 기회를 제공하는 동안 다양한 전략을 첨가하는 등의 교수법은 우리가 기대하거나 바랐던 것 이상이었다. 이런 것에는 (비록 활용의 빈도는 점점 감소해 갔지만) 특별하고 신뢰성 있는 방법론에 바탕을 둔 교수법, 더욱 향상된 어휘력의 사용 주제와 관련된 신뢰성 있는 학습 보조물의 사용, 진보된 학습 자료와 참고 자료의 사용, 상위 사고력과 문제 해결 전략 사용, 창의적인 사고와 역사적인 시각의 통합 발표 또는 수행 개발 등 촉진자의 산출물과 서비스의 개발까지 포함되어 있다.

심화집단에서 사용되었던 진보된 전략은 심화집단에서 일반교실로 전이되었다. 많은 교사는 심화집단에서 사용되었던 전략을 일반교실에서도 사용하기 시작했다고 보고하였다. 적절한 전문 내용을 연수받은 학급 교사는 영재교육에서 제안되었던 차별화 전략을 수행할 수 있는 것으로 나타났다. 심화집단에서 일한 시간이 많을수록, 그리고 유도적인 방법으로 가르치려고 시도한 시간이 많을수록 더욱더 향상된 내용과 다양한 산출물, 서비스가 만들어졌다.

Archambault 등(1993)과 Westberg 등(1993)에 의한 학급 실행 연구의 결과를 보면, 심화집단에서 가르치는 기회를 갖게 된 학급 교사는 자신들의 학급에서도 더 나은 차별화 전략을 사용한 것으로 나타났다. 따라서 학교에서 심화집단의 실행은 높은 기대수준 학습(Renzulli, 1994), 모든 학생에 대한 더 나은 기회의 제공, 교사의 차별화 전략을 위한 전문성 개발과 같은 기회를 제공한다.

영재 판별과 교육과정 그리고 미성취 영재학생과 관련한 영재교육 실제의 재점검

이 분야의 기본 전제와 관련해 20년 이상 영재교육과 관련된 일을 해 온 나는 경험에서 비롯된 일련의 신념이 있다. 이 문제에 대해 나는 다음과 같은 명제로 내 생각을 정리할 수 있다.

제1명제: 우리는 높은 능력을 지닌 학생을 정의하고 판별하는 방법을 체계적으로 찾아내야 한다. 그리고 현재의 시스템이 계속해서 높은 능력을 지닌 학생을 찾아내지 못한다면 이러한 형식적인 판별과정이 과연 신뢰할 만한 것인지 의문을 제기해야 한다.

과거 영재에 관한 연구의 일반적인 접근법은 파란 눈 또는 검은 피부를 천부적으로 가지고 태어났듯이 영재성도 절대적인 조건으로 부여받는다고 믿는 것이었다(Renzulli, 1980). 오늘날은 더 이상 이런 생각에 동의하지 않는다. 특성에 관한 목록을 보면, 남아의 특성, 여아의 특성, 주류 문화 출신 아동의 특성, 소수 문화와 저소득층 아동의 특성이 다양하게 존재한다(Borland & Wright, 1994). 오랜 세월 동안 우리는 명쾌한 방식으로 영재아동의 특성을 확인할 수 있는 것처럼 가장해 왔다. 재능 있는 학생을 정의하는 특성과 용어를 제공해 주는 목록은 너무나 많다.

재능 있는 사람으로 만들어 주는 황금 염색체를 부여받은 사람이 있다고 믿는 경향이 많았다(Renzulli, 1980). 이러한 생각 때문에 단지 재능의 존재를 증명하는 올바른 특성의 조합을 찾아내기만 하면 된다는 잘못된 믿음이 생겨났다. 게다가 진정한 영재, 준재, 중간 영재, 고도 영재, 그리고 경계 영재와 같은 용어의 남용은 문제를 더욱 혼란스럽게 만들었다. 영재 개념의 오용은 영재 판별과 영재교육 프로그램에 관한 비판과 혼란을 가져왔다. 이러한 비판의 결과로 교육자와 일반 대중은 혼동된 메시지를 받게 되었고, 이로 인해 영재교육에 대한 신뢰성은 금이 갔으며, 영재교육 교사가 과연 일반교육과 질적으로 다른 서비스를 제공할 수 있는 능력이 있는지에 대한 회의가 퍼져 갔다.

영재성을 둘러싼 혼란과 논쟁의 대부분은 몇몇 핵심적 질문만 잘 연구하면 제자리를 찾을 수 있을 것이다. 한 집단이 보이는 독특한 특성을 다른 집단에도 그대로 적용하고 있지는 않은가? 코네티컷 주 윌리맨틱에 사는 뛰어난 능력의 푸에르토리코계 학생이 보이는 영재성의 특징은 텍사스에 사는 중간 이상 능력의 멕시코계 학생이 보이는 특성과 동일한가?

각 집단에 동일한 특성이 존재하는가? 만약 그렇다면 그 특성은 어떻게 나타나는가? 초등학교에서 이런 특성을 일관되게 보이던 아이가 도전적이지 않은 학교 정규 교육과정 때문에 성취도가 낮아지게 되는 것은 무슨 이유인가? 영리한 학생이 학습장애가 있어서 그 장애가 재능을 가리고 있다면 어떻게 교육과정을 조정하면 좋은가? 영재의 특징은 고정적인 것인가(즉, 그것이 있든지 없든지 둘 중 하나인가), 아니면 동적인 것인가(즉, 학습과 수행 상황 속에서 변화하는 것인가)?(Renzulli & Reis, 1985, 1997)

앞으로는 영재성의 특징과 특성을 확인하는 방법의 기본적인 변화가 필요하다. 어떤 뛰어난 학습자의 특성은 특정 인구 집단 속에서만 확인되어야 한다. 다시 말해서, 교육적인 문맥에서 그리고 인구 집단 속에서 영재학생의 특성을 확인하려는 시도를 해야만 한다. 그리고 이 정보는 잠재력을 실현하기 위해 학교에서 다른 수준의 서비스가 필요한 학생과 일반학생을 차별화하는 데 사용되어야 한다. 이러한 다른 수준의 서비스는 다양한 범주의 학생이 더 폭넓고 포괄적인 일련의 서비스를 제공받을 수 있도록 해 줄 것이다. 이는 영재성의 특성과 영재 프로그램의 구조를 체계화해야만 하는 방법에 대한 암시를 준다. 이 변화는 또한 영재의 판별과 영재 프로그램에 다양한 학생을 포함하려는 시도에 더 많은 유연성을 제공해 줄 것이다. 이는 경제적으로 어렵고, 문화적 · 언어적으로 다양한 인구 집단에 널리 퍼져 있는 미성취 영재아에 관한 중요한 문제점을 알게 해 준다.

제2명제: 영재 프로그램과 정규 교육과정 사이의 경계선은 덜 엄격하게 정의되어야 한다. 그리고 영재교육 전문가는 학생에게 직접 제공하는 서비스와 학급 교사에게 제공하는 전문적인 개발과 상담 서비스의 이중의 역할을 충실히 해야 한다. 이렇게 하면 우리는 영재교육의 교수법에서 실시해 온 것을 모든 학생의 재능 개발에 적용할 수 있다.

학력 수준 저하와 성취 의욕 저조와 관련된 쟁점은 영재 프로그램에서

나 정규교육 프로그램에서나 왜 영재교육 실행과 원리가 모든 학생의 성취 동기 수준을 향상하기 위해 정규교육에 흡수되어야만 하는지에 대한 훌륭한 이유를 제공한다. 실제로 이미 어느 정도는 시작되고 있다.

Renzulli(1994)는 영재 프로그램의 버팀목이 되는 실제가 왜 일반교육으로 흡수되어 가는지에 대한 두 가지 이유를 설명하고 있다. 첫 번째 이유는 교정 중심의 보충교육 프로그램의 제한된 성공과 관련이 있다. 두 번째 이유는 영재 프로그램에서 개발된 실행의 성공과 이 실행을 정규 교육과정 안으로 끌어들여야 할 필요성이다. 모든 학생은 상위 수준의 사고 기술을 개발하고, 더욱 창의적인 학습을 추구하고, 학교에서 그들이 할 수 있는 것을 선택하고, 자기 주도적인 학습 습관을 개발할 기회를 가져야 한다. 물론 모든 학생이 진보된 기회 모두에 참여할 수 있는 것은 아니다. 그러나 많은 학생은 현재 그들이 해야 하는 것보다 훨씬 더 많은 학습을 할 수 있다. 가장 뛰어난 학생은 현재 받고 있는 교육과 질적으로 다른 종류의 교육적 경험이 필요하다. 이런 서비스 없이는 많은 학생의 재능은 발열할 수 없을 것이다. 특히 학교에서 살아남기가 학교에 다니는 학생에게는 더욱 그러할 것이다. 이런 다른 종류의 교육 경험이 모든 학생의 교육을 향상하는 데 도움을 줄 수 있는지, 그리고 도울 수 있는 방법은 있는지에 대해 논의된 적은 거의 없다.

교육을 향상하고 변화시키려는 노력은 수십 년 동안 이루어져 왔다. 그러나 학교의 재능 개발에서는 그중 많은 것이 무시된다. 공부하기를 원하는 학생에게 학교는 적절하고 도전 가능한 속도로 학습할 수 있는 시간을 제공하여야 한다. 이를 적극적으로 주장하지 않으면 학력 수준이 저하된 교육과정과 기본적인 기술 실행 자료만이 확산되어, 결론적으로 미국 공립학교의 역사는 높은 잠재력을 지니고 있어도 미성취를 보이는 학생을 대량 배출하는 기록을 남길 것이다.

영재교육 교수법과 혁신적인 프로그램이 이와 같은 쟁점에 빠르고 정확한 해답을 줄 수 있을지는 분명하지 않다. 하지만 그것은 교육과 교육과정에 대한 여러 창의적인 대안을 제공할 수 있을 것이다. 상대적으로 짧은 우리의 역사 속에서 우리는 고무적인 교육과정의 적용, 사고기술의 적용, 독립적인 연구 교수방법, 그리고 다수의 다른 혁신의 인상적인 성장을 이루어 왔다. 영재교육 전문가는 학생의 흥미를 확인하는 것과 학습양식에 집중해 왔다. 그리고 선행 지식이나 배경의 고려 없이 교실에서 30명의 학생에게 동일한 경험을 주는 대신에 학생 개개인에게 적절하고 도전적인 교육과정의 경험을 제공하는 데 초점을 맞추어 왔다.

또한 영재교육 전문가는 속진적인 내용, 주제 접근법의 통합, 더 도전적인 교과서 또는 연구 과제로 바꾸는 것을 포함해 다양한 방식으로 앞선 학생의 교육적 필요를 충족하기 위해 정규 교육과정을 조정하려고 노력해 왔다. Goodlad와 동료들(1984)에 의해 관찰된 대부분의 교실에서 사용된 교육적 기술은 현재 영재교육 프로그램에서 사용하는 것과는 상당히 달랐다. 영재교육은 전통적인 실행에 도전하고 여러 대안을 제공함으로써 정규교육에 창의성과 혁신을 유발하는 데 분명 도움을 줄 수 있다. 많은 영재 프로그램에 의해 활성화된 다양한 집단 모임은 교육적인 상황 외의 다른 상황에도 유용할 것이다. 예를 들어, 흥미 집단, 성취 집단, 그리고 선호하는 학습양식에 의한 집단이 종종 영재 프로그램에서 사용되고 있다. 또한 이들은 정규교육에도 사용될 수 있을 것이다.

그러므로 우리는 교수과정과 사고기술, 그리고 정규 교육과정을 수정하고 차별화하는 것, 학생이 진보된 참고기술을 학습하도록 돕는 것, 그리고 독립적으로 공부하고 자기 주도적인 학습을 하도록 돕는 것에 관해 다른 교육자와 공유하려는 시도를 할 수 있다. 우리는 심화 활동을 확장할 수 있고 우리의 프로그램 모델을 이끄는 많은 원리를 교사 연수나 전문성 개발을 통해 전달할 수 있다. 그러나 고득점 학업 성취만 강조하거나, 도전적이지 않은 내용을 강요하는 수준 낮은 교과서를 구입하는 등의 지역과 국가 정책 결정 수준에서의 변화 없이는 우리의 노력은 무의미하게 될 것이다.

제3명제: 우리가 이 분야에 대해 여러 가지 질문을 던지고 영재교육의 기본 개념을 재심사하고 고려하는 동안에도 하나의 연구 분야로서 영재교육의 정체성은 유지되어야만 한다.

많은 지역에서 재정적인 압박이 있을 때는 영재 프로그램의 폐지(Purcell, 1993)를 고려할 것이고, 많은 상위 능력의 학생들은 정규 교육과정에 의해 도전받지 못하고 학교생활을 할 것이다. 우리가 많은 지식을 공유하는 동안, 우리의 중요한 목표 중 하나인 뛰어난 능력의 학생의 성취를 위한 모범적인 프로그램의 제공과 실행은 지속되어야 하고 새로운 내용이 계속적으로 실시되어야 한다. 우리는 뛰어난 능력을 지닌 학생의 교육적 요구를 계속 주장해야 한다. 우리는 뛰어난 능력을 지닌 학생의 프로그램, 소집단 모임, 그리고 차별화된 학습 경험을 실시하기 위해 지속적으로 심각하게 논쟁해야만 한다. 영재학생의 교육적 요구에는 전혀 준비되어 있지 않은 일반교실에 학생을 방치하는 것은 한참이나 시대에 뒤떨어진 것이다. 공평성을 유지하고자 하는 현재의 상황에서 우리가 수월성에 대해 아무런 노력도 하지 않는다면, 이는 분명 매우 뛰어난 능력을 가진 학생에게 아주 실망스러운 교육을 시키는 결과가 되고 말 것이다.

비록 영재 프로그램 교수법의 사용이 모든 학생의 도전 수준을 향상해 줄 수 있는 방안으로 제안되어 왔지만, 이 교수법이 실제 사용될 수 있을지에 대해 알려진 연구는 적다. 영재 프로그램에 사용되는 전략이 더 많은 학생에게 확대되어 도움을 줄 수 있을까? Baum, Owen과 Oreck(1996), VanTassel-Baska(1998d), Borland와 Wright(1994), Kaplan(1986)가 개발한 자비츠(Javits) 프로젝트와 같이 영재학생을 위한 혁신적인 교육과정이 전통적인 방법으로는 영재로 판별되지 않는 학생에게도 도움이 될까? 모든 학생에게 더욱 의미 있고 적절한 영재 프로그램 전략이나 교육 자료를 우리가 만들 수 있을까? 흥미 있는 학생이면 누구나 참가할 수 있는 학급이 있다면, 우리는 얼마나 많이 향상된 내용을 제공할 수 있을까? 영재교육 교수 전략의 사용이 과연 학생의 학습에 대한 사랑과 학교에 대한 흥미에 영향을 줄까? 영재 전문가에 의해 주장되는 학습 내용과 교수의 차별화와 같은 전략은 학교에 대한 부모의 태도를 변화시킬 수 있을까? 가장 중요한 점은 우리가 인종적으로 다양한 배경의 학생과 경제적으로 저소득층인 학생에게도 사용될 수 있는 전략을 개발할 수 있을까 하는 점이다. 그럴 수 있다면 이 분야의 연구 잠재성은 앞으로도 중요한 의미를 지닐 것이다. 연방 보고서 『국가 수월성: 미국의 재능 발달을 위한 사례』(U.S. Department of Education, 1993)에 따르면, "지난 20년 넘게 일반학생을 위한 프로그램이 기본적인 학습기술과 최소한의 내용 전달에 초점을 맞추는 동안, 영재학생에 대한 프로그램은 교수-학습에 대한 혁신적이고 실험적인 접근을 위한 실험실의 역할을 하였다"(p. 23).

이러한 프로그램에 참가한 학생에 대한 종단 연구는 미래의 프로그램 혁신을 위한 정보를 제공해 줄 것이다(Subotnik & Arnold, 1984). 우리는 영재 프로그램 참가자에게 그들의 경험이 어떻게 도움이 되었는지를 거의 묻지 않았다. 그리고 영재 프로그램에 속하였던 영재학생에게 어떤 내용이 행해졌어야 했는지 또한 거의 물어보지 않았다. 이용 가능한 다양한 접근, 즉 속진, 상담, 정규 교육과정의 수정 및 차별화, 능력에 맞는 수업, 그리고 풀아웃 수업이나 자료실 운영 등과 같은 서비스가 연속적으로 실시되어야 한다. 또한 이러한 종단 연구에는 현재 웹상에서 이용 가능한 지식을 영재학생이 자기 통제적, 자기 주도적 학습으로 어떻게 습득하는지도 포함하여야 한다. 우리는 영재학생이 접하는 많은 정보를 어떻게 해석하는지 이해하는 데 필요한 통합, 분석, 평가의 기술을 배우면서 어떻게 그와 같은 정보에 접근하는지도 연구하여야 한다.

새천년은 우리에게 개인적으로뿐만 아니라 전문가로서 삶의 모든 분야에 대해 질문을 하게 한다. 지식의 폭발은 교육에 대한 좀 더 완전한 탐구를 요구한다. 만약 우리가 모든 학습자의 실력이 향상된 완벽한 학습 상황을 원한다면, 정규 교육과정 내에 적절하고 도전할 만한 속도로 성취할 수 있는 기회의 제공, 더욱 심화되고 향상된 내용, 독립적이고 자기 주도적으로 학습할 수 있는 도전 정신, 독립 연구, 그리고 흥미, 학습 양식, 선호하는 산출물 및 선호하는 (학습) 양식에 바탕을 둔 다양한 학습 기회가 포함되어야 한다. 우리는 또한 다른 학생에게 제공해 주고 싶은 학습 상황은 어떠한 것인지에 대해서도 질문하여야 한다. 우리가 그들에게 원하는 것은 정말 그렇게 다를까?

제13장

재능 개발 평가의 쟁점

Susan K. Johnsen

전문가는 개인차를 알아보는 평가도구를 개발하기 위해 꽤 오랫동안 노력을 기울여 왔다. 1905년에 프랑스의 Binet와 Simon은 학교에 잘 적응할 아동을 판별하기 위하여 지능 척도를 고안하였고, 1916년 미국 컬럼비아 대학교의 Thorndike는 학문 영역에서의 수행성취 척도를 만들었다. 최근에도 개인차를 평가하는 데 초점을 맞춘 평가 연구가 여전히 계속되고 있다. 학교나 학군에서는 영재교육 프로그램에 참가할 학생을 선발하기 위하여 이러한 평가를 사용한다. 주정부나 국가적 차원에서는 주정부의 학군 내 학교 간의 학생 성취도를 비교하기 위하여 평가를 사용한다. 그런데 그러한 평가는 과연 더 발전되고 있는 것인가? 전문가는 정말 적절한 수업을 계획하기 위하여 평가를 하고 있는가, 아니면 그룹을 나누고 등급을 매기기 위하여 평가를 하고 있는가? 무엇이 평가하도록 만들고 변화하게 만드는가? 영재교육 분야에서 재능 개발에 관심을 가지는 추세는 중요한 의미를 가지는가? 이 장에서는 이러한 의문을 해결하기 위해 재능 개발과 평가에 대한 쟁점을 다루고자 한다.

평가의 개관

평가란 넓은 의미의 용어다. Linn과 Gronlund(1995)는 평가를 학생 수행에 관한 정보를 모으는 하나의 절차일 뿐이라고 설명하였다. 정보는 양적으로 측정할 수 있는 것과 양적으로 측정할 수 없는 질적인 것으로 나눌 수 있다. 하지만 평가는 판별을 하기 위해서, 수업을 계획하고 프로그램을 수행하기 위해서, 또는 정책을 분석하기 위해서 사용될 수 있다. 평가의 결과는 목적에 따라 설명되는 것이다.

대안적인 평가

앞에서 언급한 평가는 그동안 지속적으로 유지되었으나 새로운 형태의 평가로 '수행' '반영적' '진정한' '역동적' '포트폴리오' 등의 수식어가 붙는 평가도 등장하였다. 이러한 대안 평가에서는 전통적이고 고정된 반응을 측정하는 닫힌 형태의 평가에서 사용되지 않았던 성취와 재능의 증거를 사용한다. 수행에 근거한 대안 평가는 "응용력, 과정 중심, 혹은 열린 상황에서 이해력이나 수행능력을 요구하는 검사다"(Baker, O'Neil, & Linn, 1994, p. 322). 이것은 블록 및 퍼즐과 같은 구체적인 사물을 다루거나 오디션 및 견습 같은 실제적인 형태로 나타날 수 있다. 자연스러운 상황에서 진짜 실생활의 문제를 포함한 평가가 이루어지기 때문에 '진정한' 이라는 표현을 사용하는 것이다(Bakerr et al., 1994; Maker, 1994). 때로는 특정 직업에서 실제로 일어날 수 있는 작업 상황을 만들어 놓고 토론을 하거나 학습 기록, 일지, 체크리스트 등을 사용하여 자기 반영을 하도록 하기도 한다(Maker, 1994). 이 경우 표준화되거나 산출물에 근거하여 만들어진, 평정척도를 이용하기도 한다. 이러한 기준은 수행을 채점하고 비교하기 위한 척도 개발에 사용된다(Freedman, 1994). 진정한 평가는 교수-학습에서 지속적으로 이루어지며 깊은 관계가 있다고 할 수 있다(Hancock, Turbill, & Cambourne, 1994). 만약 수업이 진단적으로 이루어진다면 그 평가는 역동적인 것이며, 실제 상황에서 학습능력을 확인할 수 있을 것이다(Borland & Wright, 1994; Kirschenbaum 1998). 이 경우 교사는 숙달 정도를 파악하기 위해 사전 검사를 한 다음, 약간 높은 수준으로 학생을 가르치고, 그러고 나서는 다시 평가를 한다. Vygotsky(1978)는 스스로 할 수 있는 숙달된 정도와 약간의 도움으로 수행할 수 있는 새로운 수준의 차이를 "근접발달영역(zone of proximal development)"(p. 93)이라고 설명한다. 평가에서의 모든 정보는 포트폴리오로 보관되어 성취와 향상을 나타내게 된다. 이 포트폴리오는 학습에 대한 기록으로서 학생들에게 자기반성을 하고 강점과 약점을 기록할 기회를 제공한다.

영재교육에서의 평가

대안 평가는 영재교육의 목표를 재능 개발이라고 보는 전문가 사이에서 점차로 확산되고 있다. 이러한 연구의 제안자는 '영재'가 사회적으로 구조화되고(Borland, 1997b), 다차원적이며(H. Gardner, 1983; Sternberg, 1986), 질적으로 다르고(Neisser et al., 1996), 환경의 영향을 받는다(Renzulli, 1986b; Tannenbaum, 1983)고 믿는다. 예를 들면, 영재는 지식적인 기초가 탄탄할 뿐만 아니라 적절하지 않은 정보를 판단하고 버릴 수 있는 질적으로 다른 경향을 가지고 있으며, 더 빠르고 효과적으로 이해하거나 반응하고, 일반적인 범주 안에서 지식을 조직화하거나 문제해결 전략을 잘 선택한다는 것이다(Neisser et al. 1996).

능력이 제대로 나타나기 위해서는 여러 요소들의 올바른 조합이 이루어져야 한다. Renzulli(1986b)는 영재 행동은 특정 사람(모든 사람이 아닌), 특정 시간(모든 시간이 아닌), 특정 상황에서(모든 상황이 아닌) 발생한다는 것을 제안함으로써 이러한 관점을 설명하고 있다.

재능의 다양한 본성과 개발에 필요한 전략을 설명하기 위하여 전체적인 재능 프로파일은 가정이나 학교에서의 지속적인 평가를 요약하고 교사의 관찰, 체크리스트, 과제에 대한 반응, 인터뷰, 수행 비디오, 학생의 관심과 능력을 문서화한다.

영재와 재능을 평가하는 초점은 고정적이고 타고난 것으로 여겨지는 양적인 차이를 보여 주는 전통적인 모델과는 다르게 다양한 환경에서 다양한 과제의 결과에 대한 질적인 차이를 설명하고 있다. 학생이 영재인지 아닌지는 다른 학생과의 수행 비교 규준에 근거한다. 높은 점수는 학생이 영재의 특성과 관련되어 있는지의 여부를 나타낸다. 영재교육에서 전통적인 모델의 목표는 특정한 과목과 관심 영역의 재능 개발을 반대하기 때문에 잠재력을 찾을 수 있는 비판적인 창의적 사고와 같은 특성만을 강조한다.

많은 학군에서는 아직도 이러한 전통적이고 정체적인 방법을 학생을 판별하는 데 사용하고 있지만, 영재교육에서는 영재와 재능의 발달적 본성과 대안 평가의 이용을 강조하고 있다(Gardner, 1997; Maker, 1994; Wiggins, 1996).

Treffinger(1995)에 따르면, "우리는 학생의 향상과 성장과 성공을 기록하기 위하여 포트폴리오 접근, 활동을 나타낸 도표, 수행평가를 사용해야 하며, 이에 대한 노력을 확대하고 지속하여야 한다. 그리고 지역, 주, 정부, 나라 간 비교를 위한 평가 점수가 수월성에 대한 기준을 정의하는 관점을 제한하지 않아야 한다" (p. 94). 그러나 이러한 대안 평가는 대부분 중요한 시험과 성적에 대한 책임성 문제와 관련하여 주와 국가 기관에서 널리 사용되지 않고 있다. 왜 그럴까? 다음에서 그 이유를 상세하게 다룰 것이다.

재능평가에 대한 장애물

교육적 평가를 재구성할 때에는 시스템의 요소가 어떻게 작용하는지, 이 요소가 변화의 시기에 다른 요소에 어떤 영향을 주는지, 어떤 요소가 수정하는 데 가장 영향을 받기 쉬운지에 대한 주의가 요구된다. 만약 영향에 민감한 요소를 수정하면 재구성 가능성은 더욱 커진다.

평가 재구성 중 특히 재능 발달 평가는 전통적인 검사에 대한 믿음과 가치, 대안 평가에 의한 기술적 질, 재능 개발의 영역에서의 다양성으로 인해 생기는 장애 때문에 크게 사용되지 않았다.

맥락적 신념

모든 사람은 예전에 학생이었고 시험을 치렀기 때문에 학교와 시험에 대해 안다고 생각한다. 대부분의 시험은 점수가 나오기 때문에 시험을 치르는 사람은 시험에 대해 일종의 존경심을 가지고 있다(Paris, Lawton, Turner, & Roth, 1991). 양적 점수는 교사의 판단보다 더 과학적인 것으로 생각된다. 부모는 아동이 기본적 기능 영역에서 무엇을 아는지, 다른 학생과 비교하여 얼마나 잘하는지, 능력 단계가 어느 정도인지를 점수가 보여 준다고 생각한다. 예를 들어, 학군에서 전통적인 방법과 다르게 산출물과 포트폴리오로 영재와 재능을 판별해 내는 방법을 이용했을 때 부모가 평가에 대해 항의하면 기준 점수와 퍼센트 등수 방법으로 판별법을 바꾼다. 이러한 판별에 대한 불만을 반영해야 하는 상황이 된다면 혁신적인 학군에서조차 양적인 척도에 의존하게 되며, 한두 가지 비전통적 방법을 혼합하는 데서 그칠지 모른다. 전통적 믿음을 가진 사람은 영재가 이분법적인 구조—영재 아니면 비영재—를 가진다는 관점을 고집하려는 경향이 있다. 실제로 학생이 우수한 산출물을 만들어 냈지만 지능 점수에서는 평균 점수를 획득한다면 과성취자이거나 재능을 가졌지만 영재는 아닌 학생으로 여길지도 모른다. 이러한 이유로 비전통적인 평가와 재능 개발 프로그램은 영재에 대한 특별한 프로그램을 없애면서 시작되었다. 그 이유는 모든 아동이 영재이고 재능을 가졌을 확률이 있다고 생각했기 때문이다(Delisle, 1986).

또 다른 비전통적인 평가의 사용에 대한 믿음은 시험에서 수행이 향상되는 것이 학습의 향상이라고 보는 가정이다. 좀 더 비교해 보면, 표준화된 시험은 학교와 프로그램의 총체적인 질을 판단하는 데 이용되며 주정부와 국가 교육과정의 척도로도 이용된다. 이러한 시험은 중요한 상황에서 활용되기도 한다. 1998년도에 50개 주에서 학생 성취도 평가를 하였고, 학교와 학교 간의 수행을 평가하기 위해 36개 주가 이 자료를 이용하였다. 19개 주는 학교 수행을 평가했으며, 14개 주는 이 결과에 따라 교사와 학교에 대한 재원적 보상을 제공하였다. 그리고 16개 주에서는 부실한 학교를 인수하거나 폐교를 받아들였다. 가르치는 내용은 점점 더 시험에 초점을 두게 되고 점점 더 제한되었다. 전문가는 교사가 시험에 나오는 것만 가르치기 때문에 학교 교육과정에서 예술과 리더십 같은 수행에 근거한 비전통적인 재능 영역이 없어지는 것에 대해 우려하고 있다(Resnik & Resnik, 1992). 다양한 재능의 본성과 그 개발은 그것을 최소화하려는 제한된 교육과정 때문에 사라지고 있는 것이다.

대안 평가의 기술적인 질

재능 발달을 평가하기 위한 대안 평가 사용에 대한 논쟁은 기술적 질, 즉 신뢰도와 타당도를 다루어야 한다는 것이다. 수행에 기초한 평가에 대한 실험적 문헌에서는 우선 점수화 과정의 신뢰도, 채점자 훈련 모델, 척도의 신뢰도 유지, 그리고 미리 규정된 점수 틀에 대한 채점자 사용의 타당도로 제한되어 있다(Baker et al., 1994). Linn, Baker와 Dunbar(1991)

는 "측정이 실제적인 수행이나 비교적 충실도가 높은 수행 시뮬레이션에서 나타나기 때문에 사지선다형 문제보다 더 유효하다." (p. 16)라고 주장한다. 많은 대안 평가는 시뮬레이션이기 때문에, 학생들이 실생활에서 하는 행동과 같은 방식으로 행동하지 않을지도 모른다(Swanson, Norman, & Linn, 1995). 결과적으로 평가자 간의 일반화는 상황에 따른 일반화보다는 더 나을 수도 있다. 전통적 평가에서는 일반화를 하는 것이 어렵다. 예를 들어, 일상적 과제나 실제적 상황을 고차원적으로 해결할 수 있는 전문가일지라도 문제 해결 중심의 형식적 평가에서는 형편없는 양상을 보이기도 한다. 일반화의 이런 문제를 해결하기 위해 Messick(1994)은 수행평가의 과제적 접근보다는 좀 더 복잡하게 구성된 기능이 상황과 관련되는 구조적인 접근의 실시를 주장한다. 이렇게 하면 재능이 나타나는 데에서는 그것이 확실하게 정의되고 평가될 수 있을 것이다.

요약하면, 재능 개발의 결정에 필요한 대안 평가의 사용은 많은 타당도와 신뢰도 문제를 일으킨다. 포트폴리오로 모아진 다양한 산출물이 어떻게 전통적인 방법처럼 항목을 차별화할 수 있을까? 포트폴리오 샘플은 체계적으로 수집되었고, 개별 학생의 작업을 대표한다고 볼 수 있는가? (즉, 내적 타당도) 여러 가지 다양한 대안 평가에 대한 전체적인 점수는 외부 환경에서의 탁월한 수행과 관련이 있는가?(즉, 외적 타당도) 과제와 재능의 수행을 평가하기 위해 충분한 시간이 주어진다면, 대안 평가 제안자는 성적에 대한 책임을 지기 위해 대안 평가의 효율성, 신뢰도, 타당도를 보여 줄 방법을 찾아야만 한다.

재능 개발 영역에서의 다양성

재능이 단일한 특질이라는 개념에서 멀어지면서, 연구자는 재능 개발의 관점에서 영재의 특징을 다시 살펴보고 있다(Gagné, 1985; Treffinger & Feldhusen, 1996). 그들의 접근법은 인간의 능력에 있어 발달적 지향성을 가지고 있으며 여러 단계의 능력과 넓은 영역—예술, 언어, 체육, 정신운동, 인지 혹은 지능, 사회적-개인적 영역—에서 재능이 나타난다고 본다(Bloom, 1985; Treffinger & Feldhusen, 1996). Gagné의 모델은 영재의 g 요인과 관련하여 영재성과 재능을 구별하였으며, 재능은 세분화된 기능과 태도로 나타내고 있다. 재능이란 "이러한 태도의 향상적 전환이 특정한 직업 영역에서 체계적으로 개발된 기술 특성"으로 나타난다고 하였다(Gagné, 1995, p. 353). 이러한 재능은 가족, 학교, 개인의 흥미, 태도, 경험의 영향을 받는다. Gagné는 대부분의 사람은 많은 활동에서 경쟁적이 되지만, 모든 활동에서 반드시 그렇지는 않을 것이라고 믿었다. 그는 학교 교육과정 외부에서 자주 나타나는 재능과 특정한 적성에 대한 조기 판별과 이러한 특정 적성에 대한 측정이 더욱 빈번하게 이루어져야 한다고 주장하였다.

노벨상 수상자를 예로 설명하는 Stewart(1994)는 '노벨상 수상자 학습 주기'로 단계적 재능 개발을 설명하였다. 이 주기는 로맨스 단계 혹은 아이디어와 '사랑에 빠진' 단계에서 시작한다. 다음 단계는 '탐구', 즉 개인이 재능 영역에 빠져드는 다음 단계로 연결해 주는 의문 제기 단계다. 마지막은 신선하고 독창적인 사고를 가능하게 하는 '확장기' 단계다. 이 단계는 새로운 의미 발견이 가능한 '통찰력'에 도달하게 하며, 다시 로맨스 단계로 되돌아가게 해 준다.

좀 더 인지적인 특징을 포함하기 위하여, Sternberg는 '전문성 개발 모델'을 만들었다. 이 모델은 다섯 가지 요소—초인지 기능, 학습기능, 사고기능, 과정적인 지식, 동기—로 구성되어 있다. 상황적 요소와 신중한 연습이 중요하기 때문에, 초보자가 전문성을 개발하고 반성적 실천가가 되기 위해서는 학생의 이러한 특성이 반드시 제시되어야 한다는 것이다. Sternberg는 모든 형태의 평가는 전문성을 개발하기 위한 정보를 제공하기 위한 것이며 "평가에는 정답이 없다."(p. 18)고 믿는다고 하였다.

연구자들은 재능이 나타나고 측정이 가능한 나이에 대해 논의하고 있다. Sloboda(1996)와 Winner(1996)는 이른 나이의 재능에 대한 지표는 판별하기 어렵다고 주장하였으나, 다른 연구자는 이에 동의하지 않는다. 예를 들어, Roe(1953)의 연구에서는 연구 대상이 7세 무렵에 과학에 대한 열정을 가진다는 사실을 발견하였다. 영재아는 멘토, 담당교사, 프로그램의 도움으로 자신의 재능 분야에 놀라울 정도로 몰입한다(Bloom, 1985; Csikszentimihalyi et al., 1993). Feldman(1986)은 신동이 결정적 시기인 10~13세에 멘토와 모델, 경쟁자, 숙련된 전문가에 의해 그들의 재능이 공식적으로 개발되기 시작한다고 보았다.

요약하면, 다수의 연구자는 타고난 능력이 특정 영역의 매우 높은 수행과 빠른 성취에 기초가 된다고 믿는다(Gagné, 1985, 1995b; Simonton, 1999b; Sternberg, 1998). 전문적인 영역의 재능은 주기적이든 선형적이든 간에 복합적인 조합이든 아니든 간에 향상되며, 체계적인 개발이 필요하다(Gagné, 1995b Renzulli & Reis, 1991; Simonton, 1999b; Stewart, 1994). 재능이 한 영역에 관련되어 있다 해도 그 영역은 매우 복잡하고 독립된 요소를 가지고 있다. Simonton(1999b)은 아동은 "한 요소에서 아주 빠른 발달을 보일 수도 있지만 다른 요소에서는 뒤떨어진 모습을 보이거나 아예 발달되지 않기도 한다. 따라서 재능 발달은 매우 특징적인 과정으로 이루어진다"(p. 422). 이러한 요소의 복잡성과 더불어, 재능은 개인적이고 환경적인 변수, 즉 관심, 에너지, 인내, 성장을 위한 욕구, 개인적 특징, 경험에 대한 개방성, 독립성, 가치, 교사, 역할 모델 사이의 역동적인 상호작용을 통하여 개발된다(Amabile & Tighe, 1993; Bloom, 1985; Csikszentmihalyi et al., 1993; Gagné, 1985; Renzulli & Reis, 1991; Simonton, 1999c; Treffinger & Feldhusen, 1996). 한 분야의 창의적인 산출물은 그 분야에 대한 10년의 연구 후에 나타난다고 보는 H. Gardner(1993)는, 개인의 삶과 그 분야의 성숙함이 나타나는 시기와 같은 문화적인 요소를 강조하였다.

재능 개발 영역의 다양성은 평가에 대한 많은 의문을 불러일으킨다. 어떻게 검사자는 역동적이고 특이한 재능 개발의 예를 만들 수 있을까? 재능 성장에 도움이 되고 중요하게 기여할 어떤 요소가 평가되어야 하는가? 이런 요소는 어떻게 재능 분야와 상황 내에서 비슷하게 나타나는가? 어떠한 개인적이고 환경적인 변수가 동시에 평가되어야 하는가? 단기간에 재능이 완전히 나타나거나 명백해지지 않는 영역에서 어떻게 수행평가를 할 수 있을까? 만약 재능 개발이 오늘날과 같은 책무성의 시기에 중요한 의미를 가지고 있다고 가정한다면, 재능 영역과 개발은 명백히 정의되어야 하고 학생 수행의 향상과 관련이 있어야 하며, 영재교육 영역에서 교사와 다른 전문가에게 실제적인 중요성을 부여할 수 있어야 한다.

장애물의 상호 영향

앞에서 언급한 세 가지 장애물은 상호 영향이 있으며 평가를 재구성하게 만든다. 재능 개발의 다양한 영역에 대한 정의가 불분명하기 때문에 구조적이고 역동적이며 일반적인 대안 평가를 개발하는 것은 어렵다. 이런 명료성의 부족은 성적과 판별을 위해서도 대안 평가의 사용을 원하지만 이러한 평가에 대한 신뢰도와 타당도를 입증해 줄 적절한 연구가 없다는 것을 아는 교사에게 많은 문제를 안겨 주었다. 기술적으로 적절한 대안 평가가 없다는 것은 학교와 학습에 관한 중요한 정보를 비교 가능하게 해 주는 수치에 의존하는 전통적 평가 유형과 영재에 대한 이중적 관점을 지속하게 한다. 이러한 모든 상호적인 영향은 학생, 특히 영재와 재능 있는 학생에게 실시되는 학교 프로그램과 교수-학습 과제에 영향을 미친다.

재능 개발의 평가를 제도화하기 위한 최선의 기회는 궁극적으로 영재학생을 위한 교육 프로그램을 변화시킬 이러한 장애물을 어떻게 처리하느냐에 달려 있다. 재능 개발에 더 초점을 둔 프로그램으로 변화하기 위해서는 좀 더 역동적인 대안 평가의 사용이 필요하다. 새로운 체제 형성을 효과적으로 하기 위해 동시에 처리해야 할 영향에 대한 이러한 접근법은 재능을 발견하고 개발하기 위한 적절한 절차의 개발을 요구하는데, 이는 다음에서 설명하고자 한다.

재능 개발의 평가

전통적 심리 측정의 기준을 대안적 평가에 적용해야 하는지에 대한 의문을 제기하는 학자가 있기는 하지만(Baker et al., 1994; Wiggins, 1993), 또 다른 전문가는 교사와 의사결정자에게 의미를 주고 영향을 미치기 때문에 전통적인 틀과 같은 기준을 세워야 한다고 믿는다(Messick, 1994; Worthen, 1993). 이때의 기준은 신뢰도와 타당도다.

신뢰도 기준

재능 개발 평가에서 신뢰도 관련 작업을 개발하는 데 중요한 기준이 두 가지 있다. 전문가가 학생의 산출물과 수행을 효과적으로 평가할 수 있는가, 그리고 시간과 장소에 상관없이 지식을 의미 있게 전달하는 학생의 능력을 평가할 수 있을 만큼 증거가 충분한가다. 연구자들은 평가자가 다양한 과목—예를 들면, 수학 과목에서 문제 풀이와 에세이(77.6~98.5%; Niemi, 1996), 과학 과목에서 제출물(.80 이상; Shavelson & Baxter, 1992), 언어 영역에서 활동(.88; Hatch & Gardner, 1997), 드라마 과목에서 수행(.65~.82; Baum, Owen, & Oreck, 1996) 등—에서 복잡한 수행을 신뢰성 있는 점수로 채점하도록 훈련할 수 있다는 것을 발견하였다. 하지만 이러한 일관성은 시간과 상황이 교차하는 평가에서는 나타나지 않고 있다. 서로 다른 수업적 요구(Baum et al., 1996)와 제한된 연구 참여자 수(Shavelson & Baxter, 1992)를 가진 연구와 같이 여러 과제에 걸친 수행에서 보이는 편차에 대해서는 다른 설명이 나오고 있다. Shavelson과 Baxter는 개별 학생의 과학 성취에 대한 정확한 평가를 위해서는 10~20개의 연구가 필요하다고 제안한다. Messick(1994)과 Baker 등(1994)은 수행평가의 본질을 과제 중심으로 기술함으로써 일반화의 부족을 설명할 것이다. 그들은 복잡한 구성기술이 타당도의 쟁점이 되는 여러 상황에 걸쳐서 판별되고 표집될 때에만 비로소 신뢰도가 입증될 수 있을 것이라고 주장한다.

타당도 기준

재능 개발 영역에서 내용 타당도를 유지하는 것 또한 쉽지 않다. 첫째, 전문성은 주제 특수적이다(Chi, Glaser & Farr, 1988; Gelman, 1978). 둘째, 재능은 매우 다양하고 많은 영역의 연구를 포괄한다. 셋째, 이러한 영역은 서술적 지식(즉, 사실에 관한 지식, 개념, 원리), 그리고 재능 개발의 다른 측면이 나타나는 동안에 변할 수도 있는 절차적 지식(어떤 것이 어떻게 되는지를 아는 것)을 모두 포함한다. Simonton(1999a)은 어떤 요소는 지식 획득 측면에서 주된 기능을 발휘할 수 있는 반면, 또 다른 요소는 수행 면에서 주된 영향력을 가질 수 있다고 하였다. 넷째, 항목과 과제의 예는 재능영역에서 전문성 개발을 나타내는 순서대로 정렬되어야 한다. 이러한 특징은 주기적, 선형적, 첨가적 그리고/또는 중첩적인 경향에서 진행될 수 있다. 어떤 연구자는 몇 년의 경력을 가진 후에 종종 자동적으로 나타나는 전문적인 수행은 어린 학생의 수준에 발달적으로 적절한 기준이 될 수 없다고 우려하였다. 그들은 높은 수준의 수행을 하는 학생이나 초보 전문가를 기준으로 삼을 것을 제안한다(Baker & Schacter, 1996). 다섯째, 과제는 재능 영역의 내용 지식과 비슷해야 할 뿐만 아니라 재능 영역에서 사용되는 복잡한 과정도 이끌어 낼 수 있어야 한다. 평가 상황은 너무 단순화되어 실제 상황의 복잡함을 평가하지 못한다(Linn, Baker, & Dunbar, 1991; Messick, 1994). 여섯째, 많은 과제는 여러 다양한 상황에 걸쳐 서술적이고 과정적인 지식으로 측정되는 것이 필요하다(Shavelson, Baxter, &

Pine, 1992). 재능의 발달적 본질을 조사하는 연구자는 거의 없다. Davidson과 Scripp(1994)은 음악적 논리의 진화, 개입의 본질과 타이밍, 영재학생과 일반학생의 차이점을 설명하였다. 대다수의 연구자는 수행 과제나 특수한 재능 영역(표면적 타당도)과 비슷한 관찰 체크리스트를 개발하는 경향이 있는 반면, Baum 등(1996)은 무용과 음악 영역의 재능의 특성을 체계적으로 판별하는 것을 시도하였다. 교육 전문가와 예술 전문가의 토론 그룹을 이용하여 초보자와 경력자 모두에게 발견될 수 있는 행동 준거 틀을 제시하였다(p. 95). Baum과 동료들은 내용 타당도를 확증하는 많은 제안을 하였는데, 재능 영역에서 지식과 과정기술을 포함한 특정한 특성을 판별하는 것, 행동을 기술할 수 있는 전문가를 이용하는 것, 과제의 난이도를 다양하게 증가시키는 것 등이 포함된다. 이러한 연구는 전망이 있는 반면, 특정 재능 분야 내의 기준이 되는 수행을 가진 개발 틀 내에서 올바른 과정을 도출하는 작업들에 대한 대안 평가를 계획하는 데에는 아직도 이루어야 할 작업이 많이 남아 있다.

대다수의 연구는 준거 관련 타당도를 설정하여 대안 평가와 다른 표준화된 도구 사이의 관계를 연구하였다. 그 예로, Niemi(1996)는 규준 지향 성취도 검사와 수학 문제 해결 과제의 높은 점수 사이의 관련성을 찾아내었다. Shavelson과 Baxter(1992)는 과학 과제와 전통적 성취도 검사 사이의 관계($r = .45$)를 발견하였다. Baum 등(1996)은 구성적 본질에 대한 그들의 이론적 이해를 가지고, 예술적 재능과 교사의 평가 간의 관계($r = .40 \sim .49$)를 알아냈지만, 예술적 재능과 학문적 성취 간의 관계($r = .08 \sim .25$)는 알아낼 수 없었다. 예언 타당도 연구는 단기간의 결과를 조사하는 경향이 있다. 예컨데, 다른 전문 예술가를 통하여 Baum 등(1996)은 초기 오디션에서 선택된 학생들은 앞선 오디션에서 선택되지 않은 학생보다 더 높은 점수를 받는다는 것을 알아냈다.

Johnsen과 Ryser(1997)는 유아영재를 판별하는 데 사용되었던 포트폴리오가 초등 4학년에서의 성취를 예측한다는 것을 알아내었다. 그러나 불행하게도 어떻게 대안 평가가 한 영역에서 개인의 장기적 성공을 예측할 수 있는지에 대해 보고한 연구는 없다. Getzels와 Csikszentmihalyi(1976)의 고전적 연구는 주어진 사물로 문제를 만드는 대안 평가를 학생들에게 실시하였는데, 이 평가는 시카고 예술학교를 졸업한 7년 후에 예술가로서의 성공 여부를 예측하는 데 중요한 역할을 하였다. Milgram과 Hong(1994)은 10대의 과학과 공연예술에서의 여가 시간 활동은 표준화된 검사보다 성인이 되었을 때 가지는 직업 영역의 예측에 더욱 효과적이라는 것을 알아내었다. 재능 개발의 장기 연구는 연구자에게 많은 문제점을 안겨 준다. 참여자 수의 감소, 적절한 통제집단, 시간에 따른 재능 개발과 성공적 수행을 측정할 기준의 조작화, 각 수준에 맞는 교사와 전문가 찾기(Arnold & Subotnik, 1994) 등이 그것이다. Albert(1994)에 따르면, 영재의 미래 성공을 예측할 때 생기는 문제는 재능 있는 학생이 보통 학생보다 그들의 흥미에 대해 덜 안정적인 모습을 보인다는 것이다. 한 예로, 영재의 1/3은 고등학교에서 대학으로 진학하는 동안 관심 분야가 변한다. 다시 말해, 전문가의 경우 재능 영역, 다른 변인, 미래의 성공 간의 복잡한 상호작용에 대해 더 많은 연구를 실시하여야 한다.

재능 개발에서 제시된 모델은 대안 평가의 '구인 타당도'에 대한 흥미로운 의문을 제기한다. 성취와 태도에 대한 기초가 재능이 나타나기 전에 존재한다면(Gagné, 1985; H. Gardner, 1983), 이 영역 내의 성공을 위해서는 어느 정도 수준의 요소가 필요한가? 만약 전문성과 재능이 발달한다면(Bloom, 1985; Csikszentmihalyi et al., 1993; Gagné, 1985; Stewart, 1994), 수행이 점차 진보하고 있다는 증거를 어떻게 증명할 수 있는가? 만약 재능 발달이 주기적이라면(Stewart, 1994), 어떠한 중개가 수행에 영향을 주는가?(그리고 어떻게?) 만약 재능 영역이 복잡하다면(Simonton, 1999a), 서로 다른 요소는 수행 기준의 다른 측면과 어떻게 관련되어 있는가? 만약 초인지 기능이 있다면(Ericsson, 1987; Sternberg, 1998), 문제 발견이나 그 해결 방법은 어떻게 전문가의 방법과 비교될 수 있을까? 재능이 여러 변수와의 상호작용을 통해 개발된다면(Bloom, 1988; Gagné, 1985), 개인의 재능 개발에 가장 큰 영향을 미치는 변인은 무엇이며 언제 나타나는가? 몇몇 연구자는 대안 평가에 의해 측정된 분야의 본질을 알아보기 위해 요인분석을 실시하였는데, 그 결과로 가설보다 요인의 수가 적다는 것을 알아내었다. 예를 들어, Plucker, Callahan과 Tomchin(1996)은 4개의 지능을 평가하기 위한 13개의 활동에서 오직 언어적 영역과 논리-수학적 영역의 두 개 영역에만 상관이 있음을 확인하였다. 아이오와 기초기술검사(Iowa Test of Basic Skills)의 언어 영역은 언어교사의 체크리스트보다 수학교사의 체크리스트와 더 높은 상관이 있음을 밝혀, 과제의 구인 타당도에 대한 문제를 야기하기도 하였다.

몇몇 연구자는 특정 상황 내 그리고 그 사이에서 학생이 어떻게 지식을 설명하고 일반적 전략을 사용하는지를 관찰하고 분석하였다. 수학에서 일반적 전략을 알아보기 위해, Niemi(1996)는 초등학교 수학 교육과정에 대한 개념적 이해를 평가하는 전략의 핵심 요소로 학생이 수행한 과제를 설명하도록 하였다. 이와 비슷하게, Maker(1994)는 학생의 문제해결 능력을 관찰하기 위해 실제 상황이나 모의 상황으로 문제를 해결하는 상황을 만든 다음, 학급 내외에서 학생의 문제해결 능력을 관찰하였다. 이러한 방법은 재능 개발의 복잡한 특성에 관한 질문에 대한 대답이 되며, 전통적인 도구보다 더 가능성이 있는 것으로 보인다. 다양한 상황에서 학습자와 과제 사이의 역동적인 상호작용을 관찰함으로써, 일반적인 구성 중심적 전략, 문제해결 접근법, 더 나은 수행을 위한 지식과 전략, 성공적 재능 개발을 위한 중재 시기를 발견할 수 있을 것이다.

역동적 평가를 위한 과제는 주의 깊게 선택되고 가장 실제적인 맥락에서 사용되어야 한다. 그것은 재능 영역에서 서술적이고 절차적인 지식뿐만 아니라 복잡한 사고를 사용할 기회를 학생들에게 제공하여야 한다(Baker et al., 1994). 과제를 고안하고 맥락을 선택하면 세 가지 과정(기초능력의 판별, 수업, 재평가)을 통해 특정한 재능 영역의 잠재성을 판별할 수 있다. 유효한 평가가 되도록 하기 위해서 관찰자는 재능 개발 평가 분야에 익숙한 사람이어야 한다. 예를 들어, Terry와 Pantle(1994)은 교사가 관찰할 내용과 기술과정을 기록하는 방식에 대해 자세히 설명하고 있다. 작문 전, 초안 작성, 교정과 같은 특정한 시점에 학생이 무엇을 하였는지를 각 상황에 걸쳐 교사가 조리 있고 기술적으로 묘사하는 방법에 관한 것이다. 수업에서도 훈련된 관찰자는 결정적 전략이 나타나는 것을 알아볼 수 있고, 초기 기초실력과 새로 실시된 수업 수준 사이의 폭으로 학생들의 '잠재적' 재능을 평가할 수 있다. 학습자의 기존 수준과 새롭게 성취한 수준의 폭의 차이가 커질수록 재능 영역에서 잠재성은 크다고 볼 수 있다(Vygotsky, 1978). 특정 영역에서의 이론적 구조를 점검하는 이러한 접근은 미래 과제의 성공적인 수행을 위해 필요한 지식과 과정적 기술을 구체화하는 데 도움을 줄 것이다.

쟁점

이 장에서는 체계적인 평가와 관련된 쟁점 중 특히 재능 개발의 평가에 대해 논의하였다. 전통적인 평가 형식은 세 가지의 근본적인 장애물인 맥락적 신념, 대안 평가의 기술적 질, 재능 개발 영역의 다양성을 가지고 있다. 재능 영역에서는 서술적이고 절차적인 지식이 잘 정의되어 있지 않고 대안 평가의 기술적 질이 의문시되고 있다. 그래서 성적을 결정하는 주요 평가에서는 전통적인 성취도 검사가 계속 사용될 것이다. 이러한 전통적 검사도구가 교실에서 충분한 영향을 미치므로 대부분의 교사는 매 수업시간에 재능 개발 활동을 활용하지는 않을 것이다. 실제로 영재교육은 재능 개발의 모호한 개념과 기술적으로 안전한 대안 절차의 고안 때문에 어려움을 겪고 있다. 재능 개발이 실제로 구현되기 전에 중요한 쟁점에 대해 논의해 보자.

1. 각각의 재능 영역에서 중요한 서술적이고 절차적인 지식은 무엇인가?

대안 평가는 재능 개발의 구조에 대한 명백한 개념적 이해를 기초로 하여야 한다. 그 예가 기술적 지식이다. 특성에 관한 체크리스트는 많이 있지만, 다른 여러 분야의 전문가 개발이나 절차적 지식에 대한 연구는 매우 제한적이다. 이러한 이해 없이는 교실 내외의 복잡한 사고과정의 성장을 검사하기 위한 평가 과제를 고안할 수 없다.

2. 성공적인 재능 개발의 기준은 무엇인가?

교사, 학교, 재능 분야, 개인이 성공의 정의를 내릴 수 있는가? 한 예로, 교사는 학생 성취도의 성장과 대회에서의 상장으로 성공을 정의할 것이다. 반면 학교에서는 AP 프로그램에 참여하거나 명문대학에 진학한 학생 수, SAT에서 높은 점수를 받은 학생 수로 성공을 정의할 수 있을 것이다. 재능 영역의 전문가는 다작을 하거나, 특별한 상을 받거나, 유명해지는 것으로 성공을 정의할 수 있을 것이다. 개인은 기회, 개인적 관심, 동기화에 기초하여 비슷한 혹은 독특한 방식으로 성공을 정의할 수 있을 것이다. 예를 들어, 성적이 우수한 재능 있는 중학교 학생은 집에서 하는 발명—예, 뒷마당에 롤러코스터를 설치할 수 있을까를 고민하는 것 등—을 성공과 연결할지도 모른다.

성적이 재능 개발에 포함된다면 성공의 기준이 명백히 정해져야 하고, 또한 다른 기존의 측정과도 관련이 있어야만 한다. 만약 그것이 의사결정자가 중요하다고 생각하는 측정과 관련이 없다면 교육의 주류의 한 부분이 될 가능성은 극히 적어 보인다.

3. 어떻게 대안 평가의 기술적 질을 향상할 수 있을까?

대안 평가가 더 넓은 전문 분야에서 널리 사용되려면 반드시 기술적으로 개선되어야 한다. 첫째, 다른 시간과 다른 상황에 일반화하여 사용하기 위해서는 재능 분야 내의 다양한 과제에 대해 믿을 만한 표본을 가지고 있어야 한다. 예를 들어, 포트폴리오에서 교사는 학생의 전체적인 작업을 대표할 수 있는 표본을 모으고 있는가? 여러 상황에서 표본이 제대로 수집되었나? 학생은 학교에서 자신의 재능을 발휘할 기회를 가지고 있나? 평가자와 전문가는 같은 표본을 비슷한 경향으로 설명하고 있나? 둘째, 평가는 성공적인 수행을 위한 기준과 관련이 있어야 하고, 특수한 재능 영역의 구조로 이루어져야 한다. 예를 들어, 포트폴리오 평가에서 내적 타당도를 확인하기 위해 교사는 재능 발달을 평가하는 표본을 모으고 있는가? 이러한 표본은 모을 가치가 있는가? 이러한 표본은 학생이 시도하려 하거나 의도한 것을 대표하는가? 대안 평가는 중요한 평가의 하나로 사용된다 하더라도 강력한 실험적 연구 기초가 없이는 살아남을 수 없을 것이다.

4. 재능 개발은 흔한 성적 책무성 검사의 한 부분인가?

대안 평가는 시간이 많이 소요된다. 관찰과 점수화하는 과정에 대한 교사의 훈련이 필요하며, 실제적인 환경에서 연속적이고 심화적으로 발생하며 장시간에 걸쳐 수집되어야 하는 다양한 과제, 재능 영역의 기술과 전략에 대한 지식의 기반이 요구된다. 그것을 광범위한 성적 책무성 체제에서 사용하기에는 비용이 많이 들며 복잡할 수 있다. 사실 각 지역과 국가의 기준에 맞추어야 한다면 재능 개발 평가의 역동적이고 개성 있는 본질을 잃어버릴 수도 있다. 시험에 기초하여 수업을 해야 하는 교사는 새롭고 더 복잡한 학생의 반응에 대한 요구를 바탕으로 한 과제를 고안해야 하는 이러한 대안 평가의 실시를 반대할지도 모른다.

그렇다면 과연 우리는 앞으로 나아가는 것이 가능할까? 재능 개발은 새로운 평가 운동에 중요한 영향을 가져올 수 있을까? 제한된 연구와 외부적 영향 때문에 재능 개발에 대한 대안 평가는 현실에서 결코 중요한 역할을 할 수 없을지도 모른다. 그러나 그것이 진정한 목표인가? 진정한 목표는 실제로 교사가 특별한 재능을 찾아내고, 개별 계획안을 개발하여 학생을 도와줄 수 있는 중재안을 실시하고, 적절한 배치가 이루어질 수 있도록 진단적 정보를 모아 역동적인 평가를 하는 것이다. 연구자가 여러 쟁점—재능 영역의 정의, 성공에 대한 기준의 설정, 과제에 대한 질적 평가의 개발—에 대해 더 많은 연구를 한다면, 재능 개발은 교육 현장과 영재의 삶에 더욱 중요한 역할을 할 것이다.

제14장

창의성을 향상하고자 할 때 왜 창의적이지 못할까

Jonathan A. Plucker, & Ronald A. Beghetto

창의성에 대한 연구와 교육이 꽤 이루어졌던 1958년에 Harold Anderson 박사는 심리학에서 해결하지 못하고 있는 큰 문제는 어릴 때는 누구에게나 있던 창의성과 호기심이 성인이 되면 왜 사라지는가라고 하였다. 창의성에 관한 연구와 교육이 폭발적으로 이루어지고 있는 시대인 요즘에는 Anderson 박사가 제기했던 문제에 대한 해답을 이미 찾았거나 어느 정도는 제시되었을 것이라고 짐작할 것이다. 하지만 우리의 창의성 향상을 위한 노력은 20년, 30년, 심지어 50년 전에 이루어지던 것과 놀랍게도 비슷하다. 우리가 잘못하고 있는 것은 과연 무엇일까?

창의성의 필요성과 대중성

Sternberg와 Lubart(1996)에 따르면 창의적으로 사고하는 능력은 개인의 문제 해결이나 사회의 발전에 있어서 모두 중요하다. Smith(1993)는 혁신적인 사고와 창의적인 문제 해결은 한계를 재정립하고, 생산성을 향상하고, 지속적인 발전을 가져오며, 혁명적인 변화를 일으키는 기술이라고 강조하였다. Nadler, Habino와 Farrell(1995)은 더 나아가 혁신이 우리의 지속적인 생존을 위해서도 중요하다고 하였다. 이들 저자는 우리가 살고 있는 이 시대가 사람으로 하여금 개인적인 삶과 사회와 직업 조직 등에 있어서 근본적인 변화를 요구한다고 주장하였다. 전하는 바에 따르면, Albert Einstein은 "우리가 생존하기 위해서는 완전히 새로운 방식으로 생각해야 한다."고 한다(Nadler et al., p. 2). 창의적이고 혁신적인 사고의 가치를 강조하는 것은 지나친 과장이라고 할 수 없으며, 유용한 것도 있고 때로는 이상한 것도 있지만, 어쨌든 창의적 사고를 향상하기 위한 프로그램에 수많은 개인과 단체가 참여하고 투자하며 노력을 기울이고 있다.

이런 이유로 지난 50년 동안 창의성은 높게 평가되어 왔다. 창의성은 예술에서는 항상 강조되는 주제였으며 교육에서도 점점 강조되어 왔다. 21세기 들어서면서는 기업에서도 혁신에 대한 노력과 관심이 점점 더 증가하고 있다. 실제로 기업 관련 잡지에 창의성에 관한 기사나 광고가 없는 경우는 거의 없을 정도다. 특히 사회과학자 사이에서도 창의성에 관한 연구가 활발하게 이루어지고 있다. 학습이론의 경우 창의성을 거부하는 행동주의적 접근에서 점차 인간이 개인적으로 또는 사회 단위로 지식을 창조해 나간다는 개념에 기초한 구성주의로 변해 가고 있다.

모든 것을 고려해 볼 때, 창의성을 증진하려는 노력이라 할 수 있는 창의성 교육은 르네상스를 맞이하고 있다고 결론지을 수 있다. 그럼에도 우리는 창의성에 대한 고정관념에서 벗어나지 못하고 있고, 창의성을 가르치는 방법도 수십 년 전에 사용되던 기술(예, Guilford, 1950; Osborn, 1963; Torrance, 1972, 1987; Renzulli & Reis, 1985)과 상당히 유사함을 부정할 수 없다. 우리는 왜 더 큰 발전을 이루지 못하고 있는 것일까? 이 질문에 대한 해답은 근본적으로 두 가지다. 수용하기 힘들 정도로 광범위한 정의와 혁신적이지 못한 향상방법이다. 이 장에서는 두 번째 답에 초점을 두고,

정의에 관한 문제는 다른 논문에서 다루고자 한다(Plucker, Beghetto, & Dow, 준비 중).

이 장의 목적은 창의성 교육에서의 창의성 부재에 대해 탐구하는 것이다. 창의성은 과연 증진될 수 있는가에 대한 의문에서 시작하여 전통적인 계발 전략에 대하여 간단히 살펴본 다음, 지난 수십 년 동안 창의성 교육에서 변화가 거의 없었던 이유에 대하여 탐구하면서 언젠가 결실을 맺게 될 창의성 교육에 대한 대안을 제시하고자 한다.

창의성은 훈련을 통해서 향상할 수 있는가

창의성 연구의 선구자들은 창의성이 향상될 수 있다고 한다. Osborn (1963)은 창의적 사고기술은 모든 사람에게 유용하며 훈련을 통하여 기를 수 있다고 주장하였다. E. P. Torrance(1972, 1987; E. P. Torrance & J. P. Torrance, 1973)는 창의성 훈련 프로그램의 성공을 기록하는 데 많은 시간을 투자하였다. 몇몇 연구와 문헌은 창의성이 훈련을 통하여 향상될 수 있다는 결론을 뒷받침해 주고 있다(예, Fontenot, 1993; Grossman & Wiseman, 1993; Higgins, 1994; Nadler et al., 1995; Pyryt, 1999; Sternberg & Lubart, 1996; Treffinger, Isaksen, & Dorval, 1996). 사회심리학 측면의 주요 연구는 환경적인 요소와 동기 역시 창의성에 영향을 줄 수 있다는 증거를 제시하면서(예, Amabile, 1979, 1996; Hennessey & Amabille, 1988; Sternberg & Lubart, 1992) Torrance의 연구(1965, 1977)를 뒷받침하고 있다. 기업에서의 창의성 훈련 프로그램이 성장하는 데는 상당한 실용주의적인 증거가 있다. "가장 큰 500개 회사의 절반 이상이 창의적 사고 또는 혁신적 문제 해결을 훈련하고 있다."(Ford & Harris, 1992, p. 188) 그중 상당수가 지난 수십 년 동안 눈에 띄는 성장을 이루었다. 하지만 이런 증거에도 불구하고 여전히 창의성은 어떤 사람은 가지고 있지만 어떤 사람은 가지고 있지 않다는 인식이 널리 퍼져 있다(Treffinger et al., 1996).

이런 신념에 대하여 Osborn(1963)은 모든 사람은 창의적이고 생산적이며 의미 있는 기여를 할 수 있는 잠재력을 가지고 있다고 반박하였다. Halpern(1996)도 어떤 선택된 집단의 사람들만 우수한 창의성을 가졌다고 할 수 있는 증거는 거의 없다고 보고하였다. Halpern에 따르면, 대부분의 사람은 새롭고 가치 있는 생각을 할 수 있는 잠재력을 가지고 있으며, "우리가 해야 할 일은 그것을 어떻게 배우는가다"(p. 368). 많은 사람 중에서 Higgins(1994)는 혁신적인 사고를 위해 필요한 기술은 정해진 사람만 가지고 있는 것이 아니므로 모든 사람이 창의적 사고기술을 배울 수 있으며, 그것을 효과적으로 사용할 수 있다고 강하게 주장하였다.

이런 증거를 바탕으로, 우리는 Plucker와 Runco(1999)의 최근 발언이 창의성 육성의 가능성에 대한 가장 합리적인 결론이라고 믿는다. '창의성은 향상될 수 있는가?' 라는 질문에 대한 최선의 답은 '그렇다' 다. 창의적 잠재력은 발휘될 수 있기 때문이다. 창의성을 향상하기 위한 노력은 개인의 타고난 잠재력을 확장하는 것이 아니라 그 잠재력을 최대한 발현하는 방향으로 이루어져야 한다.

창의성의 향상

1972년에 E. P. Torrance는 142건의 창의성 향상 연구를 '아동이 창의적으로 생각하도록 가르칠 수 있는 아홉 가지 방법'으로 범주화하였다. 효과성의 정도에 따라 Osborn-Parnes 모델에 기초한 창의적 문제해결(Creative Problem Solving: CPS) 프로그램, 어휘적인 훈련과 연구 수행과 같은 '학문적 접근', 창의적 예술 프로그램, 대중매체와 독서 프로그램, 창의적 사고를 위한 패키지 프로그램, 검사 조건의 변형, 동기·보상·경쟁의 사용, 통제집단과 실제 교실을 포함한 교사와 교실의 변수, 창의성 육성을 용이하게 하는 교육과정과 행정 조직 등이 그것이다. Torrance는 이들 연구 중 대부분은 CPS와 관련 프로그램에 관한 연구이며, 교육과정과 행정 조직, 그리고 학문적인 접근에 관한 연구가 제일 적은 것을 알아내었다. 여기서 매우 흥미로운 사실은 평가 연구의 80% 이상이 종속변수로서 확산적 사고를 사용하고 있다는 사실이다. 1987년 Torrance의 후속 연구에서 확산적 사고를 강조하는 것이 좀 완화되긴 하였지만 비슷한 결과를 얻었다. 그러나 유치원에서 12학년까지를 대상으로 한 대부분의 프로그램 평가에서도 기본적으로 여전히 확산적 사고가 사용되고 있음을 알았다.

창의성 개발 프로그램의 결과를 확산적 사고에 의지하는 것은 놀라운 일이 아닐 수도 있는데, 그것은 많은 프로그램이 확산적 사고를 강조한 Guilford(1967)의 연구에 바탕을 두었기 때문이다. 다른 연구는 Wallach나 E. P. Torrance(예, Torrance, 1962, 1965, 1971; Wallach & Kogan, 1965; Wallach & Wing, 1969)의 연구에 바탕을 두었으나, 그들도 Guilford의 연구에 영감을 받은 것이라고 볼 수 있다. Torrance(1987)는 확산적이고 수렴적인 사고 모두를 강조하는 CPS 프로그램조차 확산적 결과물에 주로 초점을 두고 있음을 발견하였다.

E. P. Torrance(1987)의 획기적인 분석 이후로 창의성 이론과 연구는 많이 변하였으나, 창의성 향상을 위한 새롭고 혁신적인 프로그램 개발은 이루어지지 않았다(Meador, Fishkin, & Hoover, 1999; Nickerson, 1999 참조). 아마도 가장 중요한 이론적 발전은 창의성의 개발과 산출물을 설명하기 위한 복합체제 이론의 탄생일 것이다. 이 이론들(예, Csikszentmihalyi, 1988; Rubenson & Runco, 1992; Sternberg & Lubart, 1992; Wallberg, 1988)은 인지적인 면에 정서적, 사회적, 정치적, 경제적인 면까지 고려하여 창의성의 개념을 더 확장하였다. 그러나 학교 프로그램은 아직도 일반적으로 창의성의 인지적인 측면에만 초점을 두고 있으며, 주로 확산적 사고 훈련을 다루고 있다.

문제점

비록 창의성 훈련에 관한 전통적 방법이 널리 받아들여지고 긍정적인 효과를 내고 있지만, 이러한 프로그램의 효율성에 관한 자료는 일관적이지 않고 주로 일화적인 증거에 의존하며, 시대에 뒤떨어져 있고, 대체로 기업 환경에 제한되어 있다. 게다가 최근에 개발된 프로그램은 그 대상이 제한되어 있으며(예, 영재학생), 미국의 일반학교와 직장에서는 널리 사용되지 않는다. 이전보다 더 넓고 포괄적인 체제이론임에도 여전히 편협하게 초점을 맞추고 있는 것이다(주로 프로그램의 결과물로서 확산적 사고에 초점을 둔다).

창의성 교육방법은 한때 창의성 사고를 향상하기 위한 참신한 아이디어와 모델(Osborn/Parnes, 1950년대; Torrance, 1960년대; Renzulli, 1970년대)로 주목받았으나 점점 침체되고 있다. 창의성 향상에 대하여 초기에 이루어졌던 선구적인 노력의 공이 컸음에도 여러 문제가 발생하고 고정관념이 생긴 것도 사실이다. 특히 교육 현장에서 교육적인 향상을 가져올 대안이 되는 혁신적인 방법이 필요하다.

창의성 교육에서도 부족한 창의성에 대한 설명

우리는 지난 수십 년 동안 창의성 향상에 있어서도 독창성이 특히 부족한 이유를 세 가지 찾아보았다. 창의성에 대하여 옳지 못한 고정관념과 신화를 탄생시키는 '큰 창의성(Big C)' 에 대한 지나친 강조와 오해, 창의성 연구에서 확산적 사고만 강조하는 심리 측정적인 방법의 지나친 강조, 창의성과 혁신에 대한 영역에서의 연구 노력의 편협함이 그것이다.

큰 창의성 대 작은 창의성: 해로운 고정관념의 기원

창의성을 어느 정도로 연구하고 향상할 것인가에 대한 논쟁은 그동안 창의성 향상과 관련된 논쟁을 모호하게 만든다. '큰 창의성(Big C)'은 종종 천재 수준의 비교적 명확한 예(예, Einstein, Mozart, Gandhi, Graham)에 적용되어 왔고, 반면에 '작은 창의성(little c)'은 평범하고 비범하지 않으며 모호한 일상적인 예(예, 케이크를 굽는 새로운 방법, 수학 문제의 독특한 해법)에 적용되었다. Csikszentmihalyi(1996)는 큰 창의성이란 문화의 어떤 측면을 변화시키는 종류이며, 작은 창의성은 큰 창의성만큼의 변화는 아니지만 독창적인 변화를 이끈다고 하였다. Sternberg와 Lubart(1996)는 창의성을 연구하는 많은 학자가 큰 창의성이나 천재 수준의 창의성만 인정하며, 작은 창의성의 경우는 과연 창의성이라고 이름 붙일 만큼 충분히 중요한지에 대하여 상당한 논쟁이 있었다고 보고하였다. 큰 창의성에 초점을 두는 것은 창의성 연구에 있어서의 기준 문제를 쉽게 해결해 준다. 왜냐하면 명확하게 창의적인 산출물만 연구하면 되기 때문이다.

그러나 정말 큰 창의성만 창의적이라고 할 수 있는가? 창의성 문헌은 큰 창의성을 가르칠 수 있는지에 대한 의문은 물론이고 큰 창의성의 존재에 대해서도 사실상 거의 뒷받침하지 못하고 있다. Weisberg(1986)는 그 타당한 이유를 다음과 같이 제안하였다. "천재란 사회가 그 사람의 업적에 대하여 그 개인에게 부여한 특성이다. 사회는 민감하게 변하므로 천재에 대한 판단도 민감하게 변한다."(p. 88) 큰 창의성은 사회의 판단에 의지하기 때문에 이런 종류의 창의성에 대하여 가르치거나 구체적인 특징을 확인하려는 그 어떤 노력도 실질적으로 거의 불가능한 것 같다.

몇몇 연구자는 큰 창의성 접근에 대한 비판과 더불어 작은 창의성의 유용함을 보여 주는 명확한 예를 제시하였고, 창의성은 훈련을 통하여 향상할 수 있으며 그런 훈련이 종종 의미 있고 유용한 결과를 만들어 낸다는 것을 주장하였다(DeBono, 1992; Fontenot, 1993; Grossman & Wiseman, 1993; Noone, 1993; Osborn, 1963; Treffinger et al., 1996; Wise, 1991). 예를 들어, Halpern(1996)은 창의성이란 누구에게나 어느 정도는 존재하며, 따라서 유명하고 혁명적인 발견에만 존재하는 것은 아니라고 주장하였다. Sternberg와 Lubart(1996)는 인지심리학의 최근 연구가 창의성은 본질적으로 평범한 인지 처리과정이라고 제시하였음을 주목하였다. 연구자들은 수많은 연구 조사를 통해서 창의성에는 모든 사람이 잠재적으로 소유하고 있는 상호작용적인 자원이 필요하다고 보고하였다. 이러한 자원은 독창적인 아이디어를 내고, 그중 가장 유망한 아이디어를 선택하고, 또 그런 아이디어를 효과적으로 실행할 수 있는 자유와 의지라고 하였다.

H. Gardner(1993)는 그의 유명한 연구에서 실제로 창의성에 대하여 '천재' 개념과는 반대되는 예를 추가하였다. Freud, Einstein, Picasso, Stravinsky, Eliot, Graham, Gandhi 등 그의 연구 대상자 거의 모두가 창의성에 재능을 나타냈다는 것이다. 자서전을 훑어보면 Michelangelo, Frank Lloyd Wright 등 셀 수 없이 많은 사람 역시 그들의 창의성을 드러내는 부분이 두드러진다는 것을 알 수 있다. 다시 말해, 우리가 그들을 큰 창의성을 가진 창조자라고 인식하는 이유는 우리로 하여금 그들이 그렇다고 믿게 만들었기 때문이라는 것이다.

게다가 작은 창의성의 향상을 목적으로 창의성 훈련을 할지라도 그런 훈련을 통해서 큰 창의성을 이룰 가능성을 배제할 수 없다. O'Neill과 Shallcross(1994)는 모든 사람은 창의적인 사고가가 될 능력을 가지고 있으며, 그런 능력을 발견하고 표현하도록 도움으로써 잠재력을 개발해 주면 된다고 제안하였다. 더구나 큰 창의성은 사실 순수한 공상가에게서 나오는 것이 아니라 매우 생산적인 개인에게서 나온다는 것이다. Simonton(1994)은 "동등한 확률 법칙(equal odds rule)에 따라 질은 양에 비례한다."라는 말을 강력하게 주장하고 있다. 즉, 어떤 기간 내에 산출물이 많으면 많을수록 유명하고 큰 창의적인 작품이 나올 확률은 높아진다는 것이다. 이러한 결과는 '위대함' 이나 '유명함' 에 대한 연구에서 반복적으로 나타난다(Simonton, 1994, 1999a 참조). Simonton은 이 법칙에 예외가 있음을 인정하였으나(예, 대량으로 생산하는 사람들은 우수한 것뿐 아니라 평범한 것도 대량 생산한다), 평균적으로 더 많이 생산할수록 큰 창의성이 실현될 가능성은 높아진다고 보았다. 최근 체제이론(여기에서는 구체적으로 Csikszentmihalyi의 1988년 모델을 고려)의 많은 부분과 일치하는 이런 관찰 결과로 볼 때, 큰 창의성을 성취하기 위한 주요 열쇠는 품질이 높은 일을 많이 생산하고 그것을 효과적으로 거래하는 것이라고 결론 내리고 싶다.

요약하면, 창의성 문헌에서 큰 창의성은 많은 주목을 받아 왔으나, 아직 큰 창의성의 중요성과 그것을 향상하는 능력을 뒷받침하는 증거는 별로 없다. 큰 창의성 연구가 이 분야에 주요한 기여를 하고 있는 것은 사실이지만, 창의성 이론과 연구에서 그동안 강조해 왔던 것들은 의도하지는 않았으나 노력에 비해 부정적인 결과를 가져온 것도 사실이다. 더 많은 노력이 평범하고 일상적인 형태로 인식되는 작은 창의성을 위해 이루어져야 한다. 작은 창의성은 항상 존재하며 향상할 수 있는 것으로, 비록 이러한 노력이 큰 창의성으로 결실 맺어지지 않는다 하더라도 그에 대한 진지한 연구와 향상하고자 하는 노력이 필요하다.

창의성에 대한 신화와 고정관념 앞의 내용에 대해서 '큰 창의성이 그렇게 나쁜가? 그것이 창의성 증진 노력에 어떤 악영향을 끼치는지 잘 모르겠다' 는 생각이 들 수도 있다. 이에 대하여 우리는 세 가지의 답을 제시할 수 있다. 첫째, 작은 창의성도 중요한데 그에 대한 주의를 감소하였다는 것이다. 둘째, 큰 창의성만을 생각하는 것은 창의성에 관련된 개인적인 특성에만 초점을 두고 창의적인 과정이나 환경에 대해서는 신경을 쓰지 않아 창의성 향상을 위한 노력을 기울이지 않게 한다는 것이다. 바꾸어 말하면, 진짜 유명하고 혁신적인 것을 만들기 위해서가 아니라 일상적인 그 어떤 것을 위해서 모든 사고와 노력을 기울이는 것이 오히려 더 유익하다는 것이다. 셋째, 큰 창의성은 대부분의 사람에게는 너무나 정의하기 어렵고 관련이 없기 때문에, '창의성' 을 향상한다는 생각은 창의성의 본질에 대한 논의보다는 1960년대 사회의 이상—수정으로 이마를 문지르면서 맨발로 뛰어다니던 사람의 이미지—을 떠오르게 한다. 큰 창의성에 초점을 둔 결과로 나타난 이런 고정관념 때문에 창의성이 주류 심리학의 관심을 받지 못하게 되는데, 이것은 결코 좋은 일이 아니다. 심리학 서적이 많이 팔릴수록 학자는 창의성 연구보다는 심리학의 다른 주요 영역에 더 많은 관심을 가지게 되었고, 이로 인해 창의성에 대해 임상적으로 뒷받침되는 지식은 다른 심리학 영역에 비해 상대적으로 줄어들게 되었다.

많은 창의성 연구자의 지적과 같이(DeBono, 1992; Halpern, 1996; Treffinger et al., 1996; Weisberg, 1986), 창의성은 우리의 교육 현장에서나 전문가 사이에서도 신비주의적인 의미로 심각하게 오인되는 것을 볼 수 있었다. 그러므로 창의성을 제대로 이해하고 연구하기 위해서는 이런 오해부터 없애야 한다. 물론 이는 시간이 걸릴 것이다. Treffinger 등(1996)은 창의성에 대한 신비주의와 오해에 대해 계속 반박하고 있는데도 많은 사람이 여전히 그렇게 믿고 있다고 주장하였다. 그러므로 우리가 이런 현상을 효과적으로 없애기 위해서는 신화의 역사적이고 개념적인 뿌리부터 이해하는 것이 중요하다. Treffinger 등(1996)에 따르면, 역사적으로 창의적이라고 불렸던 사람은 신의 영감을 받은 것으로 여겨지거나, 뮤즈의 신과 같은 종파에 비밀리에 속하는 것으로 여겨졌다(Sternberg & Lubart, 1996; Treffinger et al., 1996; Weisberg, 1986). 실제로 영감은 라틴어의 '숨을 들이쉬다' 는 말에서 유래된 것으로, 영감을 받은 사람들은 신성을 들이쉰 것이라고 하였다.

창의성에 대한 신비주의적 생각은 창의성 연구자에게 몇 가지 어려움을 안겨 준다. 신화란 용어는 창의성이 개인의 통제 밖에 있는 과정이므로 향상한다는 것은 불가능하며, 창의적인 사람은 괴짜이고 이상한 행동을 하는 것으로 생각하게 만든다. 게다가 Sternberg와 Lubart(1996)는 창의성에 대한 신비주의적인 관점 때문에 학자가 학술 분야에서 금기된 영혼이라도 다루는 것처럼 느끼게 하여 창의성 연구를 하지 않게 된다고 해석하였다. 우리의 목적은 창의성에 대하여 형이상학적인 논쟁을 하려는 것이 아니라 사람들이 그들의 창의적인 사고를 신중하고 효과적으로 향상할 수 있다는 것을 나타내려는 것이다. 이는 신비적인 영감에만 수동적으로 의지하거나 큰 창의성에만 과장되게 초점을 두는 것에서 벗어나 창의적인 사고와 창의적인 행동을 위해서는 현실적이고 적극적으로 접근해 나가야 한다는 것을 의미한다.

확산적 사고: 어느 정도가 충분한가

세 번째 문제는 지나치게 확산적 사고기술에만 초점을 맞춘다는 점이다. 이론이나 연구는 창의성에 영향을 주는 비인지적인 요소를 강조하기 시작하였고(Plucker & Runco, 1999), 사실상 우리는 인지적 요소의 역할에 대해 더 많이 이해하게 되었다(T. B. Ward, Smith, & Vaid, 1997 참조). 앞서 언급한 것처럼, 아직 많은 창의성 프로그램은 주로 확산적 사고기술의 중요성만을 강조하고 있는데, 이는 아마 확산적 사고기술을 향상하면 창의력이 향상된다는 믿음 때문일 것이다(Fontenot, 1993). 사실 부분적으로는 임상적으로 입증된 믿음이기도 하다. 그러나 창의성에 관한 문헌은 아직도 창의성 훈련과 문제 해결에서 확산적 사고의 역할을 지나치게 강조한다는 점에서 비판을 받고 있다(Clapham, 1997; Treffinger et al., 1996; Wallach, 1976).

Clapham(1997)은 가장 성공적인 훈련 프로그램은 확산적 사고와 수렴적 사고 과정을 모두 포함하는 것이라고 제안한다. 불행하게도, 많은 프로그램은 수렴적 사고기술을 가르치는 것은 소홀히 하고 있으며 아이디어를 실행하는 최종 단계에 대해서는 거의 다루지 않는다. 이에 따라 아이디어를 많이 내는 것에 초점을 둔 흥미 위주의 효과적인 창의성 훈련 프로그램만이 급격히 증가하는 것이다. 프로그램 후에 참여자에게는 산더미 같은 아이디어만 남게 되고, 가장 전망이 있는 아이디어가 어떤 것인지를 선별하는 것에 대해서는 거의 지식이 없고, 실제적으로 그 좋은 아이디어를 어떻게 사용해야 하는지에 대한 안내는 더욱더 없다는 것이다(Cramond, Marthin, & Shaw, 1990; Eriksson, 1990). 창의적인 사고를 가르치는 데 있어서 확산적 사고기술에 대한 지나친 강조는 비평가에게는 불에 기름을 붓는 격이 되었고, 1960년대부터 시작된 이러한 비판은 오늘날까지 계속되고 있다(Halpern, 1996; Treffinger et al., 1996).

Treffinger 등(1996)에 따르면 확산적 사고를 지나치게 강조하는 것은 사소하고 규율이 없는 산만함을 낳게 하여 "팝콘기계에서 팝콘처럼 솟아나오는 것 말고는 아무 의미없는"(p. 225) 결과를 낳게 될 것이라고 한다. 이는 설득력이 약해지는 결과를 낳을 뿐 아니라, 이론을 무시하고 (확산적 사고 활동과 같은) 기술에만 초점을 두면 "심리학적인 연구의 중요한 노력"보다는 상업화만을 야기할 것이라는 Sternberg와 Lubart(1996)의 주장과 비슷하다(p. 680).

이러한 상업화 경향은 1980년대 후반에 실생활 적용에 초점을 두어 창의적 사고를 향상시키려던 시도에서 명백하게 나타난다. 바꾸어 말하면, 처음에 의도했던 목표나 목적 그리고 잠재적인 산출물에 대하여는 고려하지 않고 창의적 사고를 증진하는 그 무엇인가만을 위해 시도하려는 경향이 있다는 것이다. 이런 경향은 더 많은 회사가 비용에 상관없이 혁신과 생산성을 향상하는 창의성 훈련을 하게 되는 1990년대에도 지속되었으며, 이런 훈련을 위한 요구는 실제로 제공할 수 있는 자원보다 더 많았다(Clapham, 1997; Higgins, 1994; Wise, 1991). 법인 훈련 프로그램을 살펴보면 기술을 '연구'한다고 주장하는 비싼 비용의 전문 컨설턴트 대부분은 이미 수십 년 된 확산적 사고 활동을 재포장하여 사용하고 있다는 것을 알 수 있다.

이론과 연구의 편협성

왜 이와 유사한 문제를 다루는 다른 분야와 공동 작업을 하지 않는가? 몇몇 분야는 분명히 혁신, 기업가, 상품 개발의 확산과 같은 창의성을 연구하고 있다. 그러나 아직 그런 분야는 창의성과 영재교육 학술지에는 자주 인용되지 않는다. 상담, 회사 경영, 마케팅, 복잡성, 학습이론, 그리고 언어교육과 같은 다른 분야에서도 유사한 문제를 해결하려고 하지만, 아직 창의성 이론과 연구와의 연계에 대해서는 거의 탐구하지 못하고 있으며, 게다가 창의성 훈련에 적용하는 것은 거의 전무하다고 해도 과언이 아니다. 예를 들어, 집단의 역할과 개인의 창의성은 좋은 주제이나, 이 주제와 관련하여 어떤 증진이 이루어졌는지를 알아보기 위해서 비즈니스 경영 논문을 찾아보는 교육자는 아직 거의 없다. 이런 편협함은 양방향으로 흐른다. 구성주의 학습이론은 지식의 창출과 관련이 있기 때문에, 정보는 상당한 시간을 절약하면서 창의성 문헌 조사를 통하여 얻을 수 있을 것이다. 창의성 교육자는 기능의 고착과 집단적 사고의 위험성에 대해 주장하지만, 그들의 학술적 영역을 뛰어넘는 새로운 정보나 영감은 거의 찾아보기 어렵다. 창의성 연구 학습지 편집자인 Mark Runco와 같이 그 분야를 지키는 몇몇 사람은 연구자에게 다른 분야에서의 관련 자료를 조사하도록 독려하여 보았다. 그러나 창의성 향상을 위한 중요한 여지는 여전히 남아 있다.

요약

큰 창의성의 강조와 그로 인한 신화와 고정관념, 확산적 사고에만 초점을 두는 것과 함께 이론과 연구의 편협함 등의 원인은 창의성 교육자의 시야를 좁게 만들었다. 창의성에 대한 이론과 연구는 크게 진보할 수 있다. 하지만 근본적인 문제가 적극적으로 다루어지지 않는다면 창의성 교육은 기초 단계를 면치 못하게 될 것이다.

창의성 교육을 위한 대안

유망한 방법을 나열하기보다는 이러한 접근법 중 하나를 자세히 살펴보고자 한다. 창의성을 향상하기 위해 문제 중심 학습(problem-based: PBL)을 사용하는 것이다. PBL은 학습이란 구체적인 상황에 적용할 필요가 있음에도 실제로 전통적인 교실 학습에서는 실생활에 적용하는 것이 드물다는 것에 기초를 두고, 상황인지 이론을 바탕으로 하고 있다(Brown, Collins, & Duguid, 1989). PBL은 학생에게 비구조적인 실제 문제를 제시하여 학습을 한다. 실제 문제를 해결하기 위해서는 종종 전통적인 학문의 경계를 넘나들어야 하기 때문에 학제 간 문제 해결이 이루어지기도 한다. PBL의 주요 성분은 실제적인 비구조적 문제(예를 들면, 학생이 바로 이용할 수 있는 정보로는 문제를 해결하기에 충분하지 않고, 문제에 대한 단 하나의 올바른 정답은 명확하지 않거나 아예 존재하지 않는다)를 기반으로 하는 단위 수업이다. 교사는 단지 도와주는 역할을 하는 사람이다. 학생들이 스스로 선택하면서 자기 학습의 주인이 된다. 사고기술과 절차기술에 관한 훈련, 내용에 대한 간단한 강의는 필요할 때만 제공된다. 문제 해결을 위해 사회적인 상호작용과 협동은 필수적이다.

문제 중심 학습(PBL)과 유사한 방법이 다양한 이름으로 오랫동안 영재교육에서 사용되어 왔다. 영재학생을 교육하는 가장 유명한 모델 중 하나인 SEM(Schoolwide Enrichment Model; Renzulli & Reis, 1985, 1986)은 학생들에게 실제 문제를 해결하는 경험의 필요성을 강조한다. 비록 창의성을 PBL 활동의 산출물로 여기지는 않지만 여러 연구는 PBL이 학생의 재능과 창의성을 개발하는 데 효과적인 교육과정 방법이라고 강력히 제안하고 있다(예, Barron et al., 1998; Gallagher & Stepien, 1996; Krajcik et al.,

1998; Reis & Renzulli, 1999; Renzulli & Reis, 1994). PBL 활동에 참여하였던 학생들은 기본적으로 내용의 많은 부분을 알게 되었고, 구체적인 과학 기술과 창의적인 기술을 개발하고 발전시켰으며, 창의적 과정에 대해서도 많이 이해하고 있음을 알 수 있었다(Gorman, Plucker, & Callahan, 1998; Plucker & Gorman, 1995, 1999; Plucker & Nowak, 2000).

문제 기반 프로그램은 학생 스스로 관심을 가지지 않고는 행해질 수 없다(예, Coleman, 1999, Renzulli의 방법에 대한 논평 참조). PBL은 준비 및 수업 시간, 그리고 물리적 자원에 있어서 자원 집약적이라고 할 수 있다(Plucker & Nowak, 2000). PBL과 상황학습을 실제에 적용하는 문제에 대해서는 논쟁이 있다(Anderson, Reder, & Simon, 1996; Plucker, 1998). 비록 연구 문헌에 의해 뒷받침되는 것은 아니지만, 교사의 관점에서 가장 중요한 한 가지 문제는 PBL에는 시간이 너무 소비되어 필수 내용을 가르칠 시간이 부족해진다는 것이다.

창의성 교육에의 적용

문제 중심 학습(PBL)은 창의성 교육을 하는 데 몇 가지 유리한 점이 있다. 첫째, 더욱 폭넓고 실제 생활에 근접한 모델체제 창의성 이론은 전통적인 창의성 교육보다 더 많은 부분을 다룰 수 있다. 자신의 정당성을 주장하고 논의하는 것은 창의적인 아이디어의 판매와 관련되는 유용한 기술을 개발시킬 수 있다. 둘째, 이 방법은 이미 많은 사람이 가지고 있는 창의적인 사람에 대한 고정관념과 대항하는 작은 창의성에 관한 것이다. 셋째, 문화적이고 정치적인 상황의 문제들을 준비하고 학생들에게 다른 여러 정보를 접하도록 장려하는 것은 실제의 활동을 위한 학제적인 상황을 만든다. 마지막으로, 문제 기반 접근법은 융통적이다. 즉, 창의성 향상에만 초점을 둘 수도 있고, 더 넓은 의미의 내용을 강조할 수도 있으며, 과정과 내용을 강조할 수도 있다.

창의성 교육을 어떻게 창의적으로 만들고 유지할 수 있을까

다음에 제안하는 목록은 결코 완벽하다고 할 수는 없지만 창의성 교육의 효과를 향상하려는 노력을 위한 출발점을 제공할 수는 있으리라 본다. 독자에게 창의성 향상에 목적을 둔 Sternberg와 Williams(1996), Hennessey와 Amabile(1987), Nickerson(1996) 등의 제안을 살펴보기를 권한다. 다음에 나열하는 제안이 창의성 증진 노력의 효과를 조금이라도 개선하는 데 도움이 되었으면 한다.

- 훈련 시 지금까지 강조되어 온 창의성 종류의 구별(작은 창의성과 큰 창의성)과 큰 창의성을 지나치게 강조하지 않도록 한다. DeBono(1992)에 따르면, "천재를 훈련하는 것은 가능하지 않다. 그러나 천재 없이도 유용한 창의성은 얼마든지 가능하다" (p. 31).
- 창의성과 창의적인 사람 및 조직에 대한 수많은 미신과 오해, 그리고 고정관념을 없앤다. 그 첫 단계는 이런 고정관념의 기원을 이해하는 것이다.
- 날로 증가하고 있는 '인기 있는' 창의성 훈련 프로그램의 주장과 이론적, 경험적 주장을 면밀히 조사한다.
- 훈련할 때 확산적 사고의 중요성을 무시하기보다는 수렴적 사고와 창의성과 관련된 다른 비인지적인 측면과 함께 균형을 이루도록 한다.
- 문제 중심 학습과 창의성의 체제이론을 기반으로 하는 다른 방법의 사용을 고려해 본다. 유사한 것으로 SEM과 같은 프로그램을 창의성 개발 프로그램으로 개념화하고 이 프로그램에서 비롯된 여러 확장된 연구를 참고한다.
- 다양한 분야의 혁신적인 방법을 찾아내어 학생들이 창의적인 노력을

기울이도록 돕는다. 예를 들어, Sternberg(1999)의 창의적인 기여에 대한 유형학은 질적으로 다른 종류의 창의성을 이해하기 위한 훌륭한 틀이다. 이는 창의적인 성취를 원하는 사람에게 매우 유용하다. 자연, 생명 및 사회 과학에서 주의 깊게 다루어졌던 혼돈과 복합성 이론은 창의성 향상에 적용 가능하도록 탐구되어야 한다(예, Arthur, 1989, 1900; Kauffman, 1991, 1993; Nicolis & Prigogine, 1989; Schuldberg, 1999).

제15장

Bloom을 넘어서

재능 개발에 긍정적 · 부정적 영향을 주는 환경 요인으로의 회귀

Rena F. Subotnik, Paula Olszewski-Kubilius, & Karen D. Arnold

재능 개발에 대한 연구를 보면 대체로 이미 성공했거나 아주 저명한 사람이 성공 준비과정에서 받은 가정교육, 공교육, 훈련 등을 포함하고 있다. Roe(1953)는 그녀의 연구 대상인 저명한 과학자는 대체로 7세 즈음 수집, 실험, 이론적 구성을 열성적으로 추구하였다는 것을 발견하였다. 미국의 노벨상 수상자를 연구한 Zuckerman(1977)은 그들 중 대부분은 이미 노벨상 수상자의 제자였다고 보고하였다. 노벨상 수상을 한 멘토는 자신의 실험실 작업을 수행해 나갈 학생을 찾기 위해서 다양한 재능 있는 학생을 선발하였고, 학생은 저명한 인사에게서 지도를 받고 함께 일하고 싶어 하였다. 위대한 멘토와 함께 일하면서 얻는 가장 큰 이득은 위대한 영향을 미칠 수 있는 잠재력을 지닌 과학적 문제를 어떻게 찾아내는지에 대한 암묵적 지식(Wagner & Sternberg, 1986)을 전수받는 것이다.

몇몇 학생 및 동료와 공동 작업을 하면서, Bloom(1985)은 사회적으로 저명한 음악가, 운동선수, 학자를 대상으로 가족과 교사의 영향에 의해 발현된 재능 개발에 초점을 맞추어 연구를 실시하였다. Roe(1953)의 연구는 과학에 '푹 빠지게 되는' 첫 단계를 다루었고, Zuckerman(1977)의 연구는 대부분 수행의 독특한 측면이 더욱 다듬어지고 전문가로서의 명성이 더 높아지는 '숙달' 단계를 강조한다. 최근까지 기술의 실제 훈련과정에 대한 것은 사실상 우리 분야에서 대체로 관심을 받지 못했다(Ericsson, 1996). 교육기관이나 동료와 가족은 힘들지만 매우 중요한 발달 시기에 학생들의 재능 개발에 결정적인 역할을 한다.

Bloom의 연구에서 나타난 몇 가지 의문점

『아동의 재능 개발(*Developing Talent in Young People*)』(Bloom, 1985)이란 책에서는 학교 교육이 재능 개발과 상충되는가에 대한 논쟁을 다루고 있다. Bloom의 연구는 또한 부모, 교사, 멘토의 역할에 대해 다음과 같은 질문을 제기한다.

- 학교는 어떤 재능 영역을 책임져야 하는가? 특정 학교에서 가정의 분위기가 이런 결정에 영향을 주는가?
- 대부분 재능 영역은 '고전적인' 형태와 '대중적인' 형태를 포함한다. 그 예로, 무용가는 고전 발레를 뮤지컬 극장에서 공연할 수 있다. 부모와 교사는 이 두 가지 경우에 리허설이나 공연 때문에 학교를 빠지는 학생을 어떻게 대해야 하는가?
- 부모와 교사가 재능 개발 프로그램을 진지하게 고려하려면 어느 정도의 재능이 나타나야만 하는가? 순수한 동기와 흥미도 이미 증명된 재능만큼 중요하게 취급되어야 하는가?
- 재능 개발은 몇 세쯤 시작되어야 하는가? 학생이 좀 더 집중된 훈련이 필요하다는 것을 결정하는 기준은 무엇인가?
- 어렸을 때 기회의 부족으로 동등한 수준에서 재능이 평가되지 못한 학생이 있는데, 이처럼 주류에서 벗어난 학생의 교육적 요구는 어떻

게 다루어져야 하는가?

재능 개발에 영향을 주는 환경적 요인

가족이 성공에 대한 기대와 잠재력 실현에 매우 중요한 역할을 한다는 것은 명확한 사실이다(Bloom, 1985). 가장 기초적인 수준에서 부모는 두 가지 중요한 원천인 돈과 시간을 제공한다. 레슨, 악기, 장비, 사교육에 들이는 부모의 재정적 지원은 레슨 시간을 정하고, 학교 밖의 프로그램을 찾고, 연습실에 데려다 주고 다시 데리고 오고, 연습을 모니터링하는 역할만큼이나 중요하다.

밖으로 나타나든 그렇지 않든 부모는 재능 개발에 도움이 되는 가치를 인정한다(Olszewiski, Kulieke, & Buescher, 1987). 이러한 가치에는 개인의 능력을 발견하고 계발하는 것, 최고가 되겠다는 의지와 갈망, 사고와 표현의 독립성, 활동적이고 문화적이거나 지적인 것을 추구하기를 좋아하는 것 등이 포함될 것이다(Olszewski et al., 1987). Csikszentmihalyi와 Beattie(1979)는 가족이 가치 기준과 태도를 결정하는 상황이나 사건에 대한 설명 양식뿐만 아니라 인식 부호 체계를 가지고 있다고 주장한다. 부모는 일과 학습을 사랑하는 모델이 될 수 있으며, 이에는 구조화되거나 전통적인 활동과 설정에서 벗어난 학습이 포함된다. 또한 부모는 재능 개발에서 아주 중요한 인성, 즉 위험 감수나 좌절과 실패의 극복과 같은 것의 모델을 제공한다. 성공은 오랜 기간 동안 엄청나게 어려운 일과 꾸준한 노력을 요구한다는 것도 사실상 부모를 통해 알게 된다(Olszewski et al., 1987).

부모의 또 다른 아주 중요한 역할은 영재아가 유용한 사회적 네트워크를 형성하도록 돕는다는 것이다(Subotnik & Olszewski-Kubilius, 1997). 비록 아동의 사회적 네트워크는 가정에서 시작되지만, 시간이 지나면서 높은 수준의 수행이 이루어지는 것처럼 아동의 사회적 네트워크도 교사, 코치, 멘토, 다른 영재 동료를 포함하며 점차 확장된다. 사회적 네트워크는 자연스럽게 서서히 발달된다. 그러나 부모는 자녀가 일반적인 사회 · 정서적 발달뿐만 아니라 재능 개발을 지원하는 인간관계를 형성하도록 도울 수 있다. 대회나 방과 후 또는 여름방학 프로그램 같은 특별한 활동에 참여하게 하여, 목표 달성에 특별한 정서적 도움을 주는 동료와의 사회적 네트워크를 형성하도록 할 수 있다. 같은 재능 분야에 속해 있는 친구와 동료는 흥미가 떨어지는 시기나 기대 이하의 성과를 거두는 시기에 이를 참고 견디게 하는 매우 중요한 역할을 할 수 있다. 부모는 다른 영재아와 인간관계를 맺을 수 있는 기회를 풍부하게 제공함으로써, 아동을 위해 이러한 사회적 도움관계 형성에 적극적이고 계획적인 역할을 할 수 있다. 또한 부모는 아동이 스스로 할 수 있을 때까지 사회적 관계를 관리함으로써 도움을 줄 수 있다(예를 들면, 다른 아동과 놀 수 있도록 날짜를 정한다).

연구들은 주로 가족이 재능 개발에 긍정적인 역할을 할 수 있다고 보고하고 있으며, 또한 가족 간의 여러 가지 상호작용도 아동에게 다양한 영향을 미친다고 말하고 있다. 특히 가족 간의 역동(dynamics), 태도, 행동과 양육 스타일은 아동의 성취 동기나 생산 동기에 크게 영향을 준다. 창의적 영재아는 가족 구성원 간에 상호 의존보다는 독립을 강조하고, 조금 덜 아동 중심적이며, 가족 구성원 간에 긴장감이 있거나 불균형적이고, 그들 간에 부정적인 영향과 경쟁이 나타나는 가정에서 자라서 결과적으로 권력과 지배를 향한 동기가 나타난다. 학문적 성취가 높은 사람은 가족 중심적이고, 아동을 가정의 중심에 두고, 부모와 아동의 동일성이 강한 가정에서 자라나며, 결과적으로 높은 수준의 성취 동기가 나타난다(Albert, 1978, 1983; Arnold, 1995).

저명한 성인을 대상으로 한 연구들은 스트레스나 마음의 상처, 갈등, 역기능으로 특징지어지는 가정 환경의 원인을 분석하기도 하였다(Ochse, 1993). IQ는 높지만 유명해지지 않은 개인은 적절한 수준의 스트레스만 있는 건전하고 행복한 가정을 가진 것으로 나타났다(Olszewski-Kubilius, 2000). 우리는 이런 영재의 가정에 관한 연구에서 무엇을 알 수 있을까? 실제로는 가족의 여러 변수가 서로 다르게 혼합되면 창의성, 학문적 성과, 재능 개발, 일반적 정신건강은 강화될 수도 있고 약화될 수도 있다는 결과를 가져올 것이다.

질문 다른 학생보다 더 뛰어난 성과를 내라고 독려하는 부모나 교육자를 열심히 도와주어야 하는가?

연구에 따르면, 유명인의 인생에서 중요 요인은 어렸을 때 자신의 고유한 독립성을 자유로이 개발하고 자신의 사고를 표현할 수 있었던 것이라고 한다. 이런 경험을 가진 사람은 자신의 재능 영역에서 높은 수준의 성취는 아니지만 좀 더 선구자적인 일을 할 수 있을 것이다. 독립성과 독립적 사고의 발달로 이끄는 환경을 가진 가정과 가족의 상황은 매우 많고 다양하다. 여기에는 부모와 자녀 사이의 동질성 부족 및 정서적인 거리감, 부모의 수준 낮은 자녀 모니터링, 부모에 의한 낮은 관습적 사회화 등이 포함된다(Ochse, 1993; Olszewski-Kubilius, 2000). 이 연구보고서에서는 불균형적이거나 어려운 가족관계에서의 '거리감', 부모의 알코올중독이나 정신병, 부모나 형제자매의 죽음이 만들어 내는 부정적 상황, 또는 부모가 자신의 관심이나 직업에만 매달려 자녀에게 관심을 덜 쏟는 것과 같은 상황이 인용되고 있다(Ochse, 1993; Olszewski-Kubilius, 2000). 이러한 조건은 아동이 더욱 독립적이고 자율적이게 하며, 성별에 덜 구애받는 결과를 가져오는 것으로 보인다. 이런 상황은 또한 아동이 가정 내에서 개인 간 상호작용을 하지 않고 더 많은 시간을 혼자 보내는 원인이 되며, 그럼으로써 자신의 재능 분야에서 더 많은 연습과 기술 습득을 할 수 있으며 정신적인 집중을 향상할 수 있다는 것이다(Ochse, 1993; Simonton, 1992).

성취 동기에 중요한 역할을 하는 두 번째 가족 변인은 스트레스다. 스트레스는 넓은 개념이라서 한마디로 정의하기가 어렵다. 어떤 개인에게 아주 많은 스트레스를 주는 일이 다른 개인에게는 단지 적당한 스트레스만을 줄 수 있다. 위에서 언급한 것처럼, 많은 저명한 사람의 일화에는 부모를 잃는 것, 부정적인 양육 태도와 방치, 가혹한 행위, 불안정한 가족 구조, 신체적인 장애로 인한 거절, 빈곤을 포함한 어려운 유년기의 상황이 보고되고 있다. 연구자들은 성공에 대한 강력한 동기를 발생시키는 측면으로 스트레스의 역할을 중요하게 다루고 있다. 특히 다른 사람에게서 존경과 애정을 받고 싶고 가족에게서 얻지 못했던 것을 보상받기 위해서, 그리고 거부 경험을 개선하기 위해서, 또는 그들이 가치가 있다는 것을 입증하기 위해서 노력하게 된다는 것이다(Ochse, 1993; Rhodes, 1997). 스트레스를 주는 가족 상황은 아동이 안전한 은신처와 자신이 통제할 수 있는 지적 활동을 찾아가도록 유도하거나 자신의 감정을 배출하는 도구로서 창의적인 활동을 하도록 이끌어 갈 수도 있으며(Ochse, 1993; Piirto, 1992), 정신적으로 성숙하게 만들 수도 있다(Albert, 1978, 1980). 더 나아가 유년기의 스트레스 경험은 성인이 되어 매우 창의적인 사람이 가지게 되는 지적인 긴장과 주변인으로서의 특성에 잘 대처하게 한다(Feldman, 1994b; H. Gardner, 1994).

상처 깊은 유년기 사건은 몇몇 사람에게는 에너지가 되어, 잘못된 것이라 여겨지는 것을 바로잡는 데 인생을 바치도록 한다. Csikszentmihalyi (1990)는 몇몇 사람은 스트레스 상황이 닥치면 그것을 마치 '변형' 하듯이 긍정적인 것으로 바꾸고, 더 넓은 존재적 문제로 상황을 재정의하여 창의적 해답을 찾은 다음, 원래의 사건이나 상황과 관련된 감정을 줄이거나 누그러뜨린다고 하였다(Ochse, 1993).

이처럼 저명한 사람에 대한 연구는 가정에서의 스트레스와 불행한 유년기가 창의적인 개인을 만드는 것과 정적인 상관관계가 있다고 시사하지만, 이러한 것이 과연 정말 필요한 구성 요소인가? Csikszentmihalyi 등(1993)은 반드시 그렇지는 않다고 한다. 그들은 높은 수준의 재능 개발에 도움이 되는 가정의 지원과 긴장의 균형에 대해 논의하고 있다. 이러한 가정에서는 자녀에게 통합(가족 구성원이 긴밀히 상호작용하며 서로 도와주는 것)과 차별화(각 아이가 각자의 사고와 표현을 통해 가능한 한 최고 수준으로 자신의 재능을 개발할 것이라는 부모의 높은 기대)가 공존하는 상황을 유지한다. 이러한 가정에서 자기 목적적인 인물이나 스스로 동기를 부여하거나 스스로 방향을 찾는 사람이 만들어진다는 것이다. 하지만 Csikszentmihalyi 등은 통합이나 차별화에 대해 지나치게 강조하게 되면 유명하지만 부적응하거나(차별화 우선의 경우) 또는 잘 적응하지만 재능이 없거나 창의적이지 못한(통합 우선의 경우) 결과를 가져올 수 있다고 한다. 그들은 높은 수준의 재능 개발에는 유년기의 정신적 상처에서 유래되는 동기화와 인격이 필요하고, 재능의 다른 수준은 긴장과 지원의 균형 있는 조화의 결과로 나타난다고 보았다.

이와 유사하게, Therival(1999a, 1999b)은 스트레스와 비극적 사건이 창의적 생산성을 위해 꼭 필요한 것은 아니라고 주장한다. 그의 창의성 모델은 유전적인 천부적 재능(genetic endowment: G), '자신감 있게 하는' 부모나 다른 조력자(parental or other "confidence building" assisstance: A), 불행(misfortunes: M) 등의 요소를 포함한다. Therival에 따르면 창의성은 조력자가 곁에 있는 동안 커다란 불행을 경험한 개인에게서 발달할 수 있다. 그는 헌신적인 창의자(높은 수준의 G, 어린 시절의 많은 A, 주요한 M을 겪은 적이 없는)와 '도전적인' 창의자(높은 G, 약간의 A와 M)를 구분한다. 둘 다 창의적인 일을 하지만, 도전적인 창의자는 좀 더 그들 자신을 증명하려고 노력하고 결국은 남에게 인정받게 된다는 것이다(Therival, 1999b). 아동이 스스로 정체성을 찾도록 도와주고, 개방된 아이디어의 표현과 독자적 생각을 허용하고, 부모와 아동 간의 협력관계나 애정을 줄이지 않으면서 부모-자녀 동일시를 줄여 가고, 정신적 상처나 비극적인 일을 당했을 때 지원을 아끼지 않는 부모의 양육 태도는 재능 개발과 창의성 발달, 정신건강 유지에 많은 도움이 된다.

또한 부모는 아동을 위험하거나 힘든 일로부터 보호만 하는 것이 아니라 높은 기대 수준에서 발생하는 여러 가지 긴장을 경험하게 함으로써 아동이 성공할 수 있도록 도와주어야 한다. 아울러 아동이 일상생활의 여러 상황을 통제할 수 있도록 하는 풍부한 내적 상상의 시간 허용, 긴장을 풀고 재충전할 수 있는 혼자만의 시간 사용, 창의적 작업을 통한 감정의 표현, 여가 시간의 활발한 사용 장려 등 여러 방법으로 아동을 지원한다.

재능 개발 환경 계획에 도움이 되는 이론 틀

지금까지는 가정 환경에서 개인의 심리학적 관점에 대해 논의하였다. 문화심리학자, 인류학자, 사회학자는 명성과 창의적 생산성으로 가는 빠른 길을 설명하기 위해 다양한 방법으로 환경을 정의한다. Bronfenbrenner(1977, 1979, 1993)는 생태학적 발달이론을 통해 개인이 활발하게 참여하는 맥락(가족, 교실, 동료 집단의 미시체계) 속에 갇혀 있던 개인의 발달을 더 넓은 수준인 사회를 구성하는 맥락(기회 구조와 관념의 거시체계)으로 이동시켰다. 개인이 직접적으로 참여하지 않는 이 두 환경과 체계는 모두 잠재력의 발현과 수행 가능성에 강한 영향을 미친다. Bronfenbrenner의 관점에서 "경제적, 사회적, 교육적, 법적, 정치적 체계와 같이, 문화적이거나 소문화적이며 아주 중요한 제도적 형태의"(1997, p. 515) 거시체계는 개인과 환경의 상호작용을 통해 나타난다. 이런 상호작용의 분석을 통해 가족, 교육, 사회와 명성의 산출관계의 심도 있고 복잡한 그림을 얻을 수 있다. 또한 Bronfenbrenner의 모델을 통해 교육과 같은 사회체계와 개인 사이의 상호작용에 영향을 주는 역사적 시간을 조명해 볼 수 있다.

Bronfenbrenner(1977)의 이론적 틀로는 발달 중인 아동의 가정체계와 상호작용하면서 많은 영향을 주고 있는 환경의 수준을 알 수 있다. 개인과 그의 성격, 발생학적 재능, 그리고 다른 개인적 변수가 그 중심에 위치한다. 개인적 특성은 개인이 접한 환경과 상호작용하면서 발생하는 특징적인 방식이다. 예를 들면, 도전적인 일을 찾고 멘토의 관심을 끌려는 경향은 영재에게서 흔히 나타나는 탐구 특성이다. 개인과 개인 및 물리적 환경과의 직접적인 상호작용은 환경의 가장 낮은 수준인 미시체계에 포함된다. 아동이 접한 환경은 부모와 서로 영향을 주고받는 동적인 체계다(Lerner, 1996). 극적인 상황을 가정하면, 어린 바이올린 천재는 어린 나이에 악기를 접하고 열심히 그것을 숙달하려는 가족의 가치관과 자원에 영향을 받는다. 동시에 아주 뛰어난 재능을 지녔다는 사실 때문에 가족은 어린 바이올리니스트를 특별한 방식으로 대하고, 다른 형제와 다르게 취급하고, 심지어 비싼 수업을 받을 수 있도록 가족의 생활 방식을 바꾸고, 특정한 교사를 찾기 위해 이사를 하고, 대회나 공연을 위해 장거리 여행도 감수한다. 어린 시절의 스트레스와 성인이 된 후의 명성과의 관계를 연구했던 과거 회귀적 연구에서 다소 과소평가되었던 역동적 환경은 아동과 가족 간의 상호 노력으로 이루어진다. 이것은 가족의 조건에 대한 아동 자신의 반응일 수도 있고 재능 개발의 관점에서 다른 결과로 나타나는 가족체계 수정의 결과일 수도 있다.

발달의 생태학적 이론적 틀은 가족과 동료 체계를 넘어서 환경의 세 계층적 수준을 제시한다. 중간체계는 아이가 접한 환경이나 미시체계 사이의 관계를 포함한다. 또래 집단과 가족, 학교와 과학 교실은 상호작용하는 환경의 좋은 예다. 영재아는 가족의 메시지와 모순되는 또래 집단의 영향으로 재능 영역에서 자신의 일에 몰입하는 것을 힘들어하기도 한다. 반대로 재능 영역에서 멘토와 교사, 도움을 주는 친구, 부모, 학교 환경을 조화롭게 잘 배치하면 재능 개발을 위한 조건은 극대화될 수 있다(Olszewski-Kubilius, Grant, & Seibert, 1993). 부모가 친구와의 교제에 영향을 주거나 또는 아동의 재능 개발을 위해 특별한 네트워크를 형성하기 위해서 간섭을 하는 것처럼, 하나의 미시체계는 다른 미시체계에 영향을 줄 수 있다. 아동이 참여하는 다양하고 상호작용적인 환경에 대한 고려는 재능 개발에서 가족의 역할을 더 넓고 사려 깊게 이해하기 위한 실제적인 연구 전략에서 꼭 필요하다. 가족은 환경적 요인의 영향을 완충하거나 강화할 수 있고 항상 사건과 상황의 여과지 역할을 한다(Olszewski-Kubilius, 2000).

그다음의 환경 수준인 외부체계는 아동에게 영향은 주지만 아동이 직접적으로 참여는 하지 않는 환경을 말한다. 예를 들면, 부모의 직업은 가족의 재원과 부모의 스트레스에 영향을 주고, 가족의 역동성과 아이의 삶에 영향을 준다. 학군의 관료제나 주 입법부는 영재 프로그램, 학교 오케스트라, 과학시설, 심화학습 선택권에 대한 의사결정을 통해 영재아의 삶에 영향을 주는 외부체계 환경의 예다.

환경의 가장 폭넓은 수준은 거시체계인데, 이는 "발달적으로 형성된 신념체계, 자원, 장애물, 라이프 스타일, 기회 구조, 인생과정에서의 선택과 세 체계 각각의 사회적 상호교환과 특히 관련 있는, 주어진 문화와 소문화, 그리고 더 넓은 사회적 맥락인 미시체계, 중간체계, 외부체계를 지배하는 형태"로 정의할 수 있다(Bronfenbrenner, 1972, p. 228). 바로 이 거시체계 내에서 양육과 재능과 성취 경로에 대한 문화적 관점이 부모와 교사의 믿음과 행동에 영향을 주게 된다. 현대 미국 사회에 널리 퍼져 있는 전인교육의 강조는 많은 재능 영역에서 조기에 집중적으로 집약적인 훈련을 받는 것을 반대하는 분위기다. 이와 비슷한 맥락에서 평등이 사회적인 공론으로 강조되면서 반엘리트적 편견을 가지게 되고, 학교에서는 능력별 편성을 하지 못하는 결과를 가져오게 된다. 일반 대중 사이에서 사회적 이동이 매우 제한적으로 이루어지고 있다는 강력한 증거에도 불구하고, 능력주의에 대한 이상은 현대 거시체계의 확고한 구성 요소로 여전히 존재한다(Lemann, 1999). 어떤 재능 영역이 가치 있는지, 어떤 사람이 성공하는지, 어떠한 성취 경로가 유용한지가 사회의 폭넓은 거시체계의 모든 기능이다. 가족뿐만 아니라 교육을 통해 주로 사회화된 개인의 사회적 속성과 성향은 그들의 성공 여부와 사회적 지위를 결정한다(Bourdieu,

1977; Meyer, 1994). 또한 중요한 것은 교육과 직업 내에서 가치가 부여되고 보상이 주어지는 문화적 특성은 사회에서도 가치 있다고 여겨지는 것들이다(Feldman et al., 1994). 엘리트들의 조합은 더 큰 사회적 맥락과 상호작용한다. 저명한 개인과 창의적 생산자는 사회를 만들어 가는 사람인 동시에 사회의 산물이다.

재능 개발 연구를 위해서는 문화적 · 역사적 맥락 안에서 개인의 경로를 이해하는 것이 필요하다. 문화적 자본론(Bourdieu, 1997)은 가정 환경을 넘어서서 전문가나 사회의 엘리트라고 받아들여지는 데에 영향을 주는 가치관이나 기호 및 표현 양식을 고려함으로써 유용한 이론 틀을 제공한다. 사회계층을 연구한 Bourdieu는 문화적 재원을 개인이 가지고 있는 지식이나 문화적 자원으로의 접근으로 정의 내림으로써 '문화적 자본' 의 기원이나 영향에 대한 연구를 활성화하였다(예, DiMaggio, 1982). Bourdieu는 학교가 문화적 자본이 다양한 형태로 생산되고 전달되고, 축적되는 주요한 제도적 환경이라고 보았다. 문화적 자본을 축적되는 것으로 보는 그는 어릴 때 받은 것이 클수록 더 쉽고 더 심도 깊게 달성된다고 주장한다. 이 이론에 따르면 문화 수준이 높고, 언어적 자극을 많이 주며, 상위 계층 사람들의 기호와 습관을 좋아하는 가정의 영재아는 학교에서나 재능 영역의 멘토나 심사관이 선호하는 문화적 자원을 가지게 된다. Merton(1988)은 이것을 '마태(Matthew) 효과' 또는 장점의 축적이라고 부른다. 독립성과 비판적 사고와 창의성을 강조하는 자녀 양육 형태는 문화 자본의 수준과 깊은 관계가 있다(Wachs, 1992). 문화적 자본과 함께, 연줄이나 네트워크와 같은 가정의 사회적 자본 또한 영재아의 환경에 스며들며 재능 개발에 영향을 미친다. 사회학자는 스트레스나 가족의 역기능과 같이 가정의 특수한 현재 상황과 상관없이, 문화 자본의 차이가 어떻게 불평등을 강화하는지에 대해서도 조사하였다(DiMaggio, 1982; Swartz, 1997).

영재아와 가정을 둘러싼 마지막 환경 요소는 시간이다. 역사적인 시간이나 개인의 나이 모두 인생에서 겪는 사건과 가정 구조 내에서의 경험에 영향을 미친다. 심리학적 접근 방식과 사회학적 접근 방식을 연합한 인생 경로 분석은 개인적 기능, 동료, 역사적 상황, 시간적으로 펼쳐지는 인생 사건 간의 역동적인 상호작용에 초점을 맞춘다(Clausen, 1993; Elder, 1974; Giele, 1993; Giele & Elder, 1998). 지속적으로 형성되는 또래 집단은 형식적 교육 경험과 또래 집단 사회화와 더불어 독특한 역사적 · 문화적 사건을 경험하면서 영향을 받는다(Ryder, 1965). 역사 속 한 장면의 한 집단에서 발생한 변화는 "사회적 변형을 분석할 기회를 제공한다"(Ryder, 1965, p. 843). 또한 개인적 특성과 인생 사건의 타이밍은 개인의 문화적 · 역사적 위치, 그리고 발달에 영향을 미치는 제도 및 집단(Arnold, Youn, & Salkever, 1999)의 관계와도 상호작용한다.

유명인의 유년기에 나타난 부정적인 환경의 역할에 대한 상반되는 연구 결과는 인생 경로 접근을 통해서 확인할 수 있다. 대공황 시대의 아동에 대한 Elder(1974)의 연구 결과에서처럼, 그 시대의 아동이 겪었던 고난의 경험은 그들 자신의 적응력에 영향을 줄 수도 있다. 또한 대공황 시기에 스토아 학파가 인기 있었고 1960년대에 표현주의가 각광받았던 것처럼 그 시대의 이상(그것의 거시체계)도 이러한 차이를 만들 수 있다. 분명한 것은 불행한 가정 환경과 같은 어릴 때의 가정 요인과 성인이 된 후의 명성의 관계는 매우 복잡하며, 다양한 상호작용적인 맥락과 역사적 사건의 영향을 반드시 함께 고려하여 살펴보아야 한다는 것이다(Feldman, with Goldsmith, 1991; Jacobi, 1991; Subotnik, 1995; Subotnik & Arnold, 1995; Subotnik & Steiner, 1993; Tannenbaum, 1983).

사례 연구

몇 년간 우리는 영재 청소년과 성인을 대상으로 면밀히 연구해 오면서 재능 개발을 강화하거나 방해하는 변수에 초점을 맞추고 있다. 여기에서는 우리의 연구 중 학문 분야 2건, 연주 분야 1건, 무용 분야 1건에 대한 사례를 소개한다. 이런 사례 연구는 앞에서 기술한 재능 개발의 과정과 관계 있는 좀 더 넓은 환경적·문화적 논쟁을 뒷받침해 주고 있다. 또한 이 장 첫 부분의 질문을 통해 제기된 논쟁의 실례를 제시한다.

라일은 10세 때 중학교 수학 교육과정을 완전히 습득하였다. 초등학교에서 그의 교사들은 그가 개별학습을 받고 고등학교 수업을 참관할 수 있도록 편의를 제공하였다. 라일은 항상 수학 수업에서 더 많은 것, 즉 더 많은 이론, 더 많은 역사, 더 많은 '만약 그렇다면(What if)'을 배우기를 원했다. 집에서 라일은 수학에 기초한 운율을 이용해 시를 쓰고 기하학적 모양에 대한 글을 쓴다. 그는 학교가 끝난 후 일주일에 한 번, 오후에 근처의 대학에서 학부 수준의 수학 수업에 참석한다.

[질문] 균형과 사회적 적응을 강조하는 생태적 요인은 라일의 재능 개발에 어떤 영향을 주는가?

알렉스는 학문적으로 우수한 영재학생을 까다롭게 선발하는 영재학교의 8학년 수학을 듣는 5학년 학생이다. 만일 자기 마음대로 선택할 수 있다면, 그는 학교에서 하루 종일 수학만 했을 것이다. 그는 과제나 수업을 빨리, 완전히 습득했다고 교사에게 또는 자기보다 나이 많은 학급 친구에게 자랑하는 것을 좋아한다. 알렉스는 닌텐도 게임과 운동에 참여해야 한다는 이유로 방과 후에 수학교사와 함께 하는 멘토십 프로그램에 참여하는 것을 거절하였다. 그는 스스로 수학 문제를 만들어 내거나 수학과 관계된 프로젝트를 하는 일이 없었다.

[질문] 알렉스의 수학적 창의성을 개발하는 데 노력을 기울여야 하는가? 만일 그렇다면 어떤 형태의 노력을 해야 하는가? 수학과 관련한 학교 정규과정 외의 프로그램에는 낮은 성취 동기를 보이는데, 이를 높이려면 어떻게 하여야 하는가?

4세인 마이클은 음악 가정에서 자라고 있으며 여러 형제 중 막내다. 그의 어머니는 국제적으로 유명한 바이올리니스트를 키워 왔고, 마이클에 대한 기대가 크다. 그는 2세 반부터 바이올린을 시작하였고, 지금은 하루에 2시간 정도 연습을 한다. 그의 엄마는 그에게 매일 레슨을 한다. 가끔 그는 연습 시간에 운다. 그가 울면 부모는 바이올린을 들고 와 그와 함께 연습을 한다. 부모는 만일 마이클의 재능이 아주 뛰어난 것으로 판명되면 10대 때 무대에 데뷔할 수 있을 것으로 믿고 있다. 비록 마이클이 정말로 재능이 있는지 없는지를 지금 단계에서 말하기는 힘들지만, 마이클의 조기 잠재력에 이런 집중적인 투자가 없다면 그가 세계에서 가장 멋진 콘서트홀에서 솔로 바이올리니스트로서 공연할 기회는 없을 것이라고 그의 어머니는 굳게 믿고 있다.

[질문] 청소년기 이전의 잠재적 재능을 위해 얼마나 많은 시간과 노력을 투자하여야 하는가? 이런 노력은 일반적인 발달에 어떤 영향을 미치는가?

마지와 그의 어머니는 매우 어려운 과정을 겪은 이혼 이후 새로운 삶을 시작하기 위해 뉴욕에서 평화스러운 전원 지역으로 막 이사를 하였다. 10세의 마지는 가까운 발레 학원에서 발레 레슨을 받았다. 몇 학기가 지난 후 발레교사는 마지의 재능이 너무 뛰어나 학원의 제한된 프로그램으로는 그녀의 재능을 제대로 발휘시킬 수 없다는 것을 알고, 그녀에게 가까운 지역의 발레 대학입학 준비 프로그램에 참가할 것을 권유하였다. 마지의 어머니는 그녀를 태우고 왕복 90마일이나 되는 거리에 있는 발레 센터로 일주일에 몇 번씩 운전하였다. 1년 후, 센터의 감독은 마지가 뉴욕에 있는 미국 최고의 발레 극단에 오디션을 볼 충분한 재능을 지녔다고 이야기하였다.

[질문] 아동의 재능 개발을 위해 부모는 얼마나 희생해야 하는가? 재능 개발에 대한 부모의 투자로 인해 전체 가족체계나 다른 가족 구성원에게 돌아오는 희생은 무엇인가?

사례에 대해

각 사례 연구를 통해 조기의 집중적인 재능 개발이 바람직한 것인가에 대한 질문이 제기된다. 아동의 인성과 가정의 환경은 둘 다 조기에 재능을 펼치는 방법(또는 가능 여부)에서 중요한 역할을 한다. 라일과 마이클의 부모는 아동의 재능 개발에 전폭적인 노력을 쏟는 가치관과 문화 자본을 소유하고 있다. 짧은 사례 연구를 통해 라일의 개인적 경향과 수학에 대한 열정은 기꺼이 그에게 시간, 재원, 교통을 제공해 주는 부모에 의해 지원되고 있다고 볼 수 있다. 독립심과 독창성에 가치 기준을 두고 있는 라일 부모의 가치관은 유명한 위인의 가정 환경에 관한 연구 결과와 맞아떨어진다. 또한 라일은 교육적 환경 외에도 그의 부모가 연결해 준 이들을 포함한(중간체계) 멘토에게서 상당한 강화를 받는다. 마이클의 사례에서는 아동의 요구나 재능에 대한 특별한 증거가 나타나기 전에 그의 가족이 이미 음악교육에 투자할 것을 결심했다. 각 아동의 직접적 환경(미시체계)은 부모의 배경과 가치관, 전문가의 의견(외부체계)을 반영한다. 두 가정 모두 집중적인 재능 개발과 다른 아동과의 차별화가 행복한 인생과 부합된다고 믿고 있다.

알렉스와 마지의 사례는 최대 재능 개발에 별 도움을 주지 못하는 미시체계를 설명한다. 알렉스 부모의 가치관과 마지 어머니의 재원이 미래에 유명하게 될 기회를 위해 필요한 희생이나 가정의 생활 양식에 꼭 부합하는 것은 아니다. 미국 교육의 외부체계는 알렉스나 마지 같은 학생에게 자율적으로 수준에 맞는 수학을 제공하거나 최고 수준의 발레 훈련을 제공하지는 않기 때문이다. 가정의 지원은 제쳐 두더라도, 집중적인 재능 개발은 자녀 양육과 행복의 본질에 대한 미국의 거시체계 이상과는 상반되는 것이다. 모든 분야에서 골고루 '평범' 한 수준으로 사회에 잘 적응하고, 가정 중심적인 것은 희생과 외롭고 긴 노력의 과정, 개별화된 교육, 재능 있는 한 자녀에게만 집중적으로 투자하는 것보다 우선한다.

이 네 사례를 통해 유년기의 재능이 성인기의 명성으로 발전하기 위해서는 어떠한 환경과의 상호작용이 도움이 되는지를 알 수 있다. 인성, 가족, 학교, 친구와의 직접적인 상호작용은 영재가 자신의 재능 영역을 탐구할 수 있는 가능성 여부를 결정한다. 그러나 그런 재능 개발에 대한 개인적인 의사결정은 학교와 가족을 둘러싸고 있는 여러 기회 조건과 가치관에 궁극적으로 영향을 주는 더 넓은 환경 속에 놓여 있다는 것을 기억하여야 한다.

우리 영역의 도전 과제

집중적인 재능 개발이 바람직한지에 대해 우리 문화와 학교가 양면성을 보이고 있는 상황에서, 교육자는 영재와 그 가족에게 어떤 도움을 줄 수 있을까? 나는 이 장에서 우리 영역의 연구자에게 도전 과제를 던지면서 마치고 싶다.

질문 위대해질 수 있는 기회는 실패의 대가를 치를 만큼 가치 있는 것인가?

우리는 집중적인 재능 개발이 개인과 사회 모두에게 특별한 가치가 있다고 믿는다. 재능과 명성에 관한 연구에서는 재능을 개발하면서 겪었던 어려움은 남의 주목을 받으며 높은 수준의 재능을 표출하는 기쁨(Csikszentimihalyi et al., 1993)과 높은 수준의 성취자로서의 자아정체성(Bloom, 1985; Subotnik & Arnold, 1995)에 의해 크게 보상받는다고 밝히고 있다. 경쟁과 창의적 작업에 대한 비판이 재능 개발을 막지는 못한다. 사실 피드백과 타인과의 비교는 뛰어난 업적과 창의적인 생산성에 필수적이다. 재능 개발에 깊이 빠져 있는 사람은 때때로의 실패를 이겨 내고, 개인적인 공격과 작품에 대한 비난을 구별할 수 있게 된다.

우리는 재능 영역에 대한 집중적인 관여를 강력하게 지지하고, 환경이론을 중재자 역할을 하는 안내자로 본다. 앞에 제시된 가정에 대한 논의로 돌아가서, 우리는 경쟁 상태나 전통에 대적하는 상황이 될 때 교육자가 아동의 심리적 힘을 어떻게 북돋아 줄 수 있을지 몇 가지 방법을 제시할 수 있다. 교육자는 가족과 함께 재능 개발에 대한 부정적인 시각에 대처하고, 지식과 인간관계의 형태로 문화 자본적 자원을 제공하고, 최고 수준의 훈련을 힘들게 하는 재정적 상황이나 다른 장애를 줄여 나갈 수 있다. 거시체계 수준에서 우리는 사회적 · 경제적으로 불리한 위치에 있는 집단의 잠재적 영재를 발굴할 수 있도록 평등한 기회를 제공하는 것에 대해 지속적으로 연구하여야 한다.

만일 물리적 위험에 처한 어린 학생들을 보호하거나 창의적 또는 지적인 발달을 위해 미래의 길을 개척하려고 한다면 아동의 흥미가 직업으로 직접 연결될 수 있게 도와주도록 한다. 그렇게 하지 않으면 너무 많은 심화학습과 목표에 대한 끊임없는 추구만이 있을 것이다. 과거에 여성과 유색 인종은 그들의 야망을 추구할 수 없었다. 인종차별이나 성차별 또는 좋은 의미로 보호라는 이름으로 강요되었든 아니든, 나도 '도전자'가 될 수 있는지 없는지를 생각하는 것 자체를 비난당하는 것은 살아가는데 슬픈 일이다.

우리는 뛰어난 재능을 가진 사람들의 행복에 대한 의미를 재정의해야 한다. 우리는 행복의 전통적 개념이 그들에게도 보편적으로 적용될 것이라고 생각한다. 탁월해야 한다거나 창의적이어야 한다고 몰아가면서 이러한 가치관까지 부여하는 것은 그들의 삶을 더 어렵게 만든다. 그들의 재능과 욕구를 이해하고 지원하고, 특히 어떤 결과물을 구성하게 도와주면서 정신적 · 신체적 건강도 방해하지 않는다면, 우리는 비로소 영재아의 대부분을 제대로 도와주고 있다고 말할 수 있다.

참고문헌

Achter, J., Lubinski, D., & Benbow, C. (1996). Multipotentiality among the gifted: "It was never there in the first place and already it's vanishing." *Journal of Counseling Psychology, 43*(1), 65-76.

ACORN. (1996). *Secret apartheid*. Available on the World Wide Web, http://www.acorn.org/ACORNarchives/studies/ascretapartheid/index/ html.

Albert, R. S. (1978). Observation and suggestions regarding giftedness, familial influence and the achievement of eminence. *Gifted Child Quarterly, 28*(2), 201-211.

Albert, R. S. (1980). Family positions and the attainment of eminence: A study of special family positions and special family experiences. *Gifted Child Quarterly, 24*(2), 87-95.

Albert, R. S. (Ed). (1983). *Genius and eminence: The social psychology of creativity and exceptional achievement*. New York: Pergamon Press.

Albert, R. S. (1994). The achievement of eminence: A longitudinal study of exceptionally gifted boys and their families. In R. F. Subotnik & K. D. Arnold (Eds.), *Beyond Terman: Contemporary longitudinal studies of giftedness and talent* (pp. 282-315). Norwood, NJ: Ablex.

Altbach, P. G., Kelly, G. P., Petrie, H. G., & Weis, L. (1991). *Textbook in American society*. Albany: State University of New York Press.

Altizer, T. J. J. (1967). *Toward a new Christianity: Readings in the death of God theology*. New York: Harcourt, Brace & World.

Amabile, T. M. (1979). Effects of external evaluation on artistic creativity. *Journal of*

Personality and Social Psychology, 37, 221–233.

Amabile, T. M. (1996). *Creativity in context: Update to the social psychology of creativity.* Boulder, CO: Westview.

Amabile, T. M., & Tighe, E. (1993). Questions of creativity. In J. Brockman (Ed.), *Creativity* (pp. 7–27). New York: Simon & Schuster.

Ambrose, D. (1998). A model for clarification and expansion of conceptual foundations. *Gifted Child Quarterly, 42*(2), 77–86.

Ambrose, D. (2000). World view entrapment: Moral–ethical implications for gifted education. *Journal for the Education of the Gifted, 23*(2), 159–186.

Ambrose, D., Cohen, L., & Coleman, L. (Eds.). (1999). [Special issue]. *Journal for the Education of the Gifted, 22*(4), 321–419.

American Psychological Association. (1997, November). *Learner-centered psychological principles: A framework for school reform and redesign.* Prepared by the Learner–Centered Principles Work Group of the American Psychological Association's Board of Educational Affairs, Retrieved January 30, 2002. Available on the World Wide Web, http://www.apa.org/ ed/lcd2/homepage.html.

Anderson, H. H. (1958). Preface. In H. H. Anderson (Ed.), *Creativity and its cultivation* (pp. ix–xiii). New York: Harper & Row.

Anderson, J. R., Reder, L. M., & Simon, H. A. (1996). Situated learning and education. *Educational Researcher, 25,* 5–11.

Archambault, F. X., Westberg, K. L., Brown, S. W., Hallmark, B. W., Zhang, W., & Emmons, C. (1993). Classroom practices used with gifted third and fourth grade students. *Journal for the Education of the Gifted, 16,* 103–119.

Arellano, A. R., & Padilla, A. M. (1996). Academic invulnerability among a select group of Latino university students. *Hispanic Journal of Behavioral Sciences, 18*(4), 485–507.

Armenta, C. (1999). A shift to identity: A journey to integrity in gifted education. *Journal for the Education of the Gifted, 22*(4), 384–401.

Arnold, K. D. (1995). *Lives of promise: What becomes of high school valedictorians.* San Francisco: Jossey–Bass.

Arnold, K. D., Noble, K. D., & Subotnik, R. F. (1996). *Remarkable women: Perspectives on female talent development.* Cresskill, NJ: Hampton Press.

Arnold, K. D., & Subotnik, R. F. (1994). Lessons from contemporary longitudinal studies. In R. F. Subotnik & K. D. Arnold (Eds.), *Beyond Terman: Contemporary longitudinal studies of giftedness and talent* (pp. 2–51). Norwood, NJ: Ablex.

Arnold, K. D., Youn, T. I. K., & Salkever, K. (1999). *Comparing lives of leaders: Effects of baccalaureate experience on inequalities of privilege and power.* Paper presented at the annual meeting of the Association for the Study of Higher

Education, San Antonio, TX.

Arthur, W. B. (1989. November). Comparing technologies, increasing returns, and lock-in by historical events. *The Economic Journal, 99,* 116-131.

Arthur, W. B. (1990). Positive feedbacks in the economy. *Scientific American,* 92-99.

Ausubel, D., & Robinson, F. (1969). *School learning*. New York: Holt, Rinehart & Winston.

Ayers, W., & Ford, P. (Eds.). (1996). *City kids, city teachers: Reports from the Front Row.* New York: The New Press.

Baker, E. L., O'Neil, Jr., H. F., & Linn, R. L. (1994). Policy and validity prospects for performance-based assessment. *Journal for the Education of the Gifted, 17*(4), 332-353.

Baker, E. L., & Schacter, J. (1996). Expert benchmarks for student academic performance: The case for gifted children. *Gifted Child Quarterly, 40*(2), 61-65.

Baldwin, A. (1985). Programs for the gifted and talented: Issues concerning minority populations. In F. Horowitz & M. O'Brien (Eds.), *The gifted and talented : Developmental perspectives* (pp. 223-250). Washington, DC: American Psychological Association.

Bamberger, J. (1991). *The mind behind the musical ear.* Cambridge: Harvard University Press.

Banks, J. A. (1992). African American scholarship and the evolution of multicultural education. *Journal of Negro Education, 61*(3), 273-286.

Banks, J. A. (1995a). Multicultural education and the modification of students' racial attitudes. In W. D. Hawley & A. W. Jackson (Eds.), *Toward a common destiny: Improving race and ethnic relations in America* (pp. 315-339). San Francisco: Jossey-Bass.

Banks, J. A. (1995b). Multicultural education: Historical development, dimensions, and practice. In J. A. Banks & C. A. M. Banks (Eds.), *Handbook of research on multicultural education* (pp. 3-24). New York: Macmillan.

Banks, J. A., & Banks, C. A. M. (Eds.). (1995). *Handbook of research on multicultural education*. New York: Macmillan.

Baptiste, Jr., H. P. (1995). *Definition of multicultural education*. Proposed comprehensive remedial plan and order for Rockford School Districk, Rockford, IL.

Barber, C., Bledsoe, T., Pesuin, L., & Montgomery, D. (1999, March). *Increasing Native American involvement in gifted programs through authentic discovery and rural linkages*. Paper presented at the annual meeting of the American Council on Rural Special Education, Albuquerque, NM. (ERIC Document Reproduction Service No. ED 429 749).

Barron, N. J. S., Schwartz, D. L., Vye, N. J., Moore, A., Petrosino, A., Zech, L., Bransford,

J. D., & The Cognition and Technology Group at Vanderbilt. (1998). Doing with understanding: Lessons from research on problem- and project-based learning. *The Journal of the Learning Sciences, 7,* 271-312.

Baum, S. M., Owen, S. V., & Oreck, B. A. (1996). Talent beyond words: Identification of potential talent in dance and music in elementary students. *Gifted Child Quarterly, 40*(2), 93-101.

Bellah, R. N., Madsen, R., Sullivan, W. M., & Tipton, S. M. (1985). *Habits of the heart: Individualism and commitment in American life.* Berkeley: University of California Press.

Benard, B. (1994). Fostering resiliency in kids. *Educational Leadership, 51*(3), 44-48.

Benbow, C. P. (1986). SMPY's model for teaching mathematically precocious students. In J. S. Renzulli (Ed.), *Systems and models for developing programs for the gifted and talented* (pp. 1-26). Mansfield Center, CT: Creative Learning Press.

Benbow, C. P. (1997). Intellectually talented children: How can we best meet their needs? In N. Colangelo & G. Davis (Eds.), *Handbook of gifted education* (2nd ed.). (pp. 155-169). Boston: Allyn & Bacon.

Benbow, C. P. (1998). Acceleration as a method for meeting the academic needs of intellectually talented children. In J. Van Tassel-Baska (Ed.), *Excellence in educating the gifted* (3rd ed.) (pp. 279-294). Denver, CO: Love.

Bentham, J. (1843). *Collected works* (J. Bowring, Ed.). London: University of London.

Bereiter, C., & Scardamalia, M. (1993). *Surpassing ourselves, An inquiry into the nature and implications of expertise.* Chicago: Open Court.

Berlin, I. (1990). *The crooked timber of humanity Chapters in the history of ideas* (H. Hardy, Ed.). Princeton, NJ: Princeton University Press.

Bernstein, H. T. (1985). The new politics of textbook adoption. *Phi Delta Kappan, 66,* 463-466.

Berry, J. W. (1969). On cross-cultural comparability. *International Journal of Psychology, 4,* 119-128.

Berry, W. (1990a). *Unsettling America* (3rd ed.). San Francisco: Sierra Club Books. (Original work published 1978)

Berry, W. (1990b). *What are people for?* San Francisco: North Point Press.

Binet, A., & Simon, T. (1905). The development of intelligence in children. *L'Annee Psychologique, 11,* 191-244. (Published in book form, E. S. Kit, Trans., Baltimore, MD: Williams & Wilkins, 1916.)

Bland, L. C., Sowa, C. J., & Callahan, C. M. (1994). An overview of resilience in gifted children. *Roeper Review, 17*(2), 77-80.

Bloom, B. S. (Ed.). (1985). *Developing talent in young people.* New York: Ballantine Books.

Borko, H., Mayfield, V., Marion, S., Flexer, R., & Cumbo, K. (1997). Teachers? developing ideas and practices about mathematics performance assessment: Successes, stumbling blocks, and implications for professional development. *Teaching and Teacher Education, 13*, 259–278.

Borland, J. H. (1986). IQ tests: Throwing out the bathwater, saving the baby. *Roeper Review, 8*(3), 163–167.

Borland, J. H. (1989). *Planning and implementing programs for the gifted*. New York: Teachers College Press.

Borland, J. H. (1996a). Gifted education and the threat of irrelevance. *Journal for the Education of the Gifted, 19,* 129–147.

Borland, J. H. (1996b). [Review of *Playing Favorites* by Mara Sapon-Shevin]. *Roeper Review, 18,* 309–311.

Borland, J. H. (1997a). Evaluating gifted programs. In N. Colangelo & G. Davis (Eds.), *Handbook of gifted education* (2nd ed.) (pp. 153–166). Boston: Allyn & Bacon.

Borland, J. H. (1997b). The construct of giftedness. *Peabody Journal of Education, 7,* 6–20.

Borland, J. H. (1999). The limits of consilience: A reaction to Francoys Gagné's "My convictions about the nature of abilities, gifted, and talents." *Journal for the Education of the Gifted, 22,* 137–147.

Borland, J. H., & Wright, L. (1994). Identifying young, potentially gifted, economically disadvantaged students. *Gifted Child Quarterly, 38,* 164–171.

Borland, J. H., & Wright, L. (2001). Identifying and educating poor and under-represented gifted students. In K. A. Heller, F. J. Mönks, R. J. Sternberg, & R. F. Subotnik (Eds.), *International handbook of research and development of giftedness and talent* (pp. 587–594). Oxford, UK: Pergamon Press.

Bourdieu, P. (1977). Cultural reproduction and social reproduction. In J. Karabel & A. H. Halsey (Eds.), *Power and ideology in education* (pp. 487–511). New York: Oxford University Press.

Boyce, L. N., VanTassel-Baska, J., Burruss, J. D., Sher, B. T., & Johnson, D. T. (1997). A problem-based curriculum: Parallel learning opportunities for students and teachers. *Journal for the Education of the Gifted, 20,* 363–379.

Boyer, J. B., & Baptiste, Jr., H. P. (1996). *Transforming the curriculum for multicultural understandings: A practitioner's handbook*. San Francisco: Caddo Gap Press.

Brandwein, P. F. (1981). *Memorandum: On reviewing schooling and education*. New York: Harcourt, Brace and Jovanovich.

Bringuier, J. C. (1980). *Conversations with Jean Piaget*. Chicago: University of Chicago Press.

Bronfenbrenner, U. (1977). Toward an experimental ecology of human development. *American Psychologist, 32,* 515-531.

Bronfenbrenner, U. (1979). *The ecology of human development.* Cambridge: Harvard University Press.

Bronfenbrenner, U. (1993). The ecology of cognitive development: Research models and fugitive findings. In R. H. Wozniak & K. Fischer (Eds.), *Scientific environments* (pp. 3-44). Hillsdale, NJ: Erlbaum.

Brown, J. S., Collins, A., & Duguid, P. (1989). Situated cognition and the culture of learning. *Educational Researcher, 18*(1), 32-42.

Brown *v. Board of Education of Topeka, Kanasas.* (1954). 347 U.S. 483.

Bruner, J. (1972). The nature and uses of immaturity. *American Psychologist, 27,* 1-22.

Bugental, J. F. T. (1989). Foreword. In. R. S. Valle & S. Halling, *Existential-phenomenological perspectives in psychology: Exploring the breadth of human experience* (pp. ix-xi). New York: Plenum Press.

Burnette, E. (1997. June). Talking openly about race thwarts racism in children. *APA Monitor,* p. 33.

Butts, R. F., & Cremin, L. A. (1953). *A history of education in American culture.* New York: Holt.

Cain, K. M., & Dweck, C. S. (1989). The development of children's conceptions of intelligence: A theoretical framework. In R. J. Sternberg (Ed.), *Advances in the psychology of human development* (Vol. 5, pp. 47-82). Hillsdale, NJ: Lawrence Erlbaum Associates.

Cairns, R. B., Elder, G. H., & Costello, E. J. (Eds.). (1996). *Developmental science.* New York: Cambridge University Press.

Callahan, C. M. (1996). A critical self-study of gifted education: Healthy practice, necessary evil or sedition? *Journal for the Education of the Gifted, 19*(2), 148-163.

Cmpbell, D. T., & Stanley, J. C. (1963). *Experimental and quasi-experimental designs for research.* Chicago: Rand McNally.

Carroll, J. B. (1993). *Human cognitive abilities: A survey of factor-analytic studies.* New York: Cambridge Unviersity Press.

Case, R. (1991). *The mind's staircase.* Hillsdale, NJ: Lawrence Erlbaum Associates.

Cattell, R. B. (1963). Theory of fluid and crystallized intelligence: A critical experiment. *Journal of Educational Psychology, 54*, 1-22.

Chall, J. S., & Conard, S. S. (1991). *Should textbooks challenge students?: The case for easier or harder textbooks.* New York: Teachers College Press.

Chandler, D. (2001). *Semiotics for beginners.* Avaliable on the World Wide Web, http://www.aber.ac.uk/media/Documents/S4B/sem02a.html.

Chang, D., and Sugarman, R. (1997, March 23). Test scores split up twins. *New York Daily News,* p. 6.

Charlton, J. C., Marolf, D., & Stanley, J. C. (1994). Follow-up insights on rapid education acceleration. *Roeper Review, 17,* 123-130.

Chevalier, M. (1995). Maintaining an ethnic identity in school: A folkloric perspective. *Equity & Excellence in Education, 28*(2), 26–35.

Chi, M. T. H., Glaser, R., & Farr, M. (Eds.). (1988). *The nature if expertise.* Hillsdale, NJ: Erlbaum.

Christian, D., & Wolfram, W. (1979). *Exploring dialects.* Arlington, VA: Center for Applied Linguistics.

Christopherson, S. L. (1981). Developmental placement in the regualr schhol program. *G/C/T. 19,* 40–41.

Clapham, M. (1997). Ideational skills training: A key element in creative training programs. *Creativity Research Journal, 10,* 33–44.

Clark, G., & Zimmerman, E. (1992). *Issues and practices related to identification of gifted and talented students in the visual arts.* Storrs, CT: The National Research Center on the Gifted and Talented.

Clark, G., & Zimmerman, E. (1994). *Programming opportunities for talented in the visual arts students.* Storrs, CT: The National Research Center on the Gifted and Talented.

Clark, G., & Zimmerman, E. (1995). You can't just scribble: Art talent development. *The Educational Forum, 59*(4), 400–408.

Clark, G., & Zimmerman, E. (1998). Nurturing the arts in programs for the gifted and talented. *Phi Delta Kappan, 79*(10), 747–751.

Clausen, J. A. (1993). *American lives: Looking back at the children of the Great Depression.* New York: Free Press.

Cleary, T. A., Humphreys, L. G., Kendrick, S. A., & Wesman, A. (1975). Educational uses of tests with disadvantaged students. *American Psychologist, 3,* 15–41.

Clune, W. H. (1993). Systemic educational policy: A conceptual framework. In S. H. Fuhrman (Ed.), *Designing coherent education policy: Improving the system* (pp. 125–140). San Francisco: Jossey-Bass.

Cohen, D., & Hill, H. (1998). *Instructional policy and classroom performance: The mathematics reform in California* (Research Report No. RR-39). Philadelphia: University of Pennsylvania, Consortium for Policy Research in Education.

Cohen, L. (1988). To get ahead, get a theory. *Roeper Review, 11,* 95–99.

Colangelo, N., & Brower, P. (1987a). Gifted youngsters and their siblings: Long term impacts of labeling on their academic and personal self concepts. *Roeper Review,*

10(2), 101-103.

Colangelo, N., & Brower, P. (1987b). Labeling gifted youngsters: Long term impact on families. *Gifted Child Quarterly, 31*(2), 75-78.

Cole, M., & Bruner, J. S. (1971). Cultural differences and inferences about psychological processes. *American Psychologist, 26*(10), 867-876.

Coleman, E. B., & Shore, B. (1991). Problem-solving processes of high and average performers in physics. *Journal for the Education of the Gifted, 14*(4), 366-379.

Coleman, L. J. (1997). Studying ordinary events in a field devoted to the extraordinary. *Peabody Journal of Education, 72* (3 & 4), 117-132.

Coleman, L. J. (Ed.). (1999). [Special issue]. *Journal for the Education of the Gifted, 23*(1).

Coleman, L. J. (2001). "A Rag Quilt": Social relationship among students in a special high school. *Gifted Child Quarterly, 45,* 164-173.

Coleman, L. J., & Cross, T. L. (1988). Is being gifted a social handicap? *Journal for the Education of the Gifted, 11,* 41-56.

Coleman, L. J., & Cross, T. L. (2001). *Being gifted in school: An introduction to development, guidance, and teaching*. Waco, TX: Prufrock Press.

Coleman, L. J., Sanders, M. D., & Cross, T. L. (1997). Perennial debates and tacit assumption in the education of gifted children. *Gifted Child Quarterly, 41*(3), 44-50.

Conklin, A. M. (1940). *Failure of highly intelligent pupils: A study of their behavior.* New York: Teachers College Press.

Cooper, C. R. (1998). For the good of humankind: Matching the budding talent with a curriculum of conscience. *Gifted Child Quarterly, 42,* 238-244.

Cornell, D. G., Delcourt, M. A. B., Goldberg, M. D., & Bland, L. C. (1995). Achievement and self-concept of minority students in elementary school gifted programs. *Journal for the Education of the Gifted, 18*(2), 189-209.

Cox, J., Daniel, N., and Boston, B. (1985). *Educating able learners: Programs and promising practices.* Austin: University of Texas Press.

Cowen, E. L., Wyman, P. A., Work, W. C., & Iker, M. R. (1995). A preventive intervention for enhancing resilience among highly stressed urban children. The Journal of Lrimary Prevention, 15(3), 247-260.

CQ Researcher. (1997). Educating Gifted Students. 7(12).

Cramond, B., Martin, C. E., & Shaw, E. L. (1990). Generalizability of creative problem solving procedures to real-life problems. *Journal for the Education of the Gifted, 13*, 141-155.

Critical Appraisals of Gifted Education. (1996). [Special issue]. *Journal for the Education of the Gifted, 19*(2).

Cross, T. L. (1990). Making research in education meaningful: Existential phenomenology and a critique of the politics of methodology. *Journal of Humanistic Education, 14*(1), 98-101.

Cross, T. L. (1994). Alternative inquiry and its contributions to gifted education: A commentary. *Roeper Review, 16*(4), 284-285.

Csikszentmihalyi, M. (1990). *Flow: The psychology of optimal experience*. New York: HarperCollins.

Csikszentmihalyi, M. (1993). *The evolving self*. New York: HarperCollins.

Csikszentmihalyi, M. (1996). *Creativity: Flow and the psychology of discovery and invention*. New York: Harperperennial.

Csikszentmihalyi, M. (1997). *Creativity*. New York: HarperCollins.

Csikszentmihalyi, M., & Beattie, O. (1979). Life themes: A theoretical and empirical exploration of their origins and effects. *Journal of Humanistic Psychology, 19* (1), 45-63.

Csikszentmihalyi, M., & Rathunde, K. (1997). The psychology of wisdom: An evolutionary interpretation. In R. J. Sternberg (Ed.), *Wisdom: Its nature, origins, and development* (pp. 25-51). Cambridge, UK: Cambridge University Press.

Csikszentmihalyi, M., Rathunde, K., & Whalen, S. (1993). *Talented teenagers*. New York: Cambridge University Press.

Dacquel, L., & Dahmann, D. (1993). *Residents of farms and rural areas: 1991* (Current Population Reports, pp. 20-472). Washington, DC: Bureau of the Census.

Darling-Hammond, L. (1997). *The right to learn: A blueprint for crating schools that work*. San Francisco: Jossey-Bass.

Davidson, L., & Scripp, L. (1994). Conditions of giftedness: Musical development in the preschool and early elementary years. In R. F. Subotnik & K. D. Arnold (Eds.), *Beyond Terman: Contemporary longitudinal studies of giftedness and talent* (pp. 155-185). Norwood, NJ: Ablex.

DeBono, E. (1992). *Serious creativity: Using the power of lateral thinking to create new ideas*. New York: HarperBusiness.

DeHann, R. F., & Kough, J. (1956). *Identifying students with special needs*. Chicago: Science Research Associates.

Delcourt, M. A. B., Loyd, B. H., Cornell, D. G., & Goldberg, M. D. (1994). Evaluation of the effects of programming arrangements on student learning outcomes. Charlottesville, VA: The National Research Center on the Gifted and Talented.

Delisle, J. (1998). Zen and the art of gifted child education. *Gifted Child Today, 21*(3), 38-39.

Delpit, L. D. (1988). The silenced dialogue: Power and pedagogy in educating other people's children. *Harvard Educational Review, 58*(3), 280-298.

Derber, C. (1995). The politics of triage: The contract with America's surplus populations.

Tikkun, 10(3), 37–43, 86–88.

DeYoung, A., &L awrence, B. K. (1995). On Hoosiers, Yankees, and Mountaineers. *Phi Delta Kappan, 77*(2), 104–112.

DeYoung, A., & Theobald, P. (1991). Community schools in the national context: The social and cultural impact of educational reform movements on American rural schools. *Journal of Research in Rural Education, 7*(3), 3–14.

DiMaggio, P. (1982). Cultural capital and school success: The impact of status culture participation on the grades of U.S. high school students. *American Sociological Review, 47*, 189–201.

Duncan, C. (1999). *World apart: Why poverty persists in rural America*. New Haven, CT: Yale Univrsity Press.

Elder, G. H. (1974). *Children of the Great Depression: Social change in life experience*. Chicago: University of Chicago Press.

Ericsson, K. A. (1987). Theoretical implications from protocol analysis on testing and measurement. In. R. R. Ronning, J. A. Glover, J. C. Conoley, & J. C. Witt (Eds.), *The influence of cognitive psychology on testing* (pp. 191–226). Hillsdale, NJ: Erlbaum.

Ericsson, K. A. (1996). The acquisition of expert performance: An introduction to some of the issues. In . K. A. Ericsson (Ed.), *The road to excellence: The acquisition of expert performance in the arts, sciences, sports, and games* (pp. 1–52). Mahwah, NJ: Erlbaum.

Eriksson, G. I. (1990). Choice and perception of control: The effect of a thinking skills program on the locus of control, self-concept and creativity of gifted students. *Gifted Education International, 6*, 135–142.

Europa World Year Book: Vol. 2 (40th ed.). (1999). London: Europa.

Fasold, R. (1990). *The sociolinguistics of language*. Cambridge: Blackwell.

Feagin, J. R., & Siles, M. P. (1994). *Living with racism: The Black middle-class experience*. Boston: Beacon.

Feldhusen, J. F. (1992a). From the editor: Talent identification and development in education. *Gifted Child Quarterly, 36*, 123.

Feldhusen, J. F. (1992b). *Talent identification and development in education* (TIDE). Sarasota, FL: Center for Creative Learning.

Feldhusen, J. F. (1995). *Talent identification and development in education* (TIDE) (2nd ed.) Sarasota, FL: Center for Creative Learning.

Feldhusen, J. F. (1997). Secondary services, opportunities, and activities for talented youth. In N. Colangelo & G. A. Davis (Eds.), *Handbook of gifted education* (pp. 547–552). Boston: Allyn & Bacon.

Feldhusen, J. F. (1998). Strategies and methods for teaching the talented. In J. Van-

Tassel-Baska, *Excellence in educating gifted and talented learners* (3rd e.d) (pp. 363-379). Denver: Love Publishing Co.

Feldhusen, J. F., Hoover, S. M., & Sayler, M. F. (1990). *Tide: Identification and education of the gifted and talented at the secondary level.* New York: Trillium Press.

Feldhusen, J. F., Jarwan, F., & Holt, D. (1993). Assessment tools for counselors. In L. K. Silverman (Ed.), *Counseling the gifted and talented* (pp. 239-259). Denver: Lover Publishing Co.

Feldhusen, J. F., & Kolloff, P. B. (1986). The Purdue three-stage enrichment model for gifted education at the elementary level. In J. S. Renzulli (Ed.), *Systems and models for developing programs for the gifted and talented* (pp. 126-152). Mansfield Center, CT: Creative Learning Press.

Feldhusen, J. F., & Wood, B. K. (1997). Developing growth plans for gifted students. *Gifted Child Today, 20*(6), 24-26, & 48-49.

Feldhusen, J. F., Wood, B. K., & Dai, D. Y. (1997). Gifted students perceptions of their talents. *Gifted and Talented International, 12*(1), 42-45.

Feldman, D. H. (1974). Universal to unique: a developmental view of creativity and education. In S. Rosner & L. Abt (Eds.), *Essays in creativity* (pp. 45-85). Croton-on-Hudson, NY: North River Press.

Feldman, D. H. (1976). The child as craftsman. *Phi Delta Kappan, 56,* 143-149.

Feldman, D. H. (1986). How development works. In I. Levin (Ed.), *Stage and structure: Reopening the debate* (pp. 284-306). Norwood, NJ: Ablex.

Feldman, D. H. (with Goldsmith, L. T.). (1991). *Nature's gambit: Child prodigies and the development of human potential.* New York: Teachers College Press (Original work published 1986).

Feldman, D. H. (1992). Has there been a paradigm shift in gifted education? In N. Colangelo, S. Assouline, & D. Ambroson (Eds.), *Talent development: proceedings from the 1991 Henry B. and Jocelyn Wallace National Research Symposium on Talent Development* (pp. 89-94). Unionville, NY: Trillium Press.

Feldman, D. H. (1993a). Child prodigies: A distinctive form of giftedness. *Gifted Child Quarterly, 37,* 188-193.

Feldman, D. H. (1993b). Cultural organisms in the development of great potential: Referees, termites, and the Aspen Music Festival. In R. Wozniak & K. W. Fisher (Eds.), *Development in context: Acting and thinking in specific environments* (pp. 225-251). Hillsdale, NJ: Erlbaum.

Feldman, D. H. (1994a). *Beyond universals in cognitive development* (2nd ed.). Norwood, NJ: Ablex.

Feldman, D. H. (1994b). Creativity: Dreams, insights, and transformations. In D. H.

Fledman, M. Csikszentmihalyi, & H. Gardner (Eds.), *Changing the world: A framework for the study of creativity* (pp. 85–102). Westport, CT: Praeger.

Feldman, D. H. (1994c). Mozart and the transformational imperative. In J. Morris (Ed.), *On Mozart* (pp. 52–71). New York: Cambridge University Press.

Feldman, D. H. (1995). Learning and development in nonuniversal theory. *Human Development, 38*, 315–321.

Feldman, D. H. (1999). A developmental, evolutionary perspective on gifts and talents. *Journal for the Education of the Gifted, 22,* 159–167.

Feldman, D. H. (2000). Developmental theory and the expression of gifts and talents. In C. Van Lieshout & P. Heymans (Eds.), *Talent, resilience, and wisdom across the life span: A festschrift for Franz Monks.* East Sussex, UK: Psychology Press.

Feldman, D. H. (In press). Piaget's stages revisited and (somewhat) revised. *New Ideas in Psychology.*

Feldman, D. H., & Fowler, R. C. (1998). The nature(s) of developmental change: Piaget, Vygotsky, and the transition process. *New Ideas in Psychology, 15*, 195–210.

Feldman, D. H., Csikszentmihalyi, M., & Gardner, H. (1994). *Changing the world: A framework for the study of creativity.* Westport, CT: Greenwood/Praeger.

Fiene, J. I. (1993). *The social reality of a group of rural, low-status, Appalachian women: A grounded theory study.* New York: Garland.

Fitzpatrick, J. L. (1978). Academic underachievement, other-direction, and attitude toward women's roles in bright adolescent females. *Journal of Educational Psychology, 70,* 645–650.

Flanders, J. R. (1987). How much of the content in mathematics textbooks is new? *Arithmetic Teacher, 35*, 18–23.

Fontenot, N. A. (1993). Effects of training in creativity and creative problem finding upon business people. *The Journal of Social Psychology, 133,* 11–22.

Ford, D. Y. (1994). Nurturing resilience in gifted Black youth. *Roeper Review, 17*(2), 80–85.

Ford, D. Y. (1994/1995). Underachievement among gifted and non-gifted Black females. *Journal of Secondary Gifted Education, 6,* 165–175.

Ford, D. Y. (1996). *Reversing underachievement among gifted Black students.* New York: Teachers College Press.

Ford, D. Y. (1998). *A study of factors affecting the recruitment and retention of minority teachers in gifted education.* Storrs, CT: National Research Center on the Gifted and Talented.

Ford, D. Y., Grantham, T. C., & Harris III, J. J. (1997). The recruitment and retention of minority teachers in gifted education. *Roeper Review, 19*(4), 213–220.

Ford, D. Y., & Harris, J. J. (1992). The elusive definition of creativity. *Journal of Creative Behavior, 26*, 186-198.

Ford, D. Y., & Harris III, J. J. (1999). *Multicultural gifted education.* New York: Teachers College Press.

Ford, D. Y., & Harris III, J. J. (2000). A framework for infusing multicultural curriculum into gifted education. *Roeper Review, 23*(1), 4-9.

Ford, D. Y., Howard, T. C., & Harris III, J. J. (1999, July/August). Using multicultural literature in gifted education classrooms. *Gifted Child Today,* pp. 14-21.

Foucault, M. (1984). The means of correct training. In P. Rabinow (Ed.), *The Foucault reader* (pp. 188-205). New York: Random House.

Foucault, M. (1995). *Discipline and punish: The birth of the prison* (A. Sheridan, Trans.). New York: Vintage. (Original work published 1975)

Fowler, W. (1992, March). *The influence of early language stimulation on the short and long term development of abilities.* Paper presented at the Esther Katz Rosen Symposium, Lawrence, Kansas.

Fradd, S. H., & Lee, O. (1999). Teachers' roles in promoting science inquiry with students from diverse language backgrounds. *Educational Researcher, 28*(6), 14-20.

Frankl, V. E. (1984). *Man's search for meaning.* New York: Washington Square Press.

Franklin, B. M. (1987). The first crusade for learning disabilities: The movement for the education of backward children. In T. Poplesits (Ed.), *The formation of school subjects: the struggle for creating an American institution* (pp. 190-209). London: Falmer Press.

Frasier, M. (1989). The identification of gifted black students: Developing new perspectives. In J. Maker (Ed.), *Critical issues in gifted education: Defensible programs for cultural and ethnic minorities* (pp. 213-225). Austin, TX: PRO-ED.

Frasier, M. M. (1997). Gifted minority students: Reframing approaches to their identification and education. In N. Colangelo and G. Davis (Eds.), *Handbook on gifted education* (pp. 498-515). Needham Heights, MA: Allyn and Bacon.

Freedman, R. L. H. (1994). *Open-ended questioning: A handbook for educators.* Menlo Park, CA: Addison-Wesley Publishing Co.

Frey, C. (1998). Struggling with identity: Working with seventh- and eight-grade gifted girls to air issues of concern. *Journal for the Education of the Gifted, 21*(4), 437-451.

Friedman, R. C., & Rogers, K. B. (1998). *Talent in context: Historical and social perspectives on giftedness.* Washington, DC: American Psychologucal Association.

Fullan, M., & Stiegelbauer, S. (1991). *The new meaning of educational change.* New York: Teachers College Press.

Fuller, W. E. (1982). *The old country school: The story of rural education in the Middle West*. Chicago: University of Chicago Press.

Gagné, F. (1985). Giftgedness and talent: Reexamining a reexamination of the definition. *Gifted Child Quarterly, 29*(3), 103-112.

Gagné, F. (1993). Constructs and models pertaining to exceptional human abilities. In K. A. Heeler, F. J. Mönks, & A. H. Passow (Eds.), *International handbook of research and development of giftedness and talent* (pp. 69-87). New York: Pergamon Press.

Gagné, F. (1995a). From giftedness to talent: A developmental model and its impact on the language of the field. *Roeper Review, 18*(2), 103-111.

Gagné, F. (1995b). Hidden meanings of the "talent development" concept. *The Educational Forum, 59*, 350-362.

Gagné, F. (1998). A proposal for subcategories within the gifted or talented populations. *Gifted Child Quarterly, 42*, 87-95.

Gagné, F. (1999). My convictions about the nature of abilities, gifts, and talents. *Journal for the Education of the Gifted, 22*, 109-146.

Gallagher, J. J. (1996). A critique of critiques of gifted education. *Journal for the Education of the Gifted, 19*, 234-249.

Gallagher, J. J. (1997). Should public schools devote more resources to special programs for gifted students? Yes. In K. Jost (Ed.), Educating gifted students. *The CQ Researcher, 7*(12), 281.

Gallagher, S. (1999). An exchange of gazes. In J. L. Kinchloe, S. R. Steinberg, & L. E. Villeverde (Eds.), *Rethinking intelligence* (pp. 69-84). New York: Routledge.

Gallagher, S. A., & Stepien, W. J. (1996). Content acquisition in problem-based learning: Depth versus breadth in American studies. *Journal for the Education of the Gifted, 19*, 257-275.

Gallagher, S. A., Stepien, W. J., Sher, B. T., & Workman, D. (1995). Implementing problem-based learning in science classrooms. *School Science and Mathematics, 95*, 136-146.

García, E. (1999). *Students cultural diversity: Understanding and meeting the challenge* (2nd ed.). Boston: Houghton Mifflin.

Gardner, H. (1983). *Frames of mind* (2nd ed.). New York: Basic Books. (Original work published 1983)

Gardner, H. (1993). *Creating minds*. New York: Basic Books.

Gardner, H. (1994). The fruits of asynchrony: A psychological examination of creativity. In D. H. Feldman, M. Csikszentmihalyi, & H. Gardner (Eds.), *Changing the world: A framework for the study of creativity* (pp. 47-68). Westport, CT: Praeger.

Gardner, H. (1995). *Extraordinary minds*. New York: Basic Books.

Gardner, H. (1997). Assessment in context: the alternative to standardized testing. In B. Roff (Ed.), *Multiple intelligences and assessment* (pp. 153-208). Arlington Heights, IL: Skylight.

Gardner, H. (1999). *The disciplined mind*. New York: Simon & Schuster.

Gardner, H., Kornhaber, M., & Wake, W. (1996). *Intelligence: Multiple perspectives*. Fort Worth: Harcourt Brace.

Gardner, H., Walters, J., & Hatch, T. (1992). If teaching had looked beyond the classroom: The development and education of intelligences. *Innotech Journal, 16*(1), 18-35.

Gardner, J. W. (1983). *Excellence: Can we be equal and excellent too?* New York: W. W. Norton and Company. (originally published in 1961)

Gaventa, J. (1980). *Power and powerlessness: Quiescence and rebellion in an Appalachian valley*. Urbana: University of Illinois Press.

Gelman, R. (1978). Cognitive development. *Annual Review of Psychology, 29*, 297-332.

George, W. C., Cohn, S. J., & Stanley, J. C. (1977). *Educating the Gifted: Acceleration and Enrichment. Proceedings of the Ninth Annual Hyman Blumberg Symposium on Research in Early Childhood Education*. Baltimore: Johns Hopkins University Press.

Gersten, R., Brengelman, S., & Jiménez, R. (1994). Effective instruction for culturally and linguistically diverse students: A reconceptualization. *Focus on Exceptional Children, 27*(1), 1-16.

Getzels, J. W., & Csikszentmilhalyi, M. (1976). *The creative vision: A longitudinal study of problem finding in art*. New York: Wiley.

Giele, J. Z. (1993). Women's role change and adaptation 1920-1990. In K. D. Hulbert & D. T. Schuster (Eds.), *Women's lives through time: Educated American women of the twentieth century*. San Francisco: Jossey-Bass.

Giele, J. Z., & Elder, Jr. G. H. (1988). (Eds.). *Methods of life course research*. Thousand Oaks, CA: Sage.

Gilmore, W. J. (1982). *Elementary literacy on the eve of the industrial revolution: Trends in rural New England*. Worcester, MA: American Antiquarian Society.

Ginsburg, H. P. (1997). *Entering the child's mind: The clinical interview in psychological research and practice*. Cambridge, UK: Cambridge University Press.

Ginzburg, N. (1989). *The little virtues*. New York: Arcade.

Giorgi, A. (1970). Psychology as a human science: A phenomenological approach. New York: Harper and Row.

Glaser, B., & Strauss, A. (1967). *The discovery of grounded theory: Strategies for qualitative research*. New York: Aldine de Gruyter.

Global competitiveness ranking. (2000, September 7). *The Singapore Straits Times,* p. 77.

Goddard, H. H. (1919). *Psychology of the normal and the subnormal.* New York: Dodd, Mead and Company.

Goldsmith, L. T., & Feldman, D. H. (1988). Idiots savants+Thinking about remembering: A response to White. *New Ideas in Psychology, 6*, 15-23.

Goleman, D. (1995). *Emotional intelligence*. New York: Bantam Books.

Gonzalez, R., & Padilla, A. M. (1997). The academic resilience of Mexican American high school students. *Hispanic Journal of Behavioral Sciences, 19*(3), 301-317.

Goodlad, J. (1984). *A place called school*. New York: McGraw Hill.

Gorman, M. E., Plucker, J. A., & Callahan, C. M. (1998). Turning students into inventors: Active learning modules for secondary students. *Phi Delta Kappan, 79*(7), 530-535.

Gould, S. J. (1981). *The mismeasure of man*. New York: Norton.

Gowan, J. C. (1955). The underachieving gifted child: A problem for everyone. *Exceptional Children, 22,* 27-249, 270-271.

Grant, B. (1995). The place of achievement in the life of the spirit and the education of gifted students. *Roeper Review, 18*(2), 132-134.

Gray, J. (1996). *Isaiah Berlin*. Princeton, NJ: Princeton University Press.

Gross, M. (1998). Issues in assessing the highly gifted. *Understanding Our Gifted, 10,* 3-8.

Grossman, S. R., & Wiseman, E. E. (1993). Seven operating principles for enhanced creative problem solving training. *Journal of Creative Behavior, 27*, 1-17.

Guba, E. (Ed.). (1990). *The paradigm dialogue*. Newbury Park, CA: Sage.

Guilford, J. P. (1950). *Creativity*. American Psychologist, 5, 444-454.

Guilford, J. P. (1967). *The nature of human intelligence*. New York: McGraw Hill.

Gundry, S. N. (n.d.). *Death of God theology*. Retrieved June 2, 2000, from the World Wide Web: http://www.mb-soft.com/believe/txn/ deathgod.htm.

Guttmann, A. (1987). *Democratic education*. Princeton, NJ: Princeton University Press.

Habermas, J. (1984). *The theory of communicative action* (Vol. 1; T. McCarthy, Trans.). Boston: Beacon Press.

Habermas, J. (1987). *Lifeworld and system: A critique of functionalist reason, the theory of communicative action* (Volume 2, T. McCarthy, trans.). Boston: Beacon Press.

Hall, S. (Ed.). (1997). *Representation: Cultural representations and signifying practices (Culture, media and identities, Vol. 2)*. Thousand Oaks, CA: Sage.

Halpern, D. F. (1996). Creative thinking. *Thought and knowledge: An introduction to critical thinking* (3rd ed.). Mahwah, NJ: Lawrence Erlbaum Associates.

Hancock, J., Turbill, J., & Cambourne, B. (1994). Assessment and evaluation of literacy learning. In S. Valencia, E. Hiebert, & P. Afflerback (Eds.), *Authentic reading assessment: Practices and possibilities* (pp. 46-62). Newark, DE: International Reading Association.

Handy, C. (1994). *The empty raincoat*. London: Arrow Books.

Handy, C. (1995). *Waiting for the mountain to move*. London: Arrow Books.

Handy, C. (1998). *The hungry spirit*. London: Arrow Books.

Hansen, J. B., & Feldhusen, J. F. (1994). A comparison of trained and untrained teachers of gifted students. *Gifted Child Quarterly, 38*(3), 115-123.

Haroutounian, J. (1995). Talent identification and development in the arts: An artistic/educational dialogue. *Roeper Review, 18*(2), 112-117.

Harris, C. R. (1993). *Identifying and serving recent immigrant children who are gifted*. (Report No. ED358676). Reston, VA: Clearinghouse on Disabilities and Gifted Education. (ERIC Document Reproduction Service No. ED 358676)

Harris, C. R. (1995). Wing and flame: Ability grouping and the gifted. In K. Ryan & J. Cooper (Eds.), *Kaleidoscope: Readings in Education* (7th ed.) (pp. 301-317). Boston: Houghton Mifflin Co.

Hartley, E. (1991)./ Through Navajo eyes: Examining differences in giftedness. *Journal of American Indian Education, 31*(1), 53-64.

Hatch, T., & Gardner, H. (1997). If Binet had looked beyond the classroom: The assessment of multiple intelligences. In B. Roff (Ed.), *Multiple intelligence and assessment* (pp. 5-26). Arlington Heights, IL: Skylight.

Hébert, T. P. (1996). Portraits of resilience: The urban life experience of gifted Latino young men. *Roeper Review, 19*(2), 82-90.

Hébert, T. P. (1998). Gifted black males in an urban high school: Factors that influence achievement and underachievement. *Journal for the Education of the Gifted, 22*(4), 385-414.

Heidegger, M. (1927). *Sein und zeit* (1st ed.). Halle: Niemeyer. English translation by John Macquarrie and Edward Robinson as *Being and time*. Blackwell: Oxford, 1962.

Heilbroner, R. (1993). *Twenty-first century capitalism*. New York: Norton.

Heng, M. A. (1998). *Scrutinizing common sense: The role of practical intelligence in intellectual giftedness*. Unpublished doctoral dissertation, Teachers College, Columbia University, New York.

Heng, M. A. (2000). Scrutinizing common sense: The role of practical intelligence in intellectual giftedness. *Gifted Child Quarterly, 44,* 171-182.

Hennessey, B. A., & Amabile, T. M. (1987). *Creativity and learning: What research says to the teacher*. Washington, DC: National Education Association.

Hennessey, B. A., & Amabile, T. M. (1988). The conditions of creativity. In R. J. Sternberg

(Ed.), *The nature of creativity: Contemporary psychological perspectives* (pp. 11–38). New York: Cambridge University Press.

Henry, T. S. (1920). *Classroom problems in the education of gifted children. The nineteenth yearbook of the National Society for the Study of Education (Part II).* Chicago: University of Chicago Press.

Herrnstein, R. J., & Murray, C. (1994). *The bell curve: Intelligence and class structure in American life.* New York: Free Press.

Herzog, M. J., & Pittman, R. B. (1995). Home, family, and community: Ingredients in the rural education equation. *Phi Delta Kappan, 77*(2), 113–118.

Higgins, J. M. (1994, November). Training 101: Creating creativity. *Training and Development,* pp. 11–15.

Hilliard, III., A. G. (1991/1992). Why we must pluralize the curriculum. *Educational Leadership, 49*(4), 12–15.

Hobsbawm, E. (1990). *Nations and nationalism since 1780: Programme, myth, reality.* New York: Cambridge University Press.

Hofstadter, D. (1979). Godel, Escher, Bach: An eternal golden braid. New York: Vintage.

Hollingworth, L. (1942). *Children above 180 IQ.* Yonkers-on-Hudson, NY: World Book Company.

Horowitz, F. D. (Ed.). (1989). Children and their development [Special issue]. *American Psychologist, 44.*

Horowitz, F. D., & O'Brien, M. (Eds.). (1986). *The gifted and talented: Developmental perspectives* (pp. 99–123). Washington, DC: American Psychological Association.

Hostetler, J. A., & Huntington, G. E. (1992). *Amish children: Education in the family, school, and community* (2nd ed.). Fort Worth, TX: Harcourt Brace Jovanovich.

Howley, C. B. (1991). The rural education dilemma as part of the rural dilemma: Rural education and economics. In A. DeYoung (Ed.), *Rural education: Issues and practice* (pp. 73–145). New York: Garland.

Howley, C. B. (1996). Sizing up schooling: A West Virginia analysis and critique. *Dissertation Abstracts International*(A), 57(3), 940. (University Mircofilms No. AAT 9622575)

Howley, C. B., & Eckman, J. (Eds.). (1996). *Sustainable small schools: A handbook for communities.* Charleston, WV: ERIC Clearninghouse on Rural Education and Small Schools.

Howley, C. B., Harmon, H., & Leopold, G. (1996). Rural scholars or bright rednecks? Aspirations for a sense place among rural youth in Appalachia. *Journal of Research in Rural Education, 12*(3), 150–160.

Howley, C. B., Howley, A., & Pendarvis, E. D. (1995). *Out of our minds: Anti-*

intellectualism and talent development in American schooling. New York: Teachers College Press.

Hunt, E. B. (1997). Nature vs. nurture: The feeling of vuja de. In R. Sterberg & E. Griorenko (Eds.), *Intelligence, heredity, and environment* (pp. 531-551). New York: Cambridge University Press.

Hurn, C. J. (1993). *The limits and possibilities of schooling. An introduction to the sociology of education*. Boston: Allyn and Bacon.

Husserl, E. (1962). *Cartesian meditations* (D. Cairns, Trans.). The Hague: Matius Nijhof.

Hutchins, R. M. (1947). *The education we need*. Chicago: Henry Regnery.

Isaksen, S. G., Dorval, K. B., & Treffinger, D. J. (1991). *Creative approaches to problem solving*. Dubuque, IA: Kendall-Hunt Publishers.

Isaksen, S. G., Puccio, G. J., & Treffinger, D. J. (1993). An ecological approach to creativity research: Profiling for creative problem solving. *Journal of Creative Behavior, 27*(3), 149-170.

Jacobi, M. (1991). Mentoring and undergraduate academic success: A literature review. *Review of Educational Research, 61,* 505-532.

Jatko, B. (1995). Using a whole class tryout procedure for identifying economically disadvantaged students in three socioeconomically diverse schools. *Journal for the Education of the Gifted, 19,* 83-105.

Jeffries, R. B. (1994). The trickster figure in African-American teaching: Pre- and post-desegregation. *Urban Review, 26*(4), 289-304.

Jensen, A. (1997). The puzzle of nongenetic variance. In R. J. Sternberg & E. Grigorenko (Eds.), *Intelligence, heredity, and environment* (pp. 42-48). Cambridge, UK: Cambridge University Press.

Johnsen, S. K., & Ryser, G. (1997). The validity of portfolios in predicting performance in a gifted program. *Journal for the Education of the Gifted, 20*(3), 253-267.

Johnson, D. T., Boyce, L. N., & VanTassel-Baska, J. (1995). Science curriculum review: Evaluating materials for high-ability learners. *Gifted Child Quarterly, 39,* 36-43.

Johnson, D. W., & Johnson, R. T. (1993). Gifted students illustrate what isn't cooperative learning. *Educational Leadership, 50*(6), 60-61.

Johnson, S. (1994). Editor's comments. *Journal of Negro Education, 63*(3), 271-273.

Jones, T., & Young, G. S. A. (1997). Classroom dynamics: Disclosing the hidden curriculum. In A. I. Morey & M. K. Kitano (Eds.), *Multicultural course transformation in higher education; A broader truth* (pp. 89-103). Boston: Allyn and Bacon.

Kaestle, C. F. (1983). *Pillars of the republic: Common schools and American society, 1780-1860*. New York: Hill and Wang.

Kalmar, D. A., & Sternberg, R. J. (1988). Theory knitting: An integrative approach to theory development. *Philosophical Psychology, 1*(2), 153–170.

Kanevsky, L. (1990). Pursuing qualitative differences in the flexible use of problem-solving strategy by young children. *Journal for the Edcuation of the Gifted, 13*(2), 115–140.

Kannapel, P., Aagaard, L., Coe, P., & Reeves, C. (2000). Implementation of the Kentucky nongraded primary program. *Education Policy Analysis Archives,* 8(34). Retrieved October 16, 2002 from: http:// epaa.asu.edu/epaa/v8n34.html

Kaplan, S. (1986). The grid: A model to construct differentiated curriculum for the gifted. In J. S. Renzulli (Ed.), *Systems and models for developing programs for the gifted* (pp. 180–193). Mansfield Center, CT: Creative Learning Press.

Karnes, M. B., & Johnson, L. J. (1987). Bringing out Head Start talents: Findings from the field. *Gifted Child Quarterly, 31,* 174–179.

Kaufman, M. (1997, February 2). The best for the brightest. *The Washington Post Magazine*, pp. 18–20, 32–35.

Kaufman, S. A. (1991). Antichaos and adaptation. *Scientific American, 46,* 78–84.

Kaufman, S. A. (1993). *The origins of order: Self-organization and selection in evolution*. New York: Oxford University Press.

Kay, S. I. (1991). The figural problem solving and problem finding of professional and semi-professional artists and nonartists. *Creativity Research Journal, 4*(3), 233–252.

Kay, S. I. (1999). The talent profile as a curricular tool for academics, the arts, and athletics. In S. Kline (Ed.), *Gifted education in the 21st century: Issues and concerns* (pp. 47–59). New York: Winston Press.

Keil, F. (1984). Mechanisms in cognitive development and the structure of knowledge. In R. Sternberg (Ed.), *Mechanisms of cognitive development* (pp. 81–99). San Francisco: Freeman.

Keil, F. (1989). *Concepts, kinds, and cognitive development*. Cambridge: MIT Press.

Kennedy, M. (1999). Form and substance in mathematics and science professional development. *NISE Brief, 3*(2), 1–7.

Keys, W., Harris, S., & Fernandes, C. (1996). *Third international mathematics and science study: First national report* (Part 1). Berkshire, UK: National Foundation for Educational Research.

Khattri, N., Riley, K., & Kane, M. (1997). Students at risk in poor, rural areas: A review of the research. *Journal of Research in Rural Education, 13*(2), 79–100.

King, M. L., Jr. (1963/1997). *I have a dream*. New York: Scholastic Press.

Kingsolver, B. (1992). *Animal dreams*. London: Abacus.

Kirschenbaum, R. J. (1998). Dynamic assessment and its use with underserved gifted and talented populations. *Gifted Child Quarterly, 42*(3), 140–147.

Kirst, M. W. (1982). How to improve schools without spending more money. *Phi Delta Kappan, 64*(1), 6-8.

Kitano, M. K. (1994/1995). Lessons form gifted women of color. *The Journal of Secondary Gifted Education, 6*(2), 176-187.

Kitano, M. K. (1997). Gifted Asian American women. *Journal for the Education of the Gifted, 21*(1), 3-37.

Kitano, M. K. (1998a). Gifted African American women. *Journal for the Education of the Gifted, 21*(3), 254-287.

Kitano, M. K. (1998b). Gifted Latino women. *Journal for the Education of the Gifted, 21*(3), 131-159.

Kitano, M. K. (1998c). *Diverse gifted women: Implications for schooling.* Texas Association for the Gifted and Talented. 21st Annual Professional Development Conference. Dallas, December 11, 1998.

Kitano, M. K., & Pederson, K. S. (2002). Action research and practical inquiry. Multicultural content integration in gifted education: Lessons from the field. *Journal for the Education of the Gifted, 25*(3), 269-289.

Kitano, M. K., & Perkins, C. O. (1996). International gifted women: Developing a critical human resource. *Roeper Review, 19*(1), 34-40.

Kitano, M. K., & Perkins, C. O. (2000). Gifted European American women. *Journal for the Education of the Gifted, 23,* 287-313.

Kitchener, K. S., & Brenner, S. G. (1990). Wisdom and reflective judgment: Knowing in the face of uncertainty. In R. J. Sternberg (Ed.), *Wisdom: Its nature, origins, and development* (pp. 212-229). New York: Cambridge University Press.

Kliebard, H. M. (1995). *The struggle for the American curriculum.* New York: Routledge.

Klineberg, O. (1952). Racial and national differences in mental traits. In W. Monroe (Ed.), *Encyclopedia of educational research* (rev. ed.). New York: Macmillan.

Kohn, A. (1998). Only for my kid: How privileged parents undermine school reform. *Phi Delta Kappan, 79*(8), 568-577.

Kozol, J. (1991). *Savage Inequalities.* New York: Crown.

Kozol, J. (1995). *Amazing grace: The lives of children and the conscience of a nation.* New York: Crown.

Kozol, J. (2000). *Ordinary resurrections.* New York: Crown.

Krajcik, J., Blumenfeld, P. C., Marz, R. W., Bass, K. M., Fredricks, J., & Soloway, E. (1998). Inquiry in project-based science classrooms: Initial attempts by middle school students. *The Journal of the Learning Sciences, 7,* 313-350.

Kuhn, T. S. (1996). *The structure of scientific revolutions.* Chicago: University of Chicago Press. (Original work published 1962)

Kulik, J. A. (1992). Ability grouping and gifted students. In N. Colangelo, S. G. Assouline, & D. L. Ambroson (Eds.), *Talent development* (pp. 261-266). Unionville, NY: Trillium Press.

Kulik, J. A., & Kulik, C. L. (1992). Meta-analytic findings on grouping programs. *Gifted Child Quarterly, 36,* 73-77.

Ladson-Billings, G. (1994). *Dreamkeepers: Successful teachers of African American children.* San Francisco: Jossey-Bass.

Learning about real life drives volunteer. (2000, July 23). *The Singapore Sunday Times,* p. 35.

Lee, K. Y. (2000). *From third world to first.* Singapore: Times Editions & Singapore Press.

Lemann, N. (1999, September 6). Behind the SAT. *Newsweek,* pp. 52-57.

Lerner, R. M. (1996). Relative plasticity, integration, temporality, and diversity in human development: A developmental contextual perspective about theory, process, and method. *Developmental Psychology, 2* (4), 781-786.

Lerner, R. M. (1998). Theories of human development: Contemporary perspectives. In R. M. Lerner (Ed.), *Theoretical models of human development: Volume 1, Handbook of Child Psychology* (5th ed.) (pp. 1-24). New York: Wiley.

Levin, H. M. (1990). The educationally disadvantaged are still among us. In J. G. Bain & J. L. Herman (Eds.), *Making schools work for underachieving minority students* (pp. 3-11). New York: Greenwood.

Levine, D. O. (1986). *The American college and the culture of aspiration, 1915-1940.* Ithaca, NY: Cornell University Press.

Link, W. A. (1986). *A hard country and a lonely place: Schooling, society, and reform in rural Virginia, 1870-1920.* Chapel Hill: University of North Carolina Press.

Linn, R. L., Baker, E. L., & Dunbar, S. B. (1991). Complex, performance-based assessment: Expectations and validation criteria. *Educational Researcher, 20*(8), 15-21.

Linn, R. L., & Gronlund, N. E. (1995). *Measurement and assessment in teaching* (7th ed.). Englewood Cliffs, NJ: Prentice-Hall.

Lloyd, L. (1999). Multi-age classes and high-ability students. *Review of Educational Research, 2*(69), 187-212.

Lou, Y., Abrami, P. C., Spence, J. C., & Poulson, C., Chambers, B., & d'Apollina, S. (1996). Within-class grouping: A meta-analysis. *Review of Educational Research, 66,* 423-458.

Lukasic, M., Gorski, V., Lea, M., & Culross, R. (1992). *Underachievement among gifted/talented students: What we really know.* Houston, TX: University of Houston-Clear Lake.

MacPhee, D., Kreutzer, J. C., & Fritz, J. J. (1994). Infusing a diversity perspective into human development courses. *Child Development, 65,* 699–715.

Madaus, G. F. (1994). A technological and historical consideration of equity issues associated with proposals to change the nation's testing policy. *Harvard Educational Review, 64*(1), 76–95.

Mahbubani, K. (1998). *Can Asians think?* Singapore: Times Editions.

Maker, C. J. (1982). *Curriculum development for the gifted.* Austin, TX: PRO-ED.

Maker, C. J. (1994). Authentic assessment of problem solving and giftedness in secondary school students. *The Journal of Secondary Gifted Education, 6*(1), 19–29.

Maker, C. J. (1996). Identification of gifted minority students: A national problem, needed changes and a promising solution. *Gifted Child Quarterly, 40*(1), 41–50.

Maker, C. J., & Nielson, A. B. (1996). *Curriculum development and teaching strategies for gifted learners* (2nd ed.). Austin, TX: PRO-ED.

Margolin, L. (1994). *Goodness personified: The emergence of gifted children.* New York: Aldine de Gruyter.

Margolin, L. (1996). A pedagogy of privilege. *Journal for the Education of the Gifted, 19,* 164–180.

Marland, S. (1972). *Education of the gifted and talented: Report to Congress of the United States by the U.S. Commissioner of Education.* Washington, DC: U.S. Government Printing Office.

Marx, M. (1963). The general nature of theory construction. In M. Marz (Ed.), *Theory in contemporary psychology* (pp. 4–43). New York: Macmillan.

Maxcy, S. (1981). Progressivism and rural education in the deep south, 1900–1950. In R. K. Goodenow & A. O. White (Eds.), *Education and the rise of the new South* (pp. 43–71). Boston: G. K. Hall.

McCall, R. B., Evahn, C. & Kratzer, L. (1992). *High school underachievers: What do they achieve as adults?* Newbury Park: Sage.

McElroy-Johnson, B. (1993). Giving voice to the voiceless. *Harvard Educational Review, 63*(1), 85–104.

McLeod, J., & Cropley, A. (1989). *Fostering academic excellence.* New York: Pergamon.

Meador, K. S., Fishkin, A. S., & Hoover, M. (1999). Research-based strategies and programs to facilitate creativity. In A. S. Fishkin, B. Cramond, & P. Olszewski-Kubilius (Eds.), *Investigating creativity in youth: Research and methods* (pp. 389–415). Cresskill, NJ: Hampton Press.

Meier, D. (1995). *The power of their ideas.* Boston: Beacon Press.

Merton, R. K. (1988). The Matthew effect in science: Cumulative advantage and the symbolism of intellectual property. *ISIS, 79,* 606–623.

Messick, S. (1994). The interplay of evidence and consequences in the validation of performance assessment. *Educational Researcher, 23*(2), 13-23.

Meyer, J. W. (1994). The evolution of modern stratification systems. In D. B. Grusky (Ed.), *Social stratification in sociological perspective* (pp. 730-737). Boulder, CO: Westview.

Milgram, R. M., & Hong, E. (1994). Creative thinking and creative performance in adolescents as predictors of creative attainments in adults: A follow-up study after 18 years. In R. F. Subotnik & K. D. Arnold (Eds.), *Beyond Terman: Contemporary longitudinal studies of giftedness and talent* (pp. 212-228). Norwood, NJ: Ablex.

Miller, B., & Hahn, K. (1997). *Finding their own place: Youth in three small rural communities take part in instructive school-to-work experiences*. Charleston, WV: ERIC Clearinghouse on Rural Education and Small Schools. (ERIC Document Reproduction Service No. ED 413-127).

Miller, L. (1989). *Musical savants: Exceptional skill in the mentally retarded*. Hillsdale, NJ: Erlbaum.

Miiler, L., & Silverman, L. (1987). Levels of personality development. *Roeper Review, 9,* 221-225.

Mohrman, K. (1994). The public interest in liberal education. *New Directions for Higher Education, 85,* 21-30.

Montgomery, D. (1990, March). *Screening for giftedness among American Indian students*. Paper presented at the annual conference of the American Council for Rural Special Educators, Tucson, AZ. (ERIC Document Reproduction Service No. ED 321 918)

Moon, S. M., Jurich, J. A., & Feldhusen, J. F. (1998). Families of gifted children: Cradles of development. In R. C. Friedman & K. B. Rogers (Eds.), *Talent in context: Historical and social perspectives on giftedness* (pp. 81-99). Washington, DC: American Psychological Association.

Morelock, M. J. (1995). *The profoundally gifted child in family context*. Unpublished doctoral dissertation, Tufts University, Medford, MA.

Morelock, M. J. (1996). On the nature of giftedness and talent: Imposing order on chaos. *Roeper Review, 19,* 4-11.

Morelock, M. J., & Feldman, D. H. (1991). Extreme precocity. In N. Colangelo & G. Davis (Eds.), *Handbook of gifted education* (pp. 354-364). Boston: Allyn & Bacon.

Morelock, M. J., & Feldman, D. H. (1993). Prodigies and savants: What they tell us about giftedness and human cognition. In K. A. Heller, F. J. Monks, & A. H. Passow (Eds.), *International handbook of research and development of giftedness and talent* (pp. 161-181). New York: Pergamon.

Morelock, M. J., & Feldman, D. H. (1997). High IQ children, extreme precocity, and savant syndrome. In N. Colangelo & G. Davis (Eds.), *Handbook of gifted education: Second edition* (pp. 439–459). Boston: Allyn & Bacon.

Morey, A. I., & Kitano, M. K. (1997). *Multicultural course transformation in higher education: A broader truth*. Boston: Allyn and Bacon.

Morris, J. M. (Ed.). (1994). *On Mozart*. Cambridge, UK: Cambridge University Press.

Morrow, W. B., & Wilson, R. C. (1961). Family relations of bright high-achieving and underachieving high school boys. *Child Development, 32,* 501–510.

Myrdal, G. (1962). *An American dilemma: The Negro problem and modern democracy*. New York: Harper & Row.

Nachtigal, P., & Haas, T. (1998). *Place value: An educators' guide to good literature on rural lifeways, environments, and purpose of education*. Charleson, WV: ERIC Clearinghouse on Rural Education and Small Schools. (ERIC Document Reproduction Service No. ED 420 464)

Nadler, G., Habino, S., & Farrell, J. (1995). *Creative solution finding*. Rocklin, CA: Prima Publishing.

National Education Commission on Time and Learning. (1994). *Prisoners of time*. Washington, DC: Author.

Navajo Tribe. (1984). *Navajo Tribal education policies*. Approved November 14, 1984 [by the] Navajo Tribal Council. Window Rock, AZ: Division of Education, Navajo Tribe. (ERIC Document Reproduction Service No. ED 289 638)

Neisser, U., Boodoo, G., Boucjard, T. J., Jr., Boykn, A. W., Brody, N., Ceci, S. J., Halpern, D. F., Lehlin, J. C., Perloff, R., Sternberg, R. J., & Ubina, S. (1996). Intelligence: Known and unknowns. *American Psychologist, 51,* 77–101.

Nockerson, R. S. (1999). Enhancing creativity. In R. J. Sternberg (Ed.), *Handbook of creativity* (pp. 392–430). New York: Cambridge University Press.

Nicolis, G., & Prigogine, I. (1989). *Exploring complexity: An introduction*. New York: W. H. Freeman.

Niemi, D. (1996). A fraction is not a piece of pie: Assessing exceptional performance and deep understanding in elementary school mathematics. *Gifted Child Quarterly, 40*(2), 70–80.

Nietzsche, F. W. (1967). *Thus spake Zarathustra* (T. Common, Trans.). New York: Heritage Press. (Original work published 1981)

Nietzsche, F. W. (1974). *The gay science* (W. A. Kaufman, Trans.). New York: Random House. (Original work published 1887)

Nietzsche, F. W. (1990). Maxims and arrows. In R. J. Hollingdale (Trans.), *Twilight of the idols* (pp. 33–37). London: Penguin Books. (Original work published 1889)

Noone, D. J. (1993). *Creative problem solving*. New York: Barron Publications.

Norman, A. (1971). A southeast Texas dialect study. In J. V. Williamson & V. M. Burke

(Eds.), *A various language: Perspective on American dialects* (pp. 309–328). New York: Holt, Rinehart, and Winston.

Nothing like a teacher's eye. (1999, September 5). *The Singapore Sunday Times*, p. 2.

Oakes, J. (1985). *Keeping track: How schools structure inequality*. New Haven, CT: Yale University Press.

Ochse, R. (1993). *Before the gates of excellence: The determinants of creative genius*. Cambridge, UK: Cambridge University Press.

O'Connell-Ross, P. (Ed.) (1993). *National excellence: A case for developing America's talent*. Washington, DC: U.S. Government Printing Office.

Oliner, S. P., & Oliner, P. M. (1988). *The altruistic personality*. New York: The Free Press.

Olszewski, P., Kulieke, M. J., & Buescher, T. (1987). The influence of the family environment on the development of talent: A literature review. *Journal of the Education of the Gifted, 11*(1), 6–28.

Olszewski-Kubilius, P. (1995). A summary of research regarding early entrance to college. *Roeper Review, 18*, 121–125.

Olszewski-Kubilius, P. (2000). The transition form childhood giftedness to adult creative productiveness: Psychological characteristics and social supports. *Roeper Review, 23*, 65–71.

Olszewski-Kubilius, P., Grant, B., & Seibert, C. (1993). Social support systems and the disadvantaged gifted: A framework for developing programs and services. *Roeper Review, 17*(1), 20–25.

O'Neill, S., & Shallcross, D. (1994). Sensational thinking: A teaching/learning model for creativity. *Journal of Creative Behavior, 28*, 75–78.

Orr, D. (1995). Re-ruralizing education. In W. Vitek & W. Jackson (Eds.), *Rooted in the land: Essays on community and place* (pp. 226–234). New Haven, CT: Yale University Press.

Osborn, A. (1963). *Applied imagination: Principles and procedures of creative problem-solving* (3rd ed.). New York: Charles Scribner and Sons.

Paris, S. G., Lawton, T. A., Turner, J. C., & Roth, J. L. (1991). A developmental perspective on standardized achievement testing. *Educational Researcher, 20*(5), 12–20.

Passow, A. H. (1982). The relationship between the regular curriculum and differentiated curricula for the gifted/talented/ In *Selected proceedings of the first national conference on curricula for the gifted/talented*. Ventura, CA: Ventura Superintendents of Schools Office.

Passow, A. H. (1989). Needed research and development in educating high ability children. *Roeper Review, 11*, 223-229.

Passow, A. H. (1993). National/state policies regarding education of the gifted. In K. A. Heller, F. J.. Monks, & A. H. Passow (Eds.), *International handbook of research and development of giftedness and talent* (pp. 29-46). Oxford, UK: Pergamon.

Patton, J. M., & Baytops, J. L. (1995). Identifying and transforming the potential of young, gifted African American: A clarion call for action. In B. A. Ford, F. E. Obiakor, & J. M. Patton (Eds.), *Effective education of African American exceptional learners* (pp. 27-67). Austin, TX: PRO-ED.

Peine, M. (1999). *"I just be wanting to go on": Gifted Students talk about waiting in the regular classroom.* Unpublished doctoral dissertation, University of Tennessee, Knoxville.

Pendarvis, E., & Howley, A. (1996). Playing fair: The possibilities of gifted education. *Journal for the Education of the Gifted, 19*, 215-233.

Perkins, H. R. (1976). Gifted underachievers. *North Carolina Association for the Gifted and Talented Quarterly Journal,* 2(2), 39-44.

Peterson, J. S., & Margolin, L. (1997). Naming gifted children: An example of unintended reproduction. *Journal for the Education of the Gifted, 21*(1), 82-100.

Phillips, D. C. (1987). *Philosophy, science, and social inquiry.* Oxford, UK: Pergamon.

Piechowski, M. (1997). Emotional gfitedness: The measure of intrapersonal intelligence. In N. Colangelo & G. Davis (Eds.), *Handbook of gifted education* (2nd ed.). (pp. 366-381). Boston: Allyn & Bacon.

Piirto, J. (1992). *Understanding those who create.* Dayton: Ohio Psychology Press.

Piirto, J. (1999). *Talented children and adults: Their development and education* (2nd ed.). Upper Saddle River, NJ: Prentice-Hall, Inc.

Pirozzo, R. (1982). Gifted underachievers. *Roeper Review, 4*(4), 18-21.

Plomin, R., & Thompson, L. A. (1993). Genetics and high cognitive ability. In G. R. Bock and K. Ackrill (Eds.), *The origins and development of high ability* (pp. 67-78). London: Ciba Foundation.

Plucker, J., & Nowak, J. (2000). Creativity in science for K-8 practitioners: Problem-based approaches to discover and invention. In M. D. Lynch & C. R. Harris (Eds.), Fostering creativity in children, K-8 (pp. 145-158). Boston: Allyn and Bacon.

Plucker, J. A. (1998). Beware of simple conclusions: The case for content generality of creativity. *Creativity Research Journal, 11,* 179-182.

Plucker, Beghetto, & Dow (in preparation). Why isn't creativity more important to educational psychologists? Potential, pitfalls, and future directions in creativity research.

Plucker, J. A,. Callahan, C. M., & Tomchin, E. M. (1996). Wherefore art thou, multiple intelligences? Alternative assessments for identifying talent in ethnically diverse and low income students. *Gifted Child Quarterly, 40*, 81-92.

Plucker, J. A., & Gorman, M. E. (1995). Group interaction during a summer course on invention and design for high ability secondary students. *The Journal of Secondary Gifted Education, 6,* 258-272.

Plucker, J. A., & Gorman, M. E. (1999). Invention is in the mind of the adolescent: Evaluation of a summer course one year later. *Creativity Research Journal, 12,* 141-150.

Plucker, J. A., & Nowak, J. (2000). Creativity in science for K-8 practitioners: Problem-based approaches to discovery and invention. In M. D. Lynch & C. R. Harris (Eds.), *Fostering creativity in children, K-8* (pp. 145-158). Boston: Allyn and Bacon.

Plucker, J. A., & Runco, M. (1999). Enhancement of creativity. In M. A. Runco & S. Pritzker (Eds.), *Encyclopedia of creativity* (pp. 669-675). San Diego: Academic Press.

Pollard, D. S. (1989). Against the odds: A profile of academic achievers from the urban underclass. *Journal of Negro Education, 58*(3), 297-308.

Popkewitz, T. (1984). *Paradigm and ideology in educational research: The social functions of the intellectual*. London: Falmer.

Popper, K. (1968). *Conjectures and refutations*. New York: Harper Torchbooks.

Porath, M. (1997). A developmental model of artistic giftedness in middle childhood. *Journal for the Education of the Gifted, 20*(3),201-223.

Purcell, J. (1993). The effects of the elimination of gifted and talented programs on participating students and their parents. *Gifted Child Quarterly, 37*(4), 177-187.

Pyryt, M. C. (1999). Effectiveness of training children's divergent thinking: A meta-analytic review. In A. S. Fishkin, B. Cramond, & P. Olszewski-Kubilius (Eds.), *Investigating creativity in youth: Research and methods* (pp. 351-365). Cresskill, NJ: Hampton Press.

Rabinow, P. (Ed.) (1984). *The Foucault reader*. New York: Random House.

Reason, P. (1994). Three approaches to participant inquiry. In N. K. Denzin & Y. S. Lincoln (Eds.), *Handbook of qualitative research* (pp. 324-339). Thousand Oaks, CA: Sage.

Reis, S. M., (1999, Winter). Message from the President. *National Association for the Gifted Communique,* p. 1.

Reis, S. M., Gentry, M., & Park, S. (1995). *Extending the pedagogy of gifted education to all students*. Storrs, CT: The National Research Center on the Gifted and Talented.

Reis, S. M., Hébert, T. P., Díaz, E. I., Maxfield, L. R., & Ratley, M. E. (1995). *Case studies of talented students who achieve and underachieve in an urban high school*. [Research Monograph]. Storrs, CT: The National Research Center on the Gifted and

Talented.

Reis, S. M., & Renzulli, J. S. (1982). A case for a broadened conception of giftedness. *Phi Delta Kappan, 63*(4), 619-620.

Reis, S. M., & Renzulli, J. S. (1999). Research relating to the development of creative productivity using the enrichment triad model. In A. S. Fishkin, B. Cramond, & P. Olszewski-Kubilius (Eds.), *Investigating creativity in youth: Research and methods* (pp. 367-387). Cresskill, NJ: Hampton Press.

Reis, S. M., Westberg, K. L., Kulikowich, J., Caillard, F., Hébert, T., Plucker, J., Purcell, J. H., Rogers, J. B., & Smist, J. M. (1993). *Why not let high ability students start school in January?* (Research Monograph No. 93106). Storrs, CT: The National Research Center on the Gifted and Talented.

Renzulli, J. S. (1977). *The enrichment triad model.* Mansfield Center, CT: Creative Learning Press.

Renzulli, J. S. (1978). What makes giftedness? *Phi Delta Kappan, 60,* 180-184, 261.

Renzulli, J. S. (1980). Will the gifted child movement be alive and well in 1990? *Gifted Child Quarterly, 24*(1), 3-9.

Renzulli, J. S. (Ed.). (1986a). *Systems and models for developing programs for the gifted and talented.* Mansfield Center, CT: Creative Learning Press.

Renzulli, J. S. (1986b). The three-ring conception of giftedness: A developmental model for creative productivity. In R. J. Sternberg & J. E. Davidson (Eds.), *Conceptions of giftedness* (pp. 53-92). New York: Cambridge University Press.

Renzulli, J. S. (1992). A general theory for the development of creative productivity in young people. In F. Monks & W. Pters (Eds.), *Talent for the future* (pp. 51-72). Assen/Maastricht, The Netherlands: Van Gorcum.

Renzulli, J. S. (1977). *Schools for talent development: A comprehensive plan for total school improvement.* Mansfield Center, CT: Creative Learning Press.

Renzulli, J. S., Reid, B. D., & Gubbins, E. J. (1990). *Setting an agenda: Research priorities for the gifted and talented through the year 2000.* Storrs, CT: The National Research Center on the Gifted and Talented.

Renzulli, J. S., & Reis, S. (1985). *The schoolwide enrichment model.* Mansfield, CT: Creative Learning Press.

Renzulli, J. S., & Reis, S. M. (1986). The enrichment triad/revolving door model: A schoolwide plan for the development of creative productivity. In J. S. Renzulli (Ed.), *Systems and models for developing programs for the gifted and talented* (pp. 216-266). Mansfield Center, CT: Creative Pearning Press.

Renzulli, J. S., & Reis, S. M. (1991). The reform movement and the quiet crisis in gifted education. *Gifted Child Quarterly, 35*(1), 26-35.

Renzulli, J. S., & Reis, S. M. (1994). Research related to the schoolwide enrichment triad model. *Gifted Child Quarterly, 38*, 7-20.

Renzulli, J. S., & Reis, S. M. (1997). *The schoolwide enrichment model* (2nd ed.). Mansfield Center, CT: Creative Learning Press.

Renzullis, J. S., & Smith, L. H. (1979). *A guidebook for developing individualized educational programs for gifted and talented students*. Mansfield Center, CT: Creative Learning Press.

Renzullis, J. S., Smith, L. H., White, A. J., Caalahan, C. M., & Hartman, R. K. (1976). *Scales for rating the behavioral characteristics of superior students*. Mansfield Center, CT: Creative Learning Press.

Resnick, L. B., & Resnick, D. P. (1992). Assessing the thinking curriculum: New tolls for educational reform. In B. R. Gifford & M. C. O'Connor (Eds.), *Changing assessments: Alternative views of aptitude, achievement and instruction* (pp. 37-75). Boston: Kluwer.

Rethinking Schools (2000, Fall). Multiculturalism: What now? A special Rethinking Schools Report.

Revesz, G. (1925). *The psychology of a musical prodigy*. New York: Harcourt Brace.

Reyes, M. de La Luz. (1992). Challenging venerable assumptions: Literacy instruction for linguistically different students. *Harvard Educational Review, 62*(4), 427-446.

Rhodes, C. (1997). Growth from deficiency creativity to being creativity. In M. A. Runco & R. Richards (Eds.), *Eminent creativity, everyday creativity and health* (pp. 247-263). Greenwich, CT: Ablex.

Richert, E. S. (1991). Rampant problems and promising practices in identification. In N. Colangelo & G. A. Davis (Eds.), *Handbook of gifted education* (pp. 81-96). Boston: Allyn & Bacon.

Richie, B. S., Fassinger, R. E., Linn, S. G., Johnson, J., Prosser, J., & Robinson, S. (1997). Persistence, connection, and passion: A qualitative study of the career development of highly achieving African American-Black and White women. *Journal of Counseling Psychology, 44*(2), 133-148.

Rimm, S. B. (1994). *Keys to parenting the gifted child*. Hauppauge, NY: Barron's.

Rimm, S. B. (1995). Impact of family patterns upon the development of giftedness. In C. L. Hollinger (Ed.), *Serving gifted and talented students* (pp. 243-256). Austin, TX: PRO-ED.

Robinson, A. (1986). The identification and labeling of gifted children: What does research tell us? In K. A. Heller & J. F. Feldhusen (Eds.), *Identifying and nurturing the gifted* (pp. 103-109). Toronto: Han Huber Publishers.

Robinson, N. M., & Noble, K. D. (1991). Social0emotional development and adjustment of gifted children. In M. C. Wang, M. C. Reynolds, & H. J. Walberg (Eds.),

Handbook of special education: Research and practice (pp. 57–76). New York: Pergamon Press.

Roe, A. (1953). *The making of a scientist*. New York: Dodd, Mead.

Roeper, A. (1990). *Educating children for life: The modern learning community*. Monroe, NY: Trillium Press.

Roeper, A. (1995). *Annemarie Roeper: Selected writings and speeches*. Minneapolis, MN: Free Spirit.

Roeper, A. (1996). A personal statement of philosophy of George and Annemarie Roeper. *Roeper Review, 19,* 18–19.

Roeper, A. (1997). Listen to the gifted child. *Roeper Review, 19,* 166–167.

Rogers, K. B. (1998). Using current research to make? good? decisions about grouping. *NASSP Bulletin, 82* (595), 38–46.

Rogoff, B. (1982). Integrating content and cognitive development. In M. Lamb & A. Brown (Eds.), *Advance in developmental psychology* (Vol. 2). Hillsdale, NY: Erlbaum.

Rogoff, B., & Chavajay, P. (1995). What's become of research on the cultural basis of cognitive development? *American Psychologist, 50*(10), 859–877.

Rubenson, D. L., & Runco, M. A. (1992). The psychoeconomic approach to creativity. *New Ideas in Psychology, 10,* 131–147.

Ryder, N. B. (1965, April). The cohort as a concept in the study of social change. *American Sociological Review, 30,* 242–258.

Sampson, E. E. (1993). Identity politics: Challenges to psychology's understanding. *American Psychologist, 48*(12), 1219–1230.

Sapon-Shevin, M. (1987). Giftedness as a social construct. *Teachers College Record, 89*(1), 39–53.

Sapon-Shevin, M. (1994). *Playing favorites: Gifted education and the disruption of community*. Albany: State University of New York Press.

Sapon-Shevin, M. (1996). Beyond gifted education: Building a shared agenda for school reform. *Journal for the Education of the Gifted, 19,* 194–214.

Sapon-Shevin, M. (1999). *Because we can change the world: A practical guide to building cooperative, inclusive classroom communities*. Boston: Allyn and Bacon.

Sapon-Shevin, M., and Schniedewind, N. (1993). Why (even) gifted children need cooperative learning. *Educational Leadership, 50*(6), 62–63.

Saracho, O. N., & Gerstl, C. K. (1992). Learning differences among at-risk minority students. In H. C. Waxman, J. Walker de Felix, J. E. Anderson, & H. P. Baptiste (Eds.), *Students at risk in at-risk schools: Improving environments for learning* (pp. 105–136). Newbury Park, CA: Corwin Press.

Sassen, S. (1996). *Losing control? Sovereignty in an age of globalization*. New York: Columbia University Press.

Schiever, S. (1985). Creative personality characteristics and dimensions of mental functioning in gifted adolescents. *Roeper Review, 7*(4), 223-226.

Schlichter, C. L. (1986). Talents unlimited: Applying the multiple talent approach in mainstream and gifted programs. In J. S. Renzulli (Ed.), *Systems and models for developing programs for the gifted* (pp. 352-390). Mansfield Center, CT: Creative Learning Press.

Schuldberg, D. (1999). Chaos theory and creativity. In M. A. Runco & S. Pritzker (Eds.), *Encyclopedia of creativity* (pp. 259-272). San Diego: Academic Press.

Schroeder-Davis, S. (1994). With malice toward some. [Review of Mara Sapon-Shevin's *Playing favorites: Gifted education and the disruption of community*]. *Gifted Education Pres Quarterly, 8*(4), 2-7.

Scribner, S. (1986). Thinking in action: Some characteristics of practical thought. In R. Sternberg & R. K. Wagner (Eds.), *Practical intelligence* (pp. 13-30). New York: Cambridge University Press.

Senge, P. M. (1990). *The fifth discipline: The art and practice of the learning organization*. New York: Doubleday.

Shade, B. J., Kelly, C., & Oberg, M. (1997). *Creating culturally responsive classrooms*. Washington, DC: American Psychological Association.

Shavelson, R. J., & Baxter, G. P. (1992). What we've learned about assessing hands-on science. *Educational Leadership, 49*(8), 20-25.

Shavelson, R. J., Baxter, G. P., & Pine, J. (1992). Performance assessments: Political rhetoric and measurement reality. *Educational Researcher, 21*(4), 22-27.

Shaw, M. C., & McCuen, J. T. (1960). The onset of academic underachievement in bright children. *Journal of Educational Psychology, 51*(3), 103-108.

Shore, B. M., Cornell, D. G., Robinson, A., & Ward, V. S. (1991). *Recommended practices in gifted education: A critical analysis*. New York: Teachers College Press.

Shulman, L. S. (1987). Knowledge and teaching: Foundations of the new reform. *Harvard Educational Review, 19*(2), 4-14.

Siegler, R. S. (1996). *Emerging minds: The process of change in children's thinking*. New York: Oxford University Press.

Silverman, L. K. (1997a). Family counseling with the gifted. In N. Colangelo & G. A. Davis (Eds.), *Handbook of gifted education* (pp. 382-397). Boston: Allyn & Bacon.

Silverman, L. K. (1997b). The construct of asynchronous development. *Peabody Journal of Education, 72,* 36-58.

Simon, J. (1995). *Foucault and the political*. London: Routledge.

Simonton, D. K. (1992). The child parents the adult: On getting genius from giftedness. In N. Colangelo, S. G. Assouline, & D. L. Ambroson (Eds.), *Talent development: Proceedings form the 1991 Henry B. and Jocelyn Wallace National Research Symposium on Talent Development* (pp. 278-297). New York: Trillium.

Simonton, D. (1994). *Greatness: Who makes history and why*. New York: The Guilford Press.

Simonton, D. K. (1999a). Creativity from a historiometric perspective. In R. J. Sternberg (Ed.), *Handbook of creativity* (pp. 116-133). New York: Cambridge University Press.

Simonton, D. K. (1999b). *Origins of genius: Darwinian perspectives on creativity*. Oxford, UK: Oxford University Press.

Simonton, D. K. (1999c). Talent and its development: An emergenic and epigenetic model. *Psychological Review, 106*, 435-457.

Singapore population corsses 4 million mark. (2000, September 1). *The Singapore Business Times*, p. 10.

Slavin, R. E. (1990). Achievement effects of ability grouping in secondary schools: A best-evidence synthesis. *Review of Educational Research, 60*, 471-499.

Sleeter, C. E. (1987). Why is there learning disabilities? A critical analysis of the birth of the field in its social context. In T. Popkewitz (Ed.), *The formation of school subjects: The struggle for creating an American institution* (pp. 210-237). London: Falmer Press.

Sleeter, C. E., & Grant, C. A. (1993). *Making choices for multicultural education: Five approaches to race, class, and gender* (2nd ed.). New York: Merrill.

Slife, B., & Williams, R. (1997). Toward theoretical psychology. *American Psychologist, 52*(2), 117-129.

Sloboda, J. A. (1996). The acquisition of musical performance expertise: Deconstructing the "talent" account of individual differences in musical expressivity. In .K. A. Ericsson (Ed.), *The road to expert performance: Empirical evidence from the arts and sciences, sports, and games* (pp. 107-126). Mahwah, NJ: Erlbaum.

Smith, B. L. (1993a). Interpersonal behaviors that damage the productivity of creative problem solving groups. *Journal of Creative Behavior, 24*(3), 170-185.

Smutny, J. F. (1998). Parenting the gifted child: Enabling and encouraging parents. In J. F. Smutny (Ed.), *The young gifted child* (pp. 217-219). Cresshill, NJ: Hampton Press.

Snow, R. E. (1973). Theory construction for research on teaching. In R. M. Travers (Ed.), *Second Handbook of Research on Teaching* (pp. 77-112). Chicago: Rand McNally.

Southern, W. T., & Jones, E. D. (Eds.). (1991). *The academic acceleration of gifted children*. New York: Teachers College Press.

Spatig, L. (1999, April 19). [Interview with high school students, Mason County, WV].

Spearman, C. (1927). *The abilities off man*. New York: MacMillan.

Spring, J. (1997). *The American school, 1642-1996* (4th ed.). New York: McGraw-Hill.

Stainback, S., & Stainback, W. (1996). *Inclusion: A guide for educators*. Baltimore: Paul H. Brookes.

Stainback, W., & Stainback, S. (1990). *Support networks for inclusive schooling: Interdependent integrated education*. Baltimore: Paul H. Brookes.

Stephens, E. R., & Perry, W. (1991). A proposed state and federal policy agency for rural education in the decade of the 1990s. In A. J. DeYoung (Ed.), *Rural education: Issues and practice* (pp. 333-394). New York: Garland.

Sternberg, R. J. (Ed.). (1984). *Mechanisms of cognitive development*. San Francisco: Freeman.

Sternberg, R. J. (1985a). *Beyond IQ: A triarchic theory of human intelligence*. Cambridge, UK: Cambridge University Press.

Sternberg, R. J. (1985b). Implicit theories of intelligence, creativity, and wisdom. *Journal of Personality and Social Psychology, 49*, 607-627.

Sternberg, R. J. (1986). *Intelligence applied: Understanding and increasing your intellectual skills*. San Diego: Harcourt Brace Jovanovich.

Sternberg, R. J. (1988). *The triarchic mind: A new theory of human intelligence*. New York: Penguin Books.

Sternberg, R. J. (1991). Giftedness according to the triarchic theory of human intelligence. In N. Colangelo & G. Davis (Eds.), *Handbook of gifted education* (pp. 45-54). Boston: Allyn & Bacon.

Sternberg, R. J. (1998). Abilities are forms of developing expertise. *Educational Researcher, 27*(3), 11-20.

Sternberg, R. J. (1999). A propulsion model of types of creative contributions. *Review of General Psychology, 3*, 83-100.

Sternberg, R. J., Conway, B. E,, Ketron, J. L., & Bernstein, M. (1981). People's conceptions of intelligence. *Journal of Personality and Social Psychology, 41*, 37-55.

Sternberg, R. J., & Grigorenko, E. (Eds.). (1997). *Intelligence, heredity, and environment*. New York: Cambridge University Press.

Sternberg, R. J., & Lubart, T. I. (1992). Buy low and sell high: An investment approach to creativity. *Current Directions in Psychological Science, 1*, 1-5.

Sternberg, R. J., & Lubart, T. I. (1996). Investing in creativity. *American Psychologist, 51*, 677-688.

Sternberg, R. J., & Williams, W. M. (1996). *How to develop student creativity*. Alexandria, VA: Association for Supervision and Curriculum Development.

Stevenson, H. W,, Lee, S-Y., Chen, C., Lummils, M., Fan, L., & Ge, F. J. (1990). Mathematics achievement of children in China and the United States. *Child Development, 61,* 1053-1057.

Stewart, E. D. (1994). On developing gifts and talents: The laureate learning cycle. *The Journal of Secondary Gifted Education, 6*(1), 7-18.

Struck, J. M. (1999). Project Phoenix: A link to multicultural education. *Systems Newsletter, 8*(1), 6-7.

Subotnik, R. F. (1995). Conversations with masters in the arts and sciences: A formative synthesis. *Journal for the Education of the Gifted, 18*, 440-466.

Subotnik, R. F., & Arnold, K. D. (1994). *Beyond Terman: Contemporary longitudinal studies of giftedness and talent*. Norwood, NJ: Ablex.

Subotnik, R. F., & Arnold, K. D. (1995). Passing through the gates: Career establishment of talented women scientists. *Roeper Review, 18,* 55-61.

Subotnik, R. F., & Olszewski-Kubilius, P. (1997). Restructuring special programs to reflect the distinctions between children's and adults' experiences with giftedness. *Peabody Journal of Education, 73*(3&4), 101-116.

Subotnik, R. F., & Steiner, C. L. (1993). Adult manifestations of adolescent talent in science: A longitudinal study of 1983 Westinghouse Science Talent Search Winners. *Roeper Review, 15,* 164-169.

Superintendent of Public Instruction. (1920). *A study of rural school conditions in Ohio*. Columbus, OH: Author.

Swanson, D. B., Norman, G. R., & Linn, R. L. (1995). Performance-based assessment: Lessons from the health professions. *Educational Researcher, 24*(5), 5-11, 35.

Swartz, D. (1997). *Culture and power*. Chicago: University of Chicago Press.

Swiatek, M. A., & Benbow, C. P. (1991). A 10-year longitudinal follow-up of participants in a fast-paced mathematics course. *Journal for Research in Mathematics Education, 22,* 138-150.

Swisher, K., & Tippeconnic, J. (1999). *Next steps: Research and practice to advance Indian education*. Charleston, WV: ERIC Clearinghouse on Rural Education and Small Schools. (ERIC Document Reproduction Service No. ED 427 902)

Tannenbaum, A. J. (1983). *Gifted children, psychological and educational perspectives*. New York: Macmillan.

Tarnas, R. (1991). *The passion of the Western mind*. New York: Ballantine.

Taylor, B. M., & Frye, B. J. (1988). Pretesting: Minimize time spent on skill work for intermediate readers. *The Reading Teacher, 42*(2), 100-103.

Taylor, C. W. (1968). The multiple talent approach. *The Instructor, 77,* 27.

Taylor, C. W. (1985). Cultivating multiple creative talents in students. *Journal for the Education of the Gifted, 8*(3), 187-198.

Terman, L. M. (1916). *The measurement of intelligence: An explanation of and a complete guide for the use of the Stanford revision and extension of the Binet-Simon Intelligence Scale.* Boston: Houghton Mifflin.

Terman, L. M. (1925-1959). *Genetic studies of genius.* Stanford, CA: Stanford University Press.

Terry, C. A., & Pantle, T. T. (1994). Authentic assessment. *The Journal of Secondary Gifted Education, 6*(1), 44-51.

Tharp, R. G., & Gallimore, R. (1998). *Rousing minds to life: Teaching, learning, and schooling in social context.* Cambridge, UK: Cambridge University Press.

Theobald, P. (1995). *Call school: Rural education in the Midwest to 1918.* Carbondale: Southern Illinois University Press.

Therival, W. A. (1999a). Why are eccentrics not eminently creative? *Creativity Research Journal, 12*(1), 47-55.

Therival, W. A. (1999b). Why Mozart and not Salieri. *Creativity Research Journal, 12*(1), 67-76.

Thomas, G. (1997). What's the use of theory? *Harvard Educational Review, 67,* 75-104.

Thompson, A. (1998). Not the color purple: Black feminist lessons for educational caring. *Harvard Educational Review, 68*(4), 522-554.

Thurstone, L. L. (1938). Primary mental abilities. *Psychometric Monographs* No. 1.

Toffler, A. (1970). *Future shock.* New York: Random House.

Toffler, A., & Toffler, H. (1995). *Creating a new civilization: The politics of the third wave.* Atlanta, GA: Turner.

Tolan, S. (1994). Discovering the gifted ex-child. *Roeper Review, 17,* 134-138.

Tomlinson, C. A. (1996). Good teaching for one and all: Does gifted education have an instructional identity? *Journal for the Education of the Gifted, 20*(2), 155-174.

Tomlinson, C. A., & Callahan, C. M. (1992). Contributions of gifted education to general education in a time of change. *Gifted Child Quarterly, 36,* 183-189.

Tonemah, S. (1991). Perspectives of gifted and talented American Indian Education. *Journal of American Indian Education, 31*(1), 3-9.

Torrance, E. P. (1962). *Guiding creative talent.* Englewood Cliffs, NJ: Prentice-Hall.

Torrance, E. P. (1965). *Rewarding creative behavior.* Englewood Cliffs, NJ: Prentice-Hall.

Torrance, E. P. (1971). Stimulation, enjoyment, and originality in dyadic creativity. *Journal of Educational Psychology, 62,* 45-48.

Torrance, E. P. (1972). Can we teach children to think creatively? *Journal of Creative Behavior, 6,* 114-143.

Torrance, E. P. (1977). *Creativity in the classroom: What research says to the teacher.* Washington, DC: National Education Association.

Torrance, E. P. (1987). Recent trends in teaching children and adults to think creatively. In S. G. Isaksen (Ed.), *Frontiers of creativity research: Beyond the basics* (pp. 204-215). Buffalo, NY: Bearly Limited.

Torrance, E. P., & Torrance, J. P. (1973). *Is creativity teachable? (Phi Delta Kappan Foundation Fastback 20).* Bloomington, IN: Phi Delta Kappan Educational Foundation.

Treffert, D. (1989). *Extraordinary people: Understanding "idiot savants".* New York: Harper & Row.

Treffinger, D. J. (1986). Fostering effective, independent learning through individualized programming. In J. S. Renzulli (Ed.), *Systems and models for developing programs for the gifted and talented* (pp. 126-152). Mansfield Center, CT: Crreative Learning Press.

Treffinger, D. J. (1991). Future goals and directions. In N. Colangelo & G. Davis (Eds.), *Handbook of gifted education* (pp. 441-447). Boston: Allyn & Bacon.

Treffinger, D. J. (1995). School improvement, talent development, and creativity. *Roeper Review, 18*(2), 93-97.

Treffinger, D. J., & Feldhusen, J. F. (1996). Talent recognition and development: Successor to gifted education. *Journal for the Education of the Gifted, 16,* 181-193.

Treffinger, D. J., Isaksen, S. G., & Dorval, B. K. (1996). Creative problem solving: An overview. In M. A. Runco (Ed.), *Problem finding, problem solving, and creativity* (pp. 223-235). Norwood, NJ: Ablex.

U.S. Department of Education. (1991). *National educational longitudinal study 88: Final report: Gifted and talented education programs for eight grade public school students.* Washington, DC: Author.

U.S. Department of Education, Office of Educational Research and Improvement. (1993). *National Excellence: A case for developing America's talent.* Washington, DC: Author.

U.S. education chief praises Singapore way. (2000, April 8). *The Singapore Straits Times,* p. 54.

Usiskin, Z. (1987). Why elementary algebra cam should, and must be an eighth-grade course for average students. *Mathematics Teachers, 80,* pp. 428-438.

Vahanian, G. (1961). *Death of God.* New York: George Braziller.

Valle, R., & King, M. (1978). An introduction to existential-phenomenological thought in psychology. In R. Valle & M. King (Eds.), *Existential- phenomenological alternatives for psychology* (pp. 6–17). New York: Oxford University Press.

VanTassel-Baska, J. (1992). *Planning effective curriculum for gifted learners*. Denver, CO: Love Publishing.

VanTassel-Baska, J. (Ed.). (1998a). *Comprehensive curriculum for gifted learners*. Boston: Allen & Bacon.

VanTassel-Baska, J. (1998b). The development of academic talent: A mandate for educational best practice. *Phi Delta Kappan, 79*, 760–763.

VanTassel-Baska, J. (Ed.). (1998c). *Excellence in educating gifted and talented learners* (3rd ed.). Denver, CO: Love Publishing.

VanTassel-Baska, J. B. (1998d). A national study of science curriculum with high ability students. *Gifted Child Quarterly (42)*4, 200–211.

VanTassel-Baska, J., Bass, G. M., Reis, R. R., Poland, D. L., & Avery, L. D. (1998). A national pilot study of science curriculum effectiveness for high-ability students. *Gifted Child Quarterly, 42*, 200–211.

VanTassel-Baska, J., Johnson, D. T., Hughes, C. E., & Boyce, L. N. (1996). A study of the language arts curriculum effectiveness with gifted learners. *Journal for the Education of the Gifted, 19*, 461–480.

VanTassel-Baska, J., Patton, J., & Prillaman, D. (1989). Disadvantaged gifted learners: At risk for educational attention. *Focus on Exceptional Children, 22*(3), 1–15.

Vaughn, V. L., Feldhusen, J. F., & Asher, W. J. (1991). Meta-analyses and review of research on pull-out programs in gifted education. *Gifted Child Quarterly, 35*, 92–98.

Villa, R. A., & Thousand, J. S., (Eds.). (2000). *Restructuring for caring and effective education: Piecing the puzzle together*, 2nd ed. Baltimore: Brookes Publishing Co.

Vygotsky, L. (1978). *Mind in society: The development of higher psychological processes* (Trans. M. Cole, V. John- Steiner, S. Scribner, & E. Souberman). Cambridge: Harvard University Press.

Wachs, T. D. (1992). *The nature of nurture* (Individual Differences and Development Series, Vol. 3). Newbury Park, CA: Sage.

Wagner, R., & Sternberg, R. J. (1986). Tacit knowledge and intelligence in the everyday world. In R. Sternberg & R. Wagner (Eds.), *Practical intelligence: Nature and origins of competence in the everyday world* (pp. 51–83). New York: Cambridge University Press.

Wake-up call for Singapore youths (2000, February 24). *The Singapore Straits Times*, p. 1.

Walberg, H. J. (1988). Creativity and talent as learning. In R. J. Sternberg (Ed.), *The nature of creativity: Contemporary psychological perspectives* (pp. 340–361). New York: Cambridge University Press.

Waley, A. (1989). *The analects of Confucius.* New York: Macmillan.

Wallach, M. A. (1976, January-February). Test tell us little about talent. *American Scientist*, pp. 57-63.

Wallach, M. A., & Kogan, N. (1965). *Modes of thinking in young children: A study of the creativity-intelligence distinction.* New York: Holt, Rinehart and Winston.

Wallach, M. A., & Wing, C. W., Jr. (1969). *The talented student: A validation of the creativity-intelligence distinction.* New York: Holt, Rinehart and Winston.

Walzer, M. (1988). *The company of critics: Social criticism and political commitment in the twentieth century.* New York: Basic Books.

Walzer, M. (1997). *On toleration.* New Haven, CT: Yale University Press.

Wang, M. C., & Gordon, E. W. (Eds.). (1994). *Educational resilience in inner-city America: challenges and prospects.* Hillsdale, NJ: Lawrence Erlbaum Associates.

Wang, M. C., Haertel, G. D., & Walberg, H. J. (1998). *Building educational resilience.* Fastback 430. Bloomington, IN: Phi Delta Kappan Educational Foundation.

Ward, T. B., Smith, S. M., & Vaid, J. (Eds.). (1997). *Creative thought: An investigation of conceptual structures and processes.* Washington, DC: American Psychological Association.

Ward, V. S. (1980). *Differential education for the gifted.* Ventura, CA: Ventura County Superintendent of Schools. (Original work published 1961)

Webb, C., Shumway, L., & Shute, R. (1996). *Local schools of thought: A search for purpose in rural education.* Charleston, WV: ERIC Clearinghouse on Rural Education and Small Schools. (ERIC Document Reproduction Service No. ED 391 635)

Weiner, J. (1997). *The beak of the finch: A story of evolution in our time.* New York: Knopf.

Weisberg, R. W. (1986). *Creativity: Genius and other myths.* New York: W. H. Freeman and Company.

Weisman, A. (1998). *Gaviotas: A village to reinvent the world.* White River Junction, VT: Chelsea Green Publishers.

Wells, A. S., & Serna, I. (1996). The politics of culture: Understanding local political resistance to detracking in racially mixed schools. *Harvard Educational Review, 66*(1), 93-118.

Weschler, D. (1991). *Manual for the Weschler Intelligence Scale+Third edition.* San Antonio: Author.

Westberg, K. L., Archambault, F. X., Dobyns, S. M., & Salvin, T. J. (1993). *Technical report: An observational study of instructional and curricular practices used with gifted and talented students in regular classrooms.* Storrs, CT: The National Research Center on the Gifted and Talented.

Whitmore, J. R. (1980). *Giftedness, conflict, and underachievement*. Boston: Allyn & Bacon.

Wiggins, G. (1993). Assessment: authenticity, context, and validity. *Phi Delta Kappan, 75,* 200–214.

Wiggins, G. (1996). Anchoring assessment with exemplars: Why students and teachers need models. *Gifted Child Quarterly, 40*, 66–69.

Will straight As matter in tomorrow's world? (2000, March 1). *The Singapore Straits Times,* p. 54.

Williams, R. (1973). *The country and the city*. New York: Oxford University Press.

Williams, R. (1989). *The politics of modernism*. London: Verso.

Winner, E. (1996). *Gifted children: Myths and realities*. New York: Basic Books.

Wise, R. (1991, June). The boom in creativity training. *Across the Board*, pp. 38–42.

Winzer, M. A., & Mazurek, K. (1998). *Special education in multicultural contexts*. Columbus, OH: Merrill.

Witty, P. (1951). *The gifted child*. Boston: D. C. Heath.

Woodhouse, J. (1999, October). *Coming to a pedagogy of place: An autobiographical journey*. Paper presented at the annual meeting of the American Educational Studies Association, Detroit, MI.

Woodson, C. G. (1933). *The mismeasure of the Negro*. Washington, DC: Associated Publishers.

World Bank. (1999, September 15). *World Bank sees "localization" as major new trend in 21st century* (Press Release). (Available World Wide Web: http://www.worldbank.org/.

Worthen, B. R. (1993). Critical issues that will determine the future of alternative assessment. *Phi Delta Kappan, 74*, 444–454.

Yeats, W. B. (1967). *The collected poems of W. B. Yeats*. New York: Macmillan.

Young, R. (1990). *A critical theory of education: Habermas and our children's future*. New York: Teachers College Press.

Zuckerman, H. (1977). *The scientific elite*. New York: Free Press.

찾아보기

《인 명》

《내 용》

편저자 소개

James H. Borland　컬럼비아 대학교 교육대학원 교육과정학과 학장이자 영재교육학과 교수로 영재교육 대학원 프로그램을 담당하고 있다. 또한 컬럼비아 교육대학원 출판사(Teachers College Press)에서 편찬 중인 'Education and Psychology of the Gifted' 시리즈의 편집인이며, *American Educational Research Journal*의 교수, 학습, 인간 발달 분야의 공동 편집인을 지냈다. 미국을 포함하여 다양한 국가에서 영재교육에 대한 강의를 활발히 하고 있으며, 여러 지역 학교에 영재교육 프로그램 평가자로서 자문 역할을 하고 있다. *Planning and Implementing Programs for the Gifted*를 비롯한 수많은 논문과 책을 활발히 출간해 왔으며, *Gifted Child Quarterly*의 올해의 논문상(1994년 Lisa Wright 공저; 2000년 Rachel Schunur, Lisa Wright 공저)과 멘사 교육 · 연구재단의 우수 연구상(1989-1990년 단독; 1999-2000년 Lisa Wright, Rachel Schnur 공동)을 받았다.

협력 저자 소개

Karen D. Arnold　보스턴 대학교 부교수이자 고등교육 프로그램 책임자를 맡고 있다. 학업 우수 학생에 대한 장기연구인 일리노이 수석졸업생 프로젝트(Illinois Valedictorian Project)의 책임자이며, '새로운 지도자: 미국 로드(Rhodes) 장학생' 의 공동 책임연구자이기도 하다. 현재 *Review of Higher Education*의 부편집인이기도 한 그녀는 고등교육에서의 재능 발달에 관한 여러 논문과 책 외에도 *Lives of Promise: What Becomes of High School Valedictorians*(1995); *Beyond Terman: Contemporary Longitudinal Studies of Giftedness and Talent*(1994, Rena Subotnik, Katheleen Noble 공편); *Remarkable Women: Perspectives on Female Talent Development*(1997, Rena Subotnik, Katheleen Noble 공편); *College Student Development and Academic Life*(1997, Ilda King 공저) 등의 책을 편찬하였다. 미국교육학회의 여성 지위와 역할 위원회의 회장과 래드클리프 대학교의 삶 연구를 위한 머리(Murray) 연구센터의 방문교수를 지내기도 하였다.

Ronald A. Beghetto　오리건 대학교의 부교수를 맡고 있다. 그는 창의성 개발, 수업 효율성의 개선, 학교 개혁 기간의 교사 변화에 관심을 가지고 있으며, 인디애나 대학교 소재 인디애나 평가센터의 연구원을 지냈다.

Laurence J. Coleman 톨레도 대학교에서 영재교육 전공으로 Daso Herb 학과장을 맡고 있다. 현재 유아교육, 체육, 특수교육과의 교수로 교사교육, 연구방법과 영재교육에 관한 강의를 하고 있으며, *Journal for the Education of the Gifted*의 편집인이다. 여러 전문적인 활동 의 하나로 그는 서로 다른 세 분야의 동료와 함께 '재능으로서의 수업' 모델에 기초한 혁신적인 교사 준비 프로그램을 개발하였으며, 1980년에 설립되어 이곳 출신 학생이 교사로 재직하고 있는 여름 영재학교를 운영하는 것과 함께 영재교육 분야에서 의미 있는 공헌으로 영재 분야의 동료들에게 인정을 받는 논문을 여러 편 쓰는 것, 그리고 즐겁게 자신의 일을 계속하는 것을 가장 자랑스러워한다.

Tracy L. Cross 볼 주립대학교 교육대학원 영재교육 George and Frances Ball 석좌교수이며, 인디애나 과학, 수학, 인문학 아카데미의 책임자를 맡고 있다. 그는 볼 주립대학교의 영재연구 및 재능개발 센터의 설립자이고, *Roeper Review*의 편집자이자 *Gifted Child Quarterly*와 *Journal of Secondary Gifted Education*의 전 편집인이기도 하다. 이 밖에도 *Gifted Child Today*에 영재아의 사회적 · 정서적 필요에 대한 고정 칼럼을 써 왔으며, 특수아동위원회(Council for Exceptional Children) 산하 영재위원회(The Association for the Gifted: TAG)의 회장을 지냈다. *Being Gifted in School: An Introduction to Development, Guidance, and Teaching*(Laurence J. Coleman 공저), *On the Social and Emotional Lives of Gifted Children*의 저자이기도 한 그는 영재아의 심리사회적 · 정서적 발달에 관심이 있으며, 연구 접근 방법과 지식 구조 사이의 관계에도 초점을 맞추고 있다.

John F. Feldhusen 퍼듀 대학교의 저명한 명예교수이며, 퍼듀 영재교육 자원기구의 명예관장을 맡고 있다. 그는 미국영재학회와 미국심리학회의 교육심리분과 회장을 지냈다.

David Henry Feldman 터프츠 대학교의 엘리엇-피어슨 아동발달학과 교수이자 동 대학교의 발달과학단 단장을 맡고 있다. 영재에 관한 책인 *Nature's Gambit*의 저자로서 1988년 미국 영재학회로부터 우수 학자상을 받기도 한 그는 영재성과 창의성 전문가다. 발달심리학자인 그는 창의성과 영재성에 대한 연구 외에도, 인지발달 이론과 인지발달 전이 그리고 전문 지식의 발달에 대해 많은 책과 논문을 출판하였다.

Donna Y. Ford 오하이오 주립대학교 교육학과 교수를 맡고 있다. 오하이오 주 클리블랜드 대학에서 커뮤니케이션과 스페인어 학부를 졸업하고, 상담으로 석사 학위를 받고, 도시교육으로 박사학위를 받았다. 그의 주 관심 분야는 ① 다양한 학생을 영재교육 대상자로 선별하고 보유하는 것, ② 흑인 영재 학업 부진아, ③ 다문화 교육과정, ④ 다양한 배경을 가진 영재아의 사회 · 정서적 요구다. *Reversing Underachievement Among Gifted Black Students: Promising Practices and Programs*와 *Multicultural Gifted Education*(J. John Harris III 공저)의 저자이기도 하다.

Mary Anne Heng 싱가포르 난양기술대학교 국립교육연구소(National Institute of Education: NIE) 특수교육학과 조교수를 맡고 있다. 컬럼비아 대학교 교육대학원에서 James H. Borland 교수와 Herbert P. Ginsburg의 지도하에 박사학위 논문을 마쳤다. NIE에서 학부와 대학원의 교사교육과 학위과정을 맡고 있는 그녀는 최우수 수업상을 두 차례 받았으며, 관심 연구 분야는 영재아의 학습 요구를 판별하고 적절한 환경을 제공하는 것, 그리고 영재아의 사고를 이해하기 위한 수단으로 임상적 인터뷰를 하는 것이다.

Aime Howley 오하이오 대학교 교육학과 학과장으로 문서 작업을 하거나 문서 작업에 대해 불평하는 것에 많은 시간을 보내고 있다. 또한 교육행정 프로그램을 담당자로 학생을 가르치고 있으며, 박사과정 학생의 논문을 세세히 조언해 주는 일을 하고 있다. 가장 최근의 연구는 교육 정책과 실천이 학교(특히 시골 학교)와 공동체에 미치는 영향에 관한 것이며, 동료인 Craig Howley와 Edwina Pendarvis와 함께 미국 학교에서의 지성(그리고 지적인 목적)의 역할에 초점을 두고 지속적으로 연구를 하고 있다.

Craig B. Howley 현재 AEL을 위한 소규모 학교와 시골 교육에 대한 ERIC 클리어링하우스(Clearinghouse)를 담당하고 있으며, 오하이오 대학교에서 ACCLAIM 연구 개발의 공동 책임을 맡고 있다. 학교와 지역사회 크기가 성취에 미치는 영향, 농어촌 교육과 지역사회의 관계, 더 일반적으로는 교육의 사회적 · 문화적 환경을 연구하고 있다. Craig와 Aimee Howley는 그들 학문의 중요한 에너지 제공원으로 오하이오 남동쪽 애팔래치아에 있는 80에이커의 농장을 꿉고 있다. Howley 부부는 자녀 셋과 손자 둘을 두고 있다.

Susan K. Johnsen 배일러 대학교 사범대학 부학장이며 교육심리학과 부교수로 학부와 대학원에서 영재교육 관련 과목을 관장하고 가르치고 있다. 그녀는 *Gifted Child Today*의 편집인이며, *Gifted Child Quarterly*와 *Journal of Secondary Gifted Education*의 편집위원회에서 일하고 있다. 또한 *Independent Study Program*과 영재아 판별에 사용되는 세 가지 도구인 *Test of Nonverbal Intelligence: TONI-3, Screening Assessment for Gifted Students: SAGES*와 *Test of Mathematical Abilities for Gifted Students: TOMAGS*의 공저자이기도 하다. 많은 논문을 발표한 그녀는 주, 국가 및 국제 단위 학회의 주요 발표자로 활약하고 있다.

Margie K. Kitano 샌디에이고 주립대학교 특수교육학과 교수이면서 사범대학 부학장을 맡고 있다. 그녀는 '영재아 잠재성 개발' 이라는 12학년 학교-대학 협력 학사 및 석사 학위 프로그램을 공동 개발하여 운영하고 있는데, 이 프로그램은 소외된 집단의 영재아에게 특별한 관심을 가지고 그들에게 최상의 서비스를 제공하기 위해 여러 최신 이론과 연구를 조합한 프로그램이다. 그녀의 연구와 논문은 문화적, 언어적으로 다양한 학습자에게 더 나은 서비스를 제공하는 데 초점을 맞추고 있다.

Paula Olszewski-Kubilius 노스웨스턴 대학교 영재발달센터의 책임자이자, 교육사회정책대학 부교수다. 이 센터를 18년간 운영해 온 그녀는 그동안 재능 개발에 관해 다양한 주제로 연구와 논문을 발표해 왔다. 그중에서도 특히 여학생과 소수민족 학생처럼 소수의 영재 구성원이 지닌 교육적인 요구와 속진 교육 프로그램의 효과에 대해 연구해 왔으며, 영재아를 위한 주 및 국가 단위의 옹호조직에 열심히 참여하고 있다. 그녀는 *Journal of Secondary Gifted Education*의 공동 편집인으로, 그리고 *Journal for the Education of the Gifted, Gifted Child International, Roeper Review*의 편집위원으로 일해 왔다. 현재는 *Gifted Child Quarterly*의 편집인이기도 하다.

Edwina D. Pendarvis 웨스트버지니아 주 헌팅턴 소재 마셜 대학교의 특수교육학과 교수로서 영재교육 석사과정과 교사자격 프로그램을 담당하고 있다. Aimee와 Craig Howley와 함께 영재교육에 대한 3권의 책과 여러 논문을 공동 집필하기도 하였다. 현재는 애팔래치아 농어촌 영재아 연구에 관심을 두고 있다.

Jonathan A. Plucker 인디애나 대학교 교육심리 및 인지과학과의 부교수를 맡고 있다. 주요 연구 관심사는 창의성과 지능, 영재성과 재능 발달, 종합적인 학교 개혁이며, 특히 문제해결 학습에 주안점을 둔 창의성 평가와 증진에 관심이 많다.

Sally M. Reis 코네티컷 대학교 교육심리학과 교수이자 학과장이며, 국립영재연구소의 책임연구원으로 봉사하고 있다. 15년간 교사 생활을 한 그녀는 그중 11년을 영재아의 학습을 위해 노력하였다. 그녀는 130여 편의 논문과 9권의 책, 45권 책의 장을 저술했으며, 수많은 연구보고서와 기술보고서에 이름을 올렸다. 주로 학업부진 영재아와 영재 여학생, 다양한 영재학생 집단과 같은 특별한 영재아 집단에 관심이 있다. *Gifted Child Quarterly*와 같은 여러 편집위원회에 소속되어 있으며, 미국영재학회의 회장을 지냈다.

Mara Sapon-Shevin 시라큐스 대학교 교육 및 리더십학과의 통합교육 담당교수를 맡고 있다. 오랜 기간 평화와 사회정의를 추구하는 운동가로 활동해 온 그녀는 대학에서 통합 초등 특수교육 교사 프로그램을 지도하고 있는데, 이 프로그램은 교사가 다양한 학생이 모여 있는 학급에서 잘 교육할 수 있도록 준비시키는 과정이다. 그녀는 국제 협력교육 연구를 위한 기구의 공동 회장이었으며, 학급 내에서의 협력학습과 협력게임에 관한 워크숍을 실시하고 있다. 또한 고등학생, 대학생과 함께 반인종차별 정책에 활발히 참여하고 있으며, 총 7개로 구성된 교육과정인 *ENDINJUSTICE: Eliminating Oppression, Building Allies*의 공저자이기도 하다. 협력학습과 완전한 통합교육, 다양성 교육과 영재교육의 정치학에 관한 많은 논문과 장의 집필한 그녀는 *Playing Favorites: Gifted Education and the Disruption of Community*와 *We Can Change the World: A Practical Guide to Building Cooperative, Inclusive Classroom Communities*의 저자이기도 하다.

Rena F. Subotnik 미국심리학회 영재교육정책센터의 책임자를 맡고 있다. 미국심리학회 회장이 되기 전인 1986년부터 헌터 대학교 교육학과 교수로 재직하였고, 영재아를 위한 헌터 실험학교의 연구/교육과정 자문으로 일해 왔다. *Genius Revisited: High IQ Children Grown Up*(1993)의 저자이고, *Beyond Terman: Contemporary Longitudinal Studies of Giftedness and Talent*(Karen Arnold 공저)와 *Remarkable Women: Perspectives on Female Talent Development*(Karen Arnold, Kathleen Noble 공저), *International Handbook of Research on Giftedness and Talent*(Kurt Heller, Franz Monks, Robert Sternberg 공저) 개정판의 공저자이기도 하다.

Joyce VanTassel-Baska 버지니아에 있는 윌리엄 앤드 메리 대학교의 교수로 영재교육 분야와 관련이 있는 대학원 프로그램 연구발달센터를 맡고 있다. 노스웨스턴 대학교에서 재능발달센터를 창시하고 운영하였고 미국 40개 주와 미국 교육부, 전국 중등학교 교장단 모임, 미국학교행정가연합회 등 주요 국가적 모임에서 자문을 해 왔다. 특수아동위원회(Council for Exceptional Children) 산하 영재위원회(The Association for the Gifted: TAG)의 회장을 지냈고, 현재 미국영재학회의 이사회 중 한 사람이다. 그녀는 최근 *Curriculum Planning and Instructional Design for Gifted Learners*(2001), *Excellence in Educating the Gifted*(1998), *Developing Verval Talent*(1996, Dana Johnson, Linda Boyce 공저), *Comprehensive Curriculum for Gifted Learners*(1995), *Planning Effective Curriculum for the Gifted*(1992)를 집필하였고, *Gifted and Talented International*의 편집인으로도 활약하고 있다.

역자 소개

전미란

컬럼비아 대학교 영재교육학 박사

현재 공주대학교 국제학부 조교수

류지영

컬럼비아 대학교 영재교육학 박사

현재 카이스트과학영재교육연구원 선임연구원

서윤정

컬럼비아 대학교 영재교육학 박사

현재 봉은중학교 교사

박혜진

컬럼비아 대학교 영재교육학 박사

현재 하와이주립대학교 특수교육연구센터 조교수

영재교육의 새로운 이해

Rethinking Gifted Education

2013년 4월 5일 1판 1쇄 인쇄
2013년 4월 10일 1판 1쇄 발행

엮은이 • James H. Borland
옮긴이 • 전미란 · 류지영 · 서윤정 · 박혜진
펴낸곳 • (주) 학지사

121-837 서울특별시 마포구 서교동 352-29 마인드월드빌딩 5층
대표전화 • 02)330-5114 팩스 • 02)324-2345
등록번호 • 제313-2006-000265호

홈페이지 • http://www.hakjisa.co.kr
커뮤니티 • http://cafe.naver.com/hakjisa

ISBN 978-89-997-0016-3 93370

정가 18,000원